本書は財団法人日本生命財団の研究成果発表助成を得て刊行された

照葉樹林文化論の現代的展開

金子 務・山口裕文〔編著〕

北海道大学図書刊行会

カバー表：白族の少女／雲南省大理近郊／岩切　平撮影
カバー裏：龍良山照葉樹原始林／山本進一提供
カバー袖：縄彫刻作品〝原始惑星系ＤＮＡ－９１２〟／八木マリヨ作／青森県小牧野遺跡にて／八木マリヨ撮影
前　扉：ヤブツバキ／山本進一撮影
本　扉：福建省武夷山の照葉樹林／標高約一〇〇〇ｍ／八田洋章撮影

❖

装　幀：須田照生

まえがき

本書を眺めたら、多くの人がその多彩さに驚くと同時に猥雑さにとまどうかもしれない。しかしこの両面性が照葉樹林文化の特徴なのだと思う。二四名が寄せた二四本の論考を、自然・倫理・農業・文化の四つの観点から大別して配列したが、論考がそれぞれの枠の内にとどまらずに侵食しあうことが、むしろ編者たちの希望でもある。学問はきびしく深く究めるべきだが、同時にそれは広く社会に開かれていなければならない。ましてや照葉樹林文化という観点は、日本を含む東アジアの基層文化にかかわるものであり、その研究者は他領域への窓やアンテナをつねに磨いておかねばならないと自戒する。

思えば、中尾佐助氏が照葉樹林文化論を着想したのは一九五二年、ネパール調査の終わり近くのことであった。眼下の夕闇迫るカトマンズ盆地奥に、黒々と浮かぶ森を認めた。常緑カシの照葉樹林帯であったが、これが東ヒマラヤに続き、中国南部から日本南部まで続く東アジア温帯の大構造であるという認識に、即座に思い至った、と大阪府立大学農学部における最終講義で述べている。中尾史観の雄大さと足腰の確かさを物語るものだが、同時に中尾氏は、その照葉樹林帯に共通するさまざまな文化要素にも精緻な観察の目を注ぎ、学会やジャーナリズムを賑わせたのである。この着想からすでに半世紀、中尾氏が世を去って八年になる。

本書は、大阪府立大学照葉樹林文化研究会の面々が中核をなし、多くの学内外の先達や異文野の同志たちによびかけて寄稿を仰ぎ、編んだものである。同研究会は、中尾史観を批判的に継承発展させたいという意図のもとに、大阪府立大学総合情報センターに中尾コレクションが開設されたのを機に、学部横断的組織としてまず結成され、学外者の参加を求めてきた。とりわけ平成八年度、九年度の二回にわたって日本生命財団の研究助成をうけ、それを励みとして現地調査や研究会・シンポジウムなどの会合を重ねてきた。助成期間中だけでも、宮崎県西米良村と長崎県対馬を中心に延べ一六回の合同・単独の調査にはいり、また研究会の開催は学内のほか、宮崎県綾町および和歌山県古座町などで計一一回を数え、その後も継続している。ほかに、日本学術会議遺伝資源研連とのシンポジウムや日本生命財団ワークショップで成果を報告している。

本書では、このような研究成果を反映して、中尾氏の照葉樹林文化論提唱以降の新たな展望を告げる視点が、多方面から提起されている。日本だけでなく東アジア地域を比較検討しながら、神や天・自然にかかわる信仰・倫理の問題から、人・動物・植物の相互作用や森林の生態・資源活用、焼畑農法や水稲栽培などの農耕文化論、食文化論まで視野におさめている。さらにまた、地方文化のあり方を照射する活動記録や環境アートの実践報告など、論点は果てしなく広がる。それだけ照葉樹林文化論の傘は大きく開き、かつ時代を閲してきたといえるのである。執筆者の層も専門分野も多様である。照葉樹林帯のコアの部分となる動植物学や農学の諸分野、すなわち森林生態学、景観生態学、資源植物学、昆虫学、分類学などをはじめとして、それを包む文化的諸側面、すなわち民族学、中国思想史、倫理学、宗教学、科学史、地理学、建築学、環境芸術論などに広がっている。一見カオスのようでありながら、照葉樹林文化論という多面体のコスモスをつくっていることが、本書から実感していただけたら幸いである。

おわりに、縁あって本書を手始めに二〇〇二年度から刊行予定の『中尾佐助著作集』も担当される、北海道大学図書刊行会の編集者、成田和男・杉浦具子両氏の丹念な仕事ぶりと励ましに深く感謝する。また平成一二年度の研究成果発表助成を本書に与えて下さった日本生命財団の重ね重ねのご厚意にも、厚く御礼申し上げる。

二〇〇一年六月二五日

編者　金子　務・山口裕文

照葉樹林文化論の現代的展開——目　次

目　次

第IV部　照葉樹林文化論の展開

序章　中尾佐助の人と論理

金子　務／保田淑郎／山口裕文

一　足と目のフィールド科学者

金子　大阪府立大学総合情報センターに農学部名誉教授・中尾佐助先生のいろいろな蔵書類が、女婿にあたる総合科学部の平木康平教授のご援助もあり、中尾コレクションとして寄贈され、整備されています。図書・雑誌・アルバム・スライドなどたいへんな数で、整理もたいへんだったのですが、一般に展示して、利用できるようになっています。そこで、かねてから中尾先生と昵懇の間柄であった保田・山口先生に中尾先生の思い出やコレクションの特色、そして何より、中尾コレクションを通してみえてくる「中尾佐助の照葉樹林文化論」についてお聞かせ願いたいと思っています。まず、あれだけの蔵書類や資料が集まった経緯はどんなだったのでしょうか。

保田　私は学生時代に、木原均先生のお弟子であった中尾先生から遺伝学を習いました。そして卒業するなり助手になりましたので、それ以来お辞めになるまでのお付き合いでした。先生は、いわゆるフィールド・サイエンティストだとちまたでいわれているように、歩きまわって自分の足で稼いだものから論理を構築していくという、とてつもなく奥行きのある発想をなさいました。私の印象のなかで特徴的と思えるのは、先生が私に「写真をとるときは足を使いなさい、目と手とでとってはいけない。足で稼いで少しでも高いところ、少しでもよい位置を選べばいろんなものがみられる。いろんな写真がとれる」といったようなことをおっしゃっていたことです。写真ひとつでもこのような姿勢でとり残されたわけですから、ほかの資料も同じように通り一遍のものではなくて、先生独特な多様なものがひそかに収集されていたのではないかと思っていました。

山口　先生は書籍を幅広く買いそろえられました。日ごろ「洋書をそろえておくのは大学の重要な役割のひとつだ」といっておられて、実験的な分析よりも情報の収集に重きをおいておられました。育種学の研究室だったのですが、栽培植物論にかかわるものだけでなく、育種にかかわる書籍も体系的に購入されていました。雑誌についても同じで、「この研究室には、植物学と遺伝学の世界的な雑誌がすべてそろっている」とそれが当然のようにいわれていました。

金子　中尾先生のご経歴を拝見していますと、大学一年の夏休みにすでに興安嶺に行ったり、北朝鮮の狼林山とか樺太とか、あちこちに出かけておられるのですね。

保田　先生は京都大学の旅行部というようなものにはいっておられたと聞きます。ですから、もともとは民俗学をしようとか植物学をしようとかいうより、むしろ歩きまわろう会のようなところから出発されたのではないでしょうか。

金子　そうですね。ですから、狭い意味での植物への関心だけではなくて、非常に広い、文化全体に対するアプローチが当初からあったのではないかと思われます。中尾コレクションをみてもさまざまな種類がありますし、いろいろと楽しみながらやっておられたようですね。保田先生は、ご覧になったなかで何が一番おもしろいと思われましたか。

保田　農業は生きている文化財であって、祖先から受け継ぎ、育て、子孫に手渡してゆく、その一連のプロセス全部が農業なんだというのが先生のお考えです。すなわち、今現にやっていることのなかにきっと農業の祖先的なものが残っているだろうし、それをモディファイして今後どうしようというアイディアがそこにはあるということです。そういった、現地で実際に行われている農業のなかから過去・未来を見通そうという先生の姿勢が、スライドのなかに集約されているようにみえました。また、一枚一枚のフレームのなかに学術的事実のみならず総合された芸術みたいなものを感じていました。ですから、先生のスライドを整理するお手伝いをさせていただいたのですが、「すばらしいコレクションが四散せずに大阪府立大学にそろってよかったな」と思っています。それはなぜかといいますと、先生のアイディアというのは大阪府立大学で具体化されていったんじゃないかと思えるからです。

金子　中尾先生というと照葉樹林文化というのが著名ですが、あの照葉樹林文化論を着想されたのは、今西錦司先生の還暦記念論文集においてが最初だったとうかがっているのですが。

保田　そうでしょう。あのころからだんだん充実していきまして、一九九二年に佐々木高明先生といっしょに出された『照葉樹林文化と日本』あたりで、お考えがある程度完結されたのではないかと思います。また、独自のお考えを『栽培植物と農耕の起源』（一九六六年）のなかで世に問うておられます。そのあいだには、照葉樹林文化前期複合のように、照葉樹林文化をいくつにも段階的に分けるということをされました。分けてはまとめ、まとめては分け、こういった試行錯誤のなかで先生のお考えが最後にまとまっていったのではないでしょうか。

金子　そうしますと、照葉樹林文化論というのは、はじめからひとつの塊としてでてきたのではなくて、それ自体も長い進化の歴史をもっているのですね。そして、その過程が中尾コレクションを調べるとわかってくるという期待もありますね。ところで、照葉樹林の照る葉というのは日本や東アジア特有のものなのですか。

保田　そうですね。植物はわれわれ人間が老化すると血管にたまるコレステロールの仲間のチトステロールという物質やロウ質をもっていて、とくに夏に雨量の多い温暖帯には「テカッ」と粉を吹いたようなかたくて平滑な、常緑で厚ぼったい葉の植物が発達します。ヒマラヤから中国をへて日本にのびているのが、先生がお好きなカシとかシイの仲間を中心とした照葉樹林なのです。一方、冬に雨量が多い地域、地中海沿岸には、オリーブなどやはりかたい葉をもった樹林が広がっています。

ちなみに私が学生のとき、先生は選択で「栽培植物分類学」というのを開講しておられ、受講しましたが植物地理の日華区系の話を熱っぽくされていたのを今でも覚えています。このとき、私は同時にJ. Hutchinsonの植物進化や系統の理論やJ. D. Hookerの分類のシステムに触れることができ、先生が自慢げにみせられた色刷りのシャクナゲの図鑑が印象的に目の奥に残っています。

山口　雨にぬれたときに水をはじくクチクラを葉の表面にもった樹の仲間が照葉樹です。シイノキ、アカガシ類、クスノキ、ツバキのような樹が優占する林が照葉樹林になります。カシ類には葉のふちに刺をもった仲間があり、この硬葉樹がヒマラヤから夏の乾燥する地中海の方に広がっています。日本にも硬葉樹にあたる種もあり、太平洋岸の海岸に林をつくるウバメガシがその例のひとつです。

金子　保田先生が中尾先生に同行されたのはいつごろで、どの辺をまわられたのですか。

保田　ヒマラヤの照葉樹林は西から東へとのびていますので、先生は西の方から東を目指して、アンナプルナあたりまでずっと歩いておられました。そして一九六二年にダージリンから東ネパールにはいっていかれるとき、私もおともをしました。先生はご自分の照葉樹林文化論を完結するために、シッキム・アッサム・ブータン・四川・雲南へと続く流れのなかで、まずヒマラヤというものをとらえ、西・中・東と踏破なさりたかったのではないでしょうか。

金子　そのとき、保田先生は昆虫を調べるという目的で行かれたのですか。照葉樹林文化と昆虫はどういう関係があるのでしょうか。

保田　関係といえばミツバチくらいなものです。でも、中尾先生は暢気そうにみられるようですけれども、案外先をみておられます。遠征から帰ってきても、民俗学的な見聞録というのはなかなか学術論文にはなりません。何が一番先にサイエンティフィックなペーパーになるかといえば、植物学や昆虫学や動物学などで、新種がいくらとれたなどはすぐに書けるわけです。そういうことで、「東ネパールへは昆虫学者は誰もはいっていないのだから、あいつを連れていけばひとつやふたつは論文を稼げるだろう」と読んでおられたのだと思います。実際に新種についての論文を書きましたので、連れていっていただいた借りは返せただろうと思っています。

金子　先ほどのお話に「足と目で写真をとれ」というのがありましたが、中尾先生はそういうところを現地調査するときに、ラバなどの乗り物はあまりお使いにならないのですか。

保田　それまで先生は馬やいろいろな乗り物を利用されていたでしょうけれども、私たちが行った東ネパールではそういう乗り物は発達していませんでした。そして、「保田君、東ネパールというのは『菊かぼちゃ』のまわりを歩くみたいだね」とおっしゃったのですが、その表現がほんとうにユニークだと思いました。谷へドーンと降りたと思えば、今度は二〇〇〇メートルぐらいの高度差をのぼっていき、またストーンと谷まで降りて、またのぼっていくわけです。すると、すぐそこに前日キャンプを張ったところがみえたりすることがあります。そうしながらも先生はほんとうにマイペースで、ご自分の好きなシャクナゲをみては楽しみ、植物をとってはポーターに担がせ、反対側の斜面に歩いていっては写真をとられます。それも先生がとられるのは必ずルートからはずれたところなので、私たちよりジグザグに歩かれる分、その距離もかなりのものになったと思います。その成果がまさに足と目で稼がれたスライドとして残っているわけです。

余談になりますが、「馬」で思い出したのですがネパールを歩いていたときのことです。虫よけに植物の葉をくすべる話題になりました。そのとき先生は先ほど話題にでました興安嶺を旅されたときに出会った「馬」に触れ、つぎのようなことをおっしゃいました。「キャンプ地の風上から葉をくすべ、キャンプ地全体が煙りに包まれる状態になり、僕たちは最初は涙がでてどうにもしょうがなかったが、その地の人々や馬は別に苦にならない様子だった。そこで、馬だが目の上の毛が長くのびて目をおおっているようになっていたし、尾の毛も長く虫を追うのに都合のよいようになっていた。とにかく吸血性の昆虫が多く、頭の毛のなかまでもぐりこんできて血を吸われた。ところで君、なぜ吸血性の昆虫の幼虫は水生なのかね。」なるほど、カ、ブト、アブ、ヌカカなど吸血性の双翅類の幼虫は水生であることは承知していましたが、それまでのことで、それ以上に深く考えたこともありませんでしたので、感心するやら恥ずかしいやら複雑な思いをしたことでありました。このように、先生といろいろお話ができるのはたいへん楽しいことではありますが、いつとてつもない質問が飛び出すのかを思うと恐ろしくもあったわけです。

二　照葉樹林と食文化あれこれ

金子　ほんとうにスライドの整理などもきちんとなさっており、あれもたいへんでしたでしょうね。

保田　今まで知らなかった先生の側面をみせられた気がします。遠征などでもずかずかと人の家にあがっていって豪快にそこの人と話されたりしていた大胆さから、こまやかな神経なんておもちではないのではないかと思っていたので、あそこまでこまかくデータをとり、それにともなった写真を整理されていたとは思いもよりませんでした。

山口　先生はスライドを植物分類学の押し花標本やタイプ（基準標本）と同じように考えて整理されていました。仮説や主張の基盤となった重要なスライドは、とくにタイプスライドとよんでおられました。

金子　照葉樹林文化を構成する文化的な要素はいろいろありますが、中尾先生は「最初はシソが目についた」と書いておられます。シソというのはそんなにめずらしいものなのですか。

保田　香味料としてのシソの分布が照葉樹林帯のなかでのジャポニカ型イネの分布と重なるというのが先生の指摘であったように思っています。先生の照葉樹林文化論というのは、クズやワラビやテンナンショウ（天南星＝漢方薬に使う。こんにゃく玉のようなもの）など、根を掘って利用する、いわゆる根栽の文化論につながっています。根を利用しようとすると、えぐみなど植物がもつアルカロイドで人間の食にあわないものがあり、それをさらしたり熱（蒸し焼き）を加えたり、いろいろな方法でアク抜きをしながら食べる、そういうクッキングのなかで香味料（本草学的なことも含め）としてのシソがあり、それとコメの分布が一致するとアピールされていたと理解しています。先生お得意の「目にみえる物質文化を中心に」論点を絞り込んでゆくやり方のひとつの材料としては人家とともに存在したこの植物は格好のものであったに違いありません。

金子　そういった食文化というのは、その土地土地にあった文化として発展するのですから、そのスタイルが共通しているのも非常におもしろいし、日本人のルーツを考えるうえでもとても重要な問題であると考えられますね。

保田　先生はある種の植物だけという狭い視野ではなく、また、ただ単に植物そのものをコレクションされるだけというのではありませんでした。その植物が野生種なのか、栽培種なのか、その中間種であるのかということを考えるのと同時に、その植物がどのようにそこに住んでいる人に利用されているのか、その過程で人間がどのような手の加え方をしているのか、できたものをどのように食べているのか、といったように幅の広いものの見方をしながら歩いておられたのです。「半栽培」の植物という見方もこのあたりからのものでしょう。

金子　大阪府立大学の農学部にいらっしゃって、そういうことができる環境が用意されていたということですか。それともご自分でおつくりになったのですか。

保田　やはりそれは先生の天性だと思います。また、大阪府立大学という大学のカラーにもあったと思います。わが大学には非常に自由な気風があって、ある人一人だけがいい思いをするのを足を引っ張るというようなことはなく、皆さんが協力的に、そしておおらかに、先生が自由にフィールドで活躍されるのをみていました。それも先生のお人柄と魅力によるものだと思います。

金子　中尾先生のお仕事は、確かに農学という非常に幅の広い、多面的な要素をもつ分野を踏まえたものだということはよくわかるのですが、同時にそれは日本の文化の基層を考えるに際しても、深いかかわりをもってくるのではないかと思います。近年、総合科学部の平木先生のグループが道教の研究をされているのですが、道教というのは中国南部の基層文化と非常に関係があって、伝統的にその影響がかなり日本にはいってきています。たとえば着物の着方で男性の左前(北部は逆)は明らかにその影響であるとよく聞きますけれども、そういう話と照葉樹林文化の分布帯はうまく重なってきます。このように考えると中尾先生のお仕事は非常に広がりをもっているという感じがします。保田先生はどのようにお考えになりますか。

保田　私自身はそのあたりは非常に弱いところなのでコメントできないのですが、先生といっしょに歩いて教えられたところでは、先生の照葉樹林帯とうまくあっていると身をもって感じましたのは酒・味噌・醤油などの「醸し」ということについてでした。その酒にしても、先生流にいえば宗教(祝いごとを含め)とつながっているのです。宗教的なお祭りがあるときは酒もあるのだと、必ず民家に飛び込んでいってご自分で試されるのをいっしょに経験しています。金子先生がおっしゃったようなことは、言葉としては聞いていませんが、中尾先生の頭のなかにはあっただろうと思います。

金子　今酒の話がでましたが、照葉樹林文化帯では酒はしきりに飲まれるのですか。飲まない民族というのはとくにないのですか。

保田　ないと思います。照葉樹林というのは鬱蒼として人間が住みにくく、焼畑などの方法で開いていくなかで、水の便がよいところに水田ができ、平地がどんどん増えていきました。独特の文化をもった少数民族は、どんどん山手の方に追いやられましたが、いろいろな手法で酒のようなものを醸し飲んでいると思います。そしてネパール山地ではチャン（シコクビエに餅麹をまぜて土間に盛り、上からぬれむしろなどをかぶせて自然発酵させる）であったり、ブータンでもチャンやアラ（チャンを蒸留したもの）であったり、必ず自分たちのよい酒をもっているのだと先生はおっしゃっていました。

金子　それからもうひとつ、モチが特色だとよくおっしゃっているのですが、モチというのは非常に限られた地域のものなのですか。

山口　モチがあるのは世界的にみると照葉樹林帯という限られたところになります。モチはコメ、オオムギ、アワ、トウモロコシなどにみられるのですが、これらのモチ品種は東アジアでとくに利用されています。たぶん、系統のまったく違う種に同じ特徴が進化する現象に対して、これは進化論では平行進化とよびますが、重要性をとらえていたのだと思います。

保田　モチそのものは別として、モチ米は非常に広い地域で食されています。タイなどでは竹筒に糯米を入れて蒸すということをしますが、それと同じようなことが日本にもあると先生は指摘されています。また、モチをつくのに使う杵と臼はアフリカから日本にまで分布していますが、その取り合わせ・形・使い方は地域によって違うということです。

金子　照葉樹林文化のもうひとつの特色は、かかあ天下、すなわち女性の地位が比較的高いことだといわれています。保田先生が行かれたときにもそういうご体験がありましたか。

保田　チベットの人は、かかあ天下といえば、かかあ天下なのでしょうね。

山口　中尾先生の後半の調査で行かれた中国雲南省の麗江付近にも妻問い婚の少数民族がいます。現在、妻問い婚は中国の政策で減りつつありますが、壷酒やヒエ酒を醸すことで有名なナシ族やモソ族がこの習慣を残しており、ここではかかあ天下そのものです。

金子　たとえば、先ほどのモチづくりとか、食文化の担い手は女性ですか。

保田　チベットでは女性でしたね。男たちは家畜の世話をしたり、自分のテリトリーのなかの整理をしたり、非常に基本的なことをしていたように思います。

山口　妻問い婚の民族になると家や財産などは女性の管理下になりますね。畑の世話は男の仕事です。農作業を共同でやるメオ族の一部では、外交は男の仕事で女性は外との交渉はしません。そんな違いとかかわりなく、酒づくりや料理の仕事など食文化の担い手はやはり女性ですね。

金子　中尾先生はむこうで男性だけではなく、女性とも会話をされたのでしょうけれど……。

保田　先生はわりとシャイですので、女性を非常に意識されます。けれども一方で、一九六二年の遠征への西岡京治副隊長夫人の参加に関して、若い隊員の反対を押し切ってうまく連れていく作戦を練られたのも先生です。先生は亡くなられる少し前にある雑誌のインタビューで「専門家はみんな自分のたこ壷をもっていて、それを下へ下へと降りたがり、ほかをみようともしない」というようなことをおっしゃっています。先生はあることをずっとみようというよりも、むしろ総合化してみようというご性格であったように思います。山にのぼるということ、未踏地へいち早く行って人がまだ手にしていない植物や昆虫をとりたい、そういうのが一般的な研究者ですよね。そこに何を研究するでもなく見聞的に歩きながらヒマラヤをみたいというだけの女性がはいってこられると隊が身軽でなくなってしまいますので、みな忌み嫌うわけです。ところが先生はもともと物事を総合的にみようとされますので、そのようなことは気になさいません。また、そういうところに先生のフェミニストぶりをみたような気もします。

金子　中尾先生は照葉樹林文化論を支えてゆく根本的なものとしてエリア&エイジ仮説をあげ、広い分布と長い年代をみて、総合的に判断して組み立てていくということをおっしゃっていますが、こういうことからも幅の広い考え方をなさっていたのがわかりますね。

山口　日本文化に限らず、文化の基層の成り立ちを文化要素の導入とふるい落としによって複合化していく過程ととらえられていたと思います。エイジ&エリア仮説では要因のなかで文化要素の伝播(拡散)を重視されていたと思います。

保田　そうですね。照葉樹林帯というベルトをみようとすると、どうしても気候が関係してきます。普通は気候というと気温や降雨量を別々にみますよね。ところが先生は温度と湿度をうまく組み合わせるケッペンという人の論理を非常に支持されていて、気候ひとつをとっても温度と乾湿度のセットでというように、何をみるにしても単体でみるのではなくて何かとの(多層的)セット論です。

金子　温度と乾湿度というと、ちょうどアリストテレスが最初にやったふたつの因子の組み合わせがそうですね。冷と温・湿と乾は対極の四つの因子に分けるときの分類項目です。アリストテレスは古代における総合化の人だったと思うのですけれど、そういう人と似ているのは非常におもしろいですね。

保田　私もそう思います。金子先生の自然科学史論などをみるとアリストテレスが最初の頁にでていますが、中尾先生がそういう本の最後にでてきたらおもしろいなあと思いますね。

三　息遣いの聞こえるコレクション

金子　ここで中尾先生のパーソナルなところをうかがいたいのですが、中尾先生の講義はおもしろかったですか。つまり、お話はおもしろかったのですか。

山口　私は育種学の講義をうけたのですが、教科書を淡々と説明されていて、話のスピードも遅かったので、あまりおもしろくはありませんでした。でも、品種論的内容になると文化的側面や人の問題と絡めての話になり、寝ていた学生が起きて聴くようになるほどでした。

保田　話はおもしろかったのですが、先生の話のおもしろさは皮肉っぽいところにあります。必ず話のどこかに皮肉めいたポイントが隠されているのです。

金子　皮肉ということは、鋭い批評眼をもっているということですね。

保田　そうだと思います。私などは妥協的というか八方美人というか、人が何かをいうと「そうですね」と相槌を打ちます。けれども先生の場合、いちおうは聞いておられますが、「だがね、君」という言葉が必ずどんな人に対してでもはいってきます。後輩や学生に対してだけでなく、偉い先生に対してでもです。必ず批判の目をもちながら、ある仮説を絶えずご自分の頭のなかで立てておられます。そして、仮説を立てるためには科学者は普通いろいろな本をみたり実験をしたりして立証していきますが、先生はとってきた植物を実験圃場で掛け合わせたりするのはあまりお得意ではありませんでしたから、それは得意な人にまかせておいて、できたデータをうまく利用しながら、後はフィールドでどのように変化してゆくのかというあたりをご自分の足で稼いでこられて仮説を立証されていました。

金子　ご自分の得手・不得手をよくご存じだったのですね。

保田　私はあれほど自分の得手・不得手、それから物事の要・不要を心得ている研究者をあまりほかに知りません。ブータンの皇后がお忍びで京都へ来られたとき、それを知られた先生は皇后のお孫さんにお土産をと、京都の百貨店のおもちゃ売場にはいつくばって、リモコン式の自動車の動かし方を説明して手渡された、というエピソードがあるのです。このことがきっかけで先生はブータンに行かれたんだ、という人もいます。ですから、自分がこうしようと思うと、なりふりかまわず適切な手当てを加えられるということです。

金子　今度のコレクションには日記のようなものはないようですが、中尾先生は筆まめな方ですか。

保田　日記はないですが記録はすごいですね。ですから筆まめというべきだと思います。でも日常、用を仰せつかるときは、先生はせっかちですからすべて電話です。合理的といえばよいのでしょうか、まわりくどいことがお嫌いです。電話がかかってきて、こういうことが知りたいので頼むよといわれると、私は先生がせっかちなことをよく知っているので、すぐに調べてお電話します。でも挨拶なしにいきなり答えだけを話すというのもおかしいですから、「先生、お元気ですか」なんていうと、「君、この年で元気なんてことないだろう。そういうつまらない社交辞令はやめて僕が頼んだことをさっさといいたまえ」と、こういう調子です。それから形式論もお嫌いで、お歳暮・お中元・手土産など、形式的なことは好まれません。自分が何かのためにするお土産は、先ほどのエピソードのように別ですが……。

金子　今日、中尾先生のお人柄や学問の特徴、フィールド・ワークの実際の場面などをいろいろとうかがったのですが、コレクションがセンターで一般に公開できるような形になった今、照葉樹林文化論に関して、中尾先生の学問に即しながら、なおかつ展開してゆく研究も望まれると思います。どのような形で展開してゆくのが望ましいとお考えになりますか。

保田　情報化時代の今日、先生の書かれたものは何らかの形で手にはいりますから、照葉樹林文化論について調べたり、批判したり、それを発展させたりということはできるでしょう。しかしその基礎になったものは何なのかと、先生の哲学の心髄に迫ろうとすれば、その活字のみから推しはかることは難しく、やはり先生がこつこつとメモされ、集められた本学にある資料は、今後とても重要になってくるだろうと思います。ですからあのコレクションは、「人・中尾佐助」を研究するにはなくてはならないし、ひいては、照葉樹林文化論の心髄を探ろうとする場合、あのあたりを紐解くと何かまた違った展開ができるのではないかと私自身は思っています。

金子　私も自分自身の研究で、エルサレムの図書館に保存されているアインシュタインのマニュスクリプトや蔵書などをずいぶん調べたのですが、もっとも感激するのは、蔵書にアインシュタインが自分で書き込んだエクスクラメーションマークや短い感想などをみつけたときです。そういうものをみていると、アインシュタインが読んでるときの息遣いがわかるのです。どんな科学者も基本的には人間で、人間の営為というのは感情の起伏のなかで行われています。そういったことも学問と無関係ではないと思います。ですからマニュスクリプト全体をトータルにみていって、「人間・中尾佐助先生」が照葉樹林文化論というものを構築していった過程が追体験できるようになっていけば、後進の研究者にもいろいろないい刺激を与えることができるのではと思うのですが……。

山口　中尾先生は蔵書に線を入れたり書き込みをされています。中尾コレクションの蔵書には至るところに、先生の書き込みがあります。これをみると、どのような視点で新しい科学情報をとらえようとしていたかわかります。とくに生態学や進化生物学に関する基本的仮説などには相当なコメントが加えられています。本という情報媒体に対して見解を残すというのは、先のタイプスライドと同じ発想だったと思います。

保田　そうですね。とにかくここにある先生の手垢がついた資料は、金子先生がアインシュタインの話をされたのと同じように、今も息づいているような気がします。

金子　そういう意味で今後、いろいろな形で大学院の学生などに研究テーマとして取り上げていただけるとありがたいと思っています。

補記　本稿は大阪府立大学総合情報センター広報誌『アウリオン』第二号に「【巻頭特集】所長対談：中尾コレクションをめぐって」として掲載された対談を基に再構成したものである。

I

照葉樹林の自然

山本進一
湯本貴和
八田洋章

第一章　対馬・龍良山照葉樹原始林の構造と動態

——日本の照葉樹林の雛形として

山本進一

一　照葉樹林の概要

熱帯から亜熱帯、暖温帯にかけての気候帯の湿潤地域には常緑で広い葉をもつ常緑広葉樹林が出現する。熱帯から亜熱帯の常緑広葉樹が一般に大型で薄い葉をもつのに対して、暖温帯の常緑広葉樹は小型で厚い葉をもつとともに葉の表面のロウ質のクチクラ層が発達し陽光をうけるとテカテカと光ることから照葉樹(写真1・1)とよばれており、照葉樹の葉のこのような形態的特徴は冬の寒さに対する適応のひとつと考えられている。照葉樹林は主に東アジアの夏雨型(夏に雨が多く、冬に雨が少ない。したがって夏は温暖多湿となる)の暖温帯湿潤地域に出現するが、他地域でも類似の気候条件下では照葉樹林が出現する(たとえばフロリダ半島など北米東南部の沿岸地域)[1]。一方、地中海沿岸のような冬雨型(したがって夏は雨が少ないために乾燥が激しい)の暖温帯湿潤地域にはオリーブのような葉のかたい樹木からなる硬葉樹林が出現する。わが国では、瀬戸内地域などがこの気候タイプにあてはまり、ウバメガシ(ブナ科)などがオリーブに相当する樹木である。

わが国の照葉樹林は九州南部から東北地方の沿岸部まで分布しており、暖かさの指数(吉良の考案した指数で月平均気温がセ氏五度以上になる月の平均気温から五度を引いた温度を年間で積算した値)[2]で八五—一八〇度・月の範囲にあたる。照葉樹林を構成する主要な樹木は、ブナ科のシイやカシ類、クスノキ科のタブノキ、ツバキ科のヤブツバキやサカキなどであるが、地域や場所によって出現する樹木は異なる。このなかでヤブツバキはもっとも冬の寒さに耐えることができ青森県にまで分布していることから、照葉樹林を代表する樹木と考えてよいであろう。実際に照葉樹林は植物社会学的にヤブツバキクラスとしてまとめられている。照葉樹林は、林冠層の優占樹木の違いにより、沿岸域に多いタブ型、低地に多いシイ型、内陸に多いカシ型などに大きく分けられている[3]。

写真 1.1　ヤブツバキの葉と花(山本撮影)。ヤブツバキは照葉樹林を代表する樹木で青森県が分布の北限である。陽光をうけると葉がテカテカと光り，冬季に開花する。果実からは油がとれ，椿油として高級油の代表である。

また、南から北になるにつれて照葉樹林を構成する樹木の種類が減少する。

照葉樹域は、低地を中心に古くから人間の干渉を強くうけてきたため、原始林(原生林ともいい、過去に人手が加わらなかった森林をさす)に近い照葉樹林はきわめて少なく、主に九州南部や島嶼部に残存しているのみで、その残存面積もきわめて狭く急峻な地形条件下にあるものが多い。一般に社寺林として残されている照葉樹林は、スギ・ヒノキ・サワラなどの針葉樹が部分的に植林されたものが多く、原始状態に近い照葉樹林は少ない。そのようななかで、原始状態あるいはそれに近い状態で比較的まとまった面積で残存している照葉樹林としては九州南部の鹿児島県の屋久島や同じ鹿児島県の稲尾岳周辺、宮崎県の綾町周辺、長崎県対馬の龍良山、東京都御蔵島などが有名である。とくに長崎県の対馬下島の龍《たて》良《ら》山《やま》原始林は、古くから人為の影響をうけなかっただけでなく残存している照葉樹林のなかではきわめて傾斜のゆるい地形にあることから、人為による干渉が始まる前に西南日本の低地に広がっていた往事の照葉樹林の姿を知ることができる絶好のモデルである。

二　龍良山原始林の構造

龍良山は、長崎県下県郡厳原町内山にあり、北緯三四度二五分、東経一二九度二〇分に位置し、海抜高は五五九メートルである。この龍良山の北側斜面、海抜一二〇メートルから頂上にかけて原始状態の照葉樹林が存在し、その面積は約一〇〇ヘクタールで国指定天然記念物（一九二三年三月）ならびに壱岐対馬国定公園の特別保護地区に指定されている（写真1・2）。また、イヌマキなどの遺伝資源を保存するために、林野庁指定の林木遺伝資源保存林となっている。このように広い面積でまとまって原始状態の照葉樹林が残っている理由としては、龍良山自体が宗教上の信仰の対象で、山頂部にある大岩はその象徴と考えられ、山麓からそこへとつながる森林は古来から厳正な保護の対象であったからといえる。原始林域のうち、下方の海抜高一二〇—三〇〇メートルの範囲では地形はほとんど平坦ないしきわめてゆるやかでそこでは低地シイ林（写真1・3）がみられ、三〇〇—四〇〇メートル付近からは山地アカガシ林（写真1・4）となる。[4][5] 原始林域を取り囲み二次林があり、さらにその外側は植林地となっている。この二次林は炭焼き起源のものと考えられるが、現在では原始林域と植林地を隔てる緩衝ゾーンとなっている。

低地シイ林は、西南日本、とくに九州地方の低地平野に広がっていた往事の照葉樹林の典型的なものと考えられる（写真1・5）。林の高さは二〇—二五メートルになり、その垂直構造は林冠層、亜林冠層、低木層の三層に大別される。林を構成する主要な樹木はすべて常緑広葉樹で、林冠層はスダジイ（シイ類）、マンサク科のイスノキ、

写真 1.2　龍良山照葉樹原始林の外観（山本撮影）。山麓部（海抜高 120 m）から頂上部（海抜高 559 m）まで原始林域が広がり，その周囲を二次林が取り囲み，さらにその外側が植林地となっている。

写真 1.3　龍良山照葉樹原始林の低地シイ林の内部（山本撮影）。地形はほとんど平坦ないしきわめてゆるやかで，シイ類のスダジイ，イスノキ，タブノキなどの直径 1 m を超える大木をみることができる。樹高はおよそ 20〜25 m。林内では低木層は発達していない。

写真 1.4　龍良山照葉樹原始林の山地アカガシ林の外観(山本撮影)。林の高さは海抜高とともに低下するが山頂部ではせいぜい３～４ｍくらいで，これには風や地質(土壌が未発達)の影響が考えられる。

写真 1.5　龍良山照葉樹原始林の低地シイ林の林冠表面(山本撮影)。発達した照葉樹林の林冠表面の特徴である「モコモコ」した状態がわかる。突出したようにみえるのは，大部分がスダジイの樹冠

タブノキ、ウラジロガシ(カシ類)など、亜林冠層は、ヤブツバキ、サカキなど、低木層はヒサカキなどであり、ほかの照葉樹林と同様、低木層は発達していない。林床には刺のあるアリドオシ(アカネ科)が多数成育している。また、林床にはムサシアブミ(サトイモ科)のような多年生草本植物も出現する。

幹の占有面積(表1・1)では、スダジイがもっとも優占し幹の直径(木の太さは地表から人の胸あたりの高さの一三〇センチ付近の太さをはかり、胸高直径という)が二メートルを超える巨木が出現するが、この個体は複数の幹を有する株状のものである(写真1・6)。スダジイはブナ科シイノキ属の常緑高木で樹高三〇メートルくらいになり、龍良山原始林では林冠木は林冠層からやや突出している。スダジイは根元から萌芽しやすく、多数の萌芽枝を有する個体もあり(写真1・6参照)、主幹が枯れたり折れたりするとこれらの萌芽枝が成長し主幹となるようである。また、龍良山原始林では根元が板根《ばんこん》(熱帯多雨林の樹木などに多くみられる根の形態で、根が幹の基部からひだ状に肥大したもの)状のスダジイをみることができる(写真1・7)。スダジイの幹の直径分布(幹の直径階級ごとの本数)は、太い階級と細い階級にピークをもつ二山型の分布を示す(図1・1)。一般に樹木を含めて植物の場合、大きさと齢の関係は動物のように相関関係は高くないが、それでもラフな相関関係があるので、幹の直径分布はおおよその齢分布とみなすことができる。そうするとスダジイの場合、高齢と若齢の二階級にピークをもつ年齢構造を有していると推察できる。

幹の数ではイスノキがもっとも多く出現する(写真1・8)。イスノキは直径が一メートル、樹高が二〇メートル以上になる常緑高木で、九州地方には多く分布するが、本州や四国では海岸部にしか分布しない。あずき色の樹皮をもち材が非常にかたく(材密度が高いことを意味する)、木刀などに利用される樹木である。シイノキと違い、イスノキは自然状態ではめったに萌芽しない。イスノキの幹の直径分布は、もっとも細い階級がもっとも多く、太い階級になるにつれて急激に本数が減少する逆J字型に近い分布を示す(図1・1参照)。これを年齢分布とみな

表 1.1　龍良山照葉樹原始林の原始林域における幹胸高直径 5 cm 以上の主要樹種の幹本数(ha あたり)と胸高断面積合計(胸高断面積合計の上位 10 種を表示)

樹種	本数(/ha)	胸高断面積合計(m²/ha)
スダジイ	41.0	25.03
イスノキ	411.3	20.49
ウラジロガシ	13.0	4.38
サカキ	183.3	3.51
ヤブツバキ	140.5	2.33
カクレミノ	36.0	1.49
タブノキ	15.8	0.92
イヌマキ	18.8	0.74
モッコク	15.3	0.64
クロキ	51.8	0.48

写真 1.6　スダジイの巨木(山本撮影)。2 本の主幹があり，根元からは多くの萌芽枝が出現している。主幹が消失するとこれらの萌芽枝が成長してその後を埋めると考えられる。スダジイはこのように萌芽しやすい樹木である。

写真 1.7　根元部に板根を生じたスダジイの大木(山本撮影)。板根は熱帯多雨林の樹木に多くみられる特徴である。

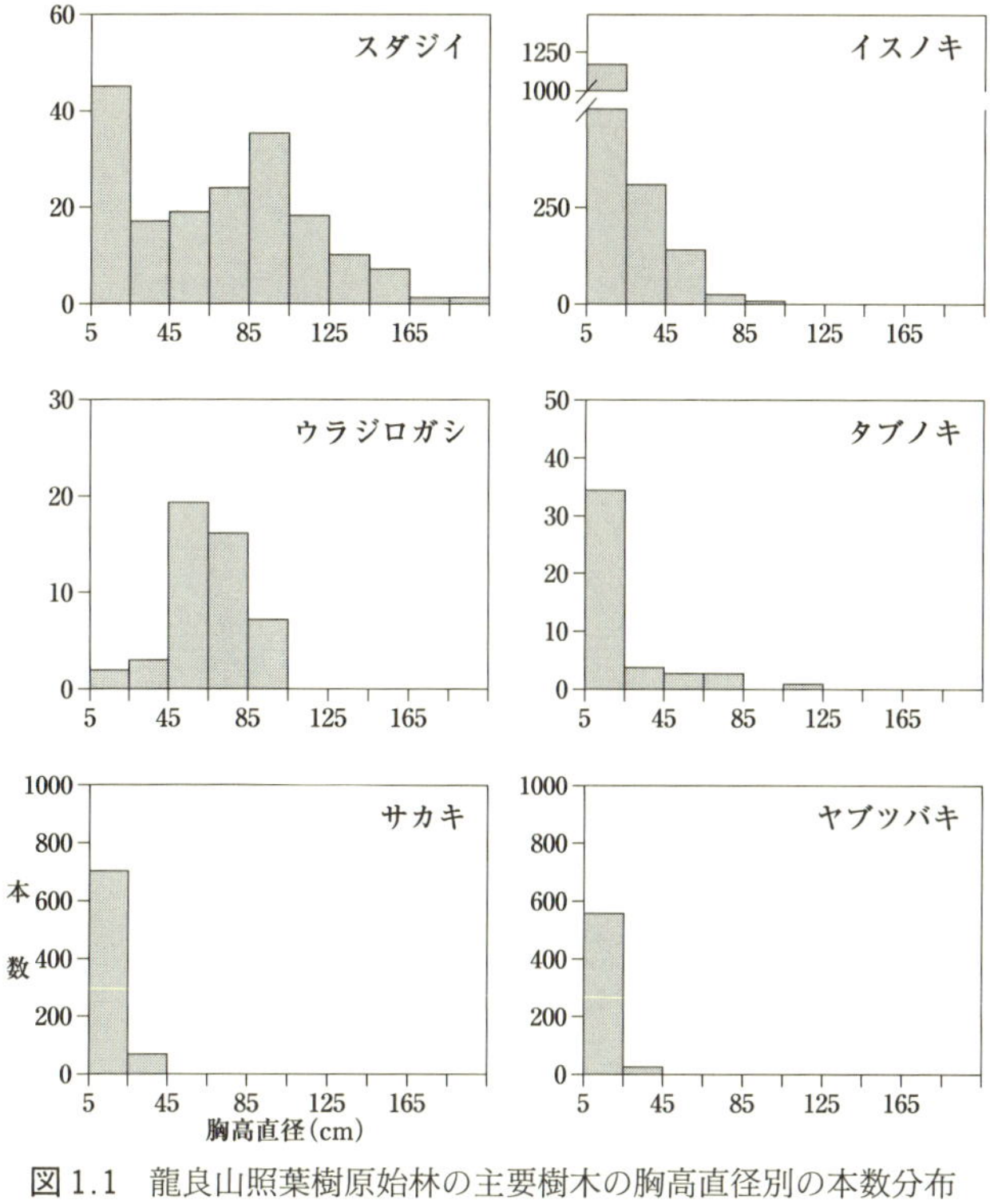

図 1.1　龍良山照葉樹原始林の主要樹木の胸高直径別の本数分布

写真1.8　イスノキの巨木(山本撮影)。イスノキはマンサク科の常緑高木で材がかたい。老木になるとこのように樹皮がこぶ状になる。

せば、若齢が多く高齢ほど急激に少なくなる安定齢構成といえる。タブノキやウラジロガシは数が少なく大木が林内に点々と出現する。タブノキの幹の直径分布はイスノキと似た分布をするが、ウラジロガシは太い階級のみにピークをもつベル型に近い分布をする(図1・1参照)。林冠層を構成する樹木にはこのほかに、落葉広葉樹のカラスザンショウ(ミカン科で若木段階では幹に刺がある)やイヌシデ(カバノキ科)、裸子植物(広葉樹は被子植物)のイヌマキ(マキ科)などの大木もわずかだが出現する。

林冠層の直下を構成する亜林冠層の樹木は一般に耐陰性(暗さに耐える能力)が高い樹木である。サカキは神事に枝葉が使われる樹木として知られているが、亜林冠層をヤブツバキとともに優占する。ヤブツバキ(写真1・1参照)はすでに述べたように照葉樹林を代表する樹木で、サザンカと同じく冬季に開花する。果実からは高級油である椿油がつくられる。サカキやヤブツバキの幹の直径分布はイスノキと似た分布をするが、イスノキほど太い階級の幹は存在しない(図1・1参照)。

低木層ではヒサカキが優占する。ヒサカキは雌雄異株で雄個体と雌個体があり、訪花昆虫によって花粉が運ばれ、種子は主に鳥類によって散布される。種子は休眠し、土壌中に休眠生存種子による埋土種子集団をつくる。照葉樹林域の二次林の低木層ではこのヒサカキがかなり優占する。[6][7]

山地アカガシ林（写真1・4参照）はかなりの急傾斜地に成立している。アカガシ林は一般に照葉樹林の出現する丘陵帯の垂直分布の上部に出現することが多く、その上の冷温帯のブナ帯と接している。事実、この山地アカガシ林においても常緑針葉樹のモミ（マツ科）が出現するとともに、ブナ帯要素である落葉広葉樹のシナノキ（シナノキ科）などが出現しており、龍良山の海抜高がさらに高ければブナ帯が出現することが想像される。

三　龍良山原始林の動態

三-一　林冠ギャップの形成

森林に対する自然撹乱の主なものには、山火事と台風などの強風があるが、[8]わが国では山火事は人為による火入れや失火などで、自然発火による原始林の山火事は古来から少なかったと考えてよい。これには、わが国の降水量の多さなどが関係しているようである。一方、台風はわが国の森林に対してもっとも大きな影響を与えている自然撹乱である。[9]とくに、西南日本は台風の常襲地帯で、原始林、人工林を問わず、頻繁に被害をうけている。人工林に対する台風の撹乱は単に森林の破壊をもたらすのみであるが、原始林などの自然林に対する台風の撹乱は森林の更新（若返り、世代交代）を促進する要因である。

原始林を含めて森林が台風による撹乱をうけたり林冠木が寿命で枯れたりすると、林冠層に大小さまざまな林冠ギャップ（単にギャップとよぶことが多い）とよぶ林冠の破れた穴が形成される（写真1・9、1・10）。[10]林冠ギャップができるとそれまで暗かった林内に陽光が射し込み、林冠ギャップの下やその周辺は明るくなる。そのため、これまで林内の暗さのために成育できなかった樹木の若木や芽生えなどがそこでは成育でき(写真1・11)、それによって林冠ギャップが埋められる。大きなギャップは小さなギャップに比べて、林冠ギャップの内部は明るく、成育により多くの光を必要とする陽性の樹木が成育できる可能性が高くなる。葉に寿命はありながらも、葉層がすべてなくなる時期のない照葉樹のような常緑広葉樹林では、林内が一年中暗いため、樹木の更新には林冠ギャップがとくに重要である。

龍良山の原始林域での調査によると、林冠ギャップの面積は林冠面積の約二四パーセントを占め、その密度はヘクタール(一〇〇メートル×一〇〇メートル)あたり二四個、平均面積は約一〇〇平方メートルであった(表1・2)[11][12]。日本の照葉樹林の平均値と比較すると[13][14]、これらの値はすべて龍良山原始林の方が大きいが、これは対馬を直撃した台風の直後の調査による影響と考えられる。林冠ギャップは小さなものが多く、大きなものになるにつれて急激に数が減少する逆J字型の分布をし、最大ギャップ面積は五六八平方メートルであった。大きなギャップは一般に複数のギャップ形成木(ギャップを形成した林冠木)によって形成されることが多く、その原因には落雷などによる林冠木の集団枯死、強風による林冠木の将棋倒しなどがある。また、一本の林冠木によって形成されたギャップの周辺の林冠木がしだいに枯死することによって複数のギャップ形成木による林冠ギャップが形成されることがある(ギャップ拡大という)。龍良山原始林で複数のギャップ形成木によって形成されたギャップの率は二二パーセントくらいで、全国平均と大差ない。

林冠ギャップは林冠木の枯死や傷害によって形成されるが、ギャップ形成木の枯死や傷害の状態にはさまざまなものがあり、それらがギャップ内での植生の動態や樹木の更新に影響を与える。主なものに、「立ち枯れ」、「幹折れ」、「根返り」などがある(表1・2参照)。「立ち枯れ」は林冠木が何らかの原因で枯死後、その場所で枯れ

写真 1.9　林冠に形成されたギャップ(山本撮影)。林内の地上から見上げたもの。まわりの部分に比べてかなり明るい。

写真 1.10　龍良山照葉樹原始林域の上空から撮影した林冠表面の空中写真(山本提供)。黒い部分が林冠ギャップで，あちこちに林冠ギャップが形成されていることがわかる。

写真1.11　形成直後の林冠ギャップの内部(山本撮影)。多くの落葉広葉樹(カラスザンショウ，イヌシデ，ヤマグワ，アカメガシワなど)が成育している。照葉樹林内での落葉広葉樹の個体群維持には林冠ギャップが必須

表1.2　龍良山照葉樹原始林と日本の照葉樹林(平均値)の林冠ギャップ特性

	龍良山原始林	日本の照葉樹林
林冠ギャップ		
ギャップ面積率(%)	23.9	17.0
ギャップ密度(/ha)	23.8	19.5
平均ギャップ面積(m^2)	100.4	77.1
最大ギャップ面積(m^2)	568.3	568.3
ギャップ形成木		
密度(/ha)	33.0	25.0
複数木によるギャップ(%)	22.0	19.9
ギャップ形成木の状態(%)		
立ち枯れ	25.7	17.3
幹折れ	48.6	51.5
根返り	17.1	22.3
その他	8.6	8.9

写真 1.12　イチイガシの「立ち枯れ」木(山本撮影)。鹿児島県大口市の照葉樹林

木が倒れたり折れたりせずに立ったままの状態にあるものをさす(写真1・12)。「立ち枯れ」による林冠木の枯死では、林冠ギャップの形成によって、林冠ギャップ内が明るくなるのみで、下層の植物に対する物理的な被害は少ない。林冠ギャップ内の恵まれた陽光条件下で樹木は順調な成育をする。一方、これに対して「幹折れ」は生きている林冠木が台風の強風などによって幹が折られて林冠ギャップができるものである(写真1・13)。折れた幹が下層の植物を押しつぶすために、林床の植生に対するインパクトは大きい。「立ち枯れ」後に「幹折れ」する林冠木もあるため、生きている林冠木が「幹折れ」したものと区別するのが難しい場合がある。「根返り」は林冠木が根元からひっくり返ることによって林冠ギャップが形成されるもので、地表面に対するインパクトは前二者の場合よりはるかに大きい。「根返り」が生ずると、地中の根系が地上部に出現して小山状のマウンドと小穴状のピットが形成される(写真1・14)。「根返り」が生ずると林冠ギャップ直下の下層の植物は根こそぎ掘り起こされるために、枯死するものが多い。その一方で、マウンド部では落葉層が雨水などによって流下し、鉱物質土壌が裸出するため、芽生えの定着

写真 1.13　スダジイの「幹折れ」木(山本撮影)。内部が腐り，空洞になっていることがわかる。このようになると幹の強度が低下し，強風によって折れやすくなる。

写真 1.14　「根返り」倒木の根部のマウンド(山本撮影)。宮崎県綾町の照葉樹林。「根返り」が生じると地上部に持ち上げられた根系のために，このようなマウンドが形成される。

のために鉱物質土壌を必要とする樹木にとってはこのような場所は好適である。さらに、土壌中の休眠生存種子を地表部近くに持ち出し、発芽させるという役割も認められる。日本の照葉樹林では、「幹折れ」がもっとも多く、「立ち枯れ」と「根返り」は約二割程度であるが、龍良山原始林においてもこの傾向はかわらないようである（表1・2参照）。「根返り」は形成頻度は低いが、先に述べたように林の動態に対して重要な役割を果たしているといえる。林冠ギャップを形成したギャップ形成木の枯死や傷害の状態には、このほかに、「傾斜」や「大枝折れ」などがある。「傾斜」は林冠木が傾斜し、ほかの林冠木にもたれかかった状態にあるもので、「大枝折れ」は林冠木の大枝が折れたもので、いずれも形成された林冠ギャップの面積は小さい。

三-二　原始林における樹木の更新動態

以上のような林冠ギャップが形成されると、森林の更新動態は促進される。小さな林冠ギャップはギャップ周囲の林冠木の枝の側方成長によって埋められるが、より大きなギャップになると、下層の樹木の成長によってギャップは埋められる。

スダジイは暗い林内で種子が発芽し芽生えが定着するが、生存できるのはせいぜい高さ三〇センチくらいまでで、それ以上高くなれないようである。幹の高さが三〇センチくらいになるとその幹は枯れるが、それにともない根元付近から新たな萌芽枝が発生して個体を維持しているようである。このような幹の枯死・再生を繰り返している個体の上部に大きな林冠ギャップが形成されると、その個体の幹は急激に伸長成長し、林冠へ到達すると考えられる。スダジイはこのように林冠ギャップを利用した断続的な更新を行っているようである。イスノキも暗い林内で種子が発芽し芽生えが定着するが、その後はおそらく強い耐陰性のために暗い林内でも成育することができ、小さな林冠ギャップでも林冠に到達し、ほぼ連続的に更新していると考えられる。タブノキもイスノキ

写真 1.15　林冠ギャップ内部でおうせいに成育するカラスザンショウ（山本撮影）。右下のものが顕著でカラスザンショウは大型の複葉を有する樹木である。

とほぼ類似の更新を行っているようである。ウラジロガシは稚樹や若木がきわめて少なく、その更新様式は明らかでない。亜林冠木のヤブツバキやサカキは、イスノキと類似の更新様式と考えられる。

スダジイは、龍良山原始林のようにイスノキが分布する照葉樹林では断続的に更新しているが、イスノキが分布しない照葉樹林では連続的に更新するようで、イスノキという優勢な競争種が存在するかしないかによって更新様式が変化するという興味深い特性を有している。[15]

照葉樹林内の落葉広葉樹にとってその個体群維持には、林冠ギャップ、とくに「根返り」によって形成された大きな林冠ギャップが必須である。カラスザンショウは土壌中に休眠生存種子を蓄積しているため、「根返り」によってそれらの生存種子が地表面近くに持ち出され発芽することによって、芽生えが地表面上に出現する。しかも、林冠ギャップの形成によってギャップ内が明るいために、陽性の樹木のカラスザンショウはおうせいに成育できる（写真1・15）。イヌシデは芽生えの定着に鉱物質土壌を要求するために、「根返り」による土壌撹乱による鉱物質土壌の裸出は必須である。やはり、陽性の樹木であるので林冠ギャップ下の明るい環境はイヌシデの稚樹の生存や成長にとって好適である。

山地アカガシ林における樹木の更新動態についてはほとんどわかっていないが、低木状のアカガシが強風などによって枝葉を失っても、絶えず幹から萌芽枝を再生させて林を維持させていると思われる。このため、林冠の閉鎖が保たれ、林冠ギャップはほとんど形成されていないようである（写真１・４参照）。このような林の維持の仕方は、海岸に多い（したがって風の強い）低木状のヤブツバキ林（高知県の足摺岬近辺がその代表）と類似している。

四　原始林域を取り巻く二次林

原始林域を取り巻いて二次林域が存在するが[16]、林内には炭焼き釜跡があることから、この二次林の起源は炭焼きによる伐採と考えられる。過去には炭焼き用材を得るために比較的短いサイクルで伐採されていたものが、燃料革命による燃料材の生産が行われなくなり、そのまま放置された後再生したものである。再生後、それほど時間を経過していないため、林内には原始林域に比べて圧倒的に細い樹木が多く（写真１・16）、林冠層にも林冠ギャップがまだ形成されていない（写真１・17）。

二次林域の林冠層ではスダジイがかなり優占している（相対密度で七五パーセント、ちなみに原始林域では四二パーセント）。これらのスダジイの個体には一株から多数の幹をたこ足状に出現させた個体が多く（写真１・18）、炭焼き伐採後、萌芽によって再生した個体と考えられる。このほかに、二次林域には陽性の先駆樹木である常緑針葉樹のアカマツや、落葉広葉樹のヤマザクラやコナラなどが林冠層に出現する。二次林域の下層には、スダジ

写真 1.16　龍良山照葉樹原始林の二次林域の林内の状態(山本撮影)。細い木が多く，ところどころに比較的太いスダジイが出現する。

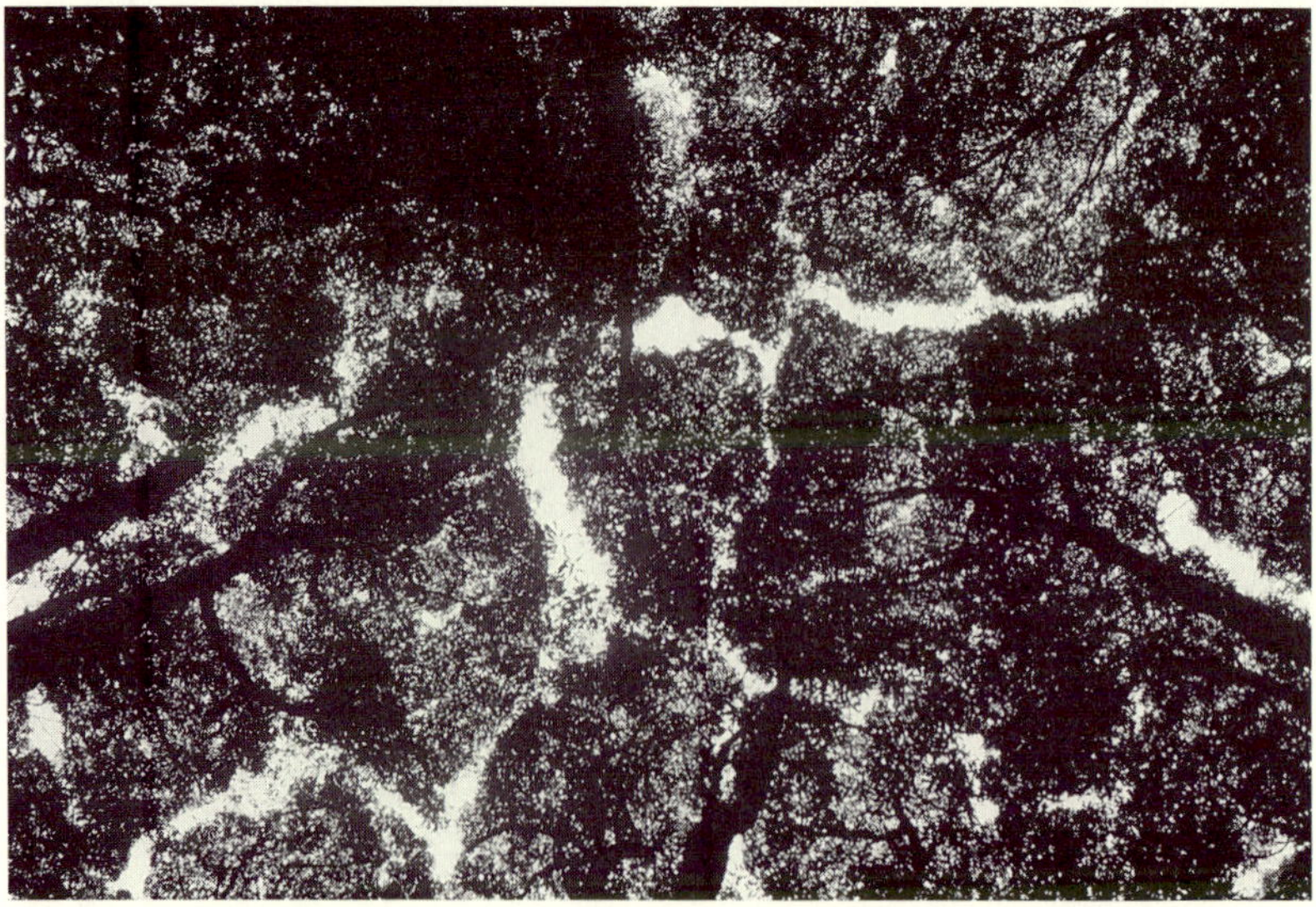

写真 1.17　二次林の林冠の状態(山本撮影)。個々の樹冠がすきまなく詰まっていて林冠ギャップは形成されていない。

写真 1.18　龍良山二次林域に出現するスダジイの萌芽個体(山本撮影)。炭焼き時における伐採によって，多数の萌芽枝が出現したがそのまま放置されたためにこのような樹型となった。

イがきわめて少なくイスノキが多いことから、今後、この二次林域の林冠層はスダジイが減少してイスノキが優占するよう推移して、原始林域の構造に近づくものと予測される。

　この二次林域は原始林域を取り巻いて存在するため、人工林と原始林域が直接接触することをふせぐ緩衝ゾーンとして重要である。また、それのみならず、現在、原始林へと組成や構造が復帰しつつある。これらのことから、原始林域の厳正な保護のみならず、この二次林域の保護もきわめて重要なことといえる。

五　龍良山原始林の保護

　森林の面積率では世界有数のわが国においても、自然林、とくに原始林はきわめて少なくなった。とくに、早くから人為の影響をうけてきた低地の照葉樹原始林はほんのわずかしかない。そういったなかで、この龍良山照葉樹原始林はまれにみる平坦な地形上にまとまって残存する貴重な照葉樹原始林であり、大正時代に早くも国指定天然記念物に指定した先人の先見性に敬意を表したい。原始林の生態系ができあがるためには、土壌の成熟などを含めると、きわめて長い年月が必要である。そこでみられる、生物とその物理的環境や生物間の相互作用は、長い年月をかけてできあがってきたものである。

原始林の維持機構についての従来からの考え方について大きな変更が迫られている[10][17]。原始林の維持機構は、これまで考えられていたよりもはるかに複雑で動的なものであることが認識され始めており、植生遷移理論による「極相」の考え方は有効なものではなくなっている。そのような状況を考えると、この龍良山照葉樹原始林は、日本の照葉樹林の雛形としての学術的価値はきわめて高い。また、龍良山のある対馬は九州と朝鮮半島のほぼ中間に位置することから、日本列島と朝鮮半島との生物相の歴史的成立過程を考えるうえでも重要な地理的位置にある。

原始林の生態系は人為による干渉に弱い。先にも述べたように、現在、龍良山照葉樹原始林の原始林域の周囲は二次林域が取り囲み、その外側は若齢の植林地となっている。この二次林はしだいに原始状態に復帰しつつある緩衝ゾーンとして、原始林域を若齢植林地から隔てる重要なゾーンで、原始林域の保護にとってもきわめて重要である。しかし、龍良山原始林の等高線方向の幅は狭く(写真1・2参照)、林外からの影響をうけやすい。そのため、この貴重な森林の積極的な保護には、二次林部分の等高線部分の幅を広げ緩衝効果を高めることを、今後考えなければならない。

現在、龍良山照葉樹原始林においては、長崎大学名誉教授の伊藤秀三氏の先導で開始された龍良山照葉樹原始林の維持機構に関する、生態学、遺伝学などの多分野が協力した長期研究が、名古屋大学、北九州市立自然史博物館、森林総合研究所の研究者によって進められている。この研究では龍良山照葉樹原始林の長期にわたる動態、主要な樹木の遺伝繁殖構造などの解明を通じて、かつて西南日本の低地に広がっていた往事の照葉樹原始林の姿を明らかにしようとしており、その結果が期待される。

(1) Tagawa, H. 1995. Distribution of Lucidophyll Oak-Laurel Forest Formation in Asia and Other Areas. Tropics, 5: 1-40.

(2) 吉良竜夫、一九四八、温量指数による垂直的な気候帯のわかちかたについて、寒地農学、二、一四三―一七三頁。

(3) 服部保、一九九三、タブノキ型林の群落生態学的研究II――タブノキ型林の地理的分布と立地条件、日本生態学会誌、四三、九九―一〇九頁。

(4) 伊藤秀三、一九九二、対馬・龍良山照葉樹林の植生概説、一九八七年直撃台風で生じた対馬・龍良山原生林の林冠ギャップの復元初期相の研究、平成三年度科学研究補助金(一般研究(C))研究成果報告書(伊藤秀三編著)、一―八頁。

(5) 山本進一、一九九二、対馬・龍良山照葉樹林における海抜高にともなう植生変化――ベルトトランセクトによる調査研究、一九八七年直撃台風で生じた対馬・龍良山原生林の林冠ギャップの復元初期相の研究、平成三年度科学研究補助金(一般研究(c))研究成果報告書(伊藤秀三編著)、六五―八七頁。

(6) 真鍋徹・山本進一・千葉喬三、一九九一、撹乱跡地におけるヒサカキ *Eurya japonica* の実生定着と萌芽再生、日本緑化工学会誌、一七(一)、二七―三六頁。

(7) 真鍋徹・山本進一・千葉喬三、一九九三、コナラ二次林におけるヒサカキ *Eurya japonica* の種子散布特性、日本緑化工学会誌、一八(三)、一五四―一六一頁。

(8) 山本進一、一九八四、森林の更新――そのパターンとプロセス、遺伝、三八(四)、四三―五〇頁。

(9) Naka, K. 1982. Community Dynamics of Evergreen Broadleaf Forests in Southwestern Japan. I. Wind Damaged Trees and Canopy Gaps in an Evergreen Oak Forest. Botanical Magazine, Tokyo, 95: 385-399.

(10) Yamamoto, S. 2000. Forest Gap Dynamics and Tree Regeneration. Journal of Forest Research, 5: 223-229.

(11) Yamamoto, S. 1992. Gap Characteristics and Gap Regeneration in Primary Evergreen Broad-Leaved Forests of

Western Japan. Botanical Magazine, Tokyo, 105: 29-45.

(12) Yamamoto, S. and S. Itow. 1994. Studies in the Evergreen Broad-Leaved Forest of Tatera Forest Reserve, Tsushima, Japan. V. Canopy Gaps and Gap Regeneration in Mature Stands. Bull. Faculty of Liberal Arts, Nagasaki Univ. (Natural Science), 35(1): 17-26.

(13) Yamamoto, S. 1996. Gap Regeneration of Major Tree Species in Different Forest Types of Japan. Vegetatio, 127: 203-213.

(14) Yamamoto, S. 1977. Some Features of the Forest Dynamics of Warm-Temperate Evergreen Forests in Japan. Natural History Research, Special Issue, 4: 127-131.

(15) Yamamoto, S. 1994. Gap Regeneration in Primary Evergreen Broad-Leaved Forests with or without a Major Canopy Tree, *Distylium racemosum*, Southwestern Japan: A Comparative Analysis. Ecological Research, 9: 295-302.

(16) Yamamoto, S. and S. Itow. 1995. Studies in the Evergreen Broad-Leaved Forest of Tatera Forest Reserve, Tsushima, Japan. VII. Comparative Analysis of the Structure and Composition of Primary and Secondary Stands. Bull. Faculty of Liberal Arts, Nagasaki Univ. (Natural Science), 36(1): 19-30.

(17) Yamamoto, S. 1992. The Gap Theory in Forest Dynamics. Botanical Magazine, Tokyo, 105: 375-383.

第二章　照葉樹林の林冠生態学

——植物の繁殖をめぐる動物との共生

湯本貴和

一　林冠生態学とは何か

個々の木の上面を樹冠とよぶのに対し、森林の上面を林冠とよぶ。照葉樹林の林冠とは、空中からみた森林の表面部のことである。森林における光合成の大部分は林冠部で行われ、また、照葉樹林の多くの樹木やつる植物、着生植物は林冠部でのみ開花・結実する。林冠部には葉や花、果実に依存する植食者や、それらの捕食者・寄生者として多くの動物が生育していて、彼らの多くは一生、地上に降り立つことはない。

人間の眼を楽しませてくれる植物の花は、いうまでもなく植物の生殖器官である。自力で移動できない植物は、花粉の送受をほかの媒体、すなわち送粉者に頼っている。植物によっては、風や水という生物以外の媒体を使い、それぞれ風媒、水媒とよばれる。しかし被子植物の多くのグループでは、動物を媒体とする動物媒が主である。動物媒には、送粉者によって虫媒や鳥媒などがある。花を彩る要素である花弁の色や形、花蜜、匂いなどは、送粉者として有効な動物をうまく引き付けるように進化してきた。風媒や水媒では、花弁は退化していて、匂いもほとんどない。

植物が繁殖を動物によっている場面は、もうひとつある。果実を動物に食われて種子が運ばれる種子散布という過程である。植物が送粉者を引き寄せ、花粉を運んでもらうように花を進化させてきたように、おいしくて栄養がある果実は、植物が動物に種子散布というサービスをやってもらうために進化させてきたものである。この過程でも動物に頼らない散布様式があって、ただ地面に落ちてころがるだけの重力散布、風によって運ばれる風散布、物理的な力で弾けて飛ぶ自発的散布などがある。果実を形態的にみると、液果とよばれる動物散布のもの、蒴果とよばれる風散布、重力散布、自発的散布のもの、堅果とよばれる重力散布あるいはネズミなどが食べ残して散布するものなどがあって、散布様式と対応している。液果では、動物に食べられないように保護された種子のまわりに、動物に対する報酬としての果肉が発達している。動物に頼らずに散布する様式をもつ植物にとっては、動物はむしろ種子を食害する敵として働くことが多い。

生物間相互作用、すなわち植物と植食性昆虫との化学物質を介した軍拡競走や、植物の送粉や種子散布の過程における動物との相利共生が、森林の多様性を促進していることが近年明らかになりつつある。しかし、送粉や種子散布、葉食などの生物学的に重要な活動の多くは「生きているバイオマス」が集中している林冠部でしか観察できない。この一〇年あまり、林冠を知ることが生態学の新しい展開となり、林冠生態学とよばれるようになったのである。

樹上の世界が知りたい。そこから始まった林冠への挑戦である。誰でも考えるのは木登りである。しかし、木登りといっても、照葉樹林は樹高二〇メートルを超える。徒手空拳では挑めない。そこで登場するのが、岩登りのテクニックである。岩登りでは、あくまで岩壁をのぼるのは手と足で、ザイルは安全確保だ。木登りでも木の幹にハーケンを打ちつけてのぼることは可能であろうが、それでは観察木を傷めてしまう。ここで求められる木登りは、自分の安全を確保しつつ、できるだけ樹木を傷つけないことが条件となる。岩登りでは、主に救助や危機回避のために、ザイル一本をのぼる方法が開発されている。アッセンダーとよばれる、バネ式のカムを使った一種の取っ手を使う方法である。荷重をかけずにカムをゆるめてずらすと、上下方向に移動するが、荷重をかけるとしまって、絶対に動かない。登はん用のザイルに左右一組のアッセンダーをつけ、交互に体重を移動させながらのぼっていく。この方法が一九七〇年代の後半にアメリカのD・ペリーによって、林冠生物学の世界に導入されてから、近代的な木登りが始まったといえる。現在ではケービング（洞窟もぐり）でさまざまな補助器具が開発されて、より安全に登り降りできるようになった。

どうやって高い木にザイルを掛けるのかというのが、多くの方の素朴な疑問だろう。じつは、森林で木にのぼるのにもっとも時間がかかるのが、このザイルを掛ける作業である。私も試行錯誤の末、ボーガンとリールの組み合わせを使うことになった。ボーガンは、弓矢を銃のように引き金を引くことで発射できるようにした「弓銃」である。かなり威力のある弓を、それほどの訓練なく扱えることに特長がある。矢に釣りのテグスをむすびつけて、ボーガンでテグスを飛ばすのが第一段階だ。木が低ければパチンコでも十分で、釣り用の錘りを飛ばす。高い木登りをめぐる一連の技術開発で、長い紐を扱う道具は漁業関係でもっとも発達していることがわかった。高い木に糸を掛けるには、海釣りで遠くに仕掛けを飛ばすためのとくに丈夫なテグスと、それ専用に開発されたすべりのよいリールを使う必要がある。さもなければ、せっかくボーガンで打ち出しても、テグスの繰り出しで抵抗を与えてしまい、十分な飛距離が生まれない。幸いに、このようなテグスとリールは大きな需要があって、高度に工夫を凝らされた商品が手にはいる。錘りは釣り道具屋で、サイズも重さも好きなものが選べる。つぎにテグスに直径三ミリ程度のナイロン縄、ついで八ミリの太いものに置き換える。この縄も一番丈夫でしかも安価なのが、漁網を引っ張るためのものである。八ミリの縄で登はん用の直径一一ミリのザイルを引っ張りあげて、アッセンダーでのぼる。私は数十本に木に八ミリの縄をかけた状態で放置しておいて、常時ザイルに置き換えて、のぼれるようにしていた。

私の研究テーマは、照葉樹林を構成する樹種がどのような動物を送粉者とし、種子散布者としているかであった。森林を構成する主要な高木が風媒、重力散布あるいは風散布であるブナ林や針葉樹林と異なり、照葉樹林では繁殖を動物に頼っている樹種が多いと予想されていた。しかし、照葉樹林をその視点で研究した人は誰もいなかった。そのためにはまず、良好な照葉樹林がそこに住む動物とともに残っている場所を調査地として求める必要がある。そこで選んだのは屋久島である。花や果実は季節を追ってみられるものである。したがって調査も季節変化(フェノロジー)を追って、長期に滞在して行うことになる。私は送粉の調査のために約二年、さらに種子散布の調査のために共同研究者の野間直彦(現滋賀県立大学)とともに、もう一年、屋久島に家を借りて住むことになった。

二　屋久島の垂直分布と照葉樹林

屋久島は、九州最南端の佐多岬から南海上およそ七〇キロに浮かぶ周囲一三二キロ、面積五〇三平方キロのほぼ円形の島である。九州一の高峰・宮之浦岳(標高一九三五メートル)をはじめとして、一八〇〇メートル級の山を七座、擁する山岳島として知られてきた。

黒潮洗う亜熱帯の海岸部から、四月まで雪をいただくこともある山頂部までの標高差が、シダ植物三八八種、種子植物一一三六種の自生を許す環境となっている。日本に自生する植物の約六分の一が、この小さな島に分布することになる。植物は赤道に近いほど、また島の面積が大きいほど種数が多いのが普通であるが、屋久島より南に位置し、面積も大きい奄美大島では、帰化植物も含めて一三〇〇種あまりであることを考えると、屋久島の植物相の豊かさがわかる。

屋久島は花崗岩の隆起によって生まれた島である。約六五〇〇万年前の屋久島は、アジア大陸沿岸の海底であったと推定されている。大陸から流れ込んだ土砂は、現在の種子島と屋久島付近に堆積し、熊毛層群とよばれる堆積層を形成した。この熊毛層群は、現在、島の北西部を除く海岸部でみることができる。今から、一四〇〇—一三〇〇万年前にマグマが上昇して熊毛層群を押し上げて、現在の屋久島の姿になった[1]。

屋久島はまた、雨の島としても知られている。標高二〇〇〇メートルに迫る高山を擁するために、斜面にそって上昇した空気が冷却されて雲をつくりやすい。海岸ぞいの小瀬田での一五年間の平均では、年間四二九〇ミリの降水量を記録し、鹿児島の二倍、奄美大島の名瀬の一・五倍にあたる。また、小瀬田では、年平均気温は、セ氏一九・四度、もっとも寒い一月の月平均気温でも一一・六度である。屋久島の海岸部は、霜が降りることも、雪が降ることもめったにない温暖な気候である。島内各地の降水量の違いをみると、海岸部では東部が年間四五九〇ミリ前後と多く、北部と南部では四〇〇〇ミリあまり、西部では少なく約二五〇〇ミリとなっている。また山間部ではじつに八〇〇〇ミリ以上の雨が記録されている。(2) 多雨地帯として有名な大台ヶ原(奈良・三重県)でさえ、年間四〇〇〇ミリ程度であることを考えると、日本有数あるいは世界でも屈指の多雨といえる。

屋久島に自生する植物のうち、分類学者によって見解は多少異なるものの、世界でここにしかない固有種が四五種、また固有亜種が一種、固有変種が二六種が確認されている。(3) 日本近郊の本土と一度でもつながったことのある大陸島で、屋久島ほど固有種の多い島はほかにはない。これは、屋久島の豊かな降水量と、海岸部から山頂までの温度環境の幅、それに南西諸島での特異な地理条件による。

屋久島の森林帯は、標高にそって五つに分けることができる。(4) 亜熱帯—照葉樹林帯移行帯、照葉樹林帯、照葉樹林—ヤクスギ林移行帯、ヤクスギ林帯、風衝低木林帯である。この標高に対応した五つの植生に、河口にだけみられる亜熱帯性のマングローブ林がつけ加わる。屋久島は、この植生の垂直分布が連続して残っている東アジアで、ほとんど唯一の場所である。

マングローブの北限に近い屋久島や種子島では、マングローブを構成するのはメヒルギ一種だけである。現在、屋久島にはメヒルギのマングローブ林が、島の南西部の栗生川河口に細々と残っているにすぎない。

標高一〇〇メートル以下の亜熱帯—照葉樹林帯移行帯は、タブノキ、スダジイ、イスノキを主体とする常緑広葉樹林に、しめ殺し植物のアコウとガジュマル、琉球や台湾に多いフカノキ、モクタチバナなどの熱帯要素がまじる森林である。標高一〇〇メートルから八〇〇メートルの照葉樹林帯は、スダジイ、ウラジロガシ、イスノキを主体として、サカキ、ツバキ、イヌガシ、バリバリノキといったツバキ科、クスノキ科などからなる常緑広葉樹林である。このゾーンには種子島と屋久島にしか生育が確認されていないヤクタネゴヨウという五葉松がある。やせた尾根に生えていて、屋久島でも西南部のごく限られた地域にみられる。

スギ、モミ、ツガの針葉樹は、標高五〇〇メートル付近からあらわれ、標高があがるとともに、数を増す。標高八〇〇メートルを超えると、針葉樹の巨木がめだつようになる。照葉樹林―ヤクスギ林移行帯である。一二〇〇メートル付近からは照葉樹林の構成要素が少なくなり、スギと着生したヤマグルマが優占する典型的なヤクスギ林となる。

標高一六〇〇メートルを過ぎたあたりから、モミやツガが姿を消し、スギもしだいに樹高が低くなり、まばらになっていく。強風によって、高木の生育が妨げられる風衝低木林帯である。高木が疎になり、林床が明るくなるこのゾーンでは、ヤクシマママコナ、ヤクシマコオトギリ、ヤクシマアザミなどの、屋久島の名を冠してよばれる固有植物が多くみられる。

植物に比べると、動物相は意外にもそれほど豊かとはいえない。とくに大・中型哺乳類は、ヤクシマザル、ヤクジカ、ヤクシマコイタチといった固有亜種がいるほかには、本来、タヌキもキツネもウサギもいない。ヤクシマザルとヤクジカは、ほぼすべての植生帯に生息し、遭遇する頻度はここ数年、増えている印象がある。また鳥類も、シジュウカラが分布せず、ヤマガラ、メジロ、ヒヨドリが優占している。アカヒゲはきわめてまれだが、ヤクスギ林の上部に生息しているのが観察されている。しかし国の天然記念物に指定されているアカコッコとイイジマムシクイは近年確認されていない。

屋久島は一九六四年に「霧島屋久国立公園」として島の三八パーセントが国立公園に編入されたが、禁伐の特別保護地域は公園の三二パーセント、伐採方法や面積に制限がない第三種特別地域が六割を占めた。当時、国立公園を所轄していた厚生省は、保護地域の大幅増を考えたが、国有林当局の強い抵抗をうけて妥協せざるを得なかったと聞いている。その後、島に住む人々や都会に住む島の出身者を中心に屋久島の自然を保全する動きが生まれ、世論の後押しにもよって、一九七〇年学術参考林、自然休養林の指定、一九七六年宮之浦川・永田川上流を施行見合わせ林に指定と保護が拡大し、さらに一九八三年には屋久島北西部の国立公園の拡張および保護強化が行われ、西部の海岸線より中央高地に至る垂直分布の保護ゾーンが確保された。(5) また林野庁も一九九一年に森林生態系保護地域を設定した。一九九三年一二月に白神山地とともに日本で初めてユネスコの世界遺産に登録される際にも、残った垂直分布の貴重さが大きな登録理由となっている。

とくに一九八三年に国立公園の拡張と保護強化が行われた西部地域に残る照葉樹林は、規模として日本有数のものである。ここにはかつて西南日本をおおっていたという豊かな照葉樹林と、そこに住んでいた動物たちが、島という制約をうけながらも生き続けている奇跡のような場所であろう、そう考えて私は屋久島に渡ったのである。

三　開花フェノロジーと送粉者

屋久島の照葉樹林は、北のブナ林や針葉樹林のような特定の優占種をもたない多様性の高い林である。つる植物や着生植物も多く、景観的にも林の構造としても熱帯雨林の雛形といえるものである。屋久島の北東部、愛子岳山麓の標高一五〇メートルの、尾根と谷を含めた約三ヘクタールの調査区を設け、一九八五年二月から一九八六年一月いっぱい、丸一年のあいだ、調査区で開花したすべての木本性植物の送粉者と開花フェノロジーを調査した。(6)(7) ここには尾根にはスダジイ、平坦地にはタブノキが多い、屋久島の典型的な低地照葉樹林で、島でもかなりよい状態で林が保存されていて、世界自然遺産に登録された地域にもはいっている。

この照葉樹林を構成する木本性植物は、開花する位置と花のパッチとしての性質で大きく三つに分けられる。まず、直射日光にあたる林冠に達して初めて開花する林冠開花性樹種である。このカテゴリーに属する植物は、樹冠を林冠に突き出し、遠くからでもよくみえる大きな花のパッチをつくる。第二のカテゴリーはつる・着生植物で、林冠に埋もれるように咲き、花のパッチもずいぶん小さい。林床に落花が散るのをみて初めて花が咲いていたことに気づくほどである。最後は林内開花性樹種で、暗い林内でも多数の花をつけて結実する樹木である。林の外からはみえにくいが、林内ではけっこうめだつ花のパッチを形成するものもある。

この三つのカテゴリーの植物では、花の形や送粉者、開花のフェノロジーに大きな違いがあることがわかった(図2・1)。林冠開花性樹種ではブナ科、ミツバウツギ科、ヤブコウジ科、クスノキ科、ハイノキ科などの多様な科に属するにもかかわらず、皿状や小盃状の小さな花を多数つけ、きわめて短期間に開花する集中開花型である。また、近くにいる同種他個体と開花のピークがよく同調していて、森林全体でみても開花期が短い。どの樹種も小型ハナバチ類(コハナバチ科、ヒメハナバチ科、基本的に単独性で一部に社会性をもつ種がいる)、ハエ・アブ類、甲虫類といった日和見主義的な昆虫が送粉者である。日和見主義的な昆虫とは、特定の種の花あるいは資源としてとくに価値の高い花を選択して訪れるというよりも行き当たりばったりに出会った花を訪れる性質のものをいう。つる・着生植物種は、キョウチクトウ科、ガガイモ科、アカネ科、マツグミ科、スイカズラ科、イワタバコ科などに属し、種ごとに長さの異なる筒状の花をもち、少しずつ個々の花の開花をずらせながら個体としては長期に開花を続ける延長開花型が多い。送粉者も種ごとに異なり、中・大型ハナバチ(コマルハナバチ、スジボソコシブトハナバチ、クマバチ)、中型アゲハ(アオスジアゲハ、ミカドアゲハ)、鳥(ヒヨドリ、メジロ)のう

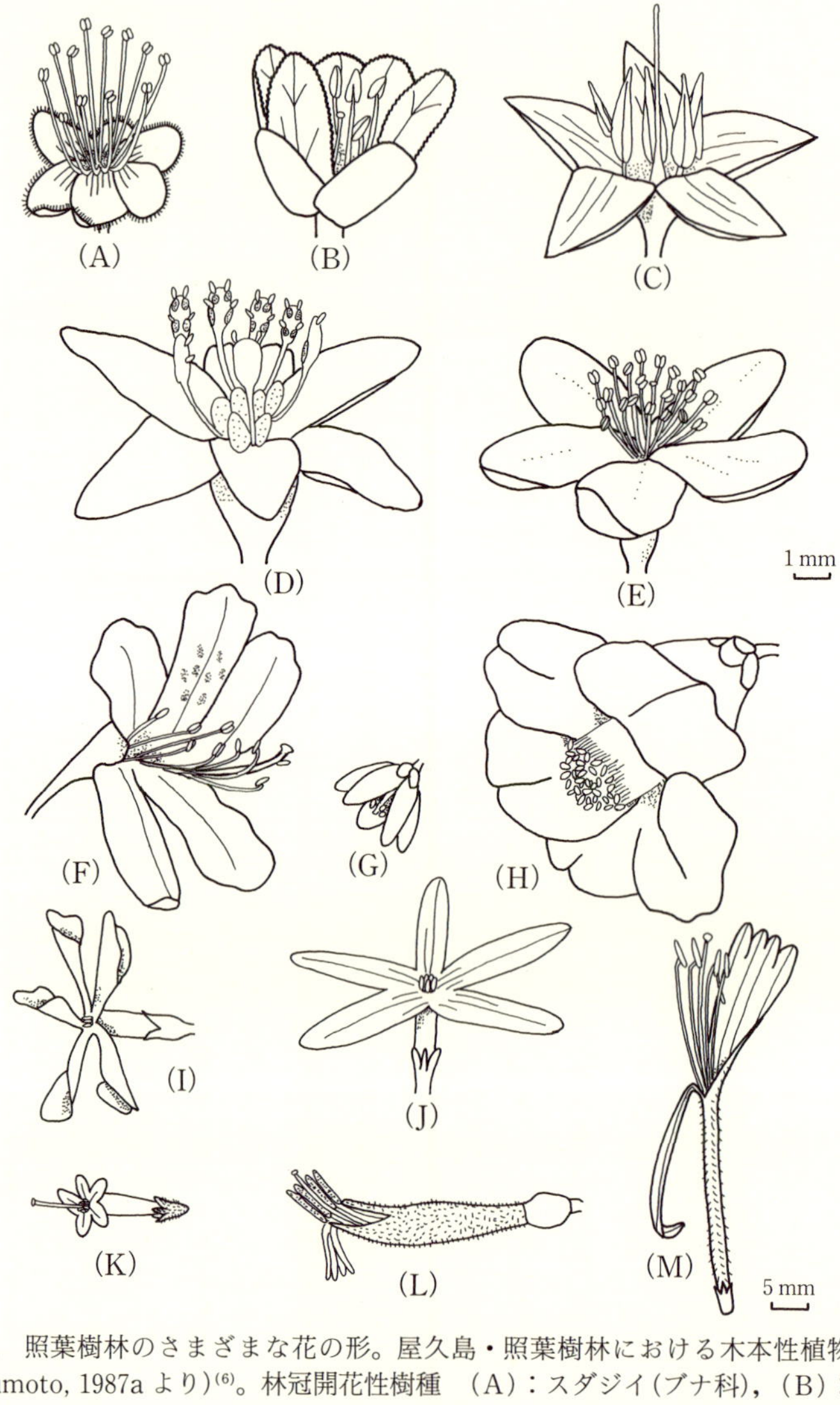

図 2.1　照葉樹林のさまざまな花の形。屋久島・照葉樹林における木本性植物の花(Yumoto, 1987a より)[6]。林冠開花性樹種　(A)：スダジイ(ブナ科)，(B)：ショウベンノキ(ミツバウツギ科)，(C)：モクタチバナ(ヤブコウジ科)，(D)：タブノキ(クスノキ科)，(E)：クロバイ(ハイノキ科)。林内開花性樹種　(F)：サクラツツジ(ツツジ科)，(G)：サカキ(ツバキ科)，(H)：ツバキ(ツバキ科)。つる・着生植物種　(I)：テイカカズラ(キョウチクトウ科)，(J)：リュウキュウシタキヅル(ガガイモ科)，(K)：カギカズラ(アカネ科)，(L)：オオバヤドリギ(マツグミ科)，(M)：キダチニンドウ(スイカズラ科)。林冠開花性樹種の花は，林内開花性樹種とつる・着生植物種の花の 5 倍の縮尺で描かれていることに注意

ちのいずれかに依存していた。林内開花性樹種は、ツバキ科あるいはツツジ科に属し、つり鐘状あるいはじょうご状の花をもつ。ツバキ科に属する三種は延長開花型を示す。ツツジ科ツツジ属のサクラツツジは集中開花型だが、個体ごとの開花のピークはずれていて、いちじるしいものでは大枝単位で開花のピークが違っていて、個体でみるとふたつ以上のピークがでるものもいた。これらはマルハナバチか鳥のどちらかによって送粉された。

林冠開花性樹種の、いっせいに咲くめだつ花のパッチは、不特定多数の送粉者を集める、いわば大衆酒場である。特殊化していない昆虫に利用可能な、雄蕊や雌蕊が露出している浅い花で、彼らが少数の花に満足して一カ所にとどまらないよう、ひとつひとつの花の報酬は少なく、蜜量はほとんど測定することができないほど微量である。

林冠に埋もれてめだたない花のパッチしかつけないつる・着生植物種は、固定客ともいうべき特定の忠実な送粉者に探し当ててもらうという別の戦略をとっている。いわば、会員制バーである。筒状花は、招かれざる客から蜜資源をガードして特定の効率の高い送粉者にだけ報酬を提供するための構造であると解釈できる。また、日陰の林内で咲く林内開花性樹種は、直射日光のあたらない冷涼な林のなかでも活発に行動する恒温性の鳥類や、変温動物であるが体温調節機構の発達しているマルハナバチに送粉を依存し、彼らの高い代謝に見合う花蜜の多い花をつける。

このように植物は、長い花冠や距などの特殊化した花を使うことによって、送粉効率に高い一部の動物だけに報酬を提供し、効率の悪い招かれざる客の訪花をできるだけ避ける戦略をとることがある。どのような条件下で、花の特殊化が起こるかについては「送粉のエネルギー論」によってある程度は説明できる。(8)「送粉のエネルギー論」とは、もし外交配が効率よく行われているならば、送粉者が花を訪れるために費やす労力と、花から得られる報酬はエネルギー面からバランスがとれているはずだという考え方である。もし、植物の提供する報酬が多すぎれば、送粉者はごく少数の花を訪れることで満足してしまい、花から花へ飛びまわることをやめてしまうであろう。逆に報酬が少なすぎれば、わりに合わないので、はじめから送粉者に見向きもされない。林冠開花性樹種よりもパッチの大きさが小さく、パッチ間距離も長いつる・着生植物種や、直射日光のあたらず送粉者が活動にエネルギーを余計に要する条件下で咲く林内開花性樹種では、効率のよい特定の送粉者に対して多くの報酬を用意する必要がある。そのような植物は、送粉効率の悪い訪花者を排除するように花の形態を特殊化させてきたと考えられる。

どこに咲いていてもちゃんと探し当ててくれる送粉者ほど、忠実度が高いといえる。送粉者の忠実度は、どの程度その植物と特異的にむすびついているかによる。風媒の場合には、花の一方的な適応があるだけで、送粉者である風の方の特異性はない。このため花粉の移動は単なる物理的な拡散であり、遠距離間の送粉は困難である。「送粉のエネルギー論」から、一般に花のパッチが小さく、パッチ間距離の長い植物ほど、忠実度の高い送粉者を必要とすることが予測される。もっとも忠実度が低い風媒は、花のパッチが大きく、同種の花のパッチが連続している植物群で発達している。これに相当するのが、多様性の低い温帯林で林冠層を構成するブナ科植物や、草原で大群落をつくるイネ科植物である。多様性の高いといわれる熱帯林でも、西アフリカで二次林として単一種できわめて多様性の低い林をつくる種群では、風媒がみられる。花のパッチの大きさはブナ林とかわらないものの、林冠を構成する樹種が多様になる屋久島の照葉樹林の林冠木では、忠実度が少し高い日和見主義の昆虫が送粉者となっている。ブナ科植物でも、単一林に近い多様性の低い森林をつくるブナ属やカシ属は風媒であり、照葉樹林から熱帯山地林にかけての南の多様性の高い森林に多いマテバシイ属やシイ属は日和見主義の昆虫による虫媒である。同じ照葉樹林でも、つる植物や着生植物のようにパッチが小さくパッチ間距離が長いものは、より忠実度の高い送粉者が必要となる。もっともパッチが小さく、しかも密度が低くてパッチ間距離が長い植物の一群は、熱帯雨林の着生ランやまれな林床草本であろう。これらのうちのいくつかは非常に特殊化して忠実度の高いガやハナバチ、フンコロガシなどが送粉者となっているものがある。

送粉者の特異性と開花様式は密接にかかわっている。屋久島の照葉樹林では、送粉者の特異性が低い林冠開花性樹種に集中開花性が対応し、特異性が高いつる・着生植物種と林内開花性樹種に延長開花性が対応している。とくに、鳥類に送粉されるオオバヤドリギ、ツバキ、サザンカで開花が非常に長いのが注目される。このことは、個体レベルの開花様式に関して、日和見主義的な送粉者を引き付けるには、花をいっせいに咲かせて遠くからでもめだつようにする必要があるが、高度な学習能力と探索能力をもつ特殊化した送粉者は少数の花で十分に引き付けることができることを意味している。

では、照葉樹林を構成する植物間の、送粉者を介した関係はどうだろうか。つる・着生植物種では、個々の種が別々の送粉者グループに対応しているために、送粉者を介した植物どうしの関係は希薄である。しかし、林冠開花性樹種では、共通の送粉者グループを共有しているために、送粉者をめぐって競争関係にあるといえる。開花フェノロジーをみると、それぞれのつる・着生植物種は明瞭な開花のピークをもたず、開花時期が互いに大幅に重なりあっているのに対して、林冠開花性樹種はそれぞれの植物種が明瞭な開花のピークをもち、そのピークがずれあって、二月の終わりから八月のなかばまで、さまざまな樹種が途切れることなく開花していく(図２・２)。これに対応してハナバチもさまざまな種が入れ替わり立ち替わり、この期間中、途切れなく活動を続けていることもわかった。個々のハナバチはどれか特定の樹種の花だけを訪れるわけではなく、個々の樹種も特定のハナバチだけに送粉を依存しているわけではない。特定のハナバチの出現時期と特定の樹種の開花時期が、完全に一致していることもない。それぞれのハナバチは、出現した時期に咲いているいくつかの樹種の花を訪れている。複数の樹種の開花が適当にオーバーラップし、切れ目なく続いていることで、さまざまな出現時期と生活環をもつ

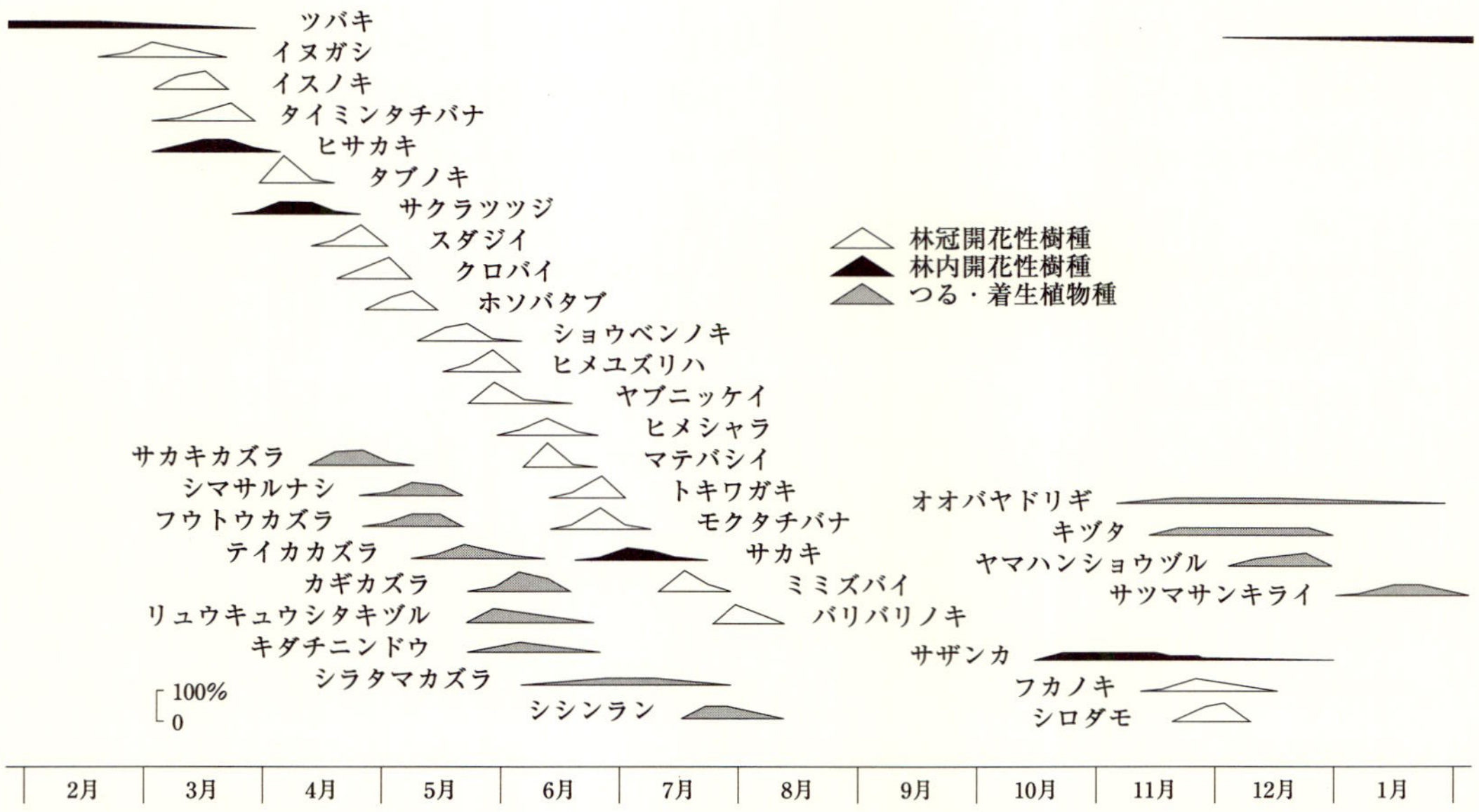

図 2.2　照葉樹林の開花フェノロジー。屋久島・照葉樹林における群集レベルでの開花のフェノロジー（Yumoto, 1987a より）[6]。縦軸は種ごとに，（ある時期の開花数）/（シーズンを通した開花数）×100 を示す。

ハナバチが生存できる条件を林冠開花性樹種全体でつくりだしているようにみえる。

開花時期に関して特筆すべきなのは、鳥媒性の三種である。屋久島低地林では、オオバヤドリギ、ツバキ、サザンカが、一〇月なかばから三月にかけて咲き、ヒヨドリとメジロが送粉者である。日本には一年中、花蜜に依存しているハチドリやタイヨウチョウのような鳥はいない。日本の訪花性の鳥類は、春から初秋にかけては主に昆虫を食べ、秋から冬にかけては果実を食べて生活している。鳥媒花が冬に咲くのは、昆虫が少なく食糧が不足がちの季節に対応しているように思われる。

四　結実フェノロジーと種子散布者

開花の後には結実がやってくる。屋久島西部地域の照葉樹林で一九八八年七月から、一九八九年一一月まで結実の調査を行った[9][10]。三五種の高木、亜高木、つる植物が果実をつけたが、それらの果実の形態をみると、動物に食べられて散布される液果が二七種でもっとも多く、はじけて風または重力で散布される朔果が五種、重力あるいはネズミなどによって散布される堅果が三種であった。このほかに低木が三種みられ、いずれも液果をつけた。ブナ林では、高木や亜高木に朔果と堅果をつける樹種の割合が高く、低木の樹種が多く、そのほとんどが液果をつけていることが知られている。高木・亜高木で、照葉樹林では液果が多く、ブナ林では朔果・堅果が多いことは、照葉樹林で虫媒が多く、ブナ林で風媒が多いことと考えあわせると、照葉樹林で植物の繁殖に動物の関与がより重要であり、この傾向が熱帯雨林にそのままつながっていることを如実に示している。

またそれぞれの果実がどんな鳥に食べられているかという種間関係と、結実フェノロジーと鳥類の季節変動の関係を調べた。種子散布者と植物との対応では、送粉のように送粉者グループの違いによって植物がグルーピングできるような関係はみられず、果実のサイズと鳥のサイズが連続的に対応していることがわかった。鳥は歯がないために、果実を丸のみする。したがって、嘴を開いたときの口の大きさが飲み込める果実の限度となる。口の大きさを測定するのは簡単ではないが、指標として嘴のつけ根の横幅をノギスではかった数値がよく用いられる。屋久島の照葉樹林では、留鳥としてメジロ、ヒヨドリ、カラスバト、ズアカアオバト、冬鳥としてアカハラ、シロハラ、夏鳥としてキビタキ、トラツグミ、それに一年中いるヤクシマザルが果実食者として観察された。これら果実食者の口のサイズと食べる果実のサイズの関係をみると、メジロなどの小さな鳥は果実の直径が六ミリ程度までの小さな果実だけを食べるが、ヒヨドリやハト類といった大きな鳥は、直径四ミリ足らずのクロバイのような小さな果実から直径一六ミリの大きなトキワガキの果実に至るまでまんべんなく食べていた(表2・1)。どの鳥も多くの種の果実を食べ、どの果実も複数の鳥によって散布されていた。またヤクシマザルは、ほぼすべての果実を食べるのが観察された。植物の側からみると、小さな果実ほど小さな鳥から大きな鳥まで多種多様な鳥あるいはサルによって食べられて散布される一方で、大きな果実ほど大きな鳥とサルにしか食べられないことになる。すなわち果実サイズが大きくなるほど、より限られた動物によってしか散布されないわけである。

大きな果実ほど散布する動物が少なくなるということは、大きな果実をもつ植物はそれだけ散布のチャンスが少なくなることを意味している。単純に考えると、散布に関しては小さな果実ほど有利になる。では、なぜ樹種によっては大きな果実をもつという性質が発達したのであろうか。

大きな果実は大きな種子をもつことを可能にする。逆にいえば、大きな種子は大きな果実を必然的にともなうことになる。大きな種子は発芽すると、小さな種子に比べて大きな実生をつくりだす。大きな実生は耐陰性が高く、暗い林床でも生きながらえることができるとされている。暗い光条件でも光合成できる能力と、少しぐらい光合成ができなくとももちこたえるだけの蓄えがあると考えられるからだ。大きな種子は散布の機会は少ないか

表 2.1　照葉樹林の果実と果実食者の関係（Noma and Yumoto, 1997 より）[9]

			動物種	メジロ	キビタキ	アカハラ	シロハラ	カラスバト	ズアカアオバト	ヒヨドリ	トラツグミ	ニホンザル
植物種	果実の直径 mm		嘴の幅（平均 mm）	6.1	8.1	11.5	12.1	12.5	12.7	13.3	14.5	53.6
	平均	S. D.	S. D.	0.42	0.45	1.09	0.85	1.28	1.33	0.76	0.77	3.36
ツゲモチ	3.5	0.37			−							
クロバイ	3.7	0.28		＋	＋	＋	＋		＋＋	＋＋		＋
ヒサカキ	4.3	0.35		＋＋			＋		＋＋	＋＋		＋＋＋
タイミンタチバナ	4.7	0.27		＋＋	−		＋＋			＋＋		＋＋＋
クロガネモチ	5.0	0.73			−							
オオバヤドリギ	5.3	0.92			−					＋		＋＋
ハマニンドウ	5.5	0.98			−							
フカノキ	5.6	0.90		＋	−		＋＋	＋＋		＋＋		＋
シラタマカズラ	5.9	0.89			−							＋＋
サカキ	6.2	0.61		＋			＋＋	＋	＋	＋	＋	＋＋
シャシャンボ	6.5	0.35			−		＋＋＋					＋＋＋
モクタチバナ	6.7	0.39			−		＋＋			＋		＋＋
サネカズラ	7.1	0.51										
アデク	7.3	0.61			−							＋＋
シャリンバイ	7.4	0.52			−							＋＋＋
コバンモチ	7.9	0.56			−							＋＋
ホルトノキ	8.0	0.96										＋
ヤマザクラ	8.4	0.45				−				＋		＋＋＋
ヒメユズリハ	8.5	0.43			−	＋＋		＋		＋＋		＋
ハナガサノキ	8.6	0.82			−							＋
イヌガシ	8.9	0.48				−	−			＋＋		＋＋
シロダモ	10.0	0.69			−							＋＋
タブノキ	11.8	0.78				−	−			＋＋		＋＋＋
バリバリノキ	12.1	0.53				−	−			＋＋＋		＋＋＋
ヤマモモ	13.2	1.75				−	−	＋	＋＋	＋		＋＋＋
サルナシ	14.7	1.45										＋＋
トキワガキ	16.0	0.99							＋			＋

S.D.：標準偏差

もしれないが、散布された後の生存率は高いのだと推測される。大きな種子は散布力に劣るが、生存力に勝る。小さな種子はその逆である。これが大きな種子あるいは大きな果実と、小さな種子あるいは小さな果実がひとつの森で共存する理由であると考えられる。

屋久島の照葉樹林では果実の熟期は秋に始まるものが多い。イスノキ、ツバキなどの朔果とウラジロガシ、マテバシイ、ウバメガシの堅果はいずれも九月から一〇月に熟す。一方、液果ではシロダモ、ビナンカズラ、キダチニンドウ、アデク、ヒメユズリハなどが九、一〇月から熟し、続いて一一月以降、ヒサカキ、サカキ、ハナガサノキ、シラタマカズラなどが熟期を迎える。一二、一月にはクロバイ、タイミンタチバナ、ツゲモチ、グロガネモチが熟し、長期間にわたって枝に果実が残って、しだいに減少していく。そして冬の終わりに、初冬から真冬に開花したフカノキとオオバヤドリギが熟期を迎える。これらからずいぶん季節を異にして、五、六月にヤマモモ、ヤマザクラ、タブノキが熟す。

鳥の数の変化をみると、果実を食べ種子を散布する鳥の数は一二月から二月のあいだにもっとも多くなっている(図2・3)。これはシロハラなどの冬鳥や、ヒヨドリやメジロなど種としては留鳥に分類されるが、本土から屋久島で越冬する別の個体群がやってくることによるものである。この期間には果実食鳥の数は、春から夏の約三倍にも膨れあがる。液果の熟期の最盛期は、とくに液果の量に換算した場合に、果実食鳥が多い時期と完全に同じになっている。そして、これら液果は主として越冬している鳥に食べられて種子が散布されていることがわかった。液果は、種子散布者がもっとも多くなる時期にあわせて熟すように進化してきたようである。

一方、初夏に熟すヤマモモ、ヤマザクラ、タブノキはどんな戦略をとっているのであろうか。この時期、照葉樹林には留鳥とヤクシマザルがいて、この三種の果実はサルやハト類、ヒヨドリによって食べられていた。夏は昆虫がたくさんいて多くの鳥は昆虫を食べるので、夏に熟す果実は昆虫にも増して魅力的な餌でなければ鳥に見

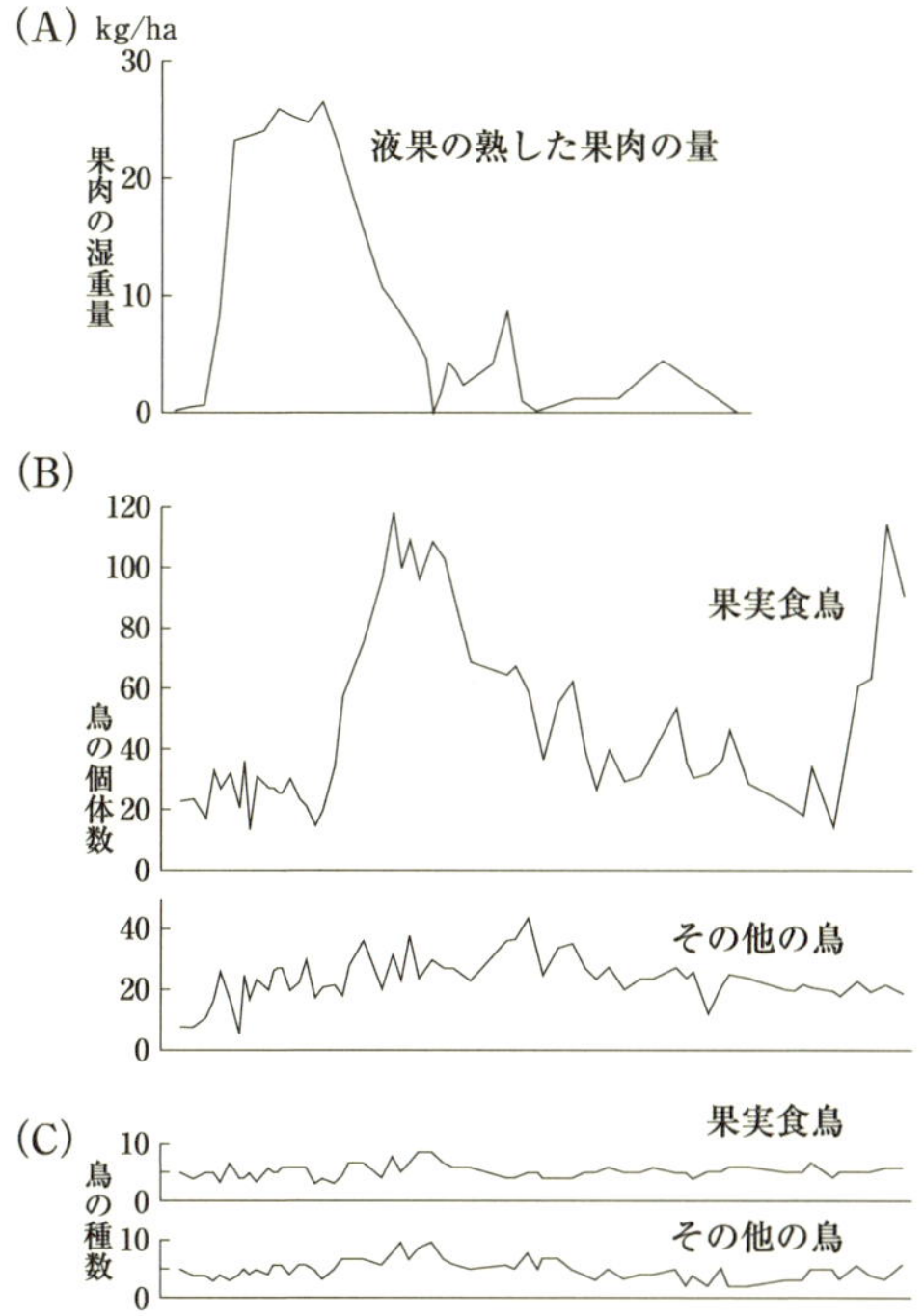

図2.3　照葉樹林の結実フェノロジーと鳥の季節変化
(Noma and Yumoto, 1997より)[9]

向きもされない。このため、とくに栄養価の高い果肉が選択されて残ってきたとされる。この初夏に熟す三種は、いずれも食用となるか、食用となる近縁種があるほど、おいしく栄養のあるものである。したがって、初夏に熟す果実は、果肉量、味、栄養価などに特別の投資を行っており、液果のなかでもとくに動物に好まれる果実をつくっているのだと考えられる。

五　照葉樹林の生態学的特性と照葉樹林文化

以上のように、林冠でみられる植物と動物の相互作用、そのなかでも送粉と種子散布という植物の繁殖を動物が助ける関係をみてきたわけであるが、屋久島の照葉樹林では、ブナ林や針葉樹林に比べて、とくに高木や亜高木で虫媒あるいは動物散布が多く、動物により依存した樹種が多いことが明らかになった。そして、このことは屋久島の照葉樹林が北の森林よりも林を構成する樹種の多様性が高く、個々の樹種の密度が低いことで一部は説明できることは、ここに論じたとおりである。ただ日本では、九州より北の照葉樹林で風媒・堅果のカシ属が多く、高木に虫媒と液果が多いという傾向は屋久島に特異的であるようにもみえる。

しかし、いったん日本から離れて台湾、中国・雲南からブータンに至る照葉樹林帯、あるいはボルネオ島高地、スマトラ島高地と続く熱帯山地林帯を見回すと、必ずしも屋久島の特異性というよりは、かなり広い範囲で有効であるという確信をこの十年来、得てきている。照葉樹林あるいは熱帯山地林は低緯度にいけばいくほど種多様性が高くなるが、基本的に屋久島の植物相の延長として考えられ、ひとつの森にある同属種の数が屋久島よりも多くなること、一部に熱帯性の樹種が加わってくることでおおむね理解できることがわかったからである。また、照葉樹林や熱帯山地林のなかで風媒性樹種が尾根とか谷とかの地形にとくに対応していて、そこではかなり高密度で集団をつくっていることが多いことも、むしろ風媒という特殊な性質をもつ樹種が多様性の高い照葉樹林で生きながらえる条件であるとすら考えられる。屋久島で送粉者の主体であったハナバチ類や甲虫類も種組成は異なるにしても各地の照葉樹林や熱帯山地林と共通であり、種子散布者のヒヨドリの仲間は低緯度にいけばいくほど種数が増えて優占の度合いをさらに高めていく。

多くの高木や亜高木が動物に繁殖を依存していることは、照葉樹林群集が熱帯雨林群集と基本的な構造を同じくしていることを示している。それに加えて、ほとんどの高木や亜高木が常緑性であることも熱帯雨林と共通する性質である。実際に屋久島の照葉樹林の一次林は、常緑広葉樹によって構成されており、落葉樹は二次林か谷筋、林冠ギャップにあらわれるだけである。常緑性は一年を通して全落葉する時期をもたない性質を意味するが、植物生態学的には個々の葉の寿命が長いこと、それにともなって植食性昆虫から葉をまもる防衛（たとえば厚いクチクラ質や、二次代謝物質とよばれる防衛物質）が発達していることにつながっていく。このため照葉樹林本体には、果実と一部の根菜を除くと、簡単な処理をして食べられる山菜は基本的にないといってよく[11]、これも熱帯雨林と同じである。[12] 防衛物質のせいで、おそらく牧畜用の飼料も照葉樹林本体では得にくいだろう。人々は果実と薪をとる以外では、二次林に生える落葉樹や草本を食物や繊維あるいは飼料などのさまざまな用途に使っているのである。ウルシやカジノキ、クワなどの古くから使われてきたとされる落葉樹[13]も、照葉樹林帯でいえば二次林に出現する。またキノコも、毒をもって動物からきびしく防衛しているのか、照葉樹林ではキクラゲやシイタケ以外に食用のものを探すのが難しい。[11] 山菜とりやキノコ狩りは照葉樹林の文化としては、それほどポピュラーではない。この照葉樹林の特徴は、山菜や繊維などの有用植物や食菌が一次林からふんだんに得られるブナ林とは大きな対照をなしている。[14] さらに、生態的に共通点が多い熱帯雨林の植物は、照葉樹林帯では気候も近いこともあって最低限の管理で栽培することが可能である。タロイモやコンニャクなどがこれにあたると思われる。これらの照葉樹林の生態学的な性格が、養蜂や果樹栽培、焼畑耕作あるいはタンニンやサポニンなどの二次代謝物質の利用といった照葉樹林文化のベースになっており、一次林の鬱閉した林冠や食糧供給の恒常的欠如から生じる、森林と人々との精神的あるいは物質的な関係を理解する鍵になりうるということを指摘して、この小論を終えたい。

（１）　岩松暉・小川内良夫、一九八四、小楊子川流域の地質、屋久島の自然（環境庁自然保護局編）、二七—三九頁、㈶日本自然保護協会。
（２）　江口卓、一九八四、屋久島の気候——特に降水量分布の地域性について、屋久島の自然（環境庁自然保護局編）、三—二六頁、㈶日本自然保護協会。
（３）　Yahara, T., Ohba, H., Murata, J. and K. Iwatsuki. 1987. Taxonomic Review of Vascular Plants Endemic to Yakushima Island, Japan. Journal of the Faculty of Science, The University of Tokyo. Sect. III, 14(1): 69-119.
（４）　木村勝彦・依田恭二、一九八四、屋久島原生自然環境保全地域の常緑針広混交林の構造と更新過程、屋久島の自然（環境庁自然保護局編）、三九九—四三六頁、㈶日本自然保護協会。

（5）三浦金徳、一九八五、国立公園屋久島の自然――現状と保護、植物と自然、一九(三)、一四―一八頁。
（6）Yumoto, T. 1987a. Pollination Systems in a Warm Temperate Evergreen Broad-Leaved Forest on Yaku Island. Ecol. Res., 2: 133-145.
（7）湯本貴和、一九九三、開花フェノロジーと群集構造、花に引き寄せられる動物(井上民二・加藤真編)、一〇三―一三五頁、平凡社。
（8）Yumoto, T. 1987b. Pollination Ecology in the Canopy: Two Corollaries Deduced from the Energetics of Pollination. *In*: Evolution and Coadaptation in Biotic Communities. Kawano S., J. H. Connell and T. Hidaka (eds.), pp. 165-182, Tokyo, University of Tokyo Press.
（9）Noma, N. and T. Yumoto. 1997. Fruiting Phenology of Animal-Dispersed Plants in Response to Winter Migration of Frugivores in a Warm Temperate Forest on Yakushima Island. Ecol. Res., 12(2): 119-129.
（10）野間直彦、一九九七、種子散布にみる植物との共生、鳥類生態学入門(山岸哲編)、一二八―一四二頁、築地書館。
（11）湯本貴和、一九九五、屋久島――巨木の森と水の島の生態学、講談社ブルーバックス、二〇一頁＋V、講談社。
（12）湯本貴和、一九九九、熱帯雨林、岩波新書、二〇五頁、岩波書店。
（13）上山春平・佐々木高明・中尾佐助、一九七六、続・照葉樹林文化、中公新書、二三八頁、中央公論社。
（14）工藤父母道、一九八五、滅びゆく森・ブナ、一四五頁、思索社。

第三章　照葉樹林の木々の芽吹きと生活
――観察ノートから

八田洋章

私たちは最近の十余年、樹形研究の一環として樹木の成熟枝の継続観察を続け、実生の成長記録や分枝パターンの詳細図をもあわせて蓄積してきた。本章では照葉樹林を構成する主要樹種のうち、ブナ科の常緑性樹種を中心に、①それらが種分化したとされる熱帯域で最近行った調査の所感を述べ、ついで②それらの種群の芽吹きにかかわる諸事象が発現する様子を記述し、最後に③日本の照葉樹林を代表させてアラカシとスダジイの一年間の植物季節の記録を紹介する。

照葉樹林全体としてはいろいろ研究されていても、個体として、あるいは形態学の立場からは研究されることの少ない樹木の生活史の一端を述べる。

一　ジャワ島西部での調査から

照葉樹林は樹冠がもこもことした、シイやカシ類、タブノキなど、表面にクチクラ層が発達して光沢のある常緑葉をもつ樹木が優占する林である。日本の照葉樹林の主たる構成要素であるブナ科、クスノキ科などの多くの種が東南アジアの熱帯高地で種分化したと考えられており、日本の照葉樹林は東アジアの分布域の末端にある。樹木たちは熱帯域から分布域を広げる過程で乾燥・低温に適応してきたとされる。すなわち乾湿の差の激しいところでは、常緑樹が乾期に落葉し、また普通葉から芽鱗が特殊化した。これらの樹木がさらに北方の温帯、冷温帯へと分布を広げたとき、乾燥に対する適応は寒さに対する適応ともなった(1)。

日本の植物だけをみていると、冬芽の芽鱗の役割はまず防寒と思われがちだが、むしろ第一義的には乾燥から茎頂部分をまもることのようだ。というのは、植物はマイナス何十度の世界でも生き続けるし、もっと身近には暖地に生育するはずの照葉樹林のタブノキや、カシ類などで、たくさんの芽鱗がみられるからである。熱帯多雨林のまわりにはサバンナ域が広がっているから、乾燥への適応が先であったと考えるのが合理的である。
しかし単に熱帯域から温帯域へ分布域拡大の過程における適応というだけでは熱帯雨林域における鱗芽や落葉樹の存在を説明しきれないと、私は最近のインドネシア、ジャワ島西部の調査を通して思った。温帯域の樹木ばかりを扱ってきた目に熱帯の形態的な多様さは新鮮だった。一人よがりな思いこみの可能性も強いが、いくつかの例を紹介しよう。

写真3・1はクスノキ科の *Actinodaphne glomerata* である。大形の普通葉を展開してきたその茎の先端部で、長さ一・五センチ、幅六—七ミリほどの小形の葉群が、あたかも茎頂を包むように先を曲げて囲む。内側のものは小さく、外側のものほど大きくて、これらは普通葉から芽鱗へと変貌する初期の段階を示すものでないかと思えた。同様に移行形態を示すものとして、同科の *Litsea garciae* やブナ科の *Quercus pruinosa* をみた。後者は托葉から芽鱗への移行段階のものと推定された(写真3・2)。写真3・3には *Dillenia pteropoda*（ビワモドキ科）の托葉による茎頂保護の状態を示す。この現象は温帯域のモクレン科などで普通にみられる現象である。このほか写真3・4に示す *Desmos dasymaschala*（バンレイシ科）のように茎頂部数ミリが枯死して、脱落してしまうものも認めた。この現象も乾燥、あるいは寒さに対する適応のひとつと考えられ、日本の樹木でも普通に認められる。

図3・1はボゴール植物園（標高二五〇メートル）の調査個体三五科一五〇種とパングランゴ山（同一七〇〇—三〇〇〇メートル）における三二科七四種の茎頂部の状態を調べた結果である。標高が違っても、たいへんよく似た出現傾向を示した。茎頂脱落を示すものが一二—一六パーセント、裸芽が三六—三八パーセントで、これは予想より少ない。鱗芽は一〇パーセントくらいで、芽鱗の形成はブナ科やクスノキ科など限られた分類群に集中する傾向が強い。三七—四〇パーセントが裸芽と鱗芽との中間を示した。そして中間形態のおよそ半分が托葉をともなうものであった。

写真 3.2　*Quercus pruinosa*（ブナ科）（八田撮影）。6 月 21 日。托葉から芽鱗への移行段階のものと推定される。

写真 3.1　*Actinodaphne glomerata*（クスノキ科）（八田撮影）。6 月 21 日。普通葉から芽鱗へと変化する初期段階の様子を示すと思える。

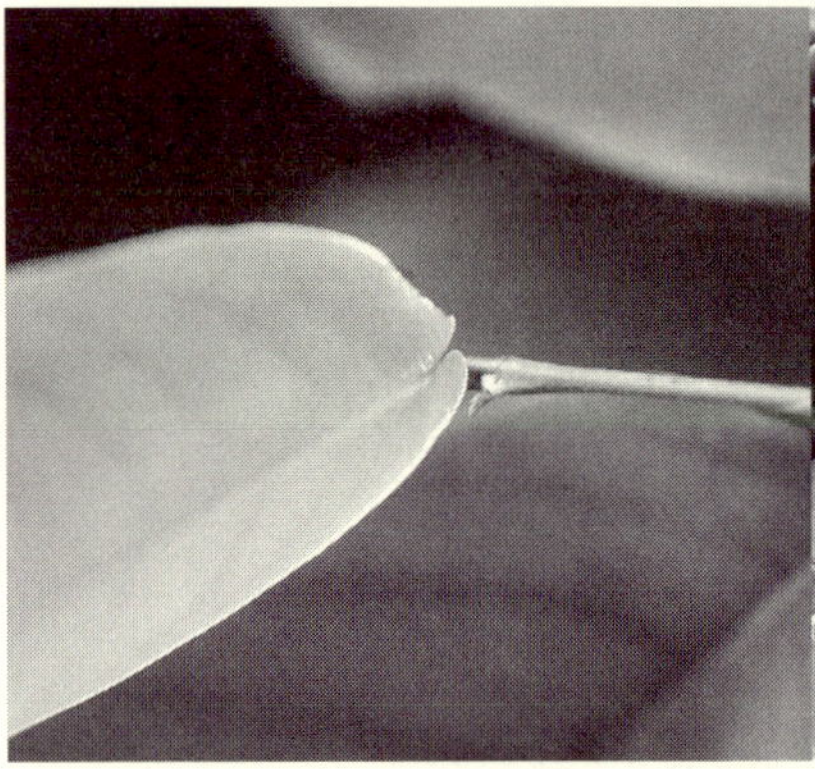

写真 3.4　*Desmos dasymaschala*（バンレイシ科）にみる茎頂脱落現象（八田撮影）。6 月 21 日

写真 3.3　*Dillenia pteropoda*（ビワモドキ科）の托葉による茎頂保護（八田撮影）。6 月 23 日

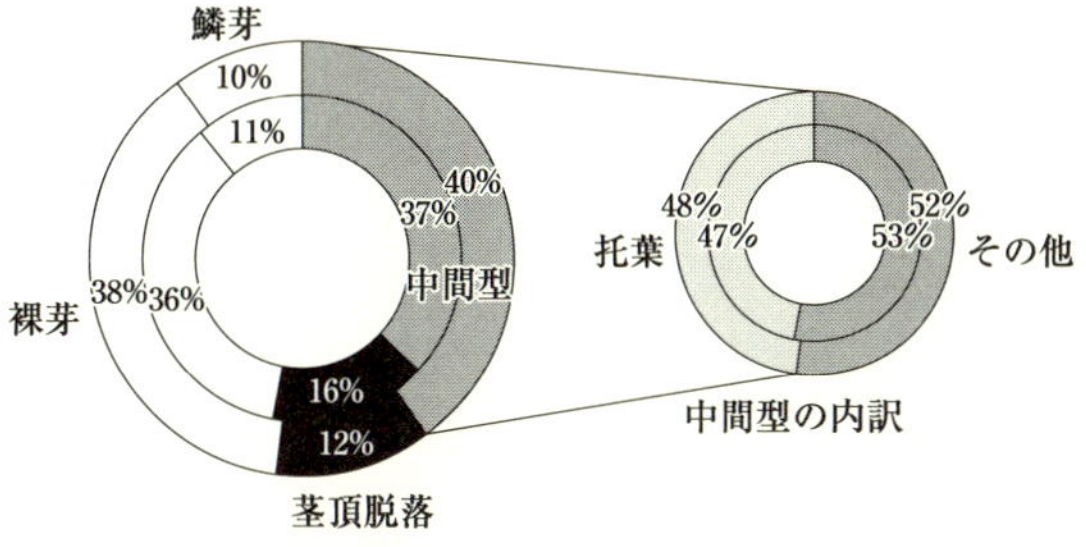

図3.1　ボゴール植物園(内側)とパングランゴ山(外側)における樹木の茎頂部の状態。右の小円グラフは中間型の内訳を示す。

今回の調査でクスノキ科やブナ科などでは、日本の種群同様に芽鱗があり、芽鱗痕が明瞭なものを認めた。ということはすでに芽鱗を獲得しているものが、分布域を広げえたのではなかろうかという疑問が残った。とはいえ、落葉にしろ、隔伸にしろ、気候など環境への適応現象と考えるのがもっとも自然ではある。

堀田は白亜紀から第三紀にかけて、暖帯的条件に適応して常緑性を有しながら進化したクリガシ属、マテバシイ属、コナラ属アカガシ亜属と、北半球の温帯に適応し、落葉性を獲得し、広い分布を完成したクリ属やコナラ属コナラ亜属が北半球の湿潤暖帯と温帯をすみ分けるように分化をしていったという過程を想定している[2]。

第三紀のころ、当時の地球は温暖で、温帯の森林は北極を取り巻く地域にわずかに分布するにすぎなかった。第三紀周北極要素とよばれる植物群がそれである。その後気候が寒冷化し、植生帯は南下したが、まず針葉樹林が北方にとどまって亜寒帯林を、つぎにブナ、ミズナラなどが温帯の北部で優占するようになったと説明される。このようなとき、その南側に続いていたであろう常緑樹群が東アジアではずっと南下して、現在に近い位置の熱帯域に達したものがあっただろう。このようなものが、上述の熱帯域ですでに芽鱗を形成している種群の起源となっているのではないだろうかと考える。

熱帯多雨域における落葉樹の存在も同様に気になるところである。たとえば南下樹種群のなかに落葉樹種が混在していたかもしれないし、常緑樹が南下の過程で乾燥域に遭遇して獲得したかもしれない。いずれにしても、熱帯域の樹木が示す適応的諸形質、つまり常伸から隔伸へ、裸芽から鱗芽へ、常緑から落葉への変化は、熱帯域から北上する過程における乾燥が主要因だと強調されすぎていないかと思えるのである。数千万年前の地質時代と現今の熱帯樹木を直接的にむすびつけて考察することは暴挙だと自省しながら所感を述べた。

日本では第四紀の各氷期とそのあいだの温暖期に対応した寒冷型および温暖型の化石植物群は多数知られている。同様に熱帯域と暖温帯域のあいだでも、さほど顕著でないにしても植物群の移動があったろう。そのとき熱帯域に至る南下の過程での適応があったかもしれない。南下の場合の主要因もやはり乾燥であった可能性が強い。日本の照葉樹林の構成樹種の多くは福島県あたりに分布の北限がある。これは南方から分布を広げてきた、あるいは分布域を盛り返した結果の現状と考えてよい。氷河時代、暖帯の照葉樹林はすんでのところで滅びるところであったが、全体として大きな氷河は発達せず生き延びてきたのであろう(3)。

二　照葉樹林の木々の芽吹き

前節で述べた乾燥や低温に対する適応形質としての諸形態が照葉樹林を構成する日本産樹種でどのように観察されるかを述べる。

二-一　冬芽の解剖――ブナ科の芽鱗・托葉

冬芽の外側は、なかのやわらかい部分を乾燥や低温からまもるために好都合な鱗片葉で包んでおり、内側ではこの鱗片葉が、葉にだんだんとかわっていくのが普通である。しかしブナ科の種群では鱗片葉はあくまで鱗片葉で、普通の葉にかわっていかない。これはブナ科の鱗片葉が托葉起源であって、葉身や葉柄が芽鱗の形成に直接加わっていないことによるだろう。

冬芽がどのような構造をしているかを知るには春、芽が動き始めたころに解剖してみるのがよい。たとえばアラカシの冬芽(写真3・5)を解剖してみよう。

芽鱗を外側からピンセットで一枚ずつはがしてゆく。充実した大きな芽の基部では鱗片葉は軸を囲んで五列に並び、五段ほどが縦に重なる。これら二五枚ほどは前年伸長した茎の末端部についていて、抵抗なくわさりとはずれ、後に落ち痕(芽鱗痕)が茎を取り巻いていく重にもくっきりと蛇腹のように残る。私はこれらを芽鱗とし、その先の新茎につく鱗片葉を低出葉とよんで区別している(従来芽鱗も低出葉の一部とされている)。

写真3.5　茎の頂部に集まってつくアラカシの冬芽(八田撮影)。2月12日

二六枚目以降は新茎上にあって、徐々に節間が伸びてくる。興味深いことは(二七・二八)、(二九・三〇)、(三一・三二)、……とつき方が二片ずつのセットになってくることで、これは合着して芽鱗を形成していたとされる托葉が本来の二片になったものである。そして(三三・三四)と、(三五・三六)のつぎに二個の雄花序があらわれた。これらは二枚ずつの托葉を蓋葉とし、その葉腋に形成されたものに相違ない。(三七・三八)以後、小さな葉身が二枚のあいだにあらわれて三者がセットとなる。さらに先では葉身は普通葉態となる一方で、鱗片葉は乾いた細いひょろひょろのものにかわってゆく。この辺までくると鱗片葉の本来の役目は不要となるのだろう、できあがったものでは普通葉の両側に鱗片葉(托葉)が添えもののような形で寄り添っている。

それとさらに興味深いのは葉身を順次剝離していくと、すでに葉

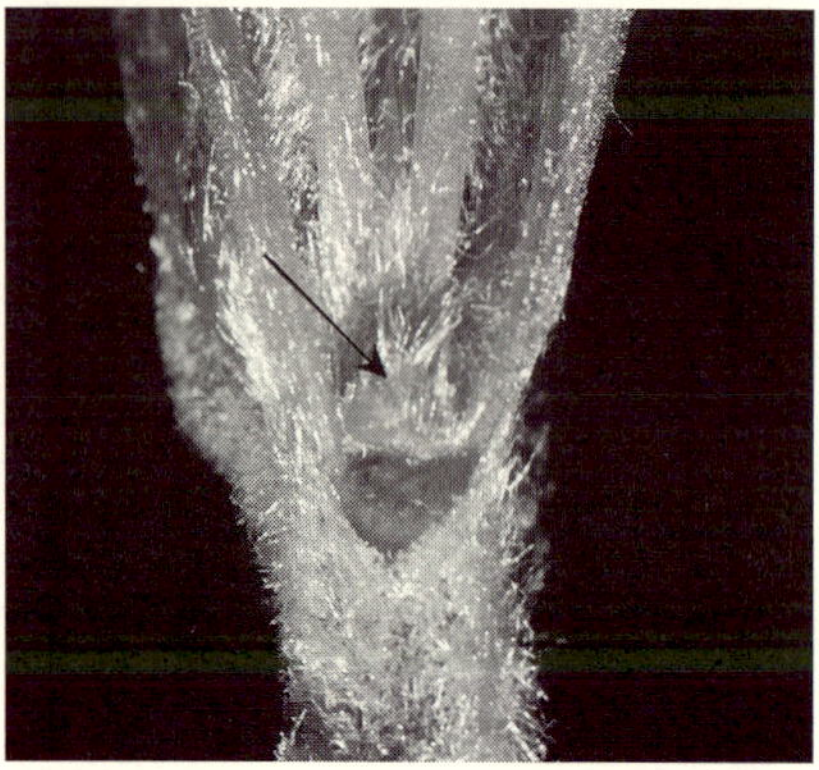

写真3.6　アラカシの葉身をはずすと腋芽(矢印)があらわれた(八田撮影)。4月21日。両脇には外した葉身の托葉がみられる。

腋には腋芽の基が形成されていることである(写真3・6)。観察していて腋芽が成長してきたことに気づくのは普通葉が展開した後の五—六月ころが一般だが、来年(今年でない!)伸長する枝や花の原基はすでに一年前の冬芽のなかで準備されていることになる。

二-二　木々の芽吹き

樹木の一年の動きは冬芽の裂開から始まる。四月下旬、芽が気温の上昇に促されるように膨らんで、多数が重なって閉じ、花や茎頂部を乾燥や寒さからまもってきた芽鱗片がほころびる。芽の形を保ったまま伸び、やがて高さが数センチを超えるころ、重みに耐えられずに形が崩れ、白銀の長毛におおわれた若葉が淡褐色の托葉の薄片をともなって吹き出てくる。激しい動きとともに初々しく、感動的でさえある。茎は数日で一〇センチ以上も伸び、幼葉を開く。葉の重みで垂れていたやわらかい茎も立ち上がってくる。このように冬芽が開いて茎や葉が伸びだしてくる活発な動きを芽吹きという。

コナラ属の多くは茎の基部につく鱗片葉の腋から尾状花序が垂れ、多数の雄花をつける。茎の先につく葉腋からは雌花序が立ち、雌花をつける。芽鱗が開くと同時にあらわれた淡い褐色の薄片は、葉柄の基部につく一対ずつの托葉である。年中濃い緑におおわれて林下も薄暗く、一見変化の少ない照葉樹林でも、このころが動きのもっとも激しい季節であり、林冠のもっとも美しいときでもある。古葉の深い緑に映えて新葉がいっそう輝く。

芽吹き時に示す若葉の色はじつに多様だ。クスノキの若葉には葉柄が赤いものと、青いものとがある。赤いものが多ければ全体として赤っぽく感じられ、これをとくにアカグスとよんだりする。アラカシやシラカシの場合も同様に両者をみかける。タブノキの赤い低出葉はことのほか美しく、夏季の深い緑から想像できない。照葉樹林はこの時期大きく変身する。

ところで、芽吹き時の赤い色は秋の紅葉と同様、アントシアン色素による。カナメモチやヤマグルマなどでは新芽がいっそう赤く、これもクロロフィルが合成される前のアントシアンの色とのことだ。新芽が紅いのはアントシアンが紫外線を吸収して、若い組織を保護する働きがあるといわれる。これに対し秋の紅葉の意義はまだうまく説明されていない。ウバメガシは姥芽ガシの意味で、芽出しの色が若さを思わせる緑ではなくて、茶褐色であるということによる。しかしロウ細工のように光沢があって美しい。

二-三　イチイガシの芽吹き

イチイガシの伸びだしたばかりの茎につく新葉はみごとに葉柄を曲げて、葉身の先を下方にむける(写真3・7)。茎はいくらか弧を描きながらも立っているのだが、葉身は鋭く下向する。葉や茎は淡褐色の星状毛や綿毛、絹毛におおわれていて側脈がかすかに浮き出てみえる。ぴたりと二つ折れに閉じた葉をピンセットでこじ開けると表面も裏面側と同様黄褐色の絨毛におおわれていて、いっさい緑があらわれない。成葉の表面の光沢ある緑色からはちょっと想像できない。側脈は同じ角度でまっすぐに葉縁に走り、先はそのまま鋸歯に続く。鋸歯は半透明で淡褐色、成葉とほとんどかわらない大きさである。葉柄も葉身に比べて長い。これらは葉身の拡大とは別の成長過程をもっているからに違いない。

お辞儀する茎は予想に反し、かたくて無理に伸ばしてその長さをはかろうとするが難しい。葉は下垂したまま

写真3.7　イチイガシの若いシュート（八田撮影）。4月28日。みごとに葉柄を曲げて，葉身が垂れる。

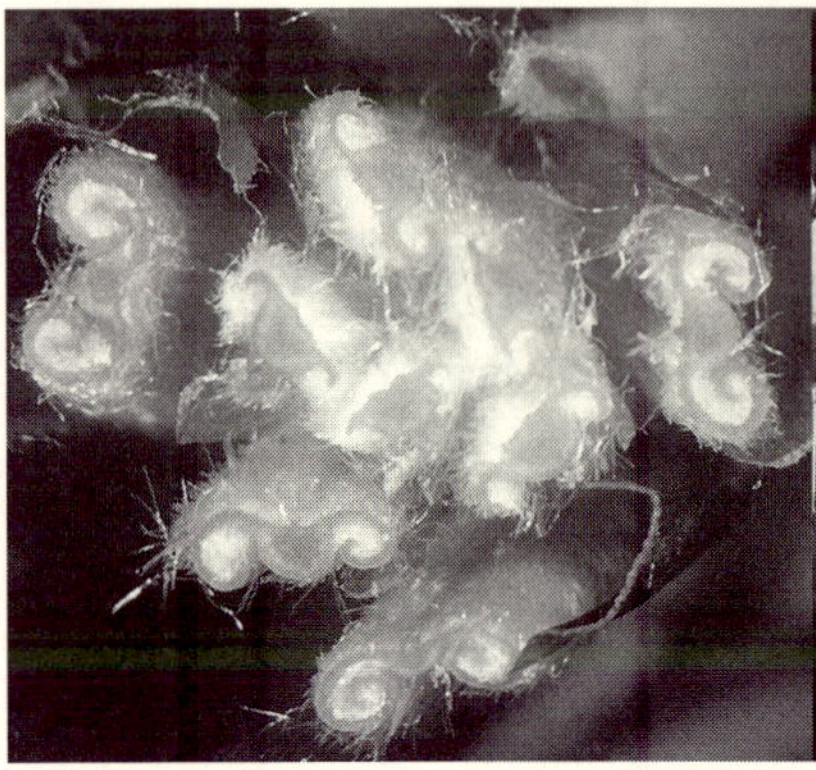

写真3.8　両縁を下面側に強く巻き込むツクバネガシの幼葉断面（八田撮影）。4月26日

だが徐々に展開し、葉面積を広げるとともに淡い緑色を呈し、やがて新葉が起き上がり始める。新葉の上面の毛は汚れた埃のようなもので、主脈上を中心にいくらか残るが、触れればわさりとはずれる。このような毛はおそらく表皮組織に由来するのだろう。「毛が生えている」という感じはなく、淡い雪が葉に薄く積もった感じの状態である。成葉の上面はほとんど無毛で照りがあり、新葉と旧葉のいちじるしい違いである。

二-四　ツクバネガシにみる特異な新梢

四月下旬、伸び始めたツクバネガシの新梢はまことに奇妙な形状で、コナラ属では特異的。展葉前のいずれの葉身も五センチ前後の同じ長さをもち、両縁を下面側に強く巻き込んで幅八ミリほど、中肋ばかりにみえる（写真3・8）。そして弓なりに先を垂れる。茎もいくらか屈曲するから、葉身の曲がり具合とあいまって写真3・9のような奇妙な姿となる。茎も葉裏も葉柄も綿屑のようなごく細くてやわらかい細毛でおおわれ感触はやわらかなビロード状、全体が白っぽくみえる。また葉身に比べ葉柄が不釣りあいなほど長い。新しい茎の伸長は急速で、五月上旬には巻き込んでいた葉身もほとんど展開した。

写真3.10　タブノキの低出葉や普通葉の腋から太い同時枝が勢いよく伸びだす(八田撮影)。6月11日

写真3.9　ツクバネガシの新梢(八田撮影)。4月28日。特異的で奇妙な姿だ。

節間が長く、基部から茎の先につく葉までほぼ同じ大きさだということはいっきに伸長したことを物語る。下から順に葉を展開させながら伸長するのではない。いわば一斉展葉型である。

二-五　タブノキの側枝はすべて同時枝由来

腋芽の伸長には、芽の原基が形成されてそのまま伸長続ける場合と、いったん成長がとまって冬芽の形で休眠し、翌春伸びる場合のふたつがある。前者は休眠することなく主軸と同時に同じシーズン内に側枝が伸びるからこれを同時枝といい、後者は伸長に先立って前年のうちに芽が形成されるから先発枝とよぶ。サクラなど日本産のほとんどの樹木は後者のタイプである。

さて、五月上旬、タブノキの大形で、多数の芽鱗に囲まれた冬芽が裂開し、新梢が伸長始める。まとまって、すぐに脱落してしまう芽鱗と、その内側にあって茎の伸長にともなって数センチも伸びだしてくる鱗状の低出葉、さらにその先の普通葉へと続く。たいへん興味深いのは主軸の伸長とほぼ同時に低出葉や、それに続く下位の普通葉の腋から太い同時枝が勢いよく伸びだすことである。数本がいっせいに、下位のものほど勢いよく、散房状に伸びてくる(写真3・10)。五月中旬には芽鱗群や低出葉がくっきりと

写真 3.11　タブノキの充実した冬芽は枝の先端だけにつき，顕著な側芽はない(八田撮影)。2 月 4 日

写真 3.12　ウバメガシの今年枝の先端部につく幼果(八田撮影)。9 月 21 日

脱落痕を残して落葉し、六月上旬には新梢の伸長も終了した。

この伸長のスタイルは特異的である。一般には、というよりほとんどの樹種では頂芽とそれに続く二―三個の、一冬休眠した側芽がもっとも伸長し、樹形を構成してゆくのだが、この種の場合、充実した冬芽は枝の先端だけにつき、側芽はほとんど見当たらない(写真3・11)。茎頂に花序をつけた枝が結実後枯れて、ほかの腋芽が伸長するのは普通だが、タブノキは葉芽の場合でも同様だからめずらしい。本種の側枝はすべて同時枝で構成されるという、たいへんかわった植物といえる。木全体の枝振りをみると太めの枝がほとんどで、枝分かれの頻度も少ない。このことは側枝がすべて同時枝由来で、先発枝をもたないことと深く関係しているに相違ない。

二-六　二年がかりで成熟する果実

冬芽が動き出す前の三月下旬、越冬したウバメガシの幼果は短い星状毛が密生して、全体が汚灰褐色で、ごく小さく、去年伸びた枝の先端部の葉腋にひっそりとつく。その気になって探さないとなかなかみつからない。三ミリほどの花序軸の先に普通二個の幼果をつける。高さ幅とも二ミリくらい。この小さな、いわばドングリの赤子から、小指の先ほどの果実に成長するとはちょっと信じがたいほどである(写真3・12)。前年開花したが、一年目は外見上ほとんど成長せずに越冬し、二年目の七―九月にかけて急速に肥大する。二年がかりで熟すのだ。

コナラ属ではほかにアカガシ(写真3・13)やツクバネガシなど、それにマテバシイ属やクリガシ属など二年がかりで成熟するのは常緑性の種群に多い。受粉してもすぐに受精しないのか、それともすぐに受精しても種子の成熟までに長期間を必要とするのか私には定かでない。が、大部分の落葉性の樹種が開花した年のうちに成熟するのに比べ、種子の安全性という意味からは不利な性質と思われる。

ところで、コナラ属の雌花は三個の舌状の花柱を突き出している(写真3・14)。だから子房は三枚の心皮から構

写真3.13　アカガシの幼果(先端付近)と肥大始めた2年目の果実(八田撮影)。8月28日

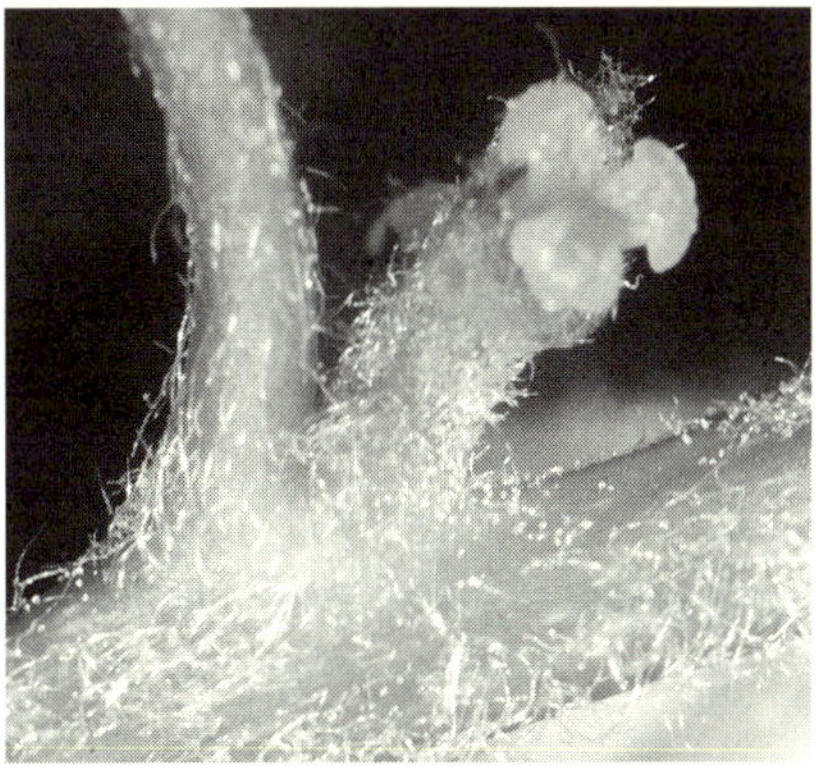

写真3.14　アラカシの雌花(八田撮影)。5月2日。3個の舌状の花柱が反り返る。

写真3.15　ツクバネガシの幼果の断面(八田撮影)。7月28日。子房は3室で，胚珠はそれぞれの部屋に2個ずつ計6個ある。

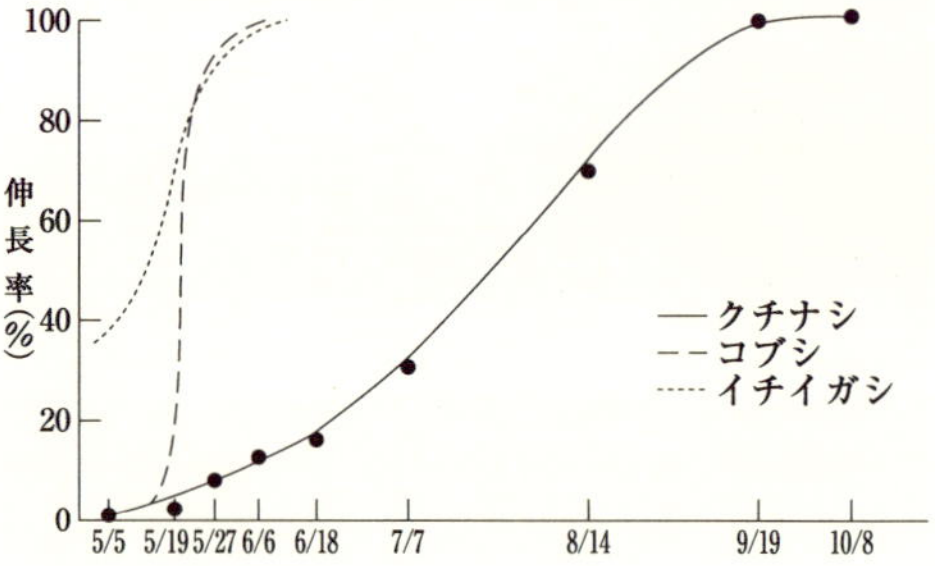

図3.2　クチナシの茎の伸長経過。真夏にもっとも大きく伸びる。

成されていよう。まだ果皮がやわらかい幼果の横断面をかみそりなどで切ると、その様子が納得できる。写真3・15にみるように子房は三室からなり、胚珠はそれぞれの部屋に二個ずつで計六個ある。果実は普通このうちの一個が発達したもので、ほかの五個の胚珠は退化してしまう。これがドングリである。

二-七　クチナシの伸長期間

照葉樹林域の低木、クチナシの茎の伸び方を紹介しよう。いろいろの種類で、伸び始めたときから茎の長さをある時間ごとにはかっていると、伸び方が木の種類によって違うことがわかる。落葉樹の多くの伸長期間は比較的短く、およそ二〇日間くらいで終了する。このような樹種では前年に蓄えた養分を使っていっきに伸びるのに対し、伸長期間がもっと長いものは、その年に稼いだエネルギーをも使うと考えられる。

図3・2にクチナシの伸長経過を示す。[4] 本種の場合、五—六月における伸びはゆっくりで、むしろ真夏の七月七日から八月一四日にもっとも大きい伸長率五・七パーセントを示した。このパーセントは一年間の全体の伸び

に対する、計測期間ごとの伸長量の割合を、一日あたりの平均になおした値で示している。九月中旬を過ぎてもまだわずかながら伸び続けた。

この種の伸長の経過は同図に示すイチイガシやコブシなどと大いに異なる。クチナシの属するアカネ科の種群は、亜熱帯あるいは熱帯域を中心に分布するが、上記のような伸長成長のパターンは、クチナシが潜在的にもつ常夏の気候のもとで年間を通して伸びる、あるいは伸びることのできる常伸の様相を伝えるものと推定できる。

二-八　常緑樹の寿命と落葉の時期

樹木を着葉期間の長さで区別する場合、一般に一年以内で枯死する葉をもち、寒季または乾燥期にいっせいに落葉して、不利な環境を休眠状態で過ごすものを落葉樹といい、一年以上枯死・落葉しない葉をもつものを常緑樹という。もちろん、常緑葉も一―数年で落葉するが、落葉樹のようにいっせいでないからめだたない。この意味で照葉樹林の代表的樹種であるクスノキはむしろまれな例と思う。クスノキの葉の寿命はほぼ一年で、春の芽吹き時にいっせいに落葉してほとんどが新葉に置き換わる。この状態は日本産常緑樹としてはめずらしい。そしてこのことは熱帯多雨林域でみかけた、「いっせいに落葉し、ほぼ前後して新葉を展開する」現象を思い出させる。一方、同科のシロダモの葉は七―八年を数え、広葉樹としては寿命が長い。ここではより一般的と思われる、ツクバネガシの落葉経過を、葉位や腋芽の成長との関連で述べる。

ツクバネガシの若い栄養枝(a)では越冬葉が四月中旬まで一九枚着生しており、そのうち五枚が二年越しのもの、一四枚が一年越しのものであった。五月上旬にまず一昨年展葉した古々葉が五枚とも脱落し、中旬にかけて(a)から側枝七本が伸長するにともない、それらの蓋葉が七枚とも同時期に脱落した。腋芽の成長にともない押し退けられるように脱落したのであろう。その後、年内は落葉することはなく、結局前年に開葉した半分の七枚と今年

表3.1 二年生枝における旧葉の着生状況とその葉腋の状態（1990年8月20日）

葉位	着葉の有(○)無(×)	葉腋の状態	
(頂芽)		65 cm (24)	長枝伸長(A群)
26	×	59 (30)	
25	×	52 (24)	
24	×	59 (22)	
23	○	21 (5)	
22	×	42 (15)	
21	×	42 (17)	
20	×	27 (11)	
19	○	17 (8)	
18	×		葉腋に明瞭な脱落痕あり（B群）
17	×		
16	○		
15	×		
14	×		
13	○		
12	×		
11	○		葉腋に変化の跡が認められない（C群）
10	○		
9	○		
8	○		
7	○		
6	×		
5	○		
4	○		
3	○		
2	○		
1	×		

展開したすべての葉をつけてこの年の冬を越すこととなった。

成長おうせいな頂枝(b)を、一九九〇年八月下旬に改めて観察した。一九八九年の春、一個の頂芽が展開して五八センチ茎を伸ばし、葉痕の数から春には二六葉をつけていたと推定される。目下そのうちの一三枚を着生する（表3・1）。(b)枝からは今春、頂枝(c)と八本の側伎が伸長していて、表中×印で示す落葉した節は伸長した側枝（A群）や、腋芽は肥大したが伸長に至らず脱落したと推定されるB群の蓋葉が主であることが明らかである。さ

表3.2　一年生枝(表3.1の頂枝)における葉位と腋芽の関係(1990年8月20日)

葉位(全葉着生)	腋芽の状態
(頂　芽)	
24	大形の腋芽(高さ7～8 mm)が成長(D群)
23	
22	
21	
20	
19	
18	
17	高さ4～5 mmの腋芽が明瞭(E群)
16	
15	
14	
13	
12	
10	ごく小形の腋芽(高さ1～2 mm)が認められる(F群)
9	
8	
7	
6	
5	
4	外見上腋芽は認められない(G群)
3	
2	
1	

らに、今春六五センチ伸長した、表3・1の頂枝(c)について葉位と腋芽の大きさとの関連をみると(表3・2)、このシュートにつく二四葉は一年後にD群はA群へ、E群はB群へ、F—G群はC群への経過をたどると推定される。つまり、一九九〇年の冬を越す葉は、表3・2の二四葉のほとんどすべてと、表3・1に目下残る一三葉であろう。そして一九九一年春、表3・1の一三枚がまず落葉し、続いて表3・2の一一—二四番目の葉の七—八割が五月中旬にかけて落葉するだろう(5)。

以上のことから、ツクバネガシの葉はおよそ五〇パーセントが展葉後一年間、残りの五〇パーセントが翌々年の五月までの二年間の寿命をもつと推定できる。落葉の時期はほかのカシ類同様四月から五月に集中する。ところで、ホルトノキは年中どの季節でも紅く紅葉した葉を見掛け、そのことがこの植物を見分ける標徴となっている。これなどは古葉から順次一年間を通してだらだらと落葉するタイプであろう。

写真 3.16　秋には開花と熟果が同時にみられるシリブカガシ(八田撮影)。10月3日

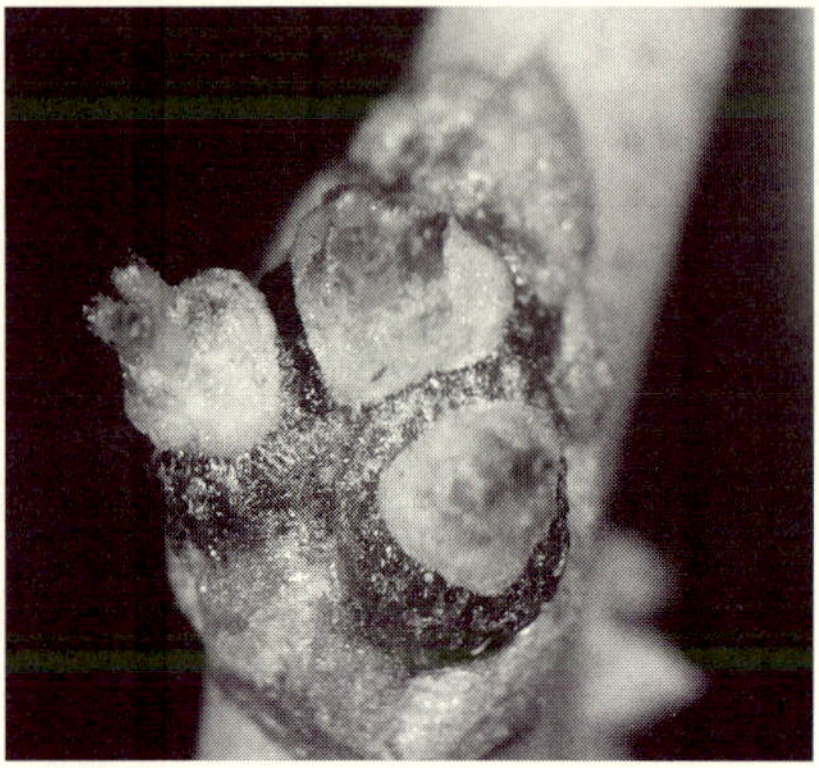

写真 3.17　シリブカガシと同属のマテバシイの雌花(八田撮影)。6月30日

二-九　秋に開花するブナ科の種類もある

シリブカガシは秋に開花し、翌年の秋に果実が熟する。だから秋には開花の状態と熟果が同時にみられる(写真3・16)。ブナ科のなかでこのような開花習性をもつ種類を私はほかに知らない。少なくとも日本にはない。一〇月中旬、シュートによっては目下開花中である。手元の標本では頂芽のすぐ下二節の葉腋に八センチと一〇センチの雌花序を立てる。花序軸は淡緑色で、短綿毛におおわれる。「苞腋に雌花三花をつけ、総苞内には一花を生じる」と図鑑に記載されている。写真3・17に同属のマテバシイの開花後の状態を示す。どれが苞でどれが総苞であるかを正確に特定するのは私には難しいが、子房と花被を囲む鱗片状のものが総苞片で、やがて殻斗に成長してゆくのだろう。花被片に包まれ、三本ずつの半透明で棒状の花柱を立てる。柱頭部がどの部分か形だけからはわからない。この雌蕊の形は写真3・14に示したコナラ属のそれと大いに異なる。雄花序が下垂するコナラ属は風媒花なのに対し、マテバシイ属は花序軸が直立して葉群から突き出し、虫媒花だからあえて柱頭部を大形にする必要がなかったのだという考えもある。

シリブカガシの同一の花序軸上では雌花群の先にはすでに開花

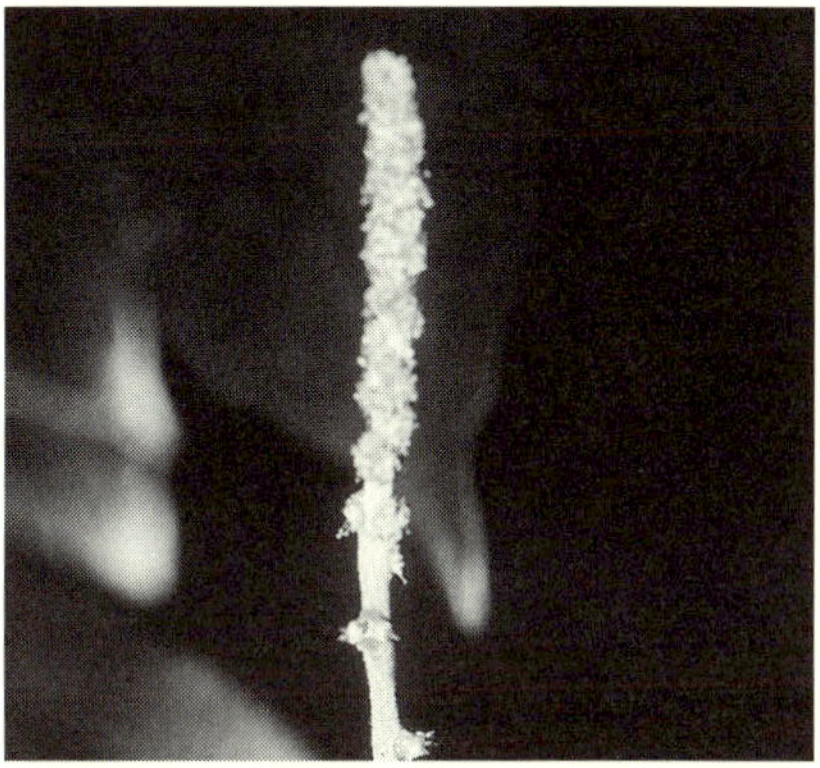

写真3.18　シリブカガシの花序(八田撮影)。10月25日。同じ花序軸に雌花群とその先に雄花群がついている。

期の終わった雄花群がついている(写真3・18)。これも雌花序と雄花序が完全に別につくコナラ属との大きな違いのひとつ。主軸の先端には来春伸長する葉芽がある。冬芽も鱗芽とはいいがたく、緑色でなかば鱗片状の托葉がゆるく重なる状態で、いわば裸芽から鱗芽への移行形態を示すようにみえる。

昨年秋に咲いた花は丸一年をへてほぼ成熟状態の果実となり、形は倒卵形、ロウ質の白い粉を吹いて白緑色。晩秋には褐紫色となる。先にコナラ属の果実が春に開花して、年内に成熟するものと、翌秋に熟するものがあることを述べたが、この種はその中間に相当するようだ。同属植物でもマテバシイはコナラ属アカガシ亜属の一部を除く種群と同様、春開花して翌秋に成熟する。

果実は一本の軸に七個から一〇個もついている。ひとつの坐(節)に三個、あるいは二節分が合着して四—五個もかたまって雌花をつける。だから果実は押し合いへし合いの状態となる。下むきのものや、横むき、上をむくものなど、ごちゃごちゃとつく(写真3・16参照)。殻斗の表面構造は小形の鱗片を市松模様に整然と積み重ねたようで、コナラ亜属タイプである。このように諸形質を比べると、コナラ属とシリブカガシを含むマテバシイ属は果実の形状こそ類似しても系統的にはかなり離れていることがわかる。前者はコナラ亜科、後者はクリ亜科に分類されていてマテバシイ属の種群は東南アジアの熱帯域に多く分布する。[6]

写真 3.19　ウバメガシの芽生え(八田撮影)。5月2日。落葉性ナラ類と共通の性質を示す。手前のドングリから子葉柄が伸びる状態もよくわかる。

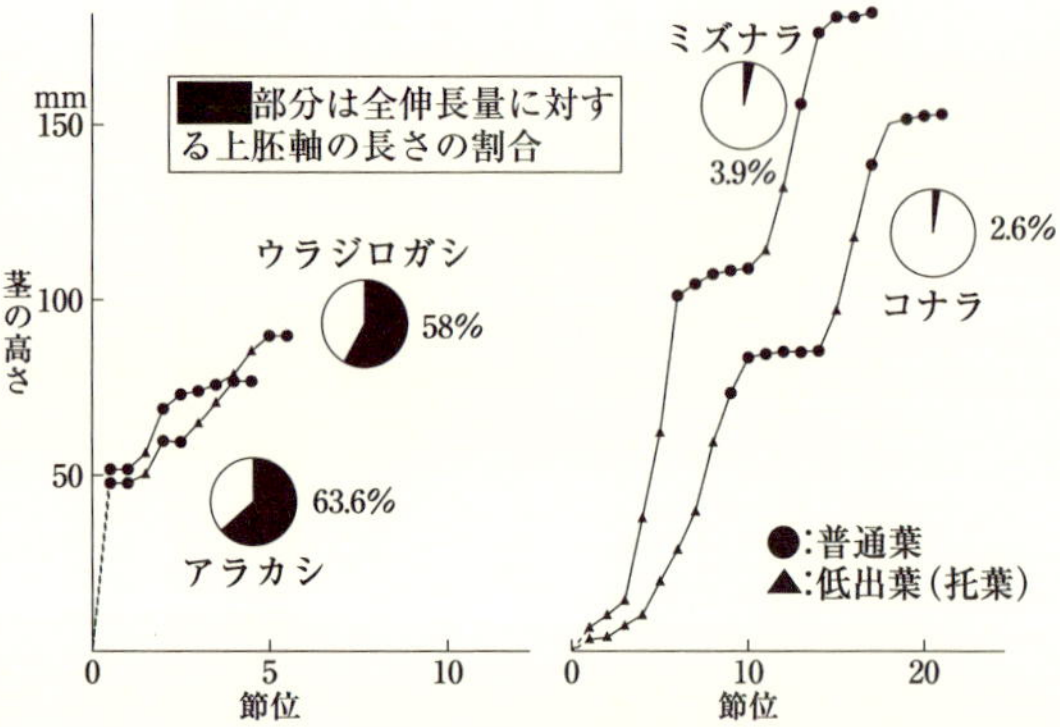

図 3.3　コナラ属 4 種の一年生実生の伸長経過

二-一〇　ドングリの芽生え

ドングリは乾燥に弱く、数日で発芽力を失ってしまう。コナラなど湿った場所にうまくもぐりこめるとすぐに根を出して、まず自分の体を固定するが、芽(地上部)はでてこない。春になり、地面が暖められると発芽する。このめずらしい状態はドングリ類の特徴のようで、上胚軸は休眠して冬を越すことになる。子葉(ドングリ)は地中に残り、二本の子葉柄を通して養分を胚軸に送る(写真3・19)。地上には一本のマッチ棒のような上胚軸が伸びてくる。このような発芽方式を地下子葉型といい、種子が大きくて、地上にもちあげるには重すぎるのだ。

コナラ属の実生を観察しているといずれの種も一度頂芽を形成し、同シーズン内に再び裂開して伸長する二度伸び現象や、あるいは頂芽の形成に至らなくても一対の托葉からなる数個の低出葉を挟んで、再び、または三たび普通葉を展開する間欠的な伸長経過を示す。

さらに、常緑性カシ類（アカガシ亜属）と落葉性ナラ類（コナラ亜属）では発芽後の形態が異なる。ナラ類では上胚軸上の初めの数節は節間が詰まり、一対の小さな托葉からなる低出葉をつけ、その先で普通葉を展開した。一方カシ類では上胚軸が長く最初の節から普通葉がでる（図3・3）。この性状は落葉型種群と、常緑性の種群に共通で、たいへん興味深い。[7] しかし日本産種でただ一種の例外は常緑葉をもつウバメガシで、ナラ類に共通の性質を示す（写真3・19参照）。ウバメガシは常緑樹だが果実はコナラ亜属型の殻斗をもち、カシ類というよりナラの類であることの証が実生の形態からも裏付けられる。

三　成熟枝の生活

最後に日本の照葉樹林を代表するコナラ属アカガシ亜属のアラカシ *Quercus glauca* と、クリガシ属のスダジイ *Castanopsis sieboldii* について一年間の植物季節の観察記録から抜粋する。アラカシは一九八七年、スダジイは一九九九年の観察である。両種とも茨城県つくば市、筑波実験植物園における植栽木で、樹齢はおよそ五〇年、開花・結実する個体である。一種類について三―五個のシュートを選択して、印をつけ、原則として一週間に一度、同じシュートを観察し、記録を集積していく。各事象の生起日は個体によって、ときには同個体のシュート間でも多少のずれがみられるし、年度が違えば異なるのがむしろ普通である。が、経験的に七―一〇日の相違の

写真 3.20　アラカシの新梢はいっきに伸長（八田撮影）。5月3日。二つ折れの葉身もつぎつぎと展開した。

範囲内におさまると私は考えている。このような条件を前提として、読んでいただきたい。

三－一　アラカシ

四月五日〈冬芽が動き始める〉　しっかりと閉じていた芽鱗間に〝ずれ〟が生じ、あらわれた淡い緑が新鮮。

四月二六日〈芽吹き〉　冬芽は芽鱗と褐色の薄片（托葉）におおわれたまま高さ三―四センチとなり、ちょうど土筆状の形を示す。充実した大きな芽では基部の鱗片葉は五列に並び、五段ほどが縦に連なる。これが芽鱗で、二三―二五枚が抵抗なく、わさりとはずれ、後に芽鱗痕がくっきりと残る。それ以後は新しい茎につき、一対の托葉だけが数節続いて普通葉となる。

五月五日〈いっきに伸長、開花中〉　新梢はいっきに一五センチまで伸び、淡褐色の薄い托葉とともに二つ折れの葉身が茎から離れ、ばらけるように、新葉を九枚展開した（写真3・20）。基部の三節には二枚一組の托葉だけがつき、四節目でそれらに挟まれて微小の葉身が認められ、五節目でそれが葉身だとわかる形になる。そして六節目以後は急に普通大の葉身となる。先端部の数葉はまだ二つ折れに畳まれたまま茎ごと垂れる。茎には白色の細い軟毛散在。展開したばかりの葉身は幅二センチ、長さ五・五センチほどで、裏面、ことに側脈間がみごとに絹毛におおわれ、淡い桃色に輝く。脈上には毛が少なくて、葉脈が羽状に浮かび上がってみえる。側脈の先端はまるく膨らんだ凸点で、鋸歯は腺点で終わる。表面は淡い紫がかった緑色で、細い白毛がわずかに散在し、枝

写真3.21　アラカシの幼果の成長が始まる(八田撮影)。5月30日。子房全体が殻斗に包まれていて，一筋の輪状構造が明瞭

の先につく托葉はほとんど糸状、葉身と同じくらいの長さがある。

基部の低出葉の腋から長さ三—八センチで、褐色の軟毛を密生する雄の尾状花序を出し、雄花が多数ついて開花中の枝もある。雄花は各苞葉の腋に二—三個つく。雌花序は新梢の先端付近の葉腋から直立して、穂状に二—四個の雌花をつける。花柱は子房の膨らみから突き出て三個、柱頭部は黄緑色、扁平でさじ形をし、反り返って魅力的(写真3・14参照)。

五月一九日〈伸長終了、托葉脱落、旧葉落葉〉　シュートは二六・五センチ、一五葉を展開して伸長を終了した。新葉はもはや新緑色でない。淡褐色を帯び、老化した毛が全面にあり、やや白っぽくみえる。葉緑と鋸歯は葉緑素が抜けてロウ質。茎には綿毛が散生し、縦に細く線状に皮目が散在する。

托葉や雄花序などはすでに脱落した。越冬した一一葉のうち基部から九枚がすでに落葉。常緑とはいえ、葉の半分以上が一年余で落葉した。腋芽の成長にともない押し出されるように落ちる。

五月二七日〈幼果が成長し始める〉　総苞(殻斗、おわん)に包まれた子房の成長が肉眼で確認できる。総苞は緑色で合着して紅い一筋の輪状構造が明瞭(写真3・21)。

六月一八日〈腋芽を確認〉　新梢の葉腋に休眠して越冬するはずの微小の芽が認められる。冬芽の解剖の際にも確認したように、多くの種類の観察から、葉原基とその腋芽の形成はほぼ同時にセットで形成されるのでは

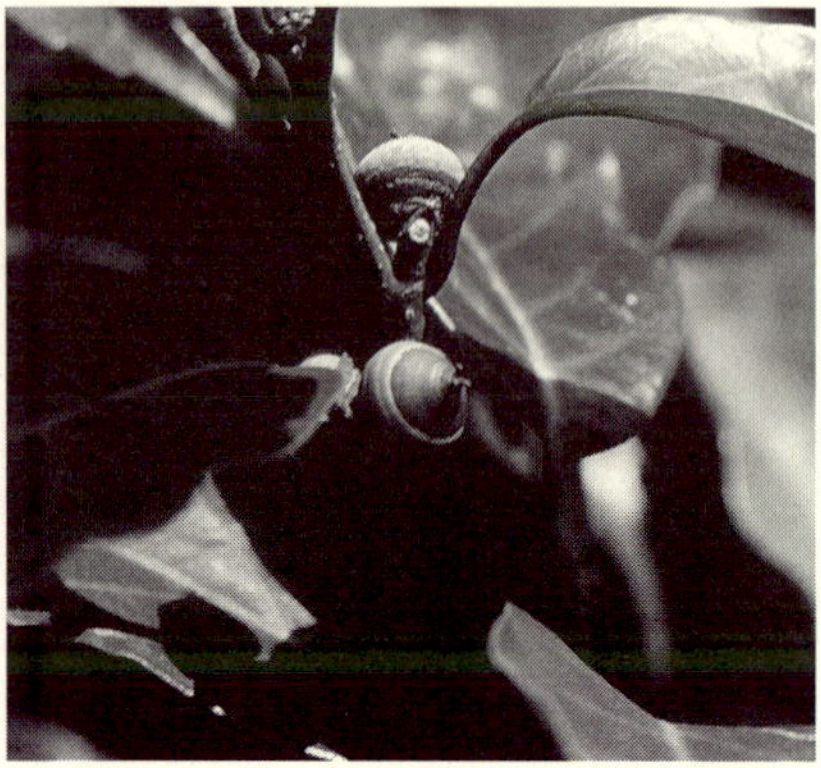

写真 3.22　アラカシの果実はまず横方向へ成長し，縦方向に伸び始めた（八田撮影）。9月19日

ないかと推定されるが、そうだとしたらようやく肉眼で認められるまでに成長したことになる。

七月二五日、八月一四日〈果実が横方向に成長〉　七月から八月にかけて幼果の横方向への成長がいちじるしい。幼果はまず殻斗の幅いっぱいまで横方向に成長し、すっぽりと殻斗中におさまっていて花柱と柱頭部だけを出し、自動車のタイヤのような形にみえる（写真3・22）。

八月二五日〈葉が充実〉　葉の先は鋭く尖り、長楕円形から楕円形。葉の先およそ半分に鋸歯がある。表面は濃い緑色でつややか。裏面には葉脈が突出しており、全面に汚白色の毛を多生する。葉柄は細く、基部が葉枕のように膨れて側芽を抱く。この部分のねじれ具合が少しずつ異なり一枚ごとに葉の方向をかえ、葉が重ならないように調節しているかにみえる。茎の下面側につく葉ほど、この「膨れ」はいちじるしくて、横に数本のしわのような、細い溝が刻まれている。この溝は葉をねじまげるときのクッションの役割をも果たすようであり、また葉が風をうけるとき、物理的にもっとも力のかかる部位に違いない。

九月一九日〈土用芽の伸長〉　樹冠上方の伸長おうせいな新梢では、いったん形成された冬芽が裂開して再び伸長するものがある。これを土用芽とかラマスシュートとかよび、コナラやクヌギで普通にみられる現象である。もちろん二度目のシュート上には芽鱗痕も認められるし、側芽も、頂芽も形成される。春に展開した葉の深緑色に比べ、淡緑色の新葉が鮮やか。

写真3.24　スダジイの伸び始めたシュート(八田撮影)。4月11日。托葉は緑色で質厚く，コナラ属のものに比べ大いに異なる。

写真3.23　アカガシの成熟した〝ドングリ〟(八田撮影)。11月9日。成熟間際の縦方向への成長がいちじるしい。

〈果実の成長が顕著〉　果実の縦方向の成長が顕著となって、殻斗から突き出てきた。殻斗の環状構造も四—五筋が認められる。また果皮の表面の先端部にも花柱を取り巻くように、同心円のごく細い輪状の線がみられる。成長過程の何らかの証だろうが、意味するところは不明。

一〇月八日〈果実の高さが急増〉　果実はまだ高さより幅の方が大きい。

一一月六日〈成熟〉　縦長の〝ドングリ〟の形を整えた。触れると殻斗を残したまま脱落する(写真3・23)。冬を迎え、前年に展開し、残っていた葉は二度目の冬を越すようだ(翌一九八八年五月に落葉を確認)。

茎の先端部には頂芽とそれを囲むように側芽が集まってつく(写真3・15参照)。このとき、葉腋に形成されるはずの側芽の数が一般に普通葉の数より多い。よくみると、冬芽と冬芽のあいだから線状の鱗片葉が伸びていて、これは葉身がともなわない托葉だけの葉の腋芽だと推定される。茎の伸長開始時に、托葉だけの低出葉を観察したように、先端部でも同様のものを生じたと理解してよさそうである。このように冬芽が頂部に集まるため、本種の分枝パターンは毎年側枝が車輪状にでることを繰

写真3.25　スダジイの越冬果実序（八田撮影）。2月12日。軸は太く，茶褐色で皮目が散在する。

り返す。

三-二　スダジイ

スダジイの果実は開花の翌年の秋に熟する。そのため前年枝の記述と当年枝の記述が交錯し、読者にやや混乱を招くかもしれない。

五月二日〈芽鱗のずれ始まる〉　二列互生に並ぶ冬芽の芽鱗がずれ始めた。芽鱗の数は三段六枚ほどで少なく、緑色で質厚く、コナラ属の褐色で透けるように薄質のものに比べ大いに異なる（写真3・24）。一冬越した一年生枝の茎は暗紫褐色。葉表面は鮮やかな緑でつややか。全縁かまたは上半分に粗いゆるやかな鋸歯があり厚質。葉裏は褐色がかった銀緑色。この色がこの種の特色のひとつ。先から四枚目と五枚目の葉腋に細長い越冬した雌の花軸を立てる。

〈越冬花序〉　花序軸はやや明るい茶褐色で、皮目も散在する。長さは六―八センチあまり、それに一個ずつの幼果を十数個穂状につける。幼果は縦横とも二ミリ未満、台座のようにみえる器官はおそらく総苞で、これが成長して果実全体をおおう殻斗となるよう推定される。花軸にどっしりと座して、その上に子房が乗るようにつき、三本の花柱を突き出すように残している（写真3・25）。

五月六日〈茎が伸び始めた〉　頂芽とそれに続く四葉の腋芽が伸長始めた。昨年展葉した五枚目、六枚目の腋芽は緑色で動いてはいるが七、八葉目のものはごく小さくて動き出しそうもない。

写真 3.26　スダジイの開花中の雄花序(八田撮影)。５月 15 日。生臭い匂いを発散する虫媒花

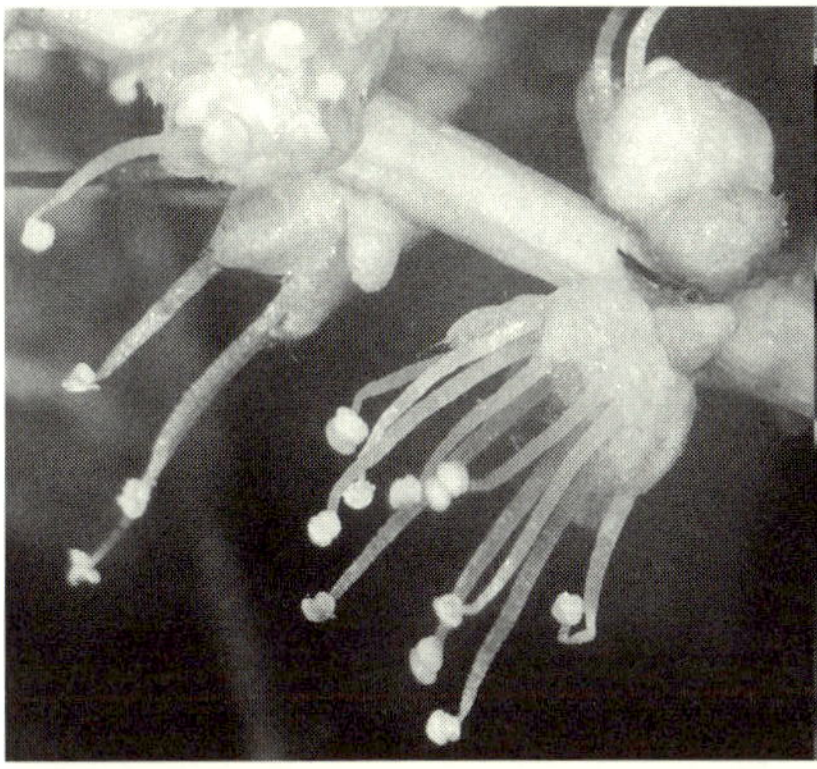

写真 3.27　スダジイ雄花の拡大(八田撮影)。５月 25 日。６枚の白緑色の花被片が開いて，葯を抱き込むように曲げていた花糸が伸びだしてくる。

五月一六日〈新梢伸長〉　頂芽は一一センチ伸長した。新しい茎につく低出葉三節は一枚の芽鱗状で、それより先のものは二片の托葉となり、二つ折れの葉身をともなう。三―四節目の腋から雄花序が伸び、五―八節目の腋にまだ一センチほどの雌花序がつき、九―一一節の腋芽と頂芽が明瞭。前年開花の越冬幼果も動き始めたようにみえる。

五月二五日〈開花始まる〉　頂枝は一四センチに伸長。雄花序は八―九センチとなり、雌花序が二―四センチに伸長。すべての托葉は脱落し、雄花が開花始めた。生臭い匂いを発散する虫媒花(写真３・26)。雄花序では細い花軸につく半円形の苞の腋から小花が単生、または三個まとまってつき、この場合は中央の小花から開花する。六枚の白緑色の花被片が開いて、葯を抱き込むように曲げていた花糸が伸びだしてくる。雄蕊が一〇個前後並び、白く長い花糸の先端に微小の葯がつき、二室が裂開して黄色い花粉を散らす(写真３・27)。雌花序では花軸に二〇個ほどの小花が穂状につき、花被片のあいだから三本の棒状の柱頭を突き出す。大部分の雄花と雌花は別々の花序軸につくが、下半分に雌花をつけ、上半分に雄花をつけるものもある。

今年の花序軸は緑色で細いが、去年開花し、越冬したものは

写真 3.29　スダジイの雌花の拡大(八田撮影)。6月29日。1個ずつの幼果がどっしりと座し，花被と子房が総苞片に囲まれてつき，3本の柱頭を突き出す。

写真 3.28　スダジイの今年開花した雌花序(左の2本)と去年開花の果実序(八田撮影)。6月29日。後者はこれから肥大が急速に進行する。

写真 3.31　散布後のスダジイの果実(八田撮影)。11月14日。ほとんど基部まで深く3片に裂け裂片は平開し，反転する。

写真 3.30　スダジイの殻斗が先から3片に裂開始めた(八田撮影)。10月3日。殻斗の表面には数段の鱗片状の輪が並ぶ。

太くて完全に木化しているようにみえ、茎と同じ灰褐色となった。越冬した幼果は数段の輪状に並ぶうろこ状紋様の殻斗に包まれ、直径三ミリ、緑色で明らかに動き出している。

六月二日〈開花中〉　雄花、雌花とも開花中。一週間後には雄花序は褐変脱落。

六月二五日〈越冬幼果成長〉　二年目の幼果群が成長続ける。五―六段に鱗片状の輪が並ぶ。殻斗がどのように成長するかはたいへん興味深く、茎頂部が成長するように、殻斗の上端の鱗片基部付近に分裂組織環があって、下方に組織を送り出しながら自身はせりあがっていくように観察される。

今年開花した雌花序につく個々の幼果はまだごく小さくて幅一ミリ、高さ二ミリほど。台座のようにみえるのはおそらく総苞で数片が認められ、殻斗の成長の始まりのようにみえる(写真3・28、3・29)。

九月一八日〈果実は成熟大〉　果実は成熟大になった。果皮は淡黄緑色、縦に淡緑色の縞模様がはいる。一花序中に不稔のものと成熟大の果実がいりまじる。

九月二八日〈果実散布〉　殻斗が先から三片に裂開始めた(写真3・30)。果実を散布中のものもある。クリのイガの裂開と同様と考えるなら、シイの殻斗は三枚の総苞片からなると推定されるが、確かでない。果実は円錐形。高さ一・五センチ、幅一センチ。

〈新花序軸成長〉　開花時には細かった今年の花序軸は茎と同じくらいの太さとなった。茎と同色の黄褐色で、皮目も同様に散在する。前年枝は暗褐色で、皮目も多数で顕著。皮目の裂け目から表皮が剝離し始めており、外樹皮も裂け始めたようにみえる。

一〇月一九日〈殻斗が深裂〉　殻斗は厚く、ささくれ立つ。ほとんど基部まで深く三片に裂け裂片は平開し、反転する(写真3・31)。

さて、現在スダジイは *Castanopsis*(クリガシ属、シイ属)に入れることが普通だが、*Shiia*(シイ属)として扱う

 こともある。私が初めてクリのような刺をもつ小形の果実が一本の軸に連なってつく *Castanopsis* をネパールでみたときの感動を今も忘れない。とてもスダジイと同属と思えなかった。以後熱帯高地の樹木をみる機会が増すごとにそのタイプの *Castanopsis* がむしろ普通の形だと知った(写真3・32、3・33)。中国福建省武夷山の二—三種を除けば私がみたものはほとんどの殻斗がクリそっくりの果実であった。スダジイとずいぶん異なってみえる。それらをクリ属 *Castanea* と扱う方がよいのではとさえ思えるが、花序の形態が異なる。雄花と雌花がクリガシ属では別々の花序につくが、クリ属では同じ花序の上と下につく。またクリガシ属では子房は三室だが、クリ属では六—九室である。クリガシ属の殻斗の刺もクリのいがと区別がつかないものから、小突起状のものまで多様であることも知った。が、私は日本のスダジイや中国の一部のものは *Castanopsis* から独立させて *Shiia* の方が

写真 3.32　タイ国のチェンダオ山でみた *Castanopsis* の一種(八田撮影)。10月28日。クリそっくりの果実が軸に連なってつく。

写真 3.33　写真 3.32 の果実拡大(八田撮影)。10月28日。クリと同様に美味だった。

よいと今も思っている。

おわりに

アラカシやスダジイで述べてきたように、日本産樹木全般の分類群について生活史を調べるほど、その真の理解のためにも照葉樹林の故地ともいえる熱帯域で、日本におけると同じ精度で植物季節の調査をしたいと思うようになった。熱帯を訪れるたびにその気持ちはたかまって、少しずつ各地のデータを蓄積してきた。

ことに熱帯多雨域では季節変化に乏しく、そこで生育する樹木のほとんどは伸長、開花、結実、落葉などの成長リズム（生起順序）がまだ明らかにされていない。休まずに伸びる樹木もあるが、周期的に伸びるものも多く、落葉樹さえ少なくない。そしてこれらには微妙な乾燥や湿度変化に対し敏感に反応するものがあり、また、季節にそわないもの、独自の周期を示すものなど、さまざまな習性がある(8)。しかしこれらの現象のほとんどは漠然と認識されているだけで、実態ははっきりとわかっていない（とにかく一枝のどこからどこまでが今年伸びたか、一年間に何度開花し、落葉はいつするのか、など基本的なことが、ほとんど解明されていない。そもそも温帯域における暦の一年を単位に考えようとするのが間違っているのではないかとさえ思われる）。

私にとって二〇〇〇年六―七月、本章のはじめに述べた、インドネシア・ボゴール植物園を中心にジャワ島西部で行った予備調査はたいへん有益だった。調査中ずっとＩＺＵ君というボゴール植物園の若い有能な研究者が付き合ってくれた。彼に樹木形態の基礎をしっかりと仕込み、彼はよくそれを理解し、期待にこたえてくれた。彼はちょうど、自分の研究方向を模索していたときで、彼にとっても私にとっても、いっしょに一カ月過ごしたことは幸いだった。そして、熱帯域での樹木のフェノロジーの調査の重要性を認識された園長との合意で、ボゴール植物園との共同研究として進められることになった。私の希望を汲み取っていただいた国立科学博物館林田英樹館長に敬意と謝意を表するしだいである。

この種の調査研究の最大の難点は、熱意と意欲に富む現地の研究者をみつけにくいことであり、それが果たせた今の機会を逃すべきでない。本来熱帯域の研究者が自分のフィールドで進めるべき仕事であり、私はそのお手伝いができればと思う。そしてこれがよび水となって、熱帯樹木の生活史解明がいっそう進めば幸いである。

（1）Axelrod, D. I. 1966. Origin of the Deciduous and Evergreen Habits in Temperate Forests. Evolution, 20: 1-5.
（2）堀田満、一九七四、植物の分布と分化、四〇〇頁、三省堂。
（3）小泉武栄、一九九八、山の自然学、岩波新書、二三二頁、岩波書店。
（4）八田洋章、一九八八、ツリーウオッチング――クチナシ、採集と飼育、五〇、三二一―三二三頁。
（5）八田洋章、一九九〇、樹木賛歌⑰ツクバネガシ、日本の生物、四、五四―五九頁。
（6）大場秀章、一九八九、ブナ科、日本の野生植物――木本I（佐竹ら編）、三二一頁、平凡社。
（7）八田洋章、一九九八、木の見かた・楽しみかた、朝日選書、二九四頁、朝日新聞社。
（8）Koriba, K. 1958. On the Periodicity of Tree-Growth in the Tropics. Gard. Bull., 17: 11-81.

II

照葉樹林帯の倫理文化要素

金子務
大形徹
平木康平
古川末喜

中村治
岩切平
川窪広明

第四章　山と森と神

――中尾佐助資料と現地調査から

金子　務

一　中尾佐助の問題提起

日本人の伝統的自然観を探るうえで、山と森に対する古代人の態度が神の問題とどう関係していたかを検討することは、きわめて重要な課題である。とりわけ照葉樹林文化論を提唱した中尾佐助の著作を検討するに、この問題に関してはエッセイか論文紹介・書評のような形で示唆的に語るにとどまっている[1]。ただし重要な問題提起と受けとめるべき点は、山岳信仰と森林信仰を比べてどちらが先行するか、またそれに関係して日本の社寺林は山か森か、という指摘である。

中尾にいわせれば、日本全国には一〇六、〇〇〇の神社があり、そのほとんどが鎮守の森をもち、仏教寺院すら森をもつことが多い。一方、世界的には「聖地が森をともなうことはまれ」で、キリスト教の教会も、回教のモスクも、インドの古仏寺、ラマ教のゴンバも、またシルクロード経由でインドから中国に到着した岩窟寺院も、森と関係がない。鎮守の森は日本独自のものなのである。ただし照葉樹林帯にある日本では、神聖な山も約五〇〇年でその地の気候的極相林に到達するから、結局森が山をおおうことになる。山をおおうというと、論者には、山部赤人の万葉集歌「三諸《みもろ》の神名備《かむなび》山に五百枝《いほえ》さし繁《しじ》に生《お》ひたるつがのきの」(神の天降る山に多くの枝を広げてしげっているツガの木のように)(三二四)が浮かんでくる。つまり日本では気象条件の関係で山と森が分かちがたくなるのが通例である。狩猟文化を研究してきた千葉徳爾によれば、マタギなどのいう「ヤマ」という言葉はもともと森林と山岳を一体化したいい方で、ことに山岳というのは岩がごつごつし、ときに雪をいただいて霊的なものをみるとされる[2]。日本語でいう、「山」という意味の二重性をつねに忘れてはいけない、という問題である。インドにも神聖林があるが、その面積は小さく所在地の多くも山腹か谷底にあって、山岳信仰とほとんど無関係であるといわれる。

中尾は、日本を含めて、照葉樹林帯に共通して山岳信仰が先行するとしている。このことはこう推定される。江戸期の文化文政期あたりから信仰登山がさかんになる富士山・出羽三山・立山のいずれも、上部には何らかの祠はあるが森が欠けていること、日本のめだつ山にはどこにも祠があること、東部チベットと雲南という照葉樹林帯から南下したビルマにおいても同様であること、中国南部の照葉樹林帯に山岳寺院がみられること、遠くヒマラヤにもラマ教の聖山がみられること、一方キリスト教・回教・ヒンズー教には聖山崇拝はないことなどである。逆に森が先行して宗教的対象になることはみられないとしている。(3)

したがって日本の鎮守の森は、森ではなく「山の断片がそこにある」(4)という解釈になる。つまり神の座は山にあり、それを平地にまつるときには社殿の外に山を必要とし、適当な山がない場合にはその断片として森がその役を果たす、というのである。山棲みの人々が日常礼拝した場所が森にあって平地に下りて聖地をつくるとしたら、雰囲気としての森を社寺林としてつくることは予想される。

以上のような中尾の問題提起と推測を踏まえて、対馬の現地調査と収集資料を主とし、南九州、壱岐などの調査結果もあわせながら山と緑の森と神の問題を改めて点検してみたいと思う。

二　豆酘の龍良山——天道山信仰と照葉樹原始林

対馬は朝鮮半島と九州の中間にあり、はじめは大陸と地続きであったが、第四紀後新生代末期に朝鮮半島と日本列島が分離して、一万年前に島として誕生したといわれる。柳田國男が西日本列島の特徴としてあげた平坦な地形の乏しい「山島」(5)の典型が対馬であり、山並が海岸に迫り、大小の山が入り江を抱いてつながっているとい

図4.1　龍良山のある豆酘の地図(国土地理院，5万分の1「厳原」より)

えばよいであろう。

この対馬の地に越前の白山と並んで天道信仰の地が少なくともふたつある。北の上県《かみあがた》郡佐護《さご》と南の下県郡豆酘《つつ》(厳原町)にあり、われわれが調査した豆酘の龍良山《たてらやま》は、別名天道山とよばれ、標高五五九メートルをもつ対馬第二の高峰である(図4・1)。天道信仰は聖地崇拝であって祭神も社もない場合が多いが、豆酘では天道童子とよばれる神格がある。母はいわゆるマレビトとしてウツロ舟で対馬南端の豆酘に漂着し、日光に感精して天道童子を生んだという。後の真言密教との習合によってまた天道法師ともよばれるようになった。

この童子がまた豆酘の赤米をもたらしたという伝説がある。現在赤米が観光目的でなく神の米、神饌米として現存しているのは、対馬豆酘と種子島南端の宝満《ほうまん》神社と岡山県総社市新本《そうじゃ あらもと》の三カ所しかない。このうち豆酘と総社は同一赤米で種子島は別系統とされる。[6] 日本には在来種のイネはなかったから、中国江南地方からのジャポニカの赤米が、黒潮から分かれた対馬暖流に乗って、朝鮮南西岸をかすめて豆酘に到着したと考えられる。赤米の新田（写真4・1）をもち、赤米神事を保存する豆酘は海の北道の要衝である。照葉樹林文化帯では、焼畑雑穀栽培をへて水田稲作が始まるが、豆酘は種子島とともにわが国の稲作の起源を考えるうえで重要な地位を占める。

一五世紀の朝鮮の史書[7]によれば、「対馬島、南北に高山有り、皆天神と名づく。南を子神と称し、北を母神と称す。その習俗は神を尚び、家々で素饌を以って之を祭る。山の草木禽獣を、人敢えて犯す者無し。罪人もし神堂に入れば、則ち亦敢て之を追捕せず」とある。対馬史の研究者、永留久恵によれば、これは中世対馬の天道信仰の貴重な研究史料とされる。[8][9]

この天道信仰のため、古来、龍良山はさまざまな禁忌でまもられてきた。[10] そのため別名天道山は千古不鉞の照葉樹林の原生林でおおわれ、照葉樹林の正倉院ともよばれる（写真4・2）。天然記念物の指定をうけ、材木遺伝資源保存林の指定（写真4・3）もうけている同地を調査してきた山本進一（本書の第一章を執筆）によれば、龍良山原生林は照葉樹林帯の五特徴をよく残している。すなわち、①ササ類を欠く、②倒木更新はまれ、③萌芽更新が多い、④林冠ギャップの役割はブナ林と似る、⑤ギャップに依存して更新するものが多い、という特徴である。[11]

龍良山の森林植生は、海抜三五〇メートル以下のシイ林域とそれよりも上のアカガシ林域に分かれる。シイ林域に優先種をなす高木としては、樹高二二メートル、最大胸高直径一〇〇センチに及ぶスダジイや樹高二五メートル、胸高直径七〇センチになるイスノキが報告されている。[12][13] このシイ林域には、各所に老大木が枯死倒木して林冠に直径五―二〇メートルの欠損部（ギャップ）を生じ、木本のカラスザンショウ、アカメガシワ、草本のアマチャズル、ヒヨドリバナといった好陽性の稚苗・稚樹が生えている。また多くの常緑樹種もこのギャップで種子

写真 4.1　豆酘の赤米新田（上）と神域を示すしめ縄飾り（下）（金子撮影）

写真4.2　龍良山原始林(中央の黒ずんだ帯)を望む(金子撮影)。鮎もどし自然公園側より。

写真4.3　龍良山を含む材木遺伝資源保存林の地域の看板(金子撮影)

写真 4.4 龍良山原始林(金子撮影)。老大木が倒れてできた林冠ギャップの林床

を発芽させ、萌芽更新していく(写真4・4、4・5、4・6)。高海抜のアカガシ林域は、急傾斜となり、崩落した礫石がたまり、アカガシ、ミヤマシキミの群集が発達している。はじめ樹高二〇メートルあったアカガシも山頂に近づくにつれて低くなり、海抜五六〇メートル近くでは一〇メートル以下になる。山頂近くの雲霧帯にはチョウセンヤマツツジ、ツシマギボウシや各種エビネ類が自生する。

龍良山は、低海抜のシイ林から高海抜のアカガシ林まで、要するに下限から上限まで連続している内陸型照葉樹林として貴重であり、全域にわたって自然性がきわめて高い原始林である。

龍良山は、東側が雄龍良、西側の雌龍良の二山からなり、雄龍良の南面山腹に表八町郭《はっちょうかく》(八丁郭)、雌龍良の北面山腹に裏八町郭という聖地があり、前記朝鮮史書にある「南を子神(男神)、北を母神(女神)」というのに対応する。その形状も表八町郭はピラミッド状に七段に積み上げた先の尖った石組であり、裏八町郭は石組の上に容器あるいは「ウツロ舟」を思わせる舟状の石材がおかれていて、それぞれ男性と女性のシンボルにもなっている(写真4・7、4・8)。「ウツロ舟」

写真 4.5　龍良山原始林(金子撮影)。スダジイ林とギャップ

写真 4.6　龍良山原始林(金子撮影)。イスノキ林

写真 4.7　天道信仰の裏八町郭にある鳥居と石積みの祠（金子撮影）

写真 4.8　天道信仰の裏八町郭にある石積みの祠を後ろからみた（金子撮影）。大きな椀状の石「ウツロ舟」

とは豆酘に流れ着いたもので、漁師がそのなかに奇怪に光る石があるので持ち帰ってまつったという伝説もある。この地を八町(丁)郭というのは、永留によれば、「たっちゅう」(塔頭、塔のほとり、「たっちょう」)の区域からなまって「はっちょう」へと変容したと推定される。すなわち表八町郭が天道法師(天道童子)の墓、裏八町郭が天道法師の母の墓という俗説があるが、この区域は人を寄せ付けない祖霊の地であったともいわれる。

ここで当初の中尾の見解、照葉樹林の森林信仰に山岳信仰が先行するという図式が龍良山についてもいえることが、とりあえず確認される。すなわち、天道信仰の対象として神の山になって以来、村人たちはその草木鳥獣を犯すことを封じ、その結果、照葉樹林原生林が維持されてきたからである。しかし天道信仰以前の龍良山はどうであったのか。もともとそこが祖霊信仰の聖地であった可能性も否定できない。格好の山が豊かな森林におおわれている地が聖地になっていて、後に導入される天道信仰がそれに重なったとも考えられる。ここで「ヤマ」のもつ二重性が単純な結論に急ぐことに警告を発していると考える必要もあろう。このことが後に取り上げる「山の神」の問題を浮上させることになる。

三　アニミズム対マナイズム——両墓制と山の問題

問題は、日本人の精神的故郷、心的原型としての龍良山の山岳信仰と祖霊信仰の関係であり、対馬における天道童子と神々との関係である。

一〇世紀初めの『延喜式』神名帳によれば、全国に神社が三一三二社あるなかで対馬に二九社、壱岐に二四社あり、この二島だけで九州全土をあわせたものと対等である。つまりこの数字は、とりわけ対馬と壱岐が古来神々のもっとも息づいていた地であることを示している。さらにまた対馬は日の神、壱岐は月の神をまつるとい

写真 4.9　豆酘の高御魂神社（金子撮影）

う相補的関係があり、一対として考える必要もあるようだ。なかでも豆酘のある厳原町を含む下県郡には、現在式内社が二九社あり、豆酘には『日本書紀』顕宗天皇三（四七三）年に「磐余《いわれ》の田を以て、我が祖《みおや》高皇産霊《たかみむすび》に献れ」とでてくる大社、高御魂《たかみむすぶ》神社（写真4・9）ともうひとつ多久頭魂《たくずたま》神社の二社がある。この「磐余の田」が豆酘の神田という赤米の斎田と推定される。さらに上田正昭らによれば、これは大和朝廷発祥の地である大和国磐余（神武天皇の名は「神大和磐余彦《かむやまといわれひこ》」）に対馬から高御魂神を勧請したことを示すもので、対馬と皇室祭祠との深い関係の一端を示すと解釈される。[14]

もともと『古事記』の最初にでてくる高天原の三柱の神、天之御中主神《あめのみなかぬしのかみ》、高御産巣日神《たかみむすびのかみ》、神産巣日神《かみむすびのかみ》のうち、高御産巣日神が豆酘に天降って高御魂神《たかみむすびのかみ》になり、神産巣日神が天降って佐護の神御魂神《かんむすびのかみ》になったとされる。またその豆酘と佐護の両方に土着の多久頭魂神《たくずたまのかみ》がおり、亀卜と天道信仰の中心となってきた。

『対馬神社誌』［一六八六（貞享三）年］に記されたように、先の漁師の拾った光る霊石が高御魂神の御神体になったという俗説もあり、古来からの日の神と天道信仰との習合も考えられる。佐護の御神体、神御魂神は女身で俗称女房神ともいわれ、日輪を胸に抱いて日の神の精でみごもった姿であり、これはどうしても天道童子の母神である。「むす」は「産す」、「ひ」は「霊」つまり「たま」であるとされる。折口信夫は「たま」と「かみ」と「むすび」に触れて、「むすび」とは「たま」である霊魂を鎮呪することによって神または人間を出現させる「産霊」のことで、両むすびの神はこの秘術で多くの神や人を産んだ創造神だとする。[15]「むすび」の霊的多産性は、「むすこ」「むすめ」「おむすび」という今日も使われる言葉にも引き継がれている。

写真4.10　佐護の多久頭魂神社（金子撮影）

豆酘にあるもうひとつの式内社である多久頭魂神社（『延喜式』神名帳には「多久頭神社」）だが、やはり佐護にも同じ天神多久頭魂をまつる神社（『延喜式』神名帳には「天神多久頭多麻神社」）があり、どちらの多久頭魂神ももともと対馬固有の神といわれる（写真4・10）。「たくづたま」とは、「たく」が「長く」「丈く」で高く貴いこと、「つ」は助詞で、稜威高い貴い神霊の「たま」という意味である。また多久頭魂神社は赤米に関係して穀霊をもあらわすとされる。この南北にわたる古神道の多久頭魂神社が天道信仰の中心となったのは、平安中期以降、在来の日の神が仏教の大日如来と習合して天道菩薩になってからである。すなわち永留久恵が推定しているように、天道信仰は、日の神信仰、穀霊信仰、祖霊信仰の三位一体からなり、古神道の原型をつくっていて天皇を最高の祭司とする皇室祭祀と深い関係にあると解釈される。[16] 多久頭魂神社には古くは豆酘寺、その後は豆酘観音が習合している。

ところで神そのものでなく、霊魂である「たま」を吹き込まれた人間の死をどうみるかというとき、その「たま」が肉体を離れて自在に行動し、そのため生きている人間に災いや恩恵を与えるという思想を生み出すことは容易に理解できる。また死霊信仰が、万物に霊(Anima)が宿るというアニミズム(Animism)の母胎になることも同様である。これは当然の結果として、霊魂が離れた後に残された死体そのもののけがれ、死穢のもつ魔力「マナ」(Mana)が浮上し、その「マナ」を忌避するためのマナイズム(Manaism)を析出することになる。かくしてアニミズムとマナイズムの問題に二極化する。このことは、対馬や日本各地にみられる両墓制の意味に行き着く。両墓制とは、一人の死者に実際に遺体を葬る本墓《ほんばか》と遺体のはいらない空墓《からばか》のふたつをつくることをいうが、前者はしばしば棄て墓・埋め墓、後者は詣り墓ともいう。対馬では峰村、西泊、その他から報告されているが、沖縄の洗骨の習慣などともあわせていろいろ研究されている。

八町郭の聖地をもつ天道信仰の龍良山において、村里に多久頭魂神社あるいは観音堂豆酘寺という遥拝所があるが、これは奈良の三輪山信仰のおける三輪山と箸墓との配置関係と似ており、ともに両墓制との関連を示唆する、古い祭祀形態を示している。とくに豆酘においては中世以降神仏混交が激しくなっていて、より古い時代の信仰のあり方をみるのは容易ではない。それでも、龍良山の禁忌は伝統的にきびしいものであったようだ。

城田吉六によれば、[17] 八町郭の聖地では樹木の伐採は不可であり、死者・忌中の者・月経中の女性など不浄の者は八町郭にはいれず、裏八町郭の原始林の一角にあるよけ道に神を避けねばならなかった。この神は後述するいわゆる山の神をさすと考えられる。山の神は多くの場合女神で、そのためにその怒りを避けて女性の入山を禁ずる習慣は日本各地の聖山に共通する。表八町郭に面した浦を浅藻というが、この浅藻の土地を「卒土《そっと》」の浜とよんで、人は住めない清浄な地とされ、ここで潮を汲み、身を浄めて遥拝した。この「卒土」は朝鮮の斎場「蘇塗」と同じであろうとされる。

とくに葬式一週間目の朝、豆酘と浅藻のあいだの峠、小母峠に立って、卒土をみて石を投げて、後ろを振り向かないで帰るという卒土見《そとみ》の儀式は、『古事記』の黄泉の国から逃げ帰る黄泉比良坂でのイザナギ・イザナミの神話にきわめて近い。この儀式は後ろを振り向くなという禁制とその違反を語っている。このような行事は死穢の禁忌に関係があり、[18] 祖霊信仰とマナイズムの二極的緊張関係の構図を示している。

龍良山の照葉樹林が「生ける正倉院」として現代に伝えられてきたのも、このような天道信仰、祖霊信仰による重層的な禁忌によってまもられてきたといえる。

四　山の神と神の依り代としての樹木

このような古代からの自然との接し方が、現代のわれわれ日本人にとっていかなる倫理的教訓をもたらしているかを考察していく必要がある。とくに日本人の自然との接し方において、人工的文化と自然的緑の配位関係に、古代と現代では図と地の逆転が起こっていることを後に指摘するつもりである。

先の八町郭にしてもあるいは多くの社寺にしても、信仰の聖地であり祭祀施設である。文化といったものを人間社会の風俗・習慣のいっさいをさすと広義に考えれば、これらの聖地や施設は人間たちの文化所産であり、まさに文化そのものである。そうした文化が山という森の緑に包まれている構図である。全体の「地」は山をなす照葉樹林の緑であり、そこに点在するわずかな「図」は人間のさまざまな営為の所産としての文化である。つま

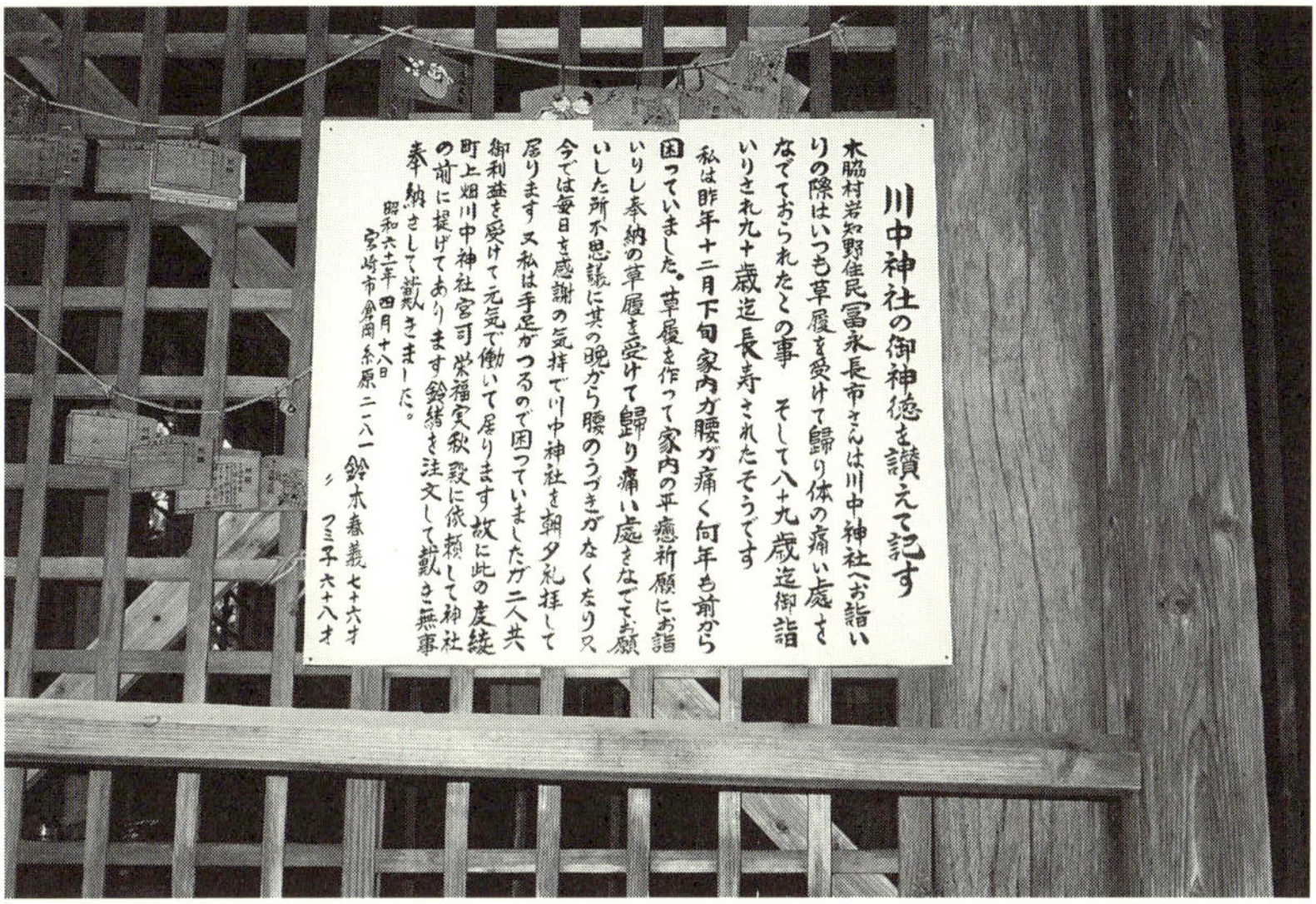

写真 4.11　「綾のイチイカシ」の根元の「山の神」(右頁上)と川中神社(右頁下)および奉納額(上)(金子撮影)

り山である緑に包まれた文化、という構図である。これが山から山里に日本人が進出し、それ以降、焼畑耕作をする時代になっても、また平地に水田を開く時代になっても、社寺林に典型的にみられるように緑に包まれた文化という構図は残ってきた。明治大正期に南方熊楠があれほどの情熱を傾けて神社合祀令に反対した理由も、一村一社を原則に強制する政府の命令によって、多くの鎮守の森が消されることに危機感を抱いたためであり、この、緑のなかの文化という「地」と「図」の構図破壊が日本人の精神的故郷の破壊につながることを直覚していたためであろう。

ここでまた当初の設問に戻って、山岳信仰が森林信仰に先行するか否かを考えるうえで、森自体、それを構成する樹木自体の信仰における位置づけはどうなっているかを考える必要があろう。ここで「山の神」の存在がクローズアップされてくるのである。

論者らが別の調査の対象にした宮崎県綾町の綾川渓谷の大規模原生照葉樹林帯は、九州中央山地国定公園綾地区として指定され、カシ、シイ、タブ、クスなどの高木、ヤブツバキ、モッコク、ヤマモモ、ユズリハ、モチなどの亜高木、サカキ、サザンカ、ヤブニッケイなどの低木が深い渓谷一帯を埋め尽くし、野鳥や動植物の宝庫になっている。われわれが綾町にはいってまず印象深く思ったのは、綾城近くの山地に立つ樹高一八メートル、胸高直径六・七メートル、樹齢六五〇年という県指定天然記念物「綾のイチイカシ」の根元に、小さな「山の神」の石祠がおかれていた点であった。この山神信仰は、原生林の奥深く、道なき道をかきわけて一キロあまりはいった台地に思いもかけぬ立派な社殿に行き着いて確かめることができた。後で触れるように、老杉に囲まれた参道奥正面にあった山の神をまつる川中神社である(写真4・11)。

『萬葉集』では、「山も川も依りて仕ふる神の御世かも」(三八)と、山の神は(川の神も)、「国見をせせば畳《たたな》はる青垣山《あをかきやま》」と高殿にのぼって眺める天皇に花や紅葉を調物としてささげるものとして、詠われる。すなわち山の神も川の神も常世の神であり地霊であり河霊であるが、しょせん天孫降臨系の大和王朝の陪臣なのである。ここで重畳する山を青垣にたとえる意味は深いと思われる。そういう神の霊域である山々は「青垣」をなす、すなわち照葉樹林におおわれた緑の結界なのである。天皇のいる高殿はそういう霊域にすっかり包み込まれていて、その霊威を調伏しつつ、しかもそれを一身に凝集するのが天皇であると考えられていたことを、この歌は示しているからである。当時においても、青垣に囲まれた天皇の宮居を頂点として、社が多く散在し、その多くはみずみずしい樹木の垣根、「瑞垣《みずかき》」に囲まれていた。柿本人麿の歌に「未通女《をとめ》等が袖布留山《そでふるやま》の瑞垣《みづかき》の久しき時ゆ思ひきわれは」(五〇一)とあるように、乙女らが袖を振って布留山の社から神を迎えるときの、あの社の瑞垣が永くながらえているのに、自分が恋い続けてきたことをたとえているのである。瑞垣すなわち生け垣が、地の霊威を調伏する神域の結界であると同時に、それを結集して、中心格の神仏の像に体現させる仕掛けであると解釈することは許されるであろう。

一方、樹に神がつくという考えは、万葉の時代にも明白である。大伴宿彌《おおとものすくね》の歌「玉葛《かづら》実ならぬ樹にはちはやぶる神そ着くといふならぬ樹ごとに」（一〇一）にあるように、美しいが実のならないクズのような樹にはすさまじい神が乗り移る、と詠われる。先のイチイカシの山の神信仰も万葉時代にまで、いや太古の時代にまでつながっているのであろう。このことは、門松をなぜ正月に飾るのかに対する答えを示唆する。日本各地で門前に門松を飾る習慣は、まさにマツを依《よ》り代《しろ》として年神を迎えるという意味の行事である。このことは対馬で、門松に大晦日の晩から三が日の毎朝毎晩、膳に盛った食物をそなえることからも知られることである。しかも近年まで椎根《しいね》地区では、右にクロマツ、左にアカマツの、三段か五段の枝のついた高さ一・五メートルから一・八メートルのものを使って、手の込んだ「門松様」（図4・2）に飾っていた。[19]

　柳田國男の「天狗、山の神」説を祖述した折口信夫は、海の彼方の常世から来て祝詞によって悪霊を鎮めるまれびと神（翁《おきな》と媼《おみな》あるいは尉《じょう》と姥《うば》の二体に具体化）が、人々の海から山への移動につれて、地霊の代表である山の神となり、地主神に定着していった、としている。そしてこの山の神に仕えあるいはそれに扮した異装の山人が、「山の鬼から天狗に分化し、天部の護法神さらに諸菩薩・夜叉・羅刹神に変化していく一方に、村との関係を血筋で考えた方面には、老翁又は尉と姥の形が固定」していったという。[20]また山人の集団を山部とよぶと解釈している。飛鳥末から奈良初めにかけて、神仙思想である道教の理想と小乗仏教の苦行の道をむすびつけて、山人が山の神の力を保持しようとして御嶽精進に励むのが修験道である。[21]

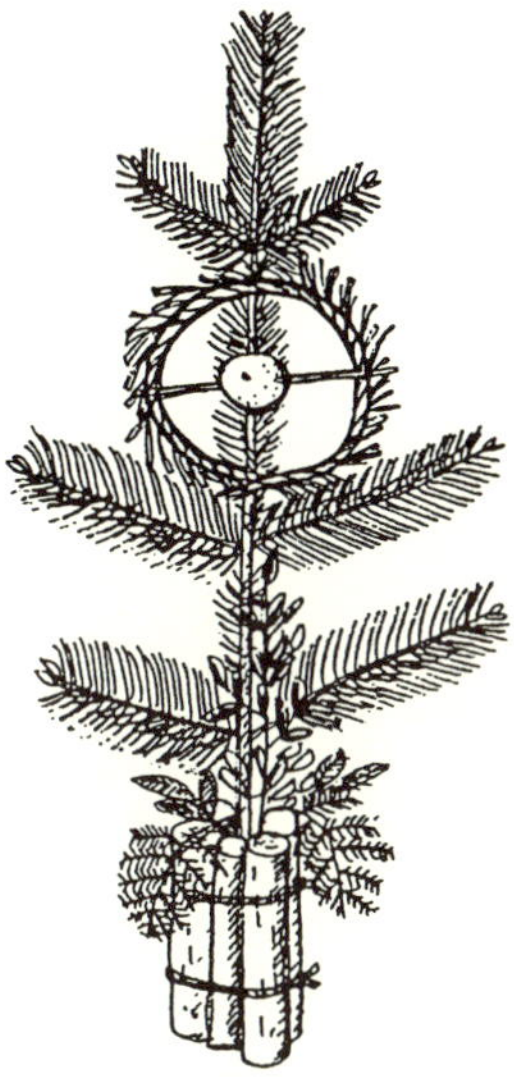

図4.2　椎根の「門松様」
（長沢利明氏による）

先述した、綾町原生林奥の川中神社はまさにその一例になる。川中神社阿弥陀堂は一九八〇(昭和五五)年綾町指定の有形文化財になっているが、その説明書きにある伝承によれば、まさに明久という山人の猟師が、野宿の夢のなかで聖僧に出会い、一〇〇〇頭に及ぶ鳥獣の命を奪ってきたのを悔いて仏道に帰依し、仲間の猟師の長喜とともに七一八(養老二)年に開基したという。ただし現存する山の神の化身で県指定文化財の阿弥陀仏は、阿弥陀堂とともに室町時代末期のものである。神仏習合であるこの阿弥陀仏は、明治期の廃仏棄釈のとき、下の、照葉樹林からわきでる淵に隠され、今、この淵はあみだ淵とよんでいるという。地元民からは健脚の神とあがめられ、願掛けや御礼にわらじを奉納する習慣が残っている。

また対馬の峰町で山の神の祭りに立ち会ったことがある。対馬では全島例外なく正月、五月、九月の一六日に山の神の祭りがある。国道三八五号線からアガタで三根川に降りて道なき道を十数分もさかのぼり、北五郎方面と南五郎方面からの谷川の合流点近くにでると、右の山斜面に二十数人の男たちがしめ縄を張り御神酒を並べて、祝詞をあげる神主のおはらいに頭を垂れていた。狩にしろ伐木にしろ山中他界の支配者である山の神の許可のもとにその領内にはいって資源の一部をいただき、山の仕事の安全を祈願しているのである。祭神は大山祇神で、儀式は三〇分程度で終わった。祭りの一行はその後、町の集会所に集まってお清めの会(直会《なおらい》)に移っていった。

論者らはその国道を南下して豊玉町から美津島町へ抜けるトンネルをくぐった芦浦地区にでた。すると道を挟んで左手奥に天道神社の立派な石鳥居があり、右手奥には山神神社の小じんまりとしたしめ縄のついた石鳥居があった。左手奥の天道神社には豆酘のかなぐらに似た四角い七段の石積みがあり、その右奥にごく小さな瓦葺きの祠があった。しめ縄と鈴をむすび、九本のろうそくの立つ木の祠には観音開きの扉がついて、内側には古い御幣が詰まっていた。一方、右手奥の山神神社には小さな家型の石祠があり、なかには御神酒と五本のろうそくが立ててあった(写真4・12)。この天道信仰と山の神信仰というふたつの社を、対立関係でみるのはおそらく間違い

写真 4.12　芦浦の天道神社とかなぐら(上)と山神神社(下)(金子撮影)

であろう。確かに山の神という霊域に天道神の結界があり緊張関係がみられるようにもみえるが、相補的関係とみるのがよさそうである。その東西の配位関係からみると、日の出側に天道神社、日を呑み込む日没側に山の神神社がある、という合理性も読み取れる。

折口によれば、シテである山の神の鎮霊の祝詞をワキである山人が物真似する所作から、モドキの所作としての芸能が猿楽能として成立したといわれる。能・狂言が山の神信仰の所産とすれば、山の神問題はまさに日本文化論の根幹にかかわるものである。そして海から山への移動が山の神を生んだという構図が正しければ、山岳信仰が緑の森の聖性に先行するとしても間違いなさそうである。この場合、緑の樹は神のつく依り代、媒介者の位置づけになる。

五　生け垣の精神的原型——図と地の逆転のなかで

現代のわれわれの住宅環境はきわめて劣悪となり、狭い庭に緑の木を植える程度で我慢をしなければならない。われわれは人間の集団的活動の場を町や村として、人間に特異な文化的形態を展開してきた。今でも恵まれている地方では、これらの町や村という文化的集団は緑なす山々の青垣に囲まれているかもしれないが、多くの場合、隣接空間を占めるのは工場群であったり鉄道網であったりするから、文化的人工群に取り囲まれた文化的集団にわれわれは住んでいるといえる。こうなると、われわれの住空間は、すでに二重に文化的空間によって取り巻かれている状況となる。さらにその集団のなかで細分化された住宅地に建つ多くの住宅は、ブロック塀やフェンス塀に囲まれているとすれば、まさにそれだけ文化的人工的重層空間に封じ込められているといえよう。一方、その文化的空間のなかに緑を植木としてわずかに取り込むのである。つまり今日の多くの文化住宅では、「地」がすでに文化的重層空間であり、「図」は庭木群を緑の点景として配置したわずかな庭として形成される。すなわち今日の住宅は典型的に文化に包まれた緑を内包しつつ、近代以前の、建物が緑に包まれて存在してきた関係、すなわち人工的建造物という文化的「図」とそれを取り囲む緑という自然的「地」の関係を、今日ではすっかり逆転させてしまったのである。神の依り代となるべき樹木群の緑は、現代の住空間では、か細い存在になりつつある。

ここでせめて、生け垣の精神的原型を見直す必要があるのかもしれない。遅くとも万葉の時代には、すでにみたように生け垣(瑞垣)が出現している。万葉人には緑に包まれた文化の構図が、自分たちの家の構造にも持ち込まれることが当然であったのだろう。このような観点はもっと掘り下げる必要があると考えている。「かきのもと」に関連して折口信夫の、「垣」についての考究がある。(22) 古来、建物の隔てで横木が何本も間通しにしてあるものを壁とよんだが、それは垣ともいい、壁代、垣代という言葉にも残っている。天の壁も天の垣も両用されるのである。万葉集の「くべ越しに麦《むぎ》喰《は》む小馬《こうま》の」(三五三七)と詠まれる「くべ」は横木をむすんだ柵であるが、沖縄では壁を「くび」ということから、「くべ」という音が本になって「かべ」(くび)と「かき」に分かれたと、折口はみている。対馬は横浦の山道の峠に、尾根をまたいで長さ一五〇メートルほどの猪垣とよばれるものが残っているが、これは中世の牧に使った柵のなごりとみられる。(23) 柿本人麿の姓「かきのもと」(垣の下)というのは、宴の際、堂にのぼる賓客の陪従者をさして使われるが、こちらは庭の垣根の下に蹲踞して待ったからである。その垣下に古来からよくハジカミが植えられた。ハジカミは刺ある辛木のイヌザンショウであるといわれるが、賊が垣をくぐって潜入するのをふせぐ目的もあった。もうひとつ、垣は内と外とを区切る結界をさしてきた。その結界の出入口が門であるが、門には人を招じ入れると同時に拒むというアンビヴァレントな機能がある。

その垣根に樹木を利用した生け垣を多くの日本人が好むのは、単に環境に優しいだけでなく、生け垣の暗示する精神的歴史的背景を漠然とでも直覚しているのではあるまいか。

日本の農家には立派な屋敷林をもつものも多い。宮崎安貞は、江戸初期に、屋敷林の効用について「多くの徳あり」として、以下のように列挙している。すなわち、風雪をふせぐ、盗賊をふせぐ、隣家の火災の隔てになる、枝葉は薪になる、間伐して材になる、落ち葉は田畑の肥料になるなどである。(24) その説くところは徹底的な功利主義的合理性に満ちており、山人と山の神の世界とはすでに距離がある。「かならず土地の宜きを能くはかりて、四木等を始とし品々委しく考へて利の多き草木を栽ゆべし」と述べて、有用草木にクワ、ウルシ、チャ、コウゾの四木、アサ、アイ、ベニバナの三草を筆頭にあげている。この立場は生け垣づくりにも貫徹される。それに適している木として並べているのは、カラタチ、クコ、ウコギ、サンショウ、クチナシ、ハリスギ、コウゾ、クワ、ニワサクラ、ホソタケなど「色々多し。此等の類よし」である。とりわけカラタチは刺で「盗賊の防ぎ是にこゆる物なし」であり、クコ、ウコギのふたつは「葉は菜にし茶にしても用ゆべし。根は共に良薬なり。酒にも造る」と有用植物であることが力説される。

現代における壱岐の屋敷林調査の報告(25)によれば、壱岐の農村の屋敷は、多くは背後が崖になって上が山である地形にある。この背後の山をセドノ山といい、そこでとれる枝葉などを燃料にした。両側か一方に冬のきびしいアナゼ(西北風)にそなえて防風林が設けられ、前には野菜などをつくる前畑があるのが通例であった。別に割畑もあった。こうした構造は先祖伝来の形であり、幕藩時代には勝手な変更が許されなかったというから、屋敷の古型を保持し続けてきたと考えられる。すなわち山中から焼畑をしつつ山裾に居住した、半農半猟の時代の屋敷の形なのであろう。先の『農業全書』に描かれた農村屋敷は、平地の田畑をもつ純農家の形である。セドノ山や左右の立木の多くは自然生の喬木や潅木であるという。枝葉が燃料に使えるツバキ、シイ、マテガシ、サンゴジュ、ホルトノキ、ヤマモモなどが選択的に残された。神事や行事に使うトベラ、サカキ、ユズリハなどは庭には植えない。山からとってくるのである。庭に植えるのはモモ、カキ、ダイダイ、ビワ、ウメなどの果樹数本である。セドノ山に山の神を背負いながら、前庭では生産農家の合理性が追求されているのである。この形態ではいわゆる垣根の形態は明確ではない。

こうみてくると、われわれの知っている生け垣をもつ屋敷構造は農耕社会の成熟と関係がありそうである。本来、生け垣には山の神を調伏する天つ神の結界としての断片化という意味があったはずだが、人工的な文化が優勢となるにつれてその神々の依り代としての意味は忘却の淵に追いやられてしまったのであろう。現代、新たに自然の保護とか環境の保全とかの重要性が強調されるが、その際、古代日本人の自然への畏怖を再発見することが合理性一点張りの文化への多少のいやしになるはずである。そこにまた新たな倫理的規範を見出していくことが期待されるのである。

（1）　中尾佐助の著作より多少とも関係する雑稿を抜き出しておく（注（1）（3）（4）の○番号は著書を除く全著作物を全四巻にフルコピーした照葉樹林文化研究会編、一九九六、中尾佐助著述彙編、大阪府立大学総合情報センターの分冊番号である）。
②中尾佐助、一九七一、生態学における日本、照葉樹林文化の位相、伝統と現代、九、五三―六二頁。
④中尾佐助、一九八四、雲南の照葉樹林、朝日新聞、一一月七日夕刊。
①中尾佐助、一九九三、民族植物学と文化複合、海外の学術調査―アジアの自然と文化、一―一四頁、日本学術振興会。
対馬関係の参考資料も列記しておく。

藤井郷石、一九八八、対馬の地名とその由来、下巻、三二―五一、七二―一一〇頁、杉屋書店。

阿比留徳勇、一九九〇、豆酘の観音、対馬六観音、九三―一〇五頁、法清寺頒布。

対馬風土記、年刊、対馬郷土研究会。

対馬の自然と文化、年刊、対馬の自然と文化を守る会。

(2) 一九九三年一〇月二八日、シンポジウム「森林と動物」、北海道庁・国際日本文化研究センターほか主催、での発言。
(3) ③中尾佐助、一九七七、インドの山と森の信仰、どるめん、一二、九二―一〇三頁。
(4) ③中尾佐助、一九八〇、照葉樹林の森林観、無限大、五一、一六―二一頁。
(5) 柳田國男、一九六四、日本民族と自然、定本柳田國男集三一、二七―三五頁、筑摩書房。
(6) 城田吉六、一九八七、赤米伝承、対馬豆酘村の民俗、三八四頁、葦書房。
(7) 『海東諸国紀』(一四七一年撰)、注(9)、および永留久恵、一九七九、対馬の神々七多久頭魂神社、対馬風土記、一五、七九―八八頁を参照。
(8) 永留久恵、一九七五、古代史の鍵・対馬、二六五頁、大和書房。
(9) 永留久恵、一九九四、対馬歴史観光、一一〇―一一八頁、杉屋書店。
(10) 前掲(6)、一四六―一五〇頁、「天道信仰と禁忌」の項。
(11) 一九九七年一月二五日、第三回照葉樹林文化研究会(大阪府立大学学術交流会館)における講演、山本進一「日本の照葉樹林の構造と動態」。
(12) 伊藤秀三ほか、一九九二―一九九四、対馬・龍良山の照葉樹林の研究I―VI、長崎大学教養部紀要(自然科学編)、三三―三五。
(13) 長崎県教育委員会編、一九九一、対馬天然記念物緊急調査報告書(長崎県文化財調査報告書一〇二)、四五―六三頁、長崎県教育委員会。
(14) 永留久恵、一九八〇、対馬の神々八高御魂神社、対馬風土記、一六、四七―五七頁、前掲(8)、および上田正昭、一九七〇、日本神話、岩波新書、八五―一二五頁、岩波書店の「天つ神の世界」の章。
(15) 折口信夫、一九五三、産霊の信仰、折口信夫全集二〇、二五三―二六〇頁、中央公論社。
(16) 前掲(7)、永留論稿。
(17) 前掲(10)に同じ。
(18) 西郷信綱、一九七五、古事記注釈一、一七二―二三〇頁、平凡社の「黄泉の国、禊」の章をみよ。
(19) 長沢利明、一九七六、椎根の年中行事と生産儀礼(その一)、対馬風土記、一三、一六―四九頁。
(20) 折口信夫、一九二八、翁の発生、折口信夫全集二、三七一―四一五頁、中央公論社。柳田國男、一九二六、一九三〇、山人外伝資料、定本柳田國男集四、四四九—四七二頁、筑摩書房。
(21)　山の神信仰については、千葉徳爾の実証的論究「山の神の祭文」(一九六九、狩猟伝承研究、四六一—四九二頁、風間書房)や「狩と山の神信仰」(一九七一、続狩猟伝承研究、二六八—二九七頁、風間書房)にくわしい。
(22)　折口信夫、草稿、久米部の話、折口信夫全集一六、三〇二—三〇八頁、中央公論社。
(23)　阿比留嘉博、一九七三、猪垣、対馬風土記、一〇、四五—四八頁。
(24)　宮崎安貞、一九三六、農業全書(土屋喬雄校訂)、岩波文庫、八二—八六頁、岩波書店。
(25)　山口麻太郎、一九六七、農家の屋敷と屋敷木、島の科学、四、三—一〇頁。

後記　宮崎県綾町の合同シンポジウムで教えを得た、上野登(本書第一八章執筆)の提唱する「原風土」としての草原型文明から森林型文明へ、二季型文明から四季型文明へという流れのなかで、森林起源の焼畑農法がやがて短期休耕期を輪作的に取り入れる三圃式に移っていく問題は、上記の図と地の問題とあわせて今後の研究課題である。上野が分析している人類と自然の能動的関係、物質代謝過程の変化を基礎に据える幅広い見方は、今後改めて注目されるであろう。くわしくは、上野登、一九八五、一九九二、人類史の原風土正・続二巻、大明堂をみよ。なお本文中の『万葉集』の引用は、中西進による一九七八—一九八三、万葉集(全訳注原文付)全四巻、講談社文庫、講談社によった。

第五章　〈茅〉について

——その呪術的効用をめぐって

大形　徹

はじめに

宮崎県の米良には端午の節句の時期にしめ縄に茅《カヤ》とヨモギを結わえ、屋根に飾る風習がある（写真5・1）。同様の風習は大阪や奈良あたりにもみえる。中国の西南の少数民族にも似たようなしめ縄がある。こういったしめ縄の起源は『続漢書』「礼儀志」の注にひく鬼門の門番が手にする葦茭かもしれない。これは鬼門を出入りする悪鬼を縛り上げるものである（写真5・2）。

また端午や夏至にチマキを食べる。粽（チマキ＝茅巻）は、茅（チ＝チガヤ）で巻いたから、この名があるとされている。現在、実際に使われているものは茅ではないが、茅という植物と無関係ではない。粽の起源に関しては中国では屈原の説話とむすびつけて考察されることが多い。しかし日本の話では、とくに屈原とむすびつくことがない。祇園祭りの飾りチマキは門口にぶらさげられる。これは蘇民将来の伝説とむすびつけられているが、中国の草包と似ている。本来、正月のしめ縄と同様の悪霊よけであったように思われる。

「茅《ち》の輪くぐり」・「茅《カヤ》葺き（カヤ＝ススキ）の屋根」なども「茅」という漢字が使われている。『大漢和辞典』では「茅」を「かや・ちがや」と読んでいる。漢字は必ずしも厳密な植物学的分類には一致せず、カヤ（＝ススキ）とチガヤはしばしば混同されている。中国においても、明の『本草綱目』は「茅（チガヤ）」と「芒（ススキ）」を区別するが、ほんとうに明確に区分されていたかは疑問である。拙稿はチガヤとススキを厳密に区別することを企図したものではない。ここでは茅という漢字あるいはカヤ・チガヤという名称のもとで説明されるさまざまな事例について考察する。

「茅（チガヤ・カヤ）」は現在では単なる雑草とみなされているが、古代においては有用な植物であった。中国

写真 5.1 カヤ(ススキ)(斉藤・椎葉，1995 より)[11]。「五月五日の節句の時にはフツ(ヨモギ)とカヤの大きいとを切ってきて，カヤ二本とフツ一本の三本をあわせてカヤの葉っぱでしばって，それをカヤの屋根の軒にさしこみおった。クリの木を割って屋根をふいたソギ屋根にはぬからんから，屋根の上にほうりなげおったですよ」[11]

写真 5.2 宮崎県西米良村米良神社のしめ縄(大形撮影)。1703(元禄 16)年 5 月 7 日に洪水で流失後の再建

古代の文献にも頻繁にあらわれる。その使用法を調べてみると単に実用の面からだけでは説明できないことも多い。

そこには、この世界は人と鬼（＝死者の霊）から成り立っており、人はときに鬼の害悪を被るという、古代の人々の世界観が反映している。「茅」は鬼の害悪をふせぐ呪術的植物とよべる。菖蒲は剣の形をしているから悪霊よけになるとされるが、「茅」も葉が矛の形をすることにもとづくとされる。またカヤの葉は刃物のようによく切れる。

チガヤ・カヤは少数民族の居住地域から中国をへて日本へとのびる、いわゆる照葉樹林帯に重なる植物といえる。以下、「茅」をめぐるさまざまな問題について考察したい(1)。

一　茅と芒

一-一　漢和辞典の説明

「茅」という漢字は、『新字源』(2)では、

①かや。ちがや・すげ・すすきなどの総称。
②かやを刈る。かやかり。
③かやぶき。かやでふいた屋根。また、その家。
④ち。ちがや。山野に自生するすすきに似た草。

と説明されている。

『大漢和辞典』(3)でも、「茅」は「①かや。ちがや。ち。……」と説明される。

写真5.3 ススキとチガヤ(大形撮影)。熊本県湯前付近の畔。ススキ(芒)とチガヤ(茅)は隣接して生えていることが多い。葉の真ん中に白い筋のあるのがススキ，ないのがチガヤ

「ちがや」と「すすき」とは、植物学においては、ともにイネ科ではあるが異なった植物である（写真5・3）。しかし漢字では、ともに「茅」が使われている。また日本語でいう「ちがや」の名称はおそらく「かや」から派生したものであろう。これは形状がよく似ているところからの命名と思われる。

一-二　植物辞典の説明

『日本中国植物名比較対照辞典』[4]によれば、チガヤ（図5・1）は、

Imperata cylindrica (L.) Beauv.

㊐チガヤ【千茅】、茅または白茅を用いたことあり。㊔
　根茎：利尿、止血、清涼剤。花：止血、止痛。

㊥白茅 Bai mao［全国各地］

図5.1 チガヤ（平凡社，1988より）[87]

である。

ほかに

Heteropogon contortus (L.) Beauv.

日アカヒゲガヤ【赤鬚茅】、薬根または全草：止渇、舒筋。

中黄茅 Huang mao　地筋 Di jin［華中、華南、西南、浙江、陝西］

Hierochloe odorata (L.) Beauv; *Hierochloe bungeana* Trin.

日コウボウ【香茅】……

中茅香 Mao Xiang

がある。

さらに茅（カヤ）のつく植物としては、コシノネズミガヤ、ネズミガヤ、ヒロハノハネガヤ、イタチガヤ、キツネガヤ、ホガエリガヤ、ホッスガヤ、カモガヤ、ヒロハヌマガヤ、ハマガヤ、イトスズメガヤ、スズメガヤ、シナダレスズメガヤ、コスズメガヤ、ナギナタガヤなどがある。

一方、カヤ（ススキ）は、

Micanthus siensis Anderss.

日ススキ【薄】……

中芒 Mang［南、北の各省区］

とされている。

『原色牧野植物大圖鑑』(5) ススキでは「日本各地、および南千島、朝鮮、中国の温帯から暖帯に分布」とされ、チガヤと比べて北よりに分布している。当然のことながら、チガヤとススキは明確に区別されている。

しかし、文献にみえる「茅」あるいは日本語の「かや」は、ともにしばしば混同されており、それが「ちがや」なのか「すすき」なのか厳密に区別しがたい場合も多い。

一-三 「カヤ」の名称について

「カヤは刈って屋根を葺く草からきている(6)」。刈《か》ると屋《や》根から、かやだとされる。「刈屋《かりや》の約(7)」もこれに近い。ほかに「上屋《かや》の意(8)」ともされる。「カヤ(茅)は、刈って屋根をふくことからつけられたらしく地名(茅場にちなむ)が残る(9)」と、茅場の「茅《かや》」はチガヤではなくススキをさす。実際、茅葺き屋根はチガヤではなくススキが用いられている。

写真5.4 チガヤの若芽(大形撮影)。赤いので血茅ともいわれる。生駒市有里町にて。

一-四 「チガヤ」の名称について

一方、チガヤは「たくさん生えるので千茅《ちがや》、若芽が赤いので血茅(写真5・4)、味が乳に似ているため乳茅《ちがや》などの諸説がある(10)」とされる。いずれにしても「ち(千・血・乳)」なる「かや(ススキ)」ということで本来「かや(ススキ)」があり、それと区別するために「ちがや」とよばれたように思われる。

しかし、宮崎県椎葉村の『おばあさんの植物図鑑(11)』「マカヤ(チガヤ)(写真5・5)」はつぎのように紹介する。

宮崎県の方言で言うカヤとマカヤは似たような名前だが、種類が違う。

写真 5.5　マカヤ(チガヤ)(斉藤・椎葉，1995 より)[11]

「十五夜にもあぐれば、端午の節句のときにフツといっしょに束ねて、軒にさしおったのがススキで、これが生のときをカヤという」

そして今回紹介するのがマカヤことチガヤである。県内ではこれのつぼみをツバナと呼び、子供の遊びに使われた。

「マカヤは食べられるとですよ。まずマカヤの根ばり。子供のころ、冬から春先に掘って食べおった。あれが甘くておいしくてね」

これは県内一円にいえることで、俗にアマネとよばれている。

「そうすっと今度は春、つぼみがふくらんできたころ、こっちじゃカヤがはろうたとか、はらみガヤとか言うですもんね。あれが穂がまたおいしくて」……

つまり、ススキは①ススキ(枯れたもの)、②カヤ(生のススキ)に分かれ、チガヤはマカヤとよばれる。しかし「カヤがはろうた」とか、「はらみガヤ」とかよばれる際のカヤはススキではなく、チガヤである。

カヤとマカヤは区別されてはいるのだが、マカヤ(チガヤ)を省略してカヤということもある。マカヤは、おそらく「真茅《まかや》」で、真のカヤという意味であろう。ここでは、むしろ、チガヤの方が、ほんとうのカヤであったようなイメージがある。

これをみると確かに名称は混乱している。しかし、実際に植物を利用していた人たちにとっては、そうよぶことに何の支障も混乱もなかったようにも思われる。

二　宗教的行事と茅

ここで中国の文献にみえる宗教的なものにかかわる「茅」について考察したい。

二-一　茅社

天子の大社は、五色の土によって壇をつくり、皇子を封建して王となすときは、大社の土を授けるのだが、封建した国の方角の色の土をもちい、それを白茅で苴《つつ》む。その土を国にもち帰らせ、社を立たせるのだが、それを茅社という(後漢、蔡邕『独断』)。

とある。

古代、天子が皇子を封建して諸侯王とするときに、大社から封ずるところの方色の土(五行思想によれば東が青、西は白、南は赤、北は玄[黒]、中央は天子で黄)を割き、白茅に包んで与え、国に帰って分社を建てさせた。(12)「社」という漢字は、「土をまつる」という構造をとる。「土(◇)」は土をまるめた地主神の形である。土は単なる土ではない。そのなかに土地神が宿るものである。それを白茅に包むのは茅に悪霊をふせぐ力があるからであろう。大切な土に邪気や邪霊がはいりこまないようにしたのだろう。

『書経』禹貢「厥貢惟土五色」の注釈は同様の文をのせ、その後「白茅で苴《つつ》む。その清潔さのために茅をもちいる」と説明する。白茅は社の行事に必要なものであり、土を包むものであった。なお茅社と同様の意味で「茅土」という言葉も使用される。

二―二　茅旌

『公羊伝《くようでん》』、宣公一二年に「鄭伯は諸肌《もろはだ》ぬぎし、左に茅旌《ぼうせい》を執り、右に鸞刀《らんとう》を執り、楚子を逆《むか》えた」とある。茅旌は茅を旌《はた》としたもの。祭祀の際にこれをもって神を導くために用いる。

注によれば「茅旌は宗廟を祀るために用いるものである。迎えて神を道びき、祭りを護るものを指す。端を断ってそろえたものを藉《しきもの》といい、断たないものを旌という。茅を用いるのは、その心が一に順い、本から末へと暢びていくことに取っている。それは精誠を通じ、至意にかなうゆえんである」という。儒教の注釈は「精誠を通じる」などと倫理的な意味あいで解釈する。しかし、「祭りを護るもの」ともされる。茅の旌は神を導く標識であり、かつ神を悪霊からまもるという辟邪の役割を果たしているのではないかと思われる。

前漢初期の医方書である『五十二病方』にも茅がみえる。

ヘルニアの治療の別方に、

菌[桂]《にっけい》を一尺、独□を一升を粉にし、あわせて竹筒の中に入れ、筒にみたし、□□□□□□□□□□□□□□□□、すぐに布でおおい、それを陰嚢の垂れたヘルニア部分の下の二ヵ所につけ、すぐに道其□□□□□□□□□□□□□□□□之。ヘルニア部分に息を吹きかけて治療する人は、必ずその身をおさめ、その

> 身を落ちつけてから、□□□□□□□□□□□□□□□、ヘルニアがおさまったら、神を祭るのに豚をお供えし、このヘルニアはおのれの不仁がひきおこしたものとし、神に□□□□□□□□□□□□□□□□□と申し上げ、茅を司命神を祀る場所に懸け、さらにお祈りし、以為／□(13)

ここは司命神をまつる場所に旗のように茅を懸ける。その場所を目指して神が降りてくるのであろう。およそ旗の類の起源には、茅のような植物があったのではないかと思われる。

二-三　茅蕝

朝会の儀に使う「かや」でつくった座席の標識とされる。席次をあらわすのに用いたのであろう。

『国語』晋語に

> 昔、成王は諸侯と岐陽で盟った。楚は、荊蛮《けいばん》(とよばれる野蛮な国)であったので、(その際に今では使われていない)茅蕝《ぼうぜつ》を置いた。

とみえる。

茅蕝を使用することは南方の楚の礼儀であったようだ。『国語』の記事はこの話を周初の成王のときのこととする。楚のような野蛮な国だから茅蕝といった野暮ったいものを使ったという意識だろう。ただこの話がほんとうに当時のものかどうかは疑問である。

三国、呉の韋昭《いしょう》の注は、

> 置くというのは、立てるということである。蕝は茅を束ねてこれを立てることをいう。酒を縮《した》むためのものである。

茅柴は酒をしぼるのに用いられたが、ここはその意味とは少し異なる。「酒を縮む」は酒をこすことだが、ここでは「したたらせる」の意味である。本来、地の神に酒をささげるときに茅蕝を用いたのであろう。『史記』叔孫通伝《しゅくそんとう》の『史記索隠』にひく賈逵《かき》の説は「茅を束ねて位を表わすことを蕝とする」と、儀式の際の席次をあらわす標識として用いたと解釈する。その場合も本来は、単なる標識ではなく、地の神とかかわったり、また茅のもつ悪霊よけの効果を期待してのものであったのだろう。

二-四　蕭茅

『周礼《しゅらい》』天官・甸師《でんし》に「祭祀には蕭茅《しょうぼう》をそなえる」とみえる。鄭玄《じょうげん》の注には、

鄭大夫がいった。蕭の字はあるいは茜となす。茜は縮と読む。茅を束ねてこれを祭前に立て、酒をその上に沃《そそ》ぐ。酒がしみこんで地面にながれていくことは、神が飲んでいるかのようである。故にこれを縮という。縮とは浚《した》むである。

と解説される。

地面に立てた茅を束ねたものに酒をそそぐと酒がしみこんで下(地中)に流れる。これはあたかも地の神が飲んでいるようである。ここでも茅は神をまつる儀式に使われている。この場合も、神にささげる大切な酒を汚されないために、悪霊よけの茅を用いたともみなせるのではないか。

二-五　白茅

白茅は『詩経《しきょう》』召南、野有死麕にみえる。

野に死せる麕《のろ》あり、白茅もてこれを包めり。

女は春を懐い、吉士《よきおとこ》あらわれて女をいざなう。
林に樸樕《ちいさなき》あり、野に死せる鹿あり。
白茅もてそれを純束《つつ》む。

とみえる。

毛亨《もうこう》の注釈は「白茅は清潔なので用いる」という。鄭玄の注釈は「乱世の民は貧しくて、強暴な男には無礼な行いをするものが多い。ゆえに貞女の情として、その男に、狩りをする者の分けた肉を白茅によって包んで束ね、それを礼物としてもってこさせようとしたのだ」と述べる。詩の内容には把握しがたいところもあるが、白茅で麕や鹿の肉を包むことが礼にかなったこととされている。白茅で包むのは邪気や邪霊が肉にはいりこまないようにするためであろう。茅社の土の場合と同様の発想であろう。

雲夢秦簡《うんぼうしんかん》の『日書《にっしょ》』には白茅で枯骨を包むことが記される。

……人ではない。必ず枯骨(によりついている悪霊)のせいである。朝にそれを集め、白茅で包んで(息を)吹きかけ、遠くに捨て去れば(そのたたりは)やむ。(14)

ここは枯骨という骨が関与する。これは鬼《き》(悪霊)とかかわる。鬼が出現するときは近くに鬼の骨が残されていることがある。鬼(霊魂)はその骨によりついていたのだろう。

『荘子《そうじ》』外篇、至楽篇には、荘子が道端にころがる枯骨の髑髏《どくろ》に枕して眠った話を記す。そこでは夢のなかに髑髏があらわれ、荘子と問答する。その至楽篇の釈文には「髑髏は枯骨なり」と記されている。(15)本来、魂のありかは髑髏という頭蓋骨のなかの脳であったように思われる。(16)ゆえに死後もまだ髑髏によりついているのだろう。

茅社などの場合は悪霊がはいりこまないように白茅で包んだ。ここで枯骨(悪霊)を包むのは悪霊がでてこられないように封じ込めてしまうということであろう。

このような「包む」という考え方は、後に考察する粽《ちまき》のなかに継承されていくと思われる。

『史記』封禅書に白茅の上に立つという話がみえる。

使者に羽衣を着せ、白茅の上に立たせた。五利将軍もまた羽衣を着て、夜に白茅の上に立った。

ここは五利《ごり》将軍（方士の欒大《らんだい》）が、漢の武帝のために、神仙を招く儀式を行った際の話である。神仙の話はそれほど古いものではなく、始皇帝のころから広まり、漢の武帝の周囲にも怪しげな方士たちが集まっていた。欒大は棊《き》（双六のコマ）どうしがみずから動いて闘うといった簡単な方術で武帝の信任を得た。しかし、後には武帝を欺いていたことが露見して誅殺された人物である。ここの神仙を招くといった儀式も古来より伝わるものではないだろう。

この白茅について『史記正義』は、「潔白の徳があることを喩える」と「白」の意味を強調する。白茅にそういった意味がないとはいえない。しかし、欒大が白茅を使ったのは、儀式を神聖にみせかけるためにであろう。白茅が神事に多用されていたため、それを用いたのであろう。

ここは白茅を敷物として下に敷く。その本来の意味は地下からの悪霊を避けるためであろう。晋の葛洪《かっこう》の『抱朴子《ほうぼくし》』登渉篇には、鬼に白茅や葦の杖を投げるとすぐに死んでしまう、と説明されている。そこでも明らかに悪霊よけとして白茅が使われている。

二-六　茅蒩・神藉

これは茅を束ねて五寸に切り、祭前に用いた敷物である。『周礼』地官、郷師に「大祭祀には牛の犠牲をすすめ、茅蒩《ぼうそ》をそなえる」とみえる。『易《えき》』にも「藉《しきもの》には白茅を用いる」(17)とある。

『史記』封禅書(18)に、「江淮の間は、一茅に三脊のあるものを神藉とする」と、一本の茅が三つに枝分かれしたものを神藉としたという話を記す。

『集解』は孟康の説をひき、「いわゆる霊茅である。藉は薦《しきもの》である。地面に藉《し》くものである」と述べる。薦は荐《しきむしろ》である。ここは茅を編んでムシロにしたのだろう。

「封禅書」につけられた『正義』は、苞茅《ほうぼう》山（いわゆる茅山）に産する苞茅で、刺《とげ》があって三脊という。刺のあるものを敷物にするのは、一見、ふさわしくないように思われる。しかし、地中からの悪霊をその刺で撃退するためのものとみれば納得できる。

三脊は服虔が「茅草に三脊がある（『漢書』郊祀志注）」と述べるように、三本に枝分かれした茅のことである。この話は唐代につくられた『管子《かんし》』の封禅第五〇[19]にそのまま採録された。

それが宋代にまで影響を与え、大中祥符《たいちゅうしょうふ》元（一〇〇八）年には岳州《がくしゅう》（湖南省）が「三脊茅」を献上している（『宋史』真宗紀）。宋、劉敞《りゅうしょう》は仁宗の慶暦六（一〇四六）年の進士だが、「三脊茅記」をあらわしてつぎのように述べた。

三脊の茅は、長江と淮水の間に生じる。みな楚・越の国である。王者があらわれたときには最後に服し、王者がいなければ、最初に叛《そむ》く。ゆえに封禅は必ず三脊の茅をもちいる。その意味は、楚・越を帰服させれば、三脊の茅は手に入り、封禅してもよい、ということになる。

真宗の時代に天のお告げである天書が下ったとして封禅を行った。ここは封禅と三脊茅を儒教的な王道論をもって理論的にむすびつけようとしたものである。付会の説であることはいうまでもない。

芝は『説文』に[illegible]につくる。画像石[20]にも三本に枝分かれした芝草の図がある。三脊と何らかの関連があるかもしれない。

二-七　芻狗・芻霊

『老子』第五章には、「天地は仁ではなく、万物を芻狗《すうく》とみなす。聖人は仁ではなく、百姓《ひとびと》を芻狗とみなす」と「芻狗」のことがみえる。

王弼の注釈は「獣が食べる芻、人が食べる狗」、河上公注も「芻は草、狗は家畜」といった解釈を示す。しかし、それらの解釈はあまり用いられていない。

ここは普通「芻《わら》でつくった狗《いぬ》」と理解されている。それは後に紹介する『荘子』の話にもとづいている。「芻《わら》の狗」は祭りが終わった後は無用のものとして棄てられてしまう。『老子』は、天地や聖人が万物や人々を無情に扱う、というたとえとして「芻の狗」をあげているようだ。

『荘子』天運篇は、芻狗がまつられる前は、きれいな箱に盛られ、美しい絹で飾られ、尸祝は斎戒してそれを神にささげるが、祭りが終わった後は、道行く者に踏みつけにされ、果ては焚きつけに使われたりする、という話を紹介する。

『経典釈文《けいでんしゃくもん》』の『荘子音義』にひく晋、李頤《りい》の説は「芻《わら》を結んで狗をつくり、巫祝《ふしゅく》がこれを用いる」というものである。

『老子』第五章や『荘子』天運篇の「芻狗」は、普通「わらの狗」と解釈されている。日本語で「わら」というう場合、イネやムギの「わら」をイメージすることが多い。しかし、この「芻」は本来、「茅」であった可能性がある。

唐、成玄英の注釈は「芻狗は草である。草を結んで狗をつくり、それによって解除《おはらい》する」という。ここでは「芻」は「草」である。

『礼記《らいき》』檀弓《だんぐう》下には「芻霊《すうれい》」のことがみえる。

写真5.6　与那国の茅の馬(大形撮影)

塗車(泥で作った車)や芻霊は、古くからある。明器《めいき》(死者の用いる道具)である。

注には「芻霊は茅を束ねて人馬[21]をつくる。これを霊というのは神の類であるからだ」とみえる。ここの「芻」はイネやムギの「わら」ではなく「茅」を用いる。成玄英は『荘子』の芻狗を「解除」、すなわち邪気や邪鬼をはらい除くためのものと理解した。芻霊に「茅」が用いられることも、神や悪霊とのかかわりにおいて理解すべきものなのだろう。[22]

なお「わら」と読む語は多数あるが、そのうち稈・稾・藁は、イネあるいは穀物のわらであろう。稈は『説文解字《せつもんかいじ》』に「禾茎」とされ、『広雅』に「稲穣のことを稈《わら》という」とみえる。稾・藁もまた『説文解字』に「禾稈《わら》なり」とされている。

しかし「芻」は稲わら・麦わらの類ではない。「芻」は『説文解字』に「刈った艸《くさ》である。艸を包み束ねる形に象《かたど》る」とされ、本来、刈りとって束ねた草である。

そうすると「芻狗」を「わらの狗」とすることは、誤りとはいえないまでも、その理解に多少のずれが生じているように思われる。後世、稲わらなどで代用されることはあったかもしれないが、本来はチガヤであったのだろう。芻狗は「チガヤの狗」と訳す方が適当ではないかと思われる。

二-八　茅狗・茅龍

実際に茅を使った狗の話がある。『列仙伝』(23)巻下、呼子仙《こしせん》の話をあげてみよう。呼子仙は漢中の関所のもとに住む占い師で百余歳の長寿であった。昇仙しようとするときに酒家の老嫗をさそった。夜、仙人が二ひきの茅の狗をもち、迎えにきたが、これにまたがると龍となった、という話である。『列仙伝』につけられている讃(24)にも、「茅の狗に駕《の》ったところ、蜿爾《うねうね》と龍のように飛び去った」とあり、茅狗が龍となって飛び去ったと記す。

後世、李白の「西岳雲台歌送丹丘子」には、「二頭の茅の龍に騎《またが》り天に上りて飛ばん」と、茅狗ではなく茅龍とされている。

ここでは茅の狗が龍となったとされている。神事に用いる茅が、昇仙ともかかわるとされるのである。

以上、「茅」は宗教的な儀式に多用されている。未開から文明に進む段階で儀式に用いられたものは、身のまわりにある動植物であった。ありふれた植物である「茅」は、どこにでもあり、実用面からみても丈夫で加工しやすいものであった。時代が移り、ほかのもので代用できるようになった後も長くそのものが使われている。それは茅に実用以外の意味があったからであろう。古代の人々は真摯な信仰心によって神に対した。その際、害悪を加える邪気や邪霊の類に対しても真摯にむかいあわざるを得なかった。「辟邪」や「祓え」は邪霊を取り除き清めることである。その際、頻繁に用いられたのが茅であった。

写真5.7　青井阿蘇神社（熊本県人吉）の門（大形撮影）。806（大同元）年築。茅葺きのため，鬼瓦はないが屋根の下に石膏の鬼面が八面あり，八方にむいている。これによって邪気や邪鬼をはらうのであろう。神社は神をまつるところだが，そこに悪霊がはいりこむことをおそれた。そのため魔よけにかかわるものが多い。門の下にはしめ縄と弓矢をもった武士像（木製）・狛犬（木製）があり，辟邪の意味をもつ。

三　茅葺き屋根

三-一　茅屋

『左伝《さでん》』桓公二年に「清廟茅屋、大路越席」とあり、注には「茅によって屋を飾る。倹約をあらわす」と説明される。倹約のために清廟に茅を使うという。その解釈でよいのだろうか。

日本の神社にも茅《かや》葺きのものが多数ある。古いものほど茅葺きが多い。伊勢神宮も茅葺きである。それが茅葺き→檜皮葺き→瓦葺きへと移っていく。現在では茅葺きが維持できず、銅板葺きになっているものも多い。

熊本県、人吉にある青井阿蘇神社も茅葺き（写真5・7）である。この茅葺き屋根の下に漆喰でつくられた鬼面が八面おかれている。鬼面は鬼瓦と同様に外部から侵入する邪気や邪鬼を追いはらう役割を果たしている。中国の寺廟の屋根におかれている神像も同様の働きをしているが、屋根をふく材料の茅自体にも辟邪の観念があったのではないかと思われる。

三－二　茅茨

茅茨は『穀梁伝《こくりょうでん》』文公三年、『韓非子《かんぴし》』説林上、『墨子《ぼくし》』三弁などにみえ、清、孫詒譲《そんいじょう》の『墨子間詁《ぼくしかんこ》』は「兪樾がいう、『茅茨で葺いた屋根や土の階《きざはし》は、古の明堂の節倹を言う』」とする。明堂は周代、天子が政教を行い、諸侯を朝見した殿堂であり、茅茨の屋根と土の階段は倹約を示すためだとする。

けれども、『漢書』司馬遷伝にみえる「茅茨」には顔師古が注をつけ、「屋蓋を茨という。茅茨は茅で屋根をふくことである」とみえる。これによれば「茨」はイバラではなく、茅で屋根をふくこととされている。ただし、「茨」は『詩経』小雅、鄘風《ようふう》、牆有茨に「牆《へい》に茨が有る」とみえ、注釈には「茨は蒺藜《はまびし》である」とみえる。蒺藜は刺のある植物で、ここにみえるようにバリケードのように塀に絡ませたのかもしれない。また、あるいはこの蒺藜で屋根をふくことがあったのかもしれない。

刺のある茨で屋根をふいたかどうかは不明だが、手の切れるカヤ（ススキ）を使うのは、屋根から悪霊の侵入をふせぐという意味をもっているのだろう。屋根をふく茅は日本ではススキであるが、与那国ではチガヤを使っていたとされる。[25] 中国は白茅ともされるが、実際にチガヤが使われていたのかどうかは不明である。現在では一般に「茅草《マオツアオ》」とよばれている。なお河南省南陽市諸葛廬では、諸葛孔明の出師表の「三たび臣を草廬の中に顧みる」にもとづいて、茅葺きにみえる門と建物が復元されている。[26] また、たとえば雲南省、徳昂族の住居は「茅草で屋根を葺く」と記されている。[27]

三-三　白蓋

『爾雅《じが》』釈器には「白蓋を苫という」とある。注には「白茅の苫である」とみえる。また「義疏」には「李巡がいうには、菅茅を編んで屋根を覆《おお》うものを苫という」とみえる。菅《スゲ》や茅（ここでは白茅）を編んで屋根をふくことを苫という。日本でも苫屋《とまや》という。

清、章炳麟《しょうへいりん》の『新方言』釈器には「およそ蓋を張ることをみな苫と解釈できる。ただ茅を編んで屋根をおおうだけではない。今の世の人の華蓋や雨蓋はみなこれを苫という」とみえる。茅を編んで屋根をふくだけではなく、今の日傘や雨傘も苫というとされる。これは日本でも同様である。屋根は家をおおいまもるもので傘は頭をおおいまもるものと考えれば、実用だけではなく辟邪の意味もこめられているのだろう。実際、後世の八宝吉祥のうちの宝傘（雨傘）と白蓋（日傘）には元来、辟邪の意味が含まれていたようである。

なお蓬[28]にも、蓬宇（よもぎでふいた屋根）・蓬屋（よもぎの屋根の家）・蓬戸（よもぎを編んでつくった戸）などの表現がある。蓬でも屋根をふくとされたが、普通貧窮の象徴とされている。

しかし、『礼記』内則《だいそく》に「射人は桑弧《くわのゆみ》・蓬矢《よもぎのや》、六本によって、天地四方を射る」などとみえ、蓬の矢は天地四方にいる悪霊をはらうための魔よけとして用いられている。また蓬餌は『西京雑記』三に「九月九日、茱萸《かわはじかみ》・蓬餌《よもぎもち》を佩びて、菊花酒を飲めば長寿になる」とされている。それらを参考にすれば、蓬屋・蓬宇は、単に粗末な家の象徴だけでなく、辟邪の意味をも含んでいるのだろう。

日本でも「五月五日の節句の時にはフツ（ヨモギ）とカヤの大きいとを切っていて、カヤ二本とフツ一本の三本をあわせてカヤの葉っぱでしばって、それをカヤ屋根の軒にさしこみおった」[29]とみえる。この風習は現代中国でもみることができる（写真5・8）[30]。梁、宗懍の『荊楚歳時記』[31]の五月五日に「艾を採って人の形につくり、門戸の上に懸けて毒気をはらう」[32]とある。フツ（ヨモギ）は漢字をあてれば、「艾（ヨモギ）」と書かれるべきで、中国の

写真5.8　福建省アモイのヨモギの戸口飾り
（大形撮影）

「蓬（ヤナギヨモギ）」とは同じではない。けれどもヨモギは「蓬」と書かれることも多い。「艾」・「蓬」はともに魔よけとされている。

三-四　茅椒

茅と椒（花椒・山椒）は、ともに家をつくる材料とされる。『唐書《とうじょ》』武攸緒《ぶゆうしょ》伝に「冬は茅椒に蔽《おお》われ、夏は石室に居る」とみえる。また『資治通鑑《しじつがん》』唐紀に「則天武后は通天元年、冬は茅椒に居る」とあり、注には「茅椒を編んで部屋とする。その性は暖かいので寒さを禦ぐことができる」と説明される。注によれば「暖かいから」だという。夏に石室にいるのは逆に涼しいからであろう。

椒を塗り込んだものには、椒塗（椒を壁に塗り込んだ宮殿）・椒房（椒を壁に塗り込んだ皇后の宮殿）・椒泥（椒をねりこんだ壁）など多数ある。『漢官儀《かんかんぎ》』には「皇后の部屋は椒房とよぶ。……温暖で悪気を除くことによる」とされ、そのような習慣はすでに漢代からあったようだ。椒には部屋を暖かくするという効果以外に香りによる悪霊よけの意味もあるのだろう。なお椒を入れた酒である「椒柏酒」[33]は、百疾を除くとされ、同じく「屠蘇酒」[34]にも山椒がはいっているとされる。[35]

疾病は悪鬼や邪気が体内にはいりこんで起こるとされたが、ここは椒によってそれを体内から追いはらい、病をなおそうとするのだろう。

茅と椒を用いるのは暖かいという実用面だけでなく、辟邪の意味も含まれていると思われる。茅は敷物にすれ

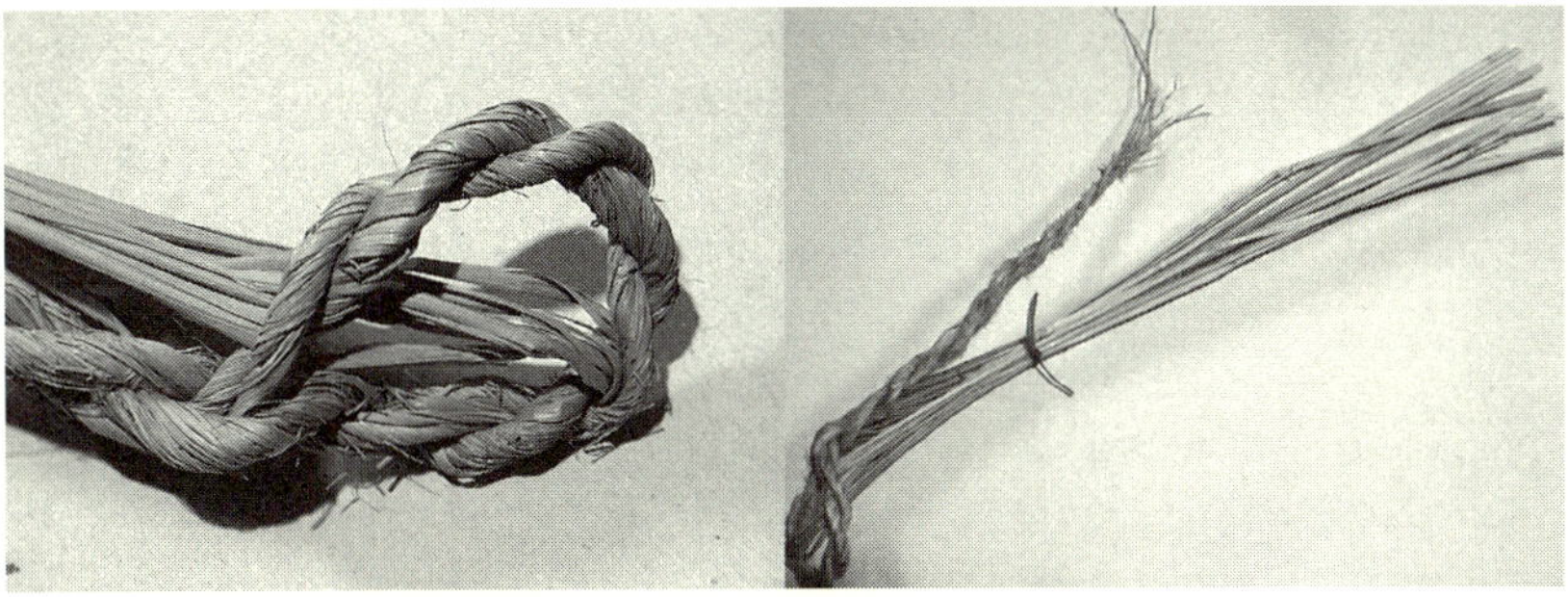

写真5.9　岩倉の輪飾り（中村治氏蔵。大形撮影）。左は拡大したもの

ば地中からの悪霊をふせいだようだ。壁や屋根に使用することは外部から侵入する悪霊をふせぐものであろう。

四　茅の輪くぐり

旧六月晦日の祭りは、夏越祭りで大隅の中部ではナゴツサアと親しみよばれて、さかんに行われる。神社の御輿を海辺に運んで潮に少々つけ、その後、浜辺で茅の輪をくぐる行事がある。(36)

『備後風土記』の逸文に、蘇民将来(37)と巨旦将来という兄弟の話があり、武塔神が蘇民とその家族の腰に茅の輪をつけさせ、病よけの呪具とすることを教えた。茅の輪はチガヤを束ねて輪にしたもので、スガヌキともいう。六月晦の夏越の祭りに人々にくぐらせる神社が各所にある。奈良の大神神社ではオンバラ祭りとよぶ。オハライの意味であり、茅の輪をくぐることがはらいとされた。岡山市の海吉では、二〇センチほどの小さい茅の輪を一年中、軒先につるしておく風習がある。(38)茅ではないが、モチ米の稲藁で「輪飾り（写真5・9）」をつくり、あちこちにぶらさげる風習が京都の岩倉に残っている。(39)また茅の輪をくぐるときに「みな月の夏越のはらへする人はちとせの命のぶといふなり」(40)と、長命延寿につながるとされた。「群馬県邑楽郡板倉町の雷電神社では、人々のくぐったあと、この茅の輪を解いて、利根川の本流に流す。その茅の輪(41)は蛇と考えられており、頭を先にして流す[42]」とあるように、その後川に流してしまって祓えは完了する。川に流すことは『続漢書』「礼儀志」にみえる儺の行事と同じである。[43]

これらナゴシの行事も先祖祭を前提として解されており、正月に対しては大晦日の大祓え、七月に対しては六月末の水無月祓え、六月祓えがあって、かつては暦制が一年を二分していた証左とされているようだが、まだ未解決の点が多い。[44]

『呂氏春秋』には、巻三季春紀、巻八仲秋紀、巻一二季冬紀に、それぞれ「儺」が行われたことが記されている。季冬のものは大儺とよばれており、日本の追儺、いわゆる節分の儀式に相当する。『呂氏春秋』には夏は記されない。夏の場合は端午・夏至の儀式と重なりあうことが多い。夏越の茅の輪くぐりは六月の晦日(夏の終わり)に行われ、大晦日(冬の終わり)に行われる追儺と対照をなしている。『呂氏春秋』などの記述をみれば、中国では本来、四季のかわり目ごとに儺を行っていたようだが、「茅の輪くぐり」に相当する儀式はないように思われる。しかし、現代中国においても茅草を編んだ「草環」を壁にかけるという習慣が残されており、駆邪の効果があるとされている。[45]

なお祇園祭りで配られる飾りチマキもまた蘇民将来の故事と重ねて語られる。このチマキは門に飾る。これは先にみた小さい茅の輪を一年中、軒先につるしておく岡山の風習と似る。永尾龍造『支那民俗誌』は「今日でも満洲旗人の家では、正月や其の他の祭事の折には、門の軒に草包(写真5・10)といつて日本のしめ縄と同じ形の草の一束を必ずかける習慣があつて、一旦之を掛けると、其の屋敷内は清浄の域になり、其の以後は外部からの穢れを一切入れない習慣があつて、一種の魔除けになつてゐる[46]」と軒先にぶらさげる「草包」を紹介する。「包む」というからにはチマキのような形状をしていたのかもしれないが、外見上、草が房状に垂れ下がるのみである。輪にすることには、そのなかに悪鬼を入れて縛り上げてしまうという意味があるように思われる。『続漢書』

写真5.10　草包。飾りチマキに似る（永尾，1940より）[46]

礼儀志には、儺の儀式の後に葦茭[47]（葦で綯った縄）を設けることを記す。これは現今のしめ縄の起源ともいえるであろう。「礼儀志」につけられた注には、『山海経』を引用し、神荼《しんと》・鬱櫑《うつりつ》という神が、東北方向にある鬼門から出入りする悪鬼を捕まえて、葦索《あしなわ》で縛り上げ、虎に食わせる、という話を記す。

使用される植物はさまざまで、その形状や大きさも、それぞれ異なる。けれども、しめ縄やチマキ、茅の輪くぐりなどには、悪鬼を縛り上げる、包んで封じ込める、あるいは食らう、また邪気をそぎおとしたりするという効果が期待されているようだ。

なお茅の輪くぐりの植物はチガヤとされているが、実際はススキを用いているように思われる。ススキは葉の縁にできるプラントオパールにより、刃物のように切れる。同様の効果はチガヤにもあるが、ススキほどではない。その輪をくぐることによって体に付着している悪霊を切るという発想があるのだろう。

五　薬物としての茅

『神農本草』には中薬に茅根が記され、虚弱体質を改善する薬物とされている。『本草綱目』にはかなり詳細に記される。

まず名称と区別について、

〔時珍〕がいうには、白茅は葉が矛のようである。だからこれを茅という。……夏に花がさくものを茅とよび、秋に花がさくものを菅とよぶ(『本草綱目』白茅……)。
とされる。

李時珍によれば葉が矛のようだから「茅」という。これは菖蒲が剣の形とされ、辟邪とされることと同様である。つまり植物の葉の形状が武器に比定されるのである。

また、つぎのように記される。

〔時珍〕がいうには、茅に白茅(図5・2)、菅茅(図5・3)、黄茅、香茅、芭茅の数種がある。葉はみなよく似ている。白茅は短かく小さく、三、四月に白い花を開いて穂をだし、細かい実を結ぶ。其の根は、はなはだ長い。白く軟らかく、筋のようで節がある。味は甘い。俗に糸茅と呼び、屋根をふくのに用い、また祭祀や苞《わら》苴《づと》に用いることができる。『神農本草経』に用いる所の茅根がそうである。……香茅は、一名、菁茅、一名、瓊茅《けいぼう》。湖南や江淮の間に生える。葉には三脊が有る。香気があり、それをもちいてものを包んだり、藉《し》きものにしたり、酒をこしたりできる。『尚書』の「禹貢」にいう、荊州の「菁茅を苞匭《たば》ねて(酒をこす)[48]」がそれにあたる。芭茅は群生し、葉は蒲の葉ぐらいの大きさで、長さは六、七尺で二種ある。それが芒である。

茅には数種ある。白茅は屋根をふいたり、祭祀でものを包むのに用いる。香茅は香りがよいため、包む、敷く、

図5.2　白茅《チガヤ》(李時珍『本草綱目』より)[88]

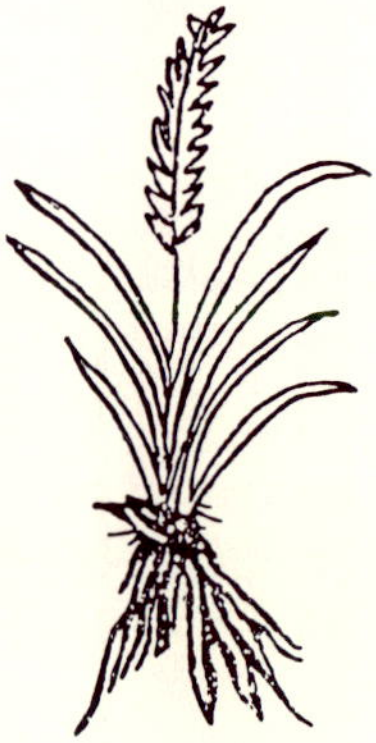

図5.3　地筋菅茅(李時珍『本草綱目』より)[88]

酒を濾すのに用いる。芭茅は葉が大きく、長さ六、七尺[49]になる。その一種は芒《ススキ》のことである。

これらを考えると茅とよばれるものに数種あり、用途によって使い分けされていたように思われる。『本草綱目』の分類では、ススキも茅の一種であり、そのため、茅をチガヤ・カヤと読むようだ。

また『本草綱目』には「屋上敗茅」と屋根の上の腐敗した茅の薬用について記す。その附方に「卒中五尸（卒《にわ》かに五尸《ごし》に中《あた》る）」、つまり、尸鬼とよばれる悪霊にはいりこまれたときの治療法を記す。

その症状は、腹痛がおこり、急に腹が膨張し、気息がととのわなくなる。上は心臓や胸部が衝きあげられるようになり、体側は両脇が攻められる。あるいはゴロゴロしたしこりができ、あるいは腰や背骨がひっぱられる。これは身中の尸鬼が引きおこしている害である。屋上の四角《よすみ》の茅を取って銅器の中に入れ、三枚の赤い布で腹を覆って、器を布の上におき、茅を焼いて熱くさせ、痛みにそって追いはらっていき、足の裏が痒くなれば治る（『肘後方』）。

体内の尸鬼が引き起こす病を、屋根をふいた茅のボロボロになったものでなおす。茅を焼いて熱くして、銅器のなかに入れ、布の上から、温灸のように体にあててゆき、順々に鬼を追いはらっていき、最後は足の裏から追い出すようにみえる。一種の呪術的療法である。

芒

『本草綱目』芒（図５・４）にはつぎのようにみえる。

〔時珍〕がいうには、芒には二種類ある。みな群がり生える。葉はみな茅のようであるが、それより大きく、長さは四、五尺であり、はなはだ鋭利である。人を傷つけることは鋒《ほこ》の刃のようである。

［敗芒箔（腐敗した芒の茎の表皮）］……鬼気（鬼のおこす病）、疰痛（流行病のおこす痛み）、癥結（腹中のしこ

図5.4　芒《ススキ》（李時珍『本草綱目』より）[88]

り）をとりさる。酒で煮て服用する。また焼いて粉末にし、酒でのみくだす。ふるければふるいほど、また煮炊きの時にでる煙が多く付着しているほどよい（陳蔵器）。芒は鋒の刃のように、よく切れて人を傷つける。「敗芒箔」を飲めば、鬼気、疰痛、癥結といった鬼の起こす病をなおすとされる。また、（屋根をふくのに長く使われて）ながいあいだ煙でいぶされたものほどよいという。

中国では体内に鬼、すなわち悪霊が侵入して病が引き起こされると考えられていた。茅や芒のように悪霊をはらう植物は、体内の悪霊に対しても用いられたのである。

六　粽子《ちまき》

『荊楚歳時記』に、

　夏至節の日、糉《ちまき》を食らう。

という。

粽（図5・5）を食べる習慣は五月の端午の節句のものと思われがちだが、夏至にも食べた。旧暦では夏至は五月にあたる。『荊楚歳時記』では、五月は悪月とされ、さまざまな邪気ばらいがなされた。夏至は昼がもっとも長くなるときで、この日を境にして昼が短くなる。元来、太陽信仰と関連するのだろう。『礼記』月令《がつりょう》には「陰陽争い死生分かる」と陰陽の語で表現される。

『荊楚歳時記』所引の晋、周処《しゅうしょ》の『風土記』には、角黍《かくしょ》という。人はみな新竹で筒糉《つつちまき》をつくる。楝の葉を(頭に)[50]挿し、五綵《ごしきのいと》を臂《ひじ》に繋《か》け、長命縷《ちょうめいる》とよぶ。

とみえる。

ここでは竹筒に入れる。おそらくチマキのもっとも初期の形態であろう。ここは楝《オウチ・センダン》の葉を、人の頭にさすとするのか、竹筒にさすのかによって解釈が異なる。楝を頭にさすことは『荊楚歳時記』佚文[51]に「楝の葉を頭に挿す」とみえる。しかし、梁、呉均の『続斉諧記《ぞくせいかいき》』[52]はつぎのようにいう。汨羅《べきら》に身を投じて自殺した楚の屈原《くつげん》をまつるために、「竹筒に米を貯え、水に投げて、これを祭る」ことをしていた。あるとき屈原の霊があらわれ、蛟龍に盗まれるので、「練(楝?)樹の葉で、その上を塞ぎ、五綵の糸で縛れば、(葉と糸の)二物を蛟龍がおそれ憚る」と述べた。そのため「今の人は五日に糉子を作り、五色の糸と楝の葉をまきつける」とされる。

コメは糈《しらげよね》として、『楚辞』離騒[53]や『山海経』南山経[54]にみえる。神をまつるのに用いられ、精米だとされる。おそらく生米であろう。生米は現在でも道教の儀式に使用されている。

『続斉諧記』の記述も、屈原の霊にそなえるため、生米を竹筒に入れて[55]川に沈めたところ、竹筒に封をしていなかったので、コメがこぼれてしまい、蛟龍に横取りされてしまう。それをふせぐために楝の葉で蓋をし、さらに蓋がとれないように五色の糸で縛り上げた、と理解すべきであろう[56]。

後魏、賈思勰の『斉民要術《せいみんようじゅつ》』糉𥽜《そうえつ》法第八三にひく、『風土記』[57]の注は

世俗では、この五月五日と夏至の前日[58]に、菰《まこも》の葉で黍米をつつみ、濃い灰汁《あく》でこれを煮て爛熟させ、五月五日と夏至にこれを食べる。黏黍は一名、糉、一に角黍ともいう……。

という。

ここで興味深いのは、竹筒ではなく、菰の葉で包むことである。菰の異称は茭草であるが、これは『続漢書』礼儀志の儺の注にみえる。そこでは神荼が悪鬼を縛り上げるしめ縄として葦茭を使用していた。

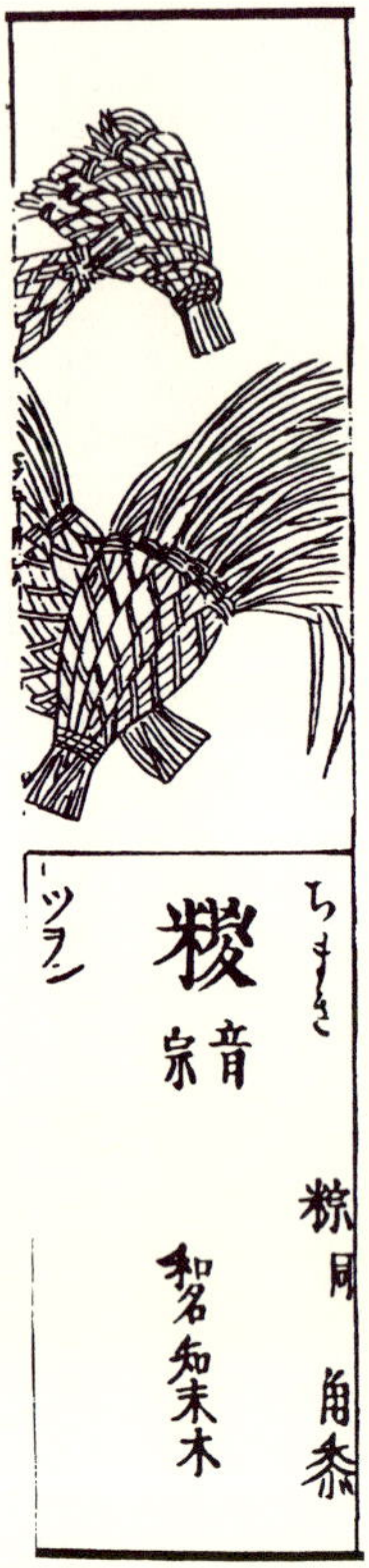

①

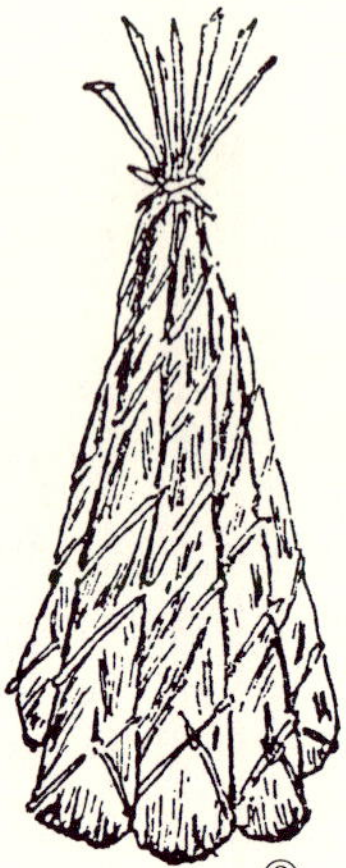

③

②

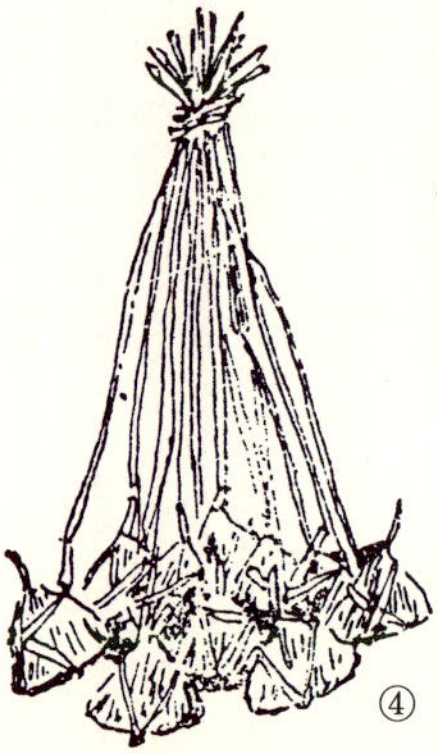

④

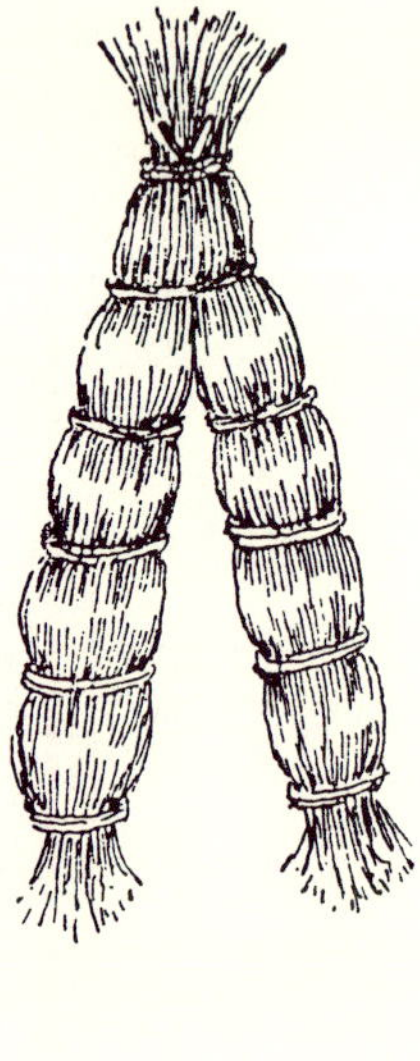

⑤

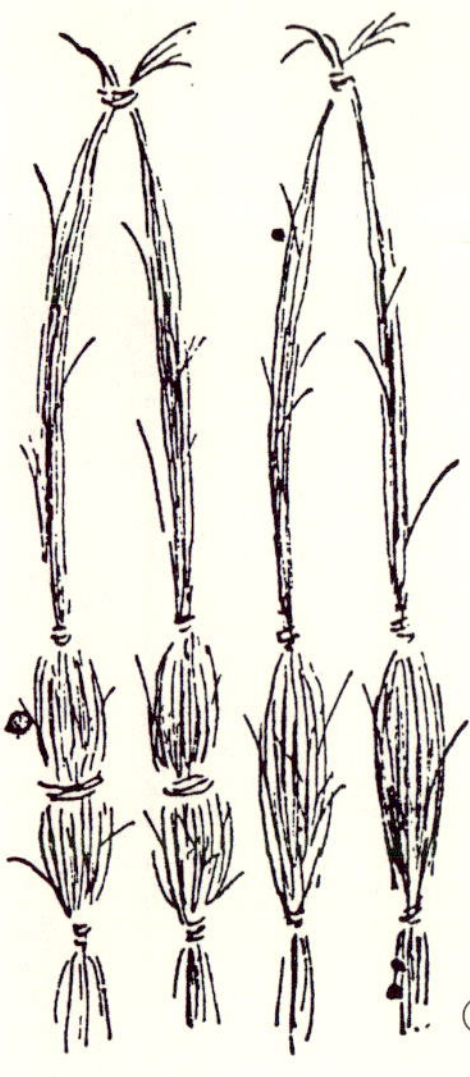

⑥

図5.5　いろいろなチマキ。チマキは竹筒にコメ→角黍(黍を角の形に菰で巻いたもの)→モチ米のチマキへと変遷。形も種々に変化するが角黍・菱角のように，尖った形が悪霊を避けると考えられたようだ。巻いたり包んだりすることは，悪霊がなかにはいらないため，あるいは悪霊をなかに封じ込めるという意味をもつ。それを食べてしまうことは悪霊を完全に消滅させることになる。①ちまき，②清代の粽，③④鳥取のちまき，⑤長崎のちまき，⑥長野のちまき，⑦三重のちまき。市販のもの。砂糖・米粉・小麦粉・澱粉・酵素・天然笹葉からなる，⑧滋賀の飾りチマキ，⑨京都の飾りチマキ，⑩新潟の笹まき，⑪長野の笹まき，⑫東京の柏餅(①：平凡社，1972[89]より；②：寺島良安『和漢三才図会』[90]より；③～⑥・⑩～⑫：民俗学研究所，1953[65]より；⑦～⑨：大形撮影)

またここでは糯《もちごめ》ではなく黍《もちきび》を使っている。黍米の「米」は「殻をとった実」をあらわす言葉で、日本でいう「稲の米」のことではない。黍は「穀の美なるもの(『管子』軽重己)」とされ、冬至の日につくられた黍糕《きびだんご》は、北方の神と祖先神にささげられた(59)。

後世も、チマキを「角黍」とよぶが、これは本来、糯ではなく黍を使っていたことのなごりであろう。アクで煮ることは、九州のアクマキなどにもみられる料理法である。アクにはアルカリ分が含まれており、生糯を浸けると軟質になる。一週間くらいは保存できるという(60)。

チマキは五月五日(端午)または夏至に食す。端午と夏至の行事は夏の行事ということで混同されることが多い。「糉《ちまき》」という文字の右側は「凶懼の人が疾走しているさまとされ、凶の部分が鬼頭の形になっている字形もある(61)」とされる。本来、凶悪な鬼神と関連する文字である。なお「粽《ちまき・そう》」は「糉《ちまき・そう》」の俗字。音通であろう。

「角黍」は角の形をしたチマキである。『本草綱目』では

煮て、尖った角の形とし、椶《シュ》(棕)櫚《ロ》の葉心のようにする。故に糉といい、角黍という

とされる。

「椶」は木偏で「糉」は米偏だが、その意味は共通するという考え方である。椶(棕)櫚の葉心の形は尖っている。だから、チマキは「糉」という文字であるという。また角の形に似るために角黍とよぶという。これらの説明をみれば、「糉《チマキ》(粽子)」は先端が尖っていることに意味があるとされているようだ。

悪霊との関係で推測するならば、角は武器であり、悪霊をおどすためのものではないかと思われる。柳田國男は、神が薄《ススキ》の葉で眼を突いたので粽をつくらないという美濃の例を紹介する(62)。ここは神ではあるが、尖端で眼を突くという話である。なおこの話によれば薄の葉で粽を包むことになるが、粽に薄の葉を用いる例はほかにはみえないようだ。

後世、各面が正三角形に近い四角錐の形のものが多くなる。日本では「多く三角形につくられるのは、みたまとの関係を示すようである」[63]とされる。ただし、その理由は示されていない。なお中国でも角形だけでなく、さまざまな形のものがつくられており、各面が正三角形に近いものがもっとも普遍的である。

「モチゴメや葛粉などでつくり、笹や茅《チ》などの葉で巻いたダンゴの一種。茅の葉で巻くのでチマキといい、それに対して笹の葉で巻くのをササマキという。そのような区別なくマキという名でもよんでいる」[64]。この記述は要するに「まく」ことに意味があるのではと推測させる。

また「糯米や葛粉などを、熊笹・菖蒲・茅・竹などの葉で包み、その上を糸・藁・菅などで巻き、蒸したり煮たりしてつくった食物」[65]とされる。菖蒲は端午に使われるよく知られた魔よけの植物であり、これを使うのは興味深い。

現代の中国のものは、笹、ハス、アシの葉が使われている[66]。

また「団子粽のなかには、その年にできた蓬を必ず入れなければならないと、思っているところがある」[67]とあり、蓬をなかに入れるところもある。蓬もまた魔よけに使われることが多い。

なお「長崎県の五島では、盆の一五日に、カラマクラといって、柏の葉で包んだ団子二つずつを結びあわせたものを精霊様に供えている。また沖縄では鬼餅という一種の粽を、一二月八日に食べている。……粽という変った形の食物は、もともと先祖のミタマ祭と関係のある食物であったように思われる」[68]と祖先祭との関連が指摘されている。もし祖先にささげるものであるならば、それを包んだり、巻いたりすることは、悪霊に横取りされないように、という意味をもつのであろう。チマキや柏餅は葉の香りがするが、香りによって悪霊よけをすることもある。

「糉は龍の形に巻いた。……ちまきの形が蛇に似ているところから、これを食べると毒虫の難を避け、また毒虫を殺すこともできるといった。……安倍晴明は、ちまきは悪鬼をかたどったものであるから、これをねぢ切って食べれば鬼神を降伏させることになると説明している」(69)。毒虫の「虫」は本来、蛇の形をあらわし、悪鬼は蛇の姿をとることも多かった(70)。

同様の考えは『改正月令博物筌』五月、柏餅に「粽は蛇の形に表す。これを食すれば彼を降伏する心にて、夏の中わざわひなき事を表して、祝すなるべし」(71)にもみえる。

「五月は不祥月であると人々が忌み、邪気を払うのに薬草を五色のちまきで飾って薬玉《くすだま》と称するようになった。今日の祝物の薬玉の起源もここにある」(72)。ここにも邪気ばらいとしての「ちまき」がみえる。それが薬玉ともつながるのである。薬は体内にはいりこんで病を起こす悪鬼を退治するものである。なお邪鬼と邪気は鬼が本来、死者の霊魂であるという点で通じあう(73)。

『本草綱目』にも「五月五日、糉尖を取り、截瘧《せつぎゃく》薬に和えれば良し」と薬効が記されるが、その効用はチマキが角の形に尖っていることにあるらしい。チマキの角が尖っていることは「粽を角のごとくにし、又錐のごとくにし、又菱角のごとくし……」(74)とみえる。なお瘧も瘧鬼という悪霊が起こすものとされており(75)、截瘧薬という名称は「瘧をひきおこす悪鬼を截《き》る薬」ということである。チマキはわざわざ角の形にしているようであり、実際に雲南のチマキ(76)は明らかに角の形をしている。後世、チマキの種類が分化していくときも、その意識は確実に受け継がれていく。錐の尖端や菱の実の尖った形に模すのは、それで悪鬼を突くということだろう。それは節分に用いるヒイラギの葉のギザギザが悪鬼を退けるのと同様の発想だと思われる。

六-一　巻くこと

「盛岡・金沢や京都府北部などでちまきは〈まき〉とよばれ、愛知県知多郡では〈よしまき〉という。山口県萩では端午の節句のちまきを〈ささまき〉とよんでいる。ちまきは、千巻である。多くまくというところからこの名ができた」[77]。ここではなぜ「多く巻く」のかという説明はないが、前述のように悪鬼をそのなかに閉じ込めて食べてしまうのであれば説明がつく。

チマキは茅で巻くという漢字があてられる。しかし、中国で本来、チガヤが使われていたという例は探し出せなかった。日本においては諸書に茅を使ったと記されている。実際の使用例としては、熊本県阿蘇郡一の宮町の阿蘇神社に神饌としてチガヤの粽がみられるという[78]。チガヤの葉は南方には大きなものがある。しかし、一般のチガヤはチマキを巻くには少し小さいように思われる。巻く葉としては、中国ではもと菰の葉で、現在では笹、ハス、アシの葉などを使う。日本では熊笹・菖蒲・竹などといわれ、縛り上げるものとしては藺《イ》(燈心草)が使用されている[79]。堺市の方違《ほうちがい》神社のものは、葦の葉である[80]。

六-二　矛の形

「茅」という漢字の語源は矛の形だとされる。これは茅の葉の形状とされるが、芽吹いたときの形とも考えられる[81](写真5・4参照)。「角黍」の形も矛先にみえる。中国で「茅」が魔よけに使われた理由には、茅のこういった形状がかかわっているのだろう。ヒイラギや茨など刺のあるものやススキのように手の切れるものが魔よけに使われることと同様に、尖ったものであるチガヤも悪霊をはらうのに使用されたのだろう。茅巻きの名称は、矛先であるチガヤの形に巻くというところに求められるかもしれない。

矛を茅で巻いたという話がある。『日本書紀』巻第一は「……天鈿女命《あめのうずめのみこと》、則ち手に茅纏《ちまき》の矟《ほこ》を持ち、天石窟戸《あまのいわやと》の前に立たして巧に俳優《わざおぎ》す[82]」と「茅纏《ちまき》の矟」の話を記す。これは「茅を以て纏《ま》きし矛なり[83]」と解釈されている。茅で巻くことによって矛にさらに呪力が益すようだ。

チマキに巻かれたキビは神にそなえられるものである。それを悪霊に横取りされないために魔よけの植物で巻く。こういったお供えは御下《おさ》がりを人が食べることになる。

またチマキ自体をヘビなどの悪霊に見立てた場合は、それを縛り上げて食べてしまうという意味となる。食べることによって悪霊を退治するという考えは、『続漢書』礼儀志の大儺・『千金翼方《せんきんよくほう》』禁経《きんけい》や日本の『地獄草紙』の辟邪《へきじゃ》絵巻などにみえ、普遍的なものである。

チマキは宮崎県の西米良《にしめら》村でも食されている。(84) チマキに関しては現在はチガヤとは直接、むすびつかないことが多いもののチガヤのもつ呪的な威力の影響をうけているといえる。

おわりに

チガヤはどこにでもある植物である。現在はほとんど利用されていないが、古代ではさまざまなことに利用された。古代の人々はこの世界は人と鬼(死者の霊)から成り立っていると考えていた。人々がもっとも恐れたのは悪鬼から危害を加えられることであった。悪鬼の害悪をふせぐために、さまざまな辟邪すなわち魔よけの方法が考え出された。チガヤもまた典型的な魔よけの植物である。茅の葉あるいは芽は矛という武器の形をしている。屋根、壁、敷物などに用いるのは、神や人が住む場所をまもるためであろう。土や食べ物を包むのは悪霊の侵入をふせぐためであり、逆に悪霊を包み込んで封じ込めることもできるようだ。実用の面からいえば、後世、チガヤにかわりうるものが数多くあらわれてくる。しかし儀式や祭礼など神事にかかわる部分では改変を被ることが比較的少なく、チガヤは古来よりかわらずに使用され続けている。これは「茅は霊草を謂う」(85)・「霊茅」などと、茅に不思議な力を認めていたからである。儒教の学者は節倹のために用いるとし、儒教的な理念によって解釈を下すが、本来、辟邪のためであろう。

日本には中国からさまざまな食物がはいってきている。それにともなって食習慣や宗教的儀式も移入されているようだ。日本語と中国語は言語体系が異なるが、日本人は漢字をそのまま利用し、古代中国語も漢文として解釈し、その知識は血肉化されている。

日本と中国南部の植物相はよく似ている。照葉樹林帯とよばれるものはヒマラヤから中国西南部の少数民族の居住地域をへて中国の中南部を通過して日本へと及んでいる。[86]

茅がチガヤなのかススキなのかといった植物の名称の解釈には、中国・日本ともに多少の振幅があり、ずれがある。しかし日本と西南の少数民族の居住地域も含めての中国は基本的に類似の植物相をもち、よく似た食習慣の上に立っている。チガヤをめぐる習俗もそういった文化の共通性の上にあるものとしてとらえられる。

（1）　茅に関しての論考には、萩原秀三郎、一九九〇、図説日本の原郷 揚子江流域の少数民族文化を訪ねて、二三八頁、小学館がある。そこでは八九頁「チガヤの呪力が先行する」に「輪飾りにかわるもの」・「標野」・「神社の起源」・「シメナワと茅の輪」・「チマキ」・「チガヤの有用性」・「チガヤとイネ」・「草の標識」・「採物」・「避邪の機能」といった項目に分けて考察されている。萩原氏の一九九六、稲と鳥と太陽の道――日本文化の原点をおう、二七九頁、大修館、第三章にもイネとチガヤの関係が考察されている。萩原氏の論点は拙論の考察と共通するものも多く参考となることも多かったが、拙論では萩原氏のあまりふれていない部分についてくわしく考察するようにつとめた。ほかに中村義雄、一九六八、魔よけとまじない――古典文学の周辺、塙新書、二四二頁、塙書房にも、八六頁に「飾粽・粽」、九六頁に「茅の輪・蘇民将来」について紹介されている。

（2）　小川環樹・西田太一郎・赤塚忠編、一九六八、新字源、八〇五頁、角川書店。

（3）　諸橋轍次編、一九六〇、大漢和辞典、九巻、六〇九頁、大修館書店。

（4）　増淵法之、一九八八、日本中国植物名比較対照辞典、三二〇頁、東方書店。

（5）　牧野富太郎、一九八二、ススキ属の項、原色牧野植物大圖鑑、六六五頁、北隆館。

（6）山田卓三、一九九二、野草大百科、三六一頁、北隆館のススキ、芒の項。
（7）深津正、一九八四、大百科事典三、六九九―七〇〇頁、平凡社のかやの項。
（8）前掲（7）に同じ。
（9）高橋秀男、一九九〇、野草大図鑑、五六四頁、北隆館のススキ（カヤ）の項。
（10）前掲（6）、三六〇頁のチガヤ、白茅の項。
（11）斉藤政美・文、椎葉クニ子・語り、一九九五、おばあさんの植物図鑑、三一頁、葦書房。
（12）字形は甲骨文。白川静、一九八四、字統、六三九頁、平凡社の土、社の項を参照。
（13）翻訳は一九九二、馬王堆古醫書考釋、湖南科学技術出版社の《五十二病方》考釈、および一九八五、新発現中国科学史資料の研究　訳注篇、二二三―二二四頁、京都大学人文科学研究所の赤堀昭訳注部分を参照した。
（14）工藤元男、一九九三、睡虎地秦簡『日書』に現れた治病・鬼神関係資料をめぐって、第二回張家山医書研究会（一九九三年一一月一四日、京大会館）配布資料参照。
（15）骨とそれによりつく霊魂に関しては、大形徹、一九九三、尸解仙と古代の葬制のかかわりについて、中国研究集刊、昃号、五五頁参照。
（16）大形徹、二〇〇〇、魂のありか、二四頁、角川書店を参照。
（17）大過および繫辞上伝。
（18）孝武本紀・『漢書』郊祀志も同文。
（19）唐、尹知章の注に「元篇は亡佚した。今、司馬遷の封禅書に載せる『管子』の語によって補った」とみえる。
（20）一九九〇、南陽漢代画像磚（南陽文物研究所編）、一七一図、文物出版社。
（21）与那国にチガヤでつくった馬がある（写真5・6参照）。
（22）中国で出土している人形は一括して俑とされている。ほとんどが木俑で、桃の木でつくったものもある（長沙馬王堆一号漢墓）。桃は悪霊ばらいとして著名なものである。草俑の出土例もある。これは「蒲草を束ねて体と四肢を作る。長さ約三九センチ（金子裕之、一九九三、中国における人形の出土例、一覧表）とされている。この草俑は新疆トルファンアスタナ三〇二墓（六五三年）（一九六〇年六月、文物）出土のもの。おそらく端午に用いる蒲人であろう。『荊楚歳時記』に「楚人、午の日、蒲人・艾人を門に懸け、以て毒気を禳う。陳章に艾人賦有り」とされる。ここの蒲は菖蒲とされる。トルファンあたりで菖蒲が産出したかどうかは不明である。もし中国の別の地域でつくられたものが用いられたとすれば興味深い。なお菖蒲で蒲剣もつくられた。葉の先が尖っていることで魔よけとされたのだろう。艾人は、よもぎである。菖蒲・艾は日本でも端午の節句に使われる。
(23)『列仙伝』は前漢、劉向撰と記されるが、現在では後漢ころの作と推定されている。平木康平・大形徹、一九八八、列仙伝、鑑賞中国の古典、一五一頁、角川書店参照。
(24)讃の作者は晋、郭元祖と推定される。前掲(23)、一五二―一五三頁。
(25)与那国民俗資料館の池間苗さんにうかがった話。
(26)一九九三、中国民間美術全集三起居編、民居巻、一九三頁、華一書局に写真が紹介される。
(27)前掲(26)、三〇二頁に写真が紹介される。
(28)前掲(3)、八五三頁のひめじょおん・やなぎばひめぎく・よもぎの一の項。
(29)前掲(11)に同じ。
(30)福建省、アモイ市街の例。撮影、大形徹、二〇〇〇年一二月。
(31)『叢書集成新編』所収、『宝顔堂訂正荊楚歳時記』による。なお守屋美都雄訳注、布目潮渢補訂、一九七八、荊楚歳時記、平凡社東洋文庫、一六二―一六三頁、平凡社を参照した。
(32)アイヌの民俗にもヨモギの人形があり、悪霊よけの呪術に使われていたようだ。「ヨモギの茎を束ねて頭、胴、手足をつくり、足に柳の棒を挿して心にしている。そして手には槍、腰には太刀をはかせて削花をつけている。この神はとても丁重に扱われていて……(近藤米吉編著、一九七四、続植物と神話、二六二頁、雪華社)」。前掲(21)参照。
(33)『荊楚歳時記』、正月。
(34)前掲(33)に同じ
(35)椒がはいっていることは『荊楚歳時記』には明示されていないが、日本のお屠蘇には使用されている。
(36)佐々木哲哉ほか、一九七三、九州の民間信仰、三三七頁、明玄書房、ナゴッサアに烏帽子姿の神官が執り行う写真が紹介される。
(37)茅の輪ではなく京都や滋賀の飾りチマキにも「蘇民将来之子孫也」と記すものが多い。蘇民将来のことは前掲(1)、魔よけとまじない、九六頁にくわしいが、いずれも人名ととる。けれども人名にしては、いかにも不自然である。蘇民将来を文章として読めば、「蘇民がもってきたもの」ということになる。あくまでも推測にすぎないが、その場合、蘇民は渡来人のようにも思われる。

(38) 大間知篤三ほか編、一九七二、民俗の事典、二七四—二七五頁、光明社。

(39) 中村治氏にうかがったところ、この輪飾りがしめ飾りの原形だといわれているという。中村治編、一九九七、洛北岩倉研究、創刊号、一九頁、「田の神、山の神の神事、おくどさんの飾り、もんもち」を参照。なおしめ飾りにも輪の形につくるものがある。

(40) 前掲(38)、二五五頁。

(41) 蛇は霊的なものと考えられていたのであろう。大形徹、一九九七、蛇と悪霊の関係について、中国出土資料研究、創刊号、四七—六四頁参照。

(42) 前掲(38)、二五五頁。

(43) 大形徹、一九九八、疫鬼について、人文学論集、一六、七二—七六頁参照。

(44) 大塚民俗学会、一九七二、日本民俗事典、五一八頁、弘文堂のなごしの項。

(45) 大阪府立大学、経済学部一年生(一九九七年当時)、蔡暁曄さんより聞いた話。

(46) 永尾龍造、一九四〇、支那民俗誌一、四〇〇頁、支那民俗刊公会。

(47) しめ縄に似たものは、中国南方の少数民族の居住地にも数多くみえる。萩原秀三郎、一九八三、雲南 日本の原郷、一四〇頁、佼成出版社「戸口の飾り」には、「マンゴーの葉・花などを、右ないのシメ縄にさして新築の家の戸口に厄除けとしてつるす」と紹介され、写真が掲載されている。ここでは一直線に張った縄に植物の葉などが挿されているが、戸口の上にも別の植物の飾りがつけられている。

(48) ここは『春秋左氏伝』僖公四年の「苞茅」につけられた注、「苞は、裹《つつ》むなり。束ぬなり。菁茅なり。茅を束ねて之れに灌ぐに酒を以てし、酒を縮《した》むと為す」を参考にして解釈した。なお、『尚書』禹貢では、「苞」ではなく「包」につくり、「(橘や柚)を包み、菁茅を匭《はこにす》る」などと解釈されている。

(49) 明代の一尺は、三一・一センチ。

(50) 宝顔堂訂正本では「楝葉挿五綵繫臂、謂為長命縷」だが、前掲(31)、平凡社東洋文庫は「頭」を補う。

(51) 前掲(31)、平凡社東洋文庫一六四頁に紹介。

(52) 宋・李昉ほか撰、一九七七、太平御覧、巻三一、一四六頁、大化書局所引。
(53) 「椒と糈を懐《いだ》いてこれ(降臨する巫咸《ふかん》)を要《むか》えた」の注に「糈は精米、神に享《すす》めるものである」とみえる。
(54) 凡そ鵲山の首、糈は稌《いね》米を用いる。
(55) 後世、竹筒にコメを入れて、煮たり蒸したりすることはあったと思われる。筆者が一九八四年に西双版納を訪れたとき、少数民族(タイ族)の食事として、竹筒に入れて蒸されたモチ米を食べたことがある。
(56) 楝の葉は頭にさすこともあり、五色の糸は臂にかけたりすることも多いが、この場合は、楝の葉で竹筒に蓋をすると解釈すべきだろう。それが葉で巻くことに変化していくようだ。
(57) ここは『風土記』注とされるが、『太平御覧』の引用文では「注」の文字がなく、『風土記』の正文だとされる。
(58) 原文は「俗先以二節一日」。このままでは読み下せない。繆啓愉校釈『斉民要術』は「俗先此二節一日」の誤りではないかとする。隋、杜台卿『玉燭宝典』も「先此二節一日」につくるため、しばらくその解釈に従う。
(59) 漢、崔寔《さいしょく》撰『四民月令《しみんがつりょう》』に「冬至の日に黍糕を薦めるが、まず元冥(玄冥＝太陰の神、北方の神)に薦め、それから祖禰(祖先神)に及ぼす」とみえる。
(60) 桧垣元吉ほか、一九七四、九州の衣と食、三二五頁、明玄書房の宮崎県、六地方特有の食物、一あくまきを参照。ここにはアクマキの写真も紹介される。ほかにたとえば濁り酒を清ませるなど、不純物を吸着させて取り除くためにもアクはよく用いられる。
(61) 白川静、一九八四、字統、五三九頁、平凡社の叟の項参照。
(62) 柳田國男、一九七七、片目の魚、日本の伝説、六六頁、新潮社に「美濃の太田では、氏神の加茂県主神社の神様がお嫌いになるといって、五月の節句にも、もとは粽を作りませんでした。大昔、加茂様が馬に乗って、戦いに行かれた時に、馬から落ちて薄の葉で眼をお突きなされた。それ故に氏子はその葉を忌んで、用いないのだといっております(郷土研究四編。岐阜県加茂郡太田町)」。
(63) 前掲(38)、一二〇頁、粽。
(64) 前掲(36)に同じ。
(65) 民俗学研究所、一九五三、年中行事図説、一四六頁、岩崎書店。
(66) 田中静一ほか編著、一九九一、中国食物事典、五七一頁、柴田書店。

(67)　前掲(36)に同じ。
(68)　前掲(36)に同じ。
(69)　清水桂一編、一九八〇、たべもの語源辞典、一四三頁、東京堂出版。
(70)　前掲(41)参照。
(71)　古事類苑、歳時部一六、五月五日、柏餅所引。
(72)　前掲(69)、一四三頁。
(73)　大形徹、一九九七、二つの病因論――鬼と気をめぐって、日本経絡学会誌、二三(三)、二一―二四頁参照。
(74)　日本歳時記、四、五月、古事類苑、歳時部一六、五月五日所収。
(75)　大形徹、一九九六、二条大路木簡の呪文、木簡研究、一八、二四六頁参照。
(76)　前掲(47)に角の形をした粽の写真が紹介されている。
(77)　前掲(69)、一四四頁。
(78)　前掲(1)、図説日本の原郷、九二頁。
(79)　諸国図会年中行事大成、三下、五月。古事類苑、歳時部所収。
(80)　前掲(1)、魔よけとまじない、に写真が紹介されている。
(81)　大阪府立大学農学部、山口裕文教授の意見。
(82)　黒坂勝美編、一九四三、日本書紀上巻、岩波文庫、五七頁、岩波書店。
(83)　前掲(82)、注四六。
(84)　西米良村史、年中行事。
(85)　漢書、郊祀志上、顔師古注所引張晏。
(86)　上山春平、一九六九、照葉樹林文化、中公新書、一七頁、中央公論社の序説参照。
(87)　平凡社、一九八八、世界大百科事典一七、五九三頁、平凡社。
(88)　李時珍、一五九〇、本草綱目。
(89)　平凡社、一九七二、世界大百科事典二〇、一七五頁、平凡社。
(90)　寺島良安、一七一五、和漢三才図会。

本稿は一九九八、国際日本文化研究センター紀要、日本研究、一八、一五一―一七四頁に掲載されたものにもとづく。ただし、漢文の訓読を現代語訳になおしたほか、若干の加筆修訂をほどこしている。

中国での写真は、平成一二年度科学研究費補助金、基盤研究（B）（1）（一般）道教的密教的辟邪呪物の調査研究の成果の一部である。

第六章　照葉樹林下のイノシシと人間

——対馬の「猪鹿追詰」と「亥の子祭り」をめぐって

平木康平

一　対馬の猪鹿追詰

一七〇〇(元禄一三)年の冬、対馬藩は、島内に異常繁殖したイノシシとシカを掃討する「猪鹿追詰」に着手した。それから八年あまりたった一七〇九(宝永六)年の春になって、イノシシは対馬から一掃されてしまった。その数は、じつに八万頭に及んだという。短期間に人間の手によって、ひとつの島で特定の動物が絶滅に追い込まれた。この掃討作戦を指揮したのは、郡奉行の陶山訥庵と平田類右衛門たちであった。その理由は、イノシシが農作物を食い荒らし、農民がその被害に苦しみ、ひいては藩の財政を逼迫するようになったからであった。この問題に関して、月川雅夫が「猪たちの反乱——対馬における環境保全問題の源流」において、すでにくわしく論じている。(1) この事件は、人間と動物との共生、自然環境と人間の生活、という視点からみていくと、さまざまな問題をはらんでいる。

ところで陶山訥庵は、江戸で木下順庵の門に学んだ儒者で、対馬藩に仕え、一六九九年に郡奉行となり、農政を担当し農民に直接指導する立場にあった。陶山訥庵は、対馬の農業政策について、さまざまな著述を残しているが、イノシシの問題に関して、『土穀談』でおおよそつぎのように言及している。

イノシシの侵入をふせぐため木庭(焼畑)のまわりに墻を構えるには多くの日数を要する。そのうえ、作物の実る時期より収穫の時期まで、仮屋を構えおいてイノシシを追わなければ、イノシシは必ず墻を破る。そのため、終日の働きに疲れながら、夜はまたイノシシを追いに行き、夜もぐっすり寝られないので、昼の働きに差し支えがでるという。風雨の夜などは、イノシシはしきりに墻を破り木庭に侵入し、作物の茎を折り実を食らい、数カ月の苦労を一夜のうちに空しくすることがある、と。

古くより平地に乏しい照葉樹林下では、森林の木を伐採し火を入れる焼畑が開かれた。かつて全島が照葉樹林におおわれていた対馬では、焼畑を木庭とよび、木庭作が広く行われていた。その木庭にイノシシがさかんに侵入するようになり、農民はその対策に追われ、島の農業に甚大な被害を与えるようになった、というのである。

イノシシは、広く世界の広葉樹林下に棲息しているが、日本においては、ほぼ照葉樹林帯とイノシシの分布域は重なっている。かつては東北地方にも棲息していたが、明治から大正にかけて、急速にその数が減少し、昭和にはいるとイノシシの分布は茨城県の北端、八溝山地が北限であった。イノシシは険阻な山岳地帯を行動することを好まず、人間の居住する地域に接する樹林下に生活圏をもっている。山地の海抜の高いところはイノシシの好む広葉樹の芽や果実に乏しいため、イノシシは海抜の低い渓谷の湿地に行動し、そこにいる爬虫類や両棲類を捕食したり、地下茎を掘って食べるなど、雑食性の大食漢である。また山間の田畑にイモ・アワ・マメなどがあれば、山菜よりも先に好んで食べるため、人間が居住する村落におのずと接近するようになる(2)。対馬においては、イノシシの餌となったのは、訥庵の記録によると、クズ・ワラビ・ユリ・タケなどの根茎、クリ・カシなどの果実、そのほか木庭で栽培しているソバ・ダイズ・サトイモなどである。いずれも人間の食料となる大事な植物である。イノシシと人間は、こうした食料を分かちあいながら、多少の競合はあったにせよ、それなりのバランスを保ちながら共生してきた。対馬において、イノシシが遠い昔から島民に大きな被害をもたらしていたわけではなかった。イノシシがいつのころから対馬に棲息するようになったかは定かではないが、島民は焼畑のまわりに伐採した木や枝で猪垣をつくって、イノシシの侵入をふせいでいた。もとより多少のイノシシの被害はまぬがれなかったであろう。

ところが、一七世紀後半になると、急激にイノシシの被害が拡大してきた。その原因はいくつか数え上げることができる。まず一六六四(寛文四)年、対馬藩は財政立て直しのための政治改革に乗り出した。そのひとつが土地改革であり、すべての田畑を藩の直轄地として、そのうえで農民に均等に貸し与えて生産意欲をかきたて、生産性を高めようとする画期的な農業政策を実施した。確かに、速やかにその効果はあらわれてきたが、農民が増産につとめるあまり、木庭を開ける間隔を短くするようになり、その面積も拡大していった。

その結果、山の樹木がさかんに伐採されたため、山林の保水力が急速に低下し、山の表土が流出して川を埋め、日照りのときには水不足が生ずるなど、生態系のバランスが崩れ出した。従来、木庭を開ける間隔は、土地の肥瘦によって異なっていた。肥沃な最上の木庭で一〇年、やせた木庭では二五年程度、土地を休ませることが必要とされてきた。その決まりがまもられなくなったため、土地がしだいにやせていき、生産力の低下をもたらした。その結果、訥庵は「木庭停止論」を唱え、焼畑の規制に乗り出すような事態を引き起こすまでにもなった。

加えて、焼畑面積の拡大がイノシシやシカなどの動物の生活圏をしだいに狭めていくことになり、イノシシたちもおのずと人間の生活圏にはいりこまざるを得なくなった。両者の生活圏は重なりあうようになり、それまでのすみ分けのバランスが崩れていった。焼畑でつくられるムギやソバ、ダイズは、イノシシに恰好の餌を提供することになった。また、焼畑が放棄された跡地に真っ先に進出する植物は、多くの場合ワラビやクズで、その根はイノシシの好餌であり、その繁茂がイノシシの増殖の原因のひとつとなったと考えられる。いずれにしても、イノシシの異常繁殖をもたらした最大の原因は、人間の生態系の破壊にあったといえよう。

二　日本の食肉習慣

対馬の「猪鹿追詰」は、イノシシによる農作物の被害に耐えかねた結果とはいえ、人間の都合で短期間に島内のイノシシを殲滅したというのは、いかにも暴挙といわざるを得ない。もっとも、この施策に対して訥庵にもためらいのあったことは、『土穀談』のつぎの記述が物語っている。「穀物ノ出来、人民ノ食ニ足レル程ナラバ、野猪モ多キヲ減ラスマデニテ、残リナク除クコトハ為スマジキ道理ナラン」と。また、シカについては、イノシシほどには作物の被害がはなはだしくないことから、イノシシと同じ扱いはしなかった。

とはいえ、「猪鹿追詰」の発想の根源にあるのは、イノシシやシカは「害獣」だという考え方である。対馬にもイノシシを捕獲して食用にあてていた農民がまったくいなかったわけではないが、ここにはイノシシを「益獣」、つまり食肉の対象とする観点が欠落している。もし、イノシシに限らず、肉食の習慣が人々にあったならば、これとは違った対策があったはずで、イノシシと人間の共生の道も開けたかもしれない。

もともと、日本に肉食の習慣がなかったわけではない。すでに縄文時代の遺跡からは、イノシシの骨が出土するが、それは単に食用としてのみ捕獲されていたのではなく、何らかの儀礼に関係した形で埋葬されていた例も報告されている。また、イノシシは縄文時代から家畜として飼育され、粘土でつくったイノシシの像も発掘されており、すでに人間の生活に組み込まれていた痕跡も見出されている。

しかし仏教が日本に伝来し、殺生を禁ずる教えを持ち込んだことから、肉食の習慣が抑制されたと考えられる。たとえば、六七五(天武天皇四)年に殺生禁止令が出され、ウシ・ウマ・イヌ・サル・ニワトリの食肉を禁止している。ただし、シカ・イノシシはその対象からは除外している。肉食禁止令が出されたということは、裏返せばその当時は肉食が広く行われていた事実を示すものであろう。シカ・イノシシが除外されたのは、それらが食用として欠かせない役割をすでに担っていたからであろう。殺生禁止令は、八世紀から九世紀にかけて繰り返し出されているが、おおむね狩猟期間が限定されていた。

ちなみに、「しし」とは、広く肉を意味するが、とくにイノシシやシカの肉をいう場合が多い。また、別に「しし」は、広く獣のことをいうが、とくにイノシシとシカの意味でよく用いられる。つまり、イノシシとシカが、日本人にとって古くから食肉の代表的なものであったことが、言葉のうえからも知ることができよう。

下って、鎌倉時代、一二三六(嘉禎二)年、『百錬抄』には京都の六角西洞院の「宍市」を禁止する、との記述がある。「鹿宍を以て、六角西洞院に集置し、武士之を宍市と号し、群集して飲食す。洛中の不浄は只此の事にあり。三条西洞院は摂政家の間なるが為に制止せらるべし」。このことから当時の都ではイノシシやシカは市が立つほど出まわっていたらしい。そのあたりは摂政家の近くであり、群衆が集まりさかんに飲食したため、街が不浄となったというのが、禁令の出された理由であった。また一二六一(弘長元)年の「関東新制」では、魚類・禽獣の殺生禁止が定められているが、これも六斎日や春秋の彼岸に限られていた。

室町時代に広く民間で読まれた『尺素往来』には、禽獣の美物の名を列挙している。四足の獣は、イノシシ・シカ・カモシカ・クマ・ウサギ・タヌキ・カワウソなど、二足の禽は、キジ・ウズラ・シギ・ガン・カモなどの名を並べているが、イノシシをご馳走の筆頭にあげているのは興味深い。

また、ポルトガル人のイエズス会士、ロドリゲスは一六六〇年代初頭に本国に送った書簡のなかで、日本人の食習慣について、つぎのような報告を行っている(3)。

「日本人は、その習慣として、すべての肉を忌み嫌い、ロバ・馬・牛を食べない。猪を除いて豚をごくまれに食べるが、鴨も鶏もけっして食べない。そして日本人は、生来脂肪を嫌うが、ただ宴会や平常の食事では、狩りの獲物だけを使う。それは、彼らが手飼いのものを不浄とし、自分の家で育てた動物を殺すのは残酷だと思うからである」。

日本では、食肉を目的とした牧畜は行われなかったが、狩猟による食肉の確保は、中世を通じて行われ、都市にも供給された。一六世紀末から一七世紀初めの大都市、京都や江戸の市場の様子を、宣教師ドンロドリゴ、デ・ビベーロは、つぎのように記している(4)。

「都市は食糧がきわめて豊富で、野生の鳥獣を狩りして入手する多量の肉や、川や湖からとれる各種のきわめて上等で新鮮な魚や、北の海や南の海から、冬場に送られてくる海の魚が、甚だ豊富である。江戸にも、雁・鴨・鶴などの猟鳥、家鶏、その他の諸鳥を売るための特別の場所があり、他の街では、家兎・野兎・猪・鹿等の猟獣を販ぎ、その数ははなはだ多い」。

あるいは一六四三(宝永二〇)年に刊行された『料理物語』には、シカ・タヌキ・イノシシ・ウサギ・カワウソ・クマ・イヌは、汁物や貝焼、田楽として料理すべき旨を記している。こうした記述から、肉食の習慣はなくはなかったことは知られる。

近世初頭においても、狩猟による食肉の供給は行われており、イノシシやシカは一般に食用に供せられていた。しかし、肉食の習慣はごく一部の人たちに限られ、広く一般に行きわたるほど、食肉が大量に供給されていたとは、とうてい考えられない。ただ、イノシシの肉が日本人にとって、食用肉の代表とみなされ親しまれていたことはうかがえるであろう。

もともと日本にあった肉食の習慣は、殺生を禁ずる仏教が伝来すると、しだいに失われていった。とくに四足の獣は、ケガレのあるものとして台所からも締め出されていった。肉食を罪悪視する社会的風潮が存在していたことも事実である。もし、古くからの肉食の習慣が一般に広がり持続されていたならば、イノシシやシカと人間との関係も、違った形をとっていたであろう。また対馬においても、「猪鹿追詰」といった極端な政策を断行する前に、イノシシやシカと人間との共生を可能とする方策があったはずである。

三　亥の子祭り

対馬では、今でも亥の子祭りが、島内の多くの村落でさかんに行われている。今日の対馬の亥の子祭りについては、大江正康の「亥の子行事」にくわしい調査がある。(5) 亥の子祭りは、陰暦一〇月の亥の日に、西日本の各地の農村地帯で、古くより広く行われてきた刈り上げ祝いの行事である。一〇月には亥の日は、年によって二度か三度あるが、最初の亥の日は武士の亥子、つぎの亥の日は百姓の亥子、最後の亥の日は商人の亥子と区別する地方がある。しかし対馬にはその区別はなく、順に一番亥の子、二番亥の子、三番亥の子といい、一番亥の子をもっとも盛大に祝う。イノシシの多産にあやかり、厄病を退散させるまじないとして、その日は亥の子餅をみんなで食べる。子どもたちが村の家々をまわり、元気に独特の歌を歌いながら、その庭先を石や木、ワラでつくった道具でついてまわり、お金やお菓子をもらう。対馬では、その道具を「亥の子ブリ」「インノコブリ」「亥の子の胴つき」などとよんでいる。その日は、大人たちは一日中農作業を休み、その秋収穫したばかりの新米でモチをつき、赤飯にアイギョウ箸を添えて神前にそなえ、収穫を祝った。

一般に亥の子餅は、その年の新穀でつくり、本来は亥の日、亥の刻に食べる。地方によっては、亥の日餅ともいい、ボタモチの場合もある。あるいは、御成切《おなりきり》とよぶのは、その昔将軍家から臣下に碁石ほどの大きさにまるめ、平たくつくった亥の子餅が下賜されたことによるとされる。

一〇月の亥の日、亥の刻に亥の子餅を食べ、無病息災のまじないとする習俗は、もともと中国に起源をもつもので、玄猪とよばれ、すでに平安朝以来、宮中で内蔵寮から御厳重餅を調達する儀式が行われていた。室町時代の末期、玄猪は一升とり紅白楕円形のモチ七個のほか、白色とアズキ・黒ゴマでそれぞれ色をつけた赤色・黒色の三種で、径六分の碁石の形をしており、儀式が済むと上下一般に下賜された。最初の亥の日には菊、つぎの亥の日には楓、さらにつぎの亥の日にはイチョウにシノブを添え、杉原紙に包んで渡され、位によってモチの色も違った。この儀式は、天皇みずから亥の方角をむき、松の木でつくった「ツクツク」という小さな臼と、柳の木でつくった「ナカボソ」というタテ杵でモチをつく所作をする。このとき、「神無月しぐれの雨のあしことにわが思うことかなえつくし」と歌う。公家の家でも、この「ツクツク」の行事が行われた。武家においても、鎌倉時代から行われており、将軍はこの日に、青・黄・赤・白・黒の五色のモチを臣下に授けた。モチの種類も儀式も宮中とは多少異なっていた。

現在、京都の御所の西にある護王神社では、宮中の亥子祭りの古式が戦後になってから復元されて行われている。その儀式次第は、平成八年一一月一日の調査では、おおよそつぎのとおりである。

祭儀は、夕刻五時に始まる。

まず手水の儀あり、修祓。宮司一拝、諸員これに倣う。

神饌をそなえ、宮司が祝詞を奏す。

式司以下、御臼所役が舞殿の所定の座に着席。

女房一、御臼をささげて式司の前におく。

女房二、御杵をささげて式司の前におく。

女房三、御折敷に強飯三種の粉をささげて式司の前におく。

女房四、水筒をささげて式司の前におく。

女房五、白菊、双葉紅葉、鴨脚、忍草を飾る。

つぎに、御臼式。
式司、御時雨の歌の音頭「神無月」の発声。
式員、「時雨ノアメノアシゴトニ　我思ウコトカナエツクツク」と唱和。
参候の男、左袖をおおいて、「イノチツクツカサ」と唱う。
式司の発声、先のごとく、式員「時雨ノアメノ……」の歌を繰り返す。
参候の女、右袖をおおいて、「イノチツクサイワイ」と唱う。
式司の発声、先のごとく、式員「時雨ノアメノ……」の歌を繰り返す。
参候の男女、合唱。
式司、女房に御玄猪(亥子餅)を伝供し、大前に献上。
女房一、二、三、四、五、式司の前のものを順次撤す。
宮司、玉串を奉り拝礼。諸員列拝。
神饌を撤す。
宮司一拝。諸員これに倣う。

禁裏御玄猪調貢の儀は、午後六時半開始。
調貢の列そろえ。
先導、大麻、弓張、先触れ太鼓、鉄杖、高張、神社旗、楽師、と続き、
その後ろに御玄猪をおさめた唐櫃、宮司、祭員、女房、諸役員、一般列と続く。
火打ちの儀。

禁裏(御所)に参向。神社を出発、蛤御門を通り、御所にむかう。
献進の儀。
宮司、祝詞を言上。「亥子ノ御祝儀目出度ク滞リ無ク申シ納メ候」。
祭員一同、寿詞「イクヒサ」と唱和。
一同退出。神社に帰参。
宮司、大前に禁裏調貢の儀を復奏。

古式の装束に身を整えた祭員や女房たちが、暗夜に弓張り提灯を掲げて列をなし、亥子餅を御所に進貢する儀式は、粛々として幻想的で、往時をしのばせるものがある。

ちなみに、護王神社は、平安京の造営に功績のあった和気清麻呂を祭神とし、はじめは洛西の高雄山神護寺の境内にあったが、一八八六(明治一九)年に現在の御所蛤御門前に遷座された。護王神社の拝殿の前には、全国の神社でただひとつの石製のイノシシの像、雌雄一対が狛犬のかわりに配置されている(写真6・1)。それは、奈良朝の末、称徳天皇のとき、道鏡が皇位簒奪をうかがったとき、清麻呂が道鏡を討てとの宇佐八幡の神託を天皇に奏上したところ、道鏡の激怒に触れ、大隅国に配流される途中、再び宇佐八幡に詣でんとしたところ、突然三〇〇頭のイノシシがあらわれ、清麻呂の輿の前後をまもりながら、宇佐八幡まで先導し、また忽然と姿を消したという故事による。それ以来、イノシシは清麻呂の随身としてあがめられ、災難よけの功徳があるとされるようになったのである。この話は、古くよりイノシシが人間に身近な存在であり、親しみをもって迎えられていたことを示すものであろう。また、数多くのイノシシが人間の生活圏に近いところに棲息していたことをうかがわせる。

ところで、陰暦の一〇月は北斗七星の斗柄が亥の方角にむかうことから亥月といい、この月の亥の日にモチを食べると病気にかからないという風習が、もともと中国にあった。それが日本に伝えられ、はじめは宮中の年中

写真 6.1　護王神社社頭にある霊猪

行事として行われていたものが、やがて武家社会から民間へと広まっていったと考えられる。民間でも一〇月の亥の日に亥の子餅を食べ、無病息災を祈願するようになったが、イノシシが多産であったので、とくに女性がそれにあやかって、この日にモチを食べるという習慣も古くからあった。

また、子どもたちが亥の子祭りに石などで地面をたたく遊びは、モチつきの所作をまねる意味あいもあろうが、あるいは地上に住む悪鬼・悪霊はらいの所作であったかもしれない。陰暦の一〇月一〇日の夜、関東や中部地方で行われる刈り上げの行事、「十日夜」は田の神が山に帰る日とされ、案山子あげをしたり、子どもがワラ束で地面をたたいてまわったりするが、その遊びと共通するものがある。地面をたたくのは、神の通り道をはらい清める意味があるいはあったかもしれない。中国で神を送迎するとき、その道を爆竹をならして悪霊を退散させて清めるやり方に通ずるものがあると考えられる。秋の収穫祭の行事と亥の子祭りが、いつのころからか習合したのであろう。

兵庫県や鳥取県、島根県には、春亥子をまつる地方がある。二月の亥の日に、田に降りた田の神をまつる行事である。仕事を終えた田の神は、一〇月の亥の日に家に帰ってくる、としている。ここでは、亥の神は田の神であり、田の神が春秋に往来するという信仰は、広く全国にみられる。長野県下では、十日夜を「かがしあげ」などといい、案山子を田から持ち帰るが、この日は田の神が、田から山へ帰る日だとしている。いずれにしても亥の子祭りは、古来の農耕儀礼にからんでいることになる。

おわりに

竹田旦氏によると、亥子石を「ごうりん」とよぶところがあるが、これは「降臨」の意味で、亥の神が降臨する際の依《よ》り代《しろ》であり、粗末に扱うことをいましめている土地が多いという。

対馬の亥の子祭りで、子どもたちは木や石、ワラなどでつくった「亥の子ブリ」で、地面をたたきながら、さまざまな唄を歌う。大江正康氏は、対馬の各地に今に伝わる亥の子唄を二六ほど集録している(6)。そのいくつかの例を、つぎに掲げておこう。

峰町(三根地区)

亥の子ぶりぶり　亥の子の餅はめでたい餅で
おにんばじゃんば　角んはえたじゃんば
ここにおてす(ごていしゅ)をよくよく見れば
恵比寿か大黒か　福の神　神
一番亥の子という夜は　従兄親類寄り合うて
飲んだり食うたりするのが　めでたいめでたい
あんようが　新し橋を通る時

蟹から背骨を挟まれて
あいたよ　たたよ　かにたたよ
何をつけたら良くなろか
山の奥の蛤と海の底の松茸と
それを練り合わせてつけたら　ようなろうぜ
一で俵を踏んまえて　二でにっこり笑うて
三で酒を作って　四つ世の中寄り合うて
五ついのうえでんの様　六つ婿との姑どの
七つ難儀のないように　八つ屋敷を買い広め
九つここに倉を建て　十でとうとうおさまった

厳原町（厳原地区）
亥の子亥の子　亥の子の餅は食われん餅じゃ
おにんばじゃんば　角生えたじゃんば
ここの　主は横から見ても　縦から見ても福の神　神ぜ
銭々なぁ倉三つ　さらりん銭なぁ倉四つ
銭も金も湧くぜ湧くぜ　どす

こうした亥の子唄は、地区によってさまざまで、その意味が不明なまま伝えられているものが多い。しかし、古くは西日本の各地の農村で広範囲に歌われていた亥の子唄も、農村の都市化とともにほとんど廃れてしまったが、対馬では現在に至るまで、子どもたちから子どもたちへと絶えることなく伝えられている。

今から三〇〇年前に、イノシシが人間の手で絶滅に追い込まれた対馬で、今もなおイノシシに深く関係する民俗行事が綿々と継承されているのは、まことに皮肉なことである。「亥の子の餅は食われん餅」と歌う対馬の亥の子唄は、長く人々の生活に密着し親しんできたイノシシに対して残酷な仕打ちをした民衆の、イノシシへの鎮魂歌であるのかもしれない。

（１）月川雅夫、一九九五、猪たちの反乱――対馬における環境保全問題の源流、対馬の自然と文化、二三、一頁。
（２）千葉徳爾、一九七五、狩猟伝承、一〇四頁、法政大学出版局。
（３）ジョアン・ロドリゲス、一九六七、日本人の宴会、日本教会史(上)、大航海時代叢書Ⅸ、岩波書店。
（４）ドンロドリゴ、デ・ビベーロ、大日本史料一二、東京大学出版会。
（５）大江正康、一九七八、亥の子行事、対馬風土記、一四、三四頁。
（６）前掲(5)、三九頁。

第七章　ヒョウタンと中国文化

大形　徹

はじめに

上山春平編、『照葉樹林文化』(1)の「三 照葉樹林と縄文文化」のなかで「ヒョウタン」の項目が設けられて考察されている。(2)それによれば、ヒョウタンは照葉樹林複合のなかからはいっているとされ、たとえば登呂遺跡の場合は、「ヒエ、ソバ、マクワウリ、ヒョウタン、モモ、クリ、オニユリなどが組み合わせ(3)」になっているとされている。また「縄文晩期あたりになると、石包丁とか、ヒョウタンとか、ウルシとか、いろいろと問題をはらんだものが現われる(4)」とされている。

ヒョウタンの起源はアフリカ、それも西アフリカのサバンナという説が中尾佐助によって提出されている。(5)その分布も中尾佐助の記述を参考にすれば、インド、東南アジア、ニューギニアなど太平洋の島、南太平洋のポリネシア、アメリカ大陸のペルーやメキシコとされ、ペルーやメキシコのものは、紀元前七〇〇〇年の可能性もあるという。

星川清親『栽培植物の起源と伝播』(6)の「ヒョウタンの伝播と根菜農耕文化」をみれば、推定原産地が西アフリカとされ、そこからインド・東南アジアに伝播し、つぎにいわゆる照葉樹林文化地域に伝播したというルートが想定されている(図7・1)。またその地域の出土例としては①「河姆渡《かぼと》」、②「鳥浜」、③「大坪貝塚」があげられている。要するに日本の遺跡などにみえるヒョウタンも、中国の照葉樹林帯を通じて伝播したものといえるであろう。

ヒョウタンは当初、食器や水筒(7)など実用の道具として使用されていたと思われる。おそらく、その形を模して土器がつくられ、青銅器などの原型ともなったのだろう。また打楽器や弦楽器の材料としても用いられた。さら

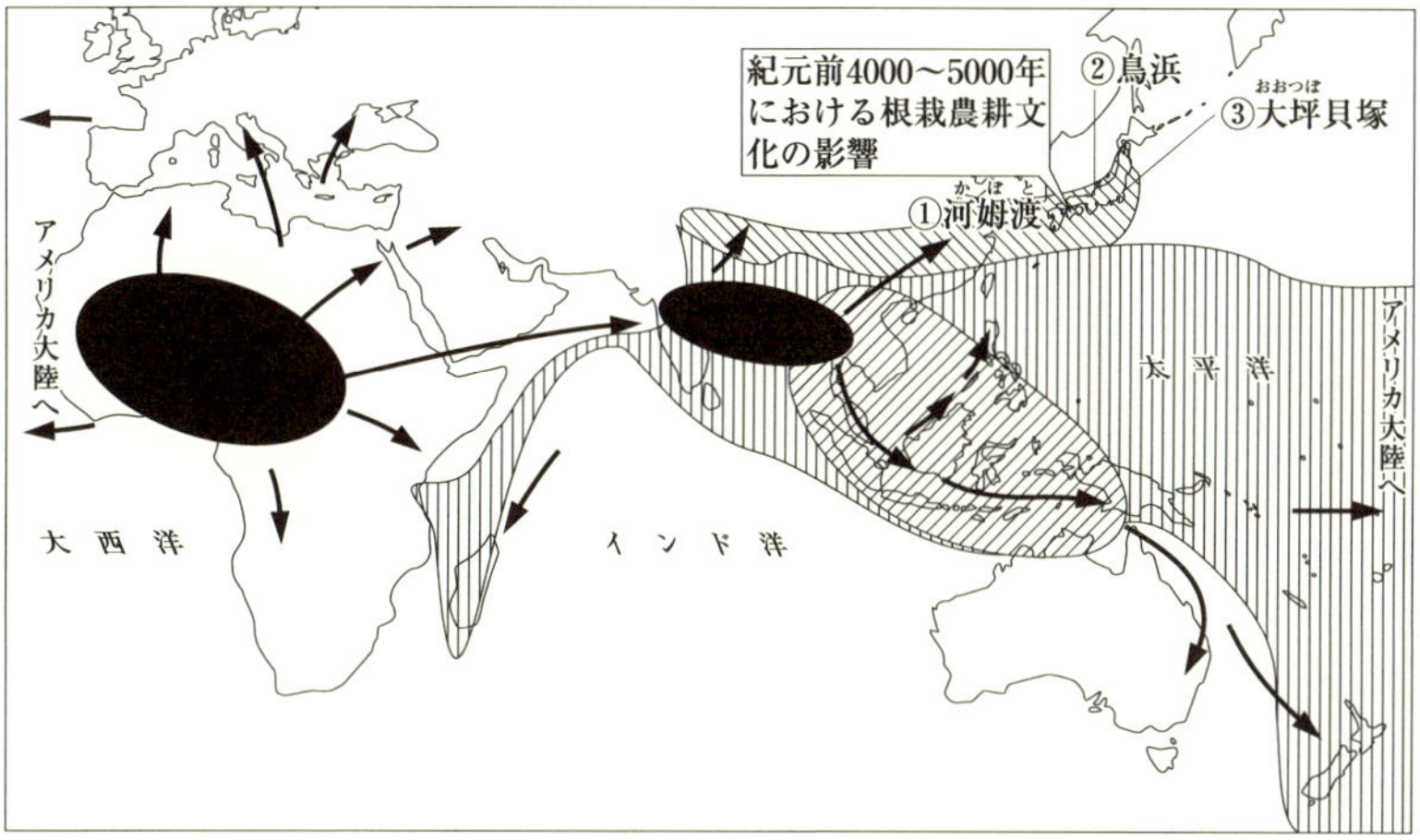

図7.1　ヒョウタンの伝播と根栽農耕文化（星川，1978をもとに作成した中尾，1986より）(5)(6)。①～③はヒョウタンを出土した遺跡。■：推定原産地，▨：根栽農耕文化の発生地，▥：根栽農耕文化の伝播地域，▧：照葉樹林文化地域，➜：伝播ルート

に、その中空であることから、魂のはいりこむものとされたようだ。そしておそらくその性質を利用して悪霊を吸い込む辟邪物としても利用されたように思われる。

拙稿では主に中国文化のなかであらわれるヒョウタンについて考察する。その際、日本の例もできるかぎりあげ、中国文化のなかでのヒョウタンの用いられ方が、日本文化に与えたと思われる影響に関しても考察したい。ヒョウタンに関する文献としては、劉堯漢「中華民族的原始葫蘆文化」(8)、鈴木健之「葫蘆考――中国におけるヒョウタンをめぐる民族文化の諸相」(9)、小南一郎「壷型の宇宙」(10)、小山修三「ヒョウタンに宿る神」(11)、中野美代子『ひょうたん漫遊録』(12)などを参照した。拙稿では、それらがあまり触れていない観点からの記述につとめ、とくにヒョウタンと魂の関係について言及した。

一　土器の起源とヒョウタン

成熟したヒョウタンの実は殻がかたくなり、なかの種を取り出せば中空の容器ができあがる。水などの液体を

入れるのに、はなはだ有利なものである。このヒョウタンはそのままで壷の形となる。横半分に切ればおわんとなり、縦半分に切ればひしゃく[13]やレンゲとなる。広西貴県羅泊湾漢墓からはヒョウタンを縦割りにしてひしゃくの形にした「葫蘆瓢」がふたつ出土している。同墓ではそれとは別に「木瓢」と名づけられた木製品が出土しているが、これは現在のレンゲの形によく似ている。また前漢中期にヒョウタンを縦割りにした形を象牙でつくったものがある。[14]なお「ひしゃく」という日本語は、「ヒサゴ（瓢箪）の訛であり、もとはそれを二つに割って用いた」[15]とされている。

人がモノをつくる場合、材料は変化しても、もとの形を踏襲しようとすることが多い。もとの形にとらわれ、なかなかその形から脱却できないのかもしれない。粘土を焼いて土器をつくることが発見されたとき、土器の形状のモデルとなったのは当時、日常の食器として使用されていたヒョウタンであったのだろう。[16]

粘土を焼いておわんの形をつくった。けれども、そのままでは安定が悪い。そこで粘土の玉を貼りつけてころがらないようにしたのだろう。ひとつ貼り、ふたつ貼り、バランスよく三つ貼った時点でころがらなくなったのではないか。たとえば大渓遺跡出土の土器は三足（三脚）だが、まさに粘土玉をつけたような形状をしている（図7・2C）。この粘土玉の足をしだいにのばしていくと三足土器である鼎の形状となる[16]（図7・2A）。三角は一種の完全形であり、脚は三つあれば安定する。必ずしも四本脚でなくともよかったのである。犬の形をした獣形土器であるにもかかわらず、三足のものがある[17]（図7・2E）。動物なのに三脚というのは不自然なため、四脚のものもつくられる。[18]けれども三足の鼎は土器の形状の典型となり、鼎は土器から青銅器へとさらに材質をかえてもつくられていく。

鼎は焜炉のいらない鍋である。足の下に空間があるために、そこで火を焚けばよい。そのため、この足の部分を中空にして太くし、なかにもものがはいるようにしたものがあらわれる。これは鬲《れき》とよばれている。

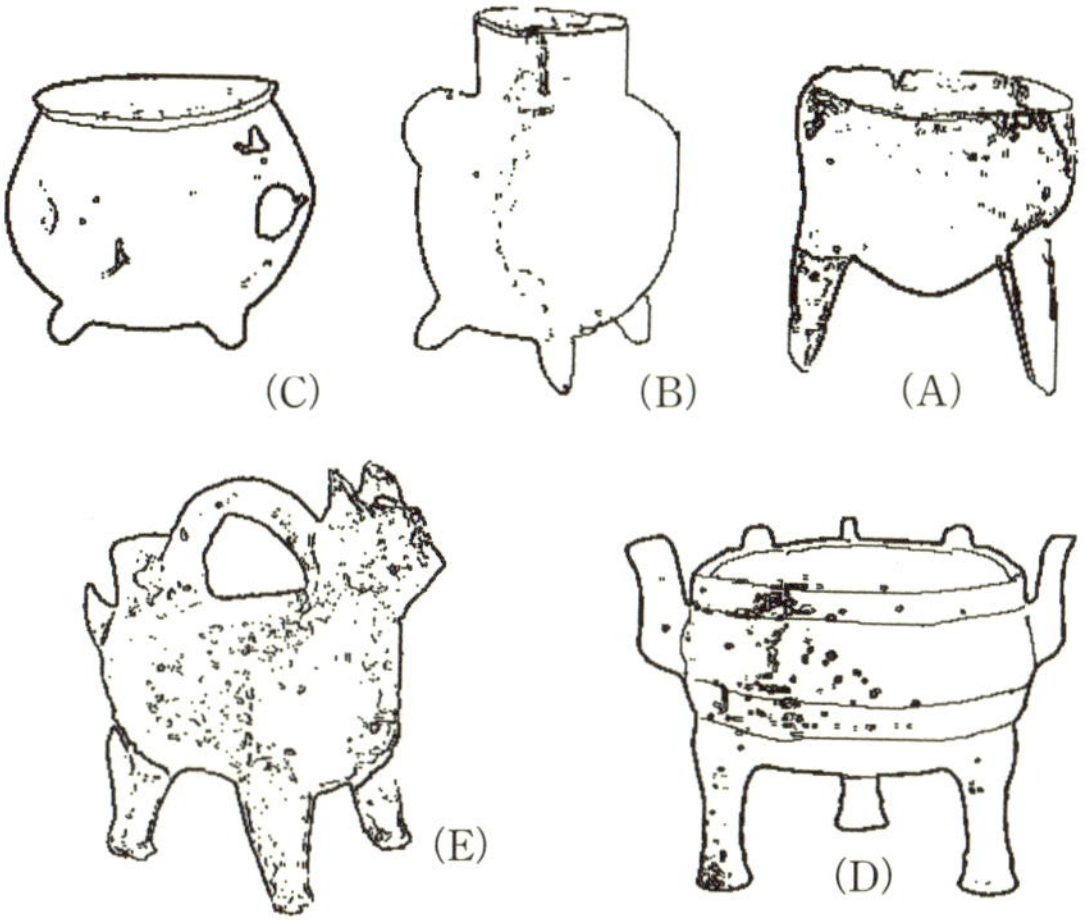

図7.2　土器・鼎の形状変化(林，1991を参考に描く)[16]

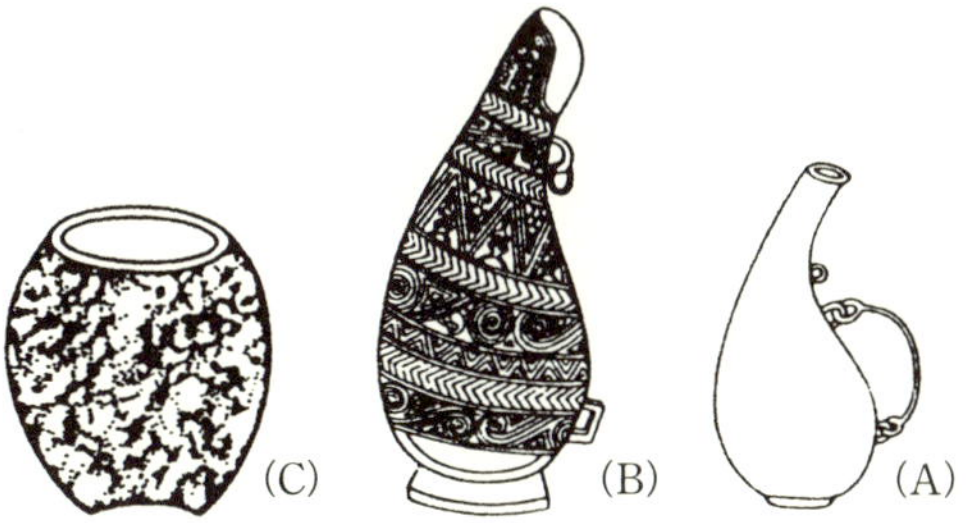

図7.3　壺とヒョウタン(諸橋，1960より)[66]。A：周瓠壺(西清続鑑)，B：周瓠尊(博古図)，C：瓢齎(名物図)

西瓜がころがらないように「輪っか」をおくことがある。これを土器のおわんの下につければ、「糸尻」になる。陝西省で、おみやげとして売られているヒョウタンの下にもころがらないように「輪っか」がおかれている。[19] 鼎だけでなく、壺も土器から青銅器へと材質をかえていく。そうなっても、もとのヒョウタン型の壺は数多くみえ、「周瓠壺(『西清続鑑』)」(図7・3A)や「周瓠尊(『博古図』)」(図7・3B)・「瓢齎《ひょうせい》(『名物図』)」(図7・3C)などのように、「瓢」や「瓠」などとヒョウタンにちなむ名のついたものがある。また馬王堆から出土した漆壺も材質は漆であるが、ヒョウタンの形をしている。

日本でも瓢形《ひさごがた》土器とよばれる土器がある。「弥生式中期後半から出現し、後期に盛んに行なわれた二つの膨らみをもつ壺形土器。瓢に似るのでこの名がある」[20]とされ、また「最初は成形上自然に長頸壺から発生したものの

A
1
2
3
4
5
6
7
8
B
9
10
11
12
13
14
15
16
17
C
18
19
20
21
22
23
24
25

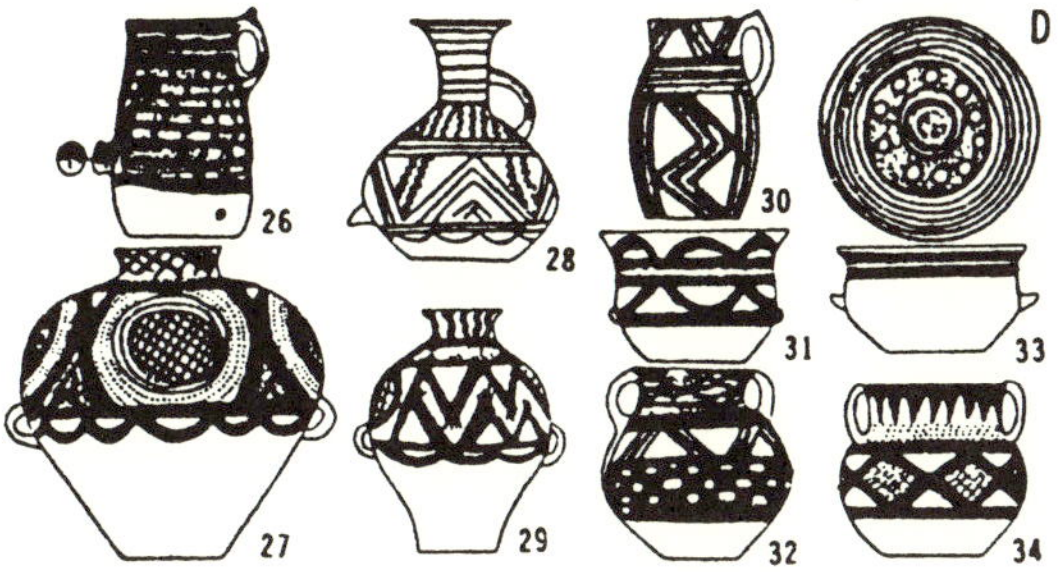

図７.４　アフリカのヒョウタンによく似た彩色の彩陶(飯島，1991 より)[25]。甘粛仰韶文化。A：石嶺下類型，B：馬家窯類型，C：半山類型，D：馬廠類型

写真７.１　アフリカのヒョウタン(国立民族学博物館所蔵，国立民族学博物館，1986 より)[22]

よう[21]」とされている。弥生式土器であるが、縄文式でも後期以降にこの器形があるとされる。必ずしも土器がつくられはじめたとき、ヒョウタンから直接、この土器に移行したわけではないようである。だが、構造上、なぜこのような形にしなければならなかったかということには触れられていない。ヒョウタンのくびれの部分は紐をかけたりするのに便利な形状をしているが、だからといってわざわざそのような形状につくったというわけでもないようである。ここでは「自然に発生した」と解釈されているが、あきらかにヒョウタンの形を意識している。新しくつくられた壷にもヒョウタンの形をしたものはそれこそ無数にある。古代、ヒョウタンをみて土器を創造した人々の意識がそれらの造形に無意識のうちに流れ込んでいるのかもしれない。

ヒョウタンの模様

ヒョウタンに焚火の薪の火を押しあてたら焼け焦げの模様がついた。興にまかせてさまざまに試行錯誤するうちに幾何学模様ができたのではないだろうか。

アフリカのカメルーンのヒョウタン[22]（写真7・1）は彩色されているが、「焼きゴテで模様をきざむ[23]」とされている。カメルーンのヒョウタンはかなり大きなもの[24]であるが、そこに施された文様はなぜか中国、甘粛の仰韶文化の彩陶[25]（図7・4）の文様にそっくりである。時代と場所がこれだけ離れているにもかかわらず、この類似には驚かされる。

おそらく中国にも土器がつくられる前にヒョウタンを使用していた文化があり、土器をつくったときにも、それまでの習慣にもとづいて、その表面にヒョウタンに施したのと同様の文様を施したのではないだろうか。

もっとも土器の場合は焼け焦げがつかないため、煤《すす》を用いて描いたのであろう。後に煤に膠などをまぜたものが墨となる。

二　楽器の起源とヒョウタン

アフリカやインドにはヒョウタンからつくられた楽器がある。おわん型に切ったヒョウタンに獣皮を貼れば太鼓になる。太鼓の音は雷《かみなり》の音に近く、それは上《かみ》で鳴る神鳴りであり、神の声と考えられたのではないか。日本のお祭りに用いる神輿は、神が乗る輿《こし》の意味であるが、普通、神の偶像が乗せられることはなく、中心に太鼓が乗せられることが多い。この太鼓の音こそは神の声であろう。神の声をとどろかせながら、村中を練り歩き、悪霊をはらうのであろう。

太鼓の上で弓の弦を震わせて共鳴させれば弦楽器となる。(26)弓矢は武器であるが儀式などに使われるときは悪霊をはらうための魔よけの道具となる。

弓弦を震わせて悪霊をはらうことは日本の文献にもみえる。宮崎県の青井阿蘇神社の楼門では木造の武士が弓矢をとる。門からはいろうとする悪霊をその弓矢で脅そうとするのであろう。沖縄の津堅山にはウルマンチャーとよばれるわらでつくった人形があり、植物でつくった弓矢をもつ。(27)中国の漢代初期の馬王堆出土文献、『五十二病方』にもヘルニアの治療に、わらの弓や葛の矢を用いて射るという呪術的療法がみえる。(28)楽器は祭礼などの神事と密接にかかわる。普通、神を楽しませるものと考えられており、実際、そうである場合も多いが、悪霊をはらう魔よけの意味で用いられていることも多かったと思われる。

「楽器としては、東南アジアの笙、インドのシタール、ビーナ、コプラ笛、タイのピンナムタオ、アフリカのコラ、マリンバ(バラフォン)、サンザ、太鼓、アメリカのマラカス、メキシコのギロ、タバサ、ハワイのフラダンスの太鼓など多様な民族楽器がある(29)」とされ、ヒョウタンを使用した楽器は多い。

小山修三氏は、アラブの弦楽器ウードについて、「西アジアから北アフリカまでひろくみられるこの楽器はヒョウタンを連想させる。うしろからみると、かたち、文様ともにそっくりである」(30)と述べ、ヒョウタンの形が楽器に影響を与えたと推測している。そういった目でみれば、現在のバイオリン、ビオラ、チェロ、ギター、それにエレクトリック・ギターであるギブソンのレスポールの形までも真ん中がくびれており、材質は異なるものの、ヒョウタンの原型が残っているのではないかと思われる。

三　瓢という文字

瓢箪の「瓢」という文字は、偏が「票」、旁が「瓜」である。

「票」に関しては、白川静の『字統』(31)では、

　正字は㶾。その初文は𤐫に作り、囟《しん》は死者の頭部。屍を火に投じ焚くことをいう

とみえる。

「囟」は死者の頭部とされているが、本来、嬰児の頭頂部の骨が接合せず、あいている部分をさす。これは「脳(腦)」という文字の構成要素でもある。中国の古代では、「脳」という文字自体が「魂」をあらわすと考えられていたのではないかと思われる。(32)もしそうであるならば、「票(㶾)」という文字は、魂のはいっている死者の頭部をも含む死体を焼くことをあらわす文字であるように思われる。

一般に中国では土葬が行われていたと考えられているが、火葬もあったらしい。白川静は、「古くは焚屍のことも行われていて、その火勢のさかんなことを票といい、……一般には埋葬で焚屍の事は異常のことである」(33)と述べる。

これに合致すると思われる例が『列仙伝』の赤松子の話にある。『説文解字』の「㶊」によれば、「㶊は罨と同意」とされている。『説文解字』のこの解釈が妥当であるかは考察の余地があるが、これをうけて上記の文字を整理すると、

票＝㶊＝㶊＝罨＝僊＝仙

となり、「票」と「仙」は本来、魂とかかわる、同じ意味をもった文字として理解されることになる。

四　文献のなかにみえるヒョウタン

ここでは中国の文献のなかにみえるヒョウタンの記事をいくつか紹介し、中国の文化のなかでヒョウタンが実際にどのように使われ、またどのようなイメージをもっていたかを探りたい。なおヒョウタンは漢字で書けば「瓢箪」であるが、この言葉をそのままヒョウタンという植物の意味に用いるのには若干の疑問がある。それについては後述する。また「瓢」・「箪」の文字以外に「匏」・「瓠」・「蠡」がヒョウタンの意味で使われており、訓読みとしては、「ひさご」があてられている。ここではそれらの文字、およびそれらが使われている文献に関して考察する。

「瓢箪」という言葉は、つぎに紹介する『論語』の顔回の記事を踏まえている。孔子の高弟の顔回は陋巷で極貧の生活を送っていた。その窮乏ぶりを具体的に示すのが、「一箪の食、一瓢の飲」という言葉である。

子曰く、「賢なるかな回や、一箪の食、一瓢の飲、陋巷に在り。人、其の憂に堪えざるも、回や其の楽しみを改めず。賢なるかな回や」。（先生がおっしゃった。「顔回はなんと賢であることよ。一ぱいの箪《わりご》の食《めし》と、一瓢の飲だけで、陋巷にすんでいる。ふつうの人であれば、その貧乏ぐらしに堪えられないものだが、顔回

はその楽しみを改めようとはしない。顔回はなんと賢であることよ（雍也篇）。

この話は、貧を楽しむ、いわゆる清貧の境地を示すものとして受け取ってよいと思われる。ここにみえる「箪《わりご》」に関して、孔安国の注は、「箪は笥なり」とする。いわゆる「箪笥《たんす》」(34)であるが、箪も笥もどちらも竹で編んだものであり、弁当箱のようなものである。なお箪は円形、笥は方形とされる(35)。

ただし、「箪」を「ひさご」と解する例もある。『方言』五に「瓥は陳・楚・宋・魏の間、或いは之れを箪と謂う」とみえる。『方言』の注によれば「瓠勺なり」と、ひさごでつくった「ひしゃく」ということになる。けれども瓥は『字彙』(36)によれば「瓠子《ひさご》」である。

さて「瓢」についてはどうだろう。篆書の形は「」であり、その形をうけた「」・「」が古字とされている。

『周礼《しゅらい》』春官宗伯の鬯人《ちょうじん》では、「禜《えい》に門に瓢齎《ひょうせい》を用う」と、門に瓢齎を用いるという。「鬯《ちょう》」は薬草で香づけした「においざけ」の意味である。禜は、災いをはらう祭祀とされている。

「瓢齎」は瓠でつくった樽とされる。「瓢」はヒョウタンである。「齎」は「粢《キビ》」とされ、それは神への供え物として器に盛った穀物のようであるが(37)、『名物図』によれば、「瓢齎」は壺の形である。ここには酒を入れたのではないかと思われる。

白川静は「『門を禜《まつ》るに瓢齎を用ふ』とあり、水旱疾疫の時ならざることがあると、城門で厄払いの祭をするが、そのとき瓢箪で酒をそそいで祀った。瓢箪を用いることに、とくに呪的な意があったものと思われる(38)」と推測しているが、その具体的な意味内容については明らかにしていない。

ここは門のところにヒョウタンが用いられていることが興味深い。現在でもヒョウタンを門戸にぶらさげる習慣が台湾に残っている。門は外部と内部を区切る重要な境界である(39)。そこには外部からの悪霊の侵入をふせぐために、犬を殺して埋めたり、人の首を埋めたりしたことがあった。これは犬や人の首によりつく霊魂によって、外部からの悪霊をふせごうとする考え方であろう。そのような例から考えて、このヒョウタンもまた本来、悪霊よけとして用いられていた可能性がある。もしそうだとすれば悪霊を吸い込む役割を果たしていたのかもしれない。

この悪霊を吸い込むという役割についてだが、ヒョウタンには水や飲食物など、霊魂にとって必要なものがはいっている。霊魂はそれにつられてヒョウタンにはいりこむということではないだろうか。

五　ヒョウタンのなかにはいりこむ魂

前掲「ヒョウタンに宿る神」では、つぎのように述べられる。

ヒョウタンに伝説、儀礼、呪いなどがからむことがおおいのは、人間との長いかかわりの結果だろう。思想は大きくふたつにわけられるようだ。ひとつは、水との関連である。インドやオセアニアは洪水神話があり、日本では水神をまつる呪具(『日本書紀』の「仁徳紀」に記載)、火の神の鎮具(『延喜式』に記載)、民話のカッパ退治など関係するものがおおくみられる。

もうひとつは、ヒョウタンの中空構造からくるもので、なかに神や霊が宿るというかんがえである。不思議な形と、なかがみえないことに由来するものだろう。祖先や神の子が出現する、宝物をうみだすなどといった観念があり、そこから、福をもたらす、邪気や疫病をはらうなどというようなイメージがふくらんでいったのであろう。縄文人もそんな信仰や伝説をたくさんもっていたにちがいない。

小山氏は、ヒョウタンを①水との関連、②内部が中空であること、の二点から考察している。この分類以外にも分け方は可能なように思われるが、ヒョウタンにかかわる民俗的な話をほぼ網羅しているように思われる。

ただし、小山氏は、ヒョウタンが霊的なものとかかわることに関して、「ヒョウタンの中空構造からくるもので、なかに神や霊が宿るというかんがえである。不思議な形と、なかがみえないことに由来するものだろう」と、「中空であること」をその理由としてあげ、それはその形の不思議さとなかがみえないことに由来するという。

ここでは「ヒョウタンのなかにはいりこむ魂」と題して、小山氏があげた観点とは異なる角度から考察してみたい。中国や日本で発掘される墳墓のなかでしばしば注目を集めるのは多数の財物が副葬されているものである。そのような墳墓では数多の副葬品のうち、いったい、何がもっとも重要なものであるのかよくわからないことが多い。ところが、もっともシンプルな副葬品として壷をひとつだけ頭部においたものがある。[40] たとえば漢代の墓である平洋墓葬では壷をひとつだけ頭部においたもの（図7・5）があり、足許においたものもある。このような例をみれば、もっとも簡便につくられた墓の副葬品は壷ではないかと思われる。おそらく、ただひとつだけ、もっとも重要な副葬品を選ぶとすれば、それは壷だということになるのであろう。それではこの壷はいったい、どのような役割を果たしているのであろう。おそらくそれは魂に水や食物をささげるためのものであろう。肉体のない魂が飲食をするのか、と不思議に感じるかも

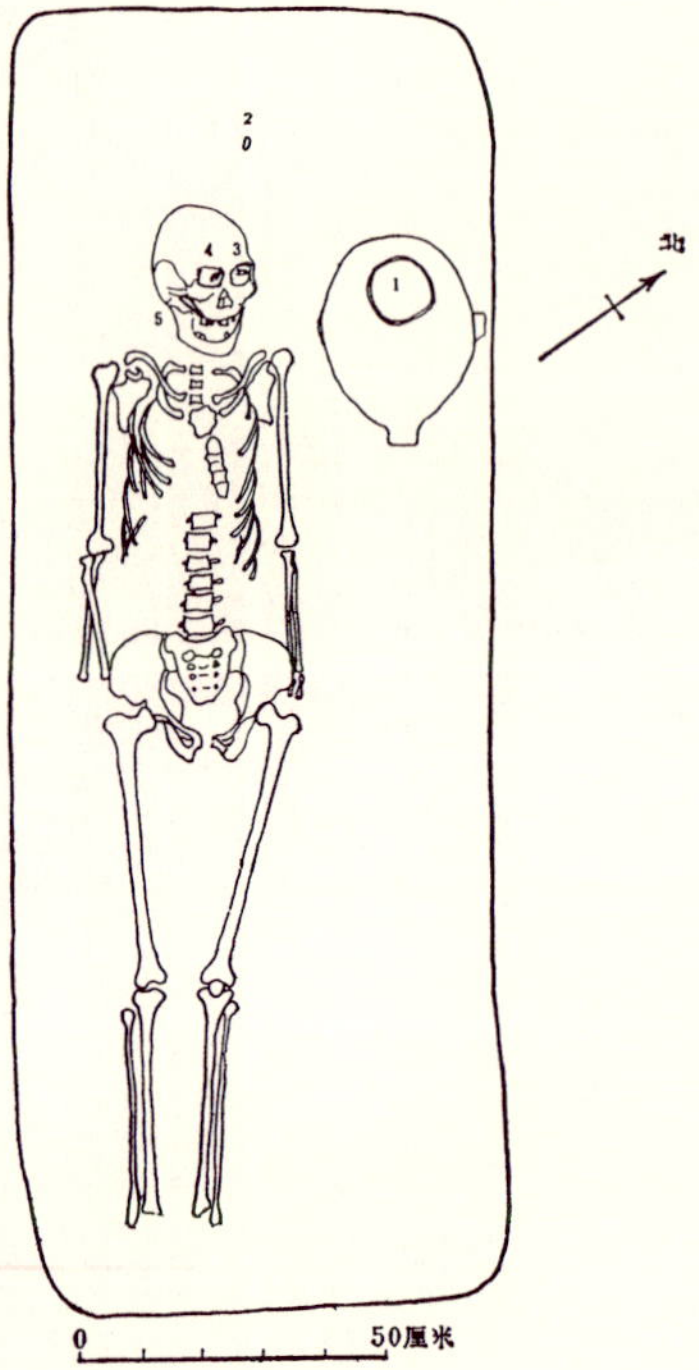

図7.5　平洋墓葬の壷（楊・郝・李，1990より）[40]

しれない。しかし、現在の台湾では日本の盂蘭盆会に相当する中元節に、あの世から戻ってくる鬼《き》、すなわち死者の霊のために、大量の食物をお供えしている。日本でも墓や仏壇の前に水や食物をそなえる。これは魂も生者と同様に飲食を行うと考えていたからであろう。墓にもまた魂がよりつき(41)、その魂にささげるものとして壺のなかの食物や飲み物が想定されているのであろう。

壺のなかに魂がはいりこんで飲食する。おそらくそのような考え方のもとで遺体の頭部に壺がおかれたのではないだろうか。

大分県上ノ原四八号横穴墓の人骨の頭部の右横と左足元にヒョウタンのような植物がそなえられていた(42)。これは五世紀の例とされるが、このヒョウタン状植物は遺体が骨になった後にそなえられたと推測されている。「この時期から墓室内に土器を副葬することが知られている。ヒョウタン状植物も飲食物の供献という意味では土器と同じである、と考えれば、そう特殊な事例とはいえない。なによりも初期の副葬事例では、土器は頭と足の部分に置かれた例が多く、ヒョウタン状植物の状況と同じである(43)」とされている。ヒョウタンは土器と同様に魂のための飲食物の供献のためのものと考えられていたのであろう。ヒョウタンが足元にもおかれていたことは、どのように解釈すればよいのだろう。儒教では魂は魂魄の二種類に分かれると考えられている。魂魄は清らかな魂である「魂《こん》」と濁った魂である「魄《はく》」の二種類に分かれると考えられている。魄は白骨や肉体ともされる(44)が、これをもうひとつの魂と考えたことから、人には複数の魂があるという考え方が生じ、三魂七魄説などが生み出されてきたようだ。ここもあるいは、「魄」のようなもうひとつの魂の存在を想定しているのかもしれない。

先にみたように、畲人では、門に瓢簞を用いるという。ここにもし酒などが入れられていたとすると、その酒につられて神霊が降りてくることになる。降りてきた神霊は瓢簞のなかにはいりこみ、酒を飲むのであろう。

岩手県の遠野では、「新仏はその年の盆には家に還れぬものとされ、瓢簞を墓場におく習わしがある。それを代りとして迎えるのだという」[45]とある。この習慣は儒教で「殯」が終わり、埋葬する際に、虞祭を行い、墓から魂を廟へと連れ帰る儀式に似ている。

また「神楽で八種の採り物にもヒサゴが加えられていた。あるいはそれに紙の衣を着せて人の形に近いようにした採り物もあった」という[46]。人にとって魂と身体の関係は、中身である魂と空の容器である身体との関係としてとらえることができる。身体《からだ》は殻《から》であり、かつまた空《から》である。ゆえに身体は「からだ」[47]とよばれるのであろう[48]。そのように解釈したときに、ヒサゴに紙の衣を着せて人の形に近いようにした採り物、というのは神霊のための身体であり、そのなかに神霊のはいりこむことを想定したものであろう。

五-一　博山炉

漢代には博山炉という香炉(図7・6右)があった。この香炉は明器(図7・6左)としても使用されていた。明器とは死者の用いる道具であるが、この博山炉の香炉は魂がはいりこむ場所だと意識されていた[49]。この博山という山は博羅山という山だともされるが、それらは浮来山ともされ、蜃気楼の浮島現象である蓬萊山の語源ともかかわるという話がある。蓬萊山自体が死者の魂の行く他界ではないか[50]と考えられていたようにも思われ、そのことがまた博山(つまりは蓬萊山を意味する)の形の香炉に魂がはいりこむとされていたことと関連するように思われる。

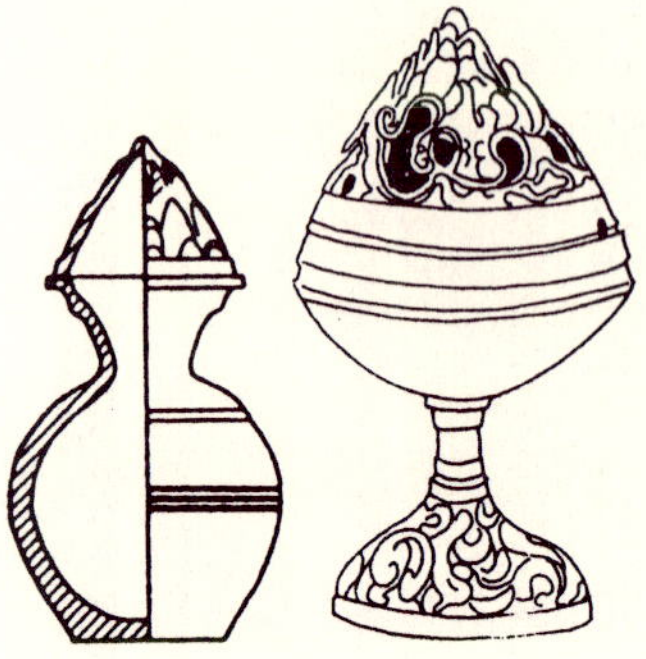

図7.6　博山炉(右：何・王，1993より)[67]と博山炉形の明器(左：南陽文物研究所，1990より)[68]

五-二　神仙伝の壷公

壷中天という言葉は壷のなかにある神仙の住む別世界をいう。この話は『神仙伝』の壷公にもとづく。汝南に費長房という者がおり、町役人をやっていた。あるとき、壷公がどこからともなくやってきて市中で薬を売る。その薬はなおらぬ者のない万能薬であった。壷公はいつも空の壷を屋上にかけておき、日が暮れるとそのなかに跳びこむが、誰もみるものはない。ただ費長房だけが、楼上からそれをみていた。そして壷公の気に入られるようにして、やっと壷のなかに跳び込む方法を教えてもらう。壷公は、「わしが跳びこむのを見て、わしにならって跳びこめば、自然と中に入れる」と述べた。費長房はそのとおりにすると、気づかぬうちになかにはいっており、はいってしまうとそこはただ仙宮で楼閣や二重、三重の門や、二階づくりの長廊などで、左右には数十人の侍者がいた。

ここにみえる「壷」は『列仙全伝』に付された図[51](図7・8)をみると「つぼ」ではなく、ヒョウタンである。

図7.7　蓬莱山図(『三才図会』[69]より)

図7.8　明の『列仙全伝』に付された図(鄭, 1988より)[51]。右が壷公，左が費長房

「壷」の文字には「つぼ」の意味のほかにヒョウタンの意味がある。要するに壷公は壷、すなわちヒョウタンのなかで暮らす仙人である。仙人の「仙(僊)」には死者の魂が昇天する意味があったように思われるが[52]、ここの話も壷公という仙人が肉体ごとヒョウタンにはいりこむ、というよりも、その魂が壷にはいりこむと考えるとわかりやすい。

六　悪霊を吸い込むヒョウタン

『西遊記』に、金角・銀角の名をよび、それに答えると相手を吸い込んでしまうヒョウタンがでてくる[53]。ここでは相手を吸い込んでしまうという特徴によってヒョウタンが魔よけに使われている。悪霊や邪気もヒョウタンに吸い込まれてしまうわけである。『西遊記』では、なかに吸い込まれた孫悟空はヒョウタン中の液体により溶かされてしまいそうになる。

九州の臼杵の祇園祭りにもヒョウタンが使われている。「再生をあらわす瓢箪」の題のもとに「ひさごの作りものを頭にいただきながら行列の先頭にたって練り歩く[54]」という写真の説明がつけられている。けれども祇園祭りは本来、「疫病退散のための祭りである」[55]。ここは、再生ではなくむしろ疫病を起こす悪霊を吸い込む役割を果たしているようにも思われる。祭りの行列を頭にヒョウタンの飾り物を多数つけた人が先導する。

同じく九州の熊本県、山鹿市山鹿の大宮神社境内にある八坂神社でも、祇園祭りが開かれ、そこでは「犬子《いんご》ひょうたん」とよばれるヒョウタンが売られている。「同市などによると、この祭りは『昔、疫病が流行した際、疫病退散の神をまつった京都の八坂神社の社を大宮神社境内に勧請《かんじょう》(神仏の分身を移して祭ること)したところ、疫病が鎮まった』との伝説に由来。疫病が鎮まったのは勧請の際に現れた小犬が姿を消した直後で、この小犬はひょうたんに入ったお神酒を好んだ、とされることから、ひょうたんを抱いた小犬の人形がお守りになったという[56]」とみえ、犬とヒョウタンが組み合わされている。

犬は番犬としての役割が悪霊を避けることにもつながっていくのだろう。「犬は古来から『犬張子』など魔除の玩具、呪具とされている[57]」。また京都の祇園社で犬神人《いぬじにん》[58]がいたこととかかわるかもしれない。犬もヒョウタンもともに魔よけのものであり、それらが組み合わされているのだろう。

台湾の民家の軒先にも、ヒョウタンをぶらさげることがある。東港鎮《とうこうちん》で見掛けたものは、ひょうたんに赤い紐がかけられ、房がついている。赤色や房も魔よけである[59]。ヒョウタンの表面には墨で文字が書かれていた(写真7・2C参照)。台南の安平で見掛けたものは、木製のヒョウタンである。中央に鏡を配し、剣(桃木剣?)・ものさし・真珠(木製)と組み合わされている(写真7・2E参照)。このヒョウタンは、赤い布を巻きつけてあり、口が外部にむけられている。鏡や剣も魔よけである。台南の孔子廟の東方にある牌坊は泮宮石坊とよばれているが、その中央にも石製のヒョウタンがおかれている(写真7・2B・2D参照)。これも辟邪だといわれている[60]。屋根の中央にヒョウタンを造形する例は道観などに多くみえる。たとえば香港の媽祖廟の屋根にも中央にヒョウタンが造形されており、厦門の白狗廟の屋根の中央のヒョウタンは両側から龍がむかいあっている(写真7・2A参照)。

タイのバンラカイ村のミャオ族の子どもに胸からヒョウタンをぶらさげている例があり、「ヒョウタンには疫病神や邪鬼を封じ込む呪力があるという信仰から、縁起物として首飾りや腰につける[61]」と説明されている。台南の法具店にもヒョウタンは売られており、香港の黄大仙でも、おみやげとしてヒョウタンが売られている。それらも辟邪の役割を期待してのものであろう。

馬王堆から出土した『五十二病方』にもヘルニアの治療にヒョウタンを使用する例がある。

別方。小さな瓢箪をくりぬき、その孔に脱腸患者の陰嚢とその基部がすっぽりはいるようにする。そこで脱

写真 7.2　台湾と中国の軒先にみられる魔よけのヒョウタンさまざま(大形撮影)

腸患者に瓢箪をさかさまにして東向きに東側の古い屋根の下に坐らせ、そこで陰嚢とその基部を瓢箪の孔のなかに入れる。そして采（くぬぎ）の木で長さ四寸のくいを十四本作り、すぐに采の木でたたいて皮を剥ぎ、一回□□、もう一回それをこする。皮を剥いでしまったら、そのたびにくいを垣の下に挿し込み、十四本のくいを挿しおわったらやめる。それを行うのはいつも月の十六日に入ってから□□盡、一日に一回行い、□もう一回それを行う。それを行うのはいつも星の出る時間に行い、脱腸がおさまるのを待ってやめる。[62]

別方。脱腸は、大きな瓢箪でその陰嚢をおおい、そこで桃の東にのびた枝を取り、それで弓を作る。取□母□□□□□□□□□□上、晦日に一回、三本の矢を射て、□□薬を飲む。その薬の名称を陰干しした黄色い牛の膽という。乾いたらすぐにすこし□□□とかく□□□□□□□□□、それを飲む。[63]

いずれも脱腸部分である陰嚢を瓢箪のなかに入れたり、おおったりする。二一九頁につけられた赤堀昭・山田慶児氏の注によれば、「患者の腎（＝外腎、陰嚢）と朘（陰茎）をひさごの孔の中に入れるのは、陰嚢の中に落ち込んだ腸を腹中に入れる行為の模倣であり、この療法全体がフレーザーのいわゆる模倣呪術」という理解である。この解釈も可能かもしれないが、ここでは「瓢箪」でなければならないとはされず、あるいは瓢箪以外のものも使用できるかのようである。私には、ここは「瓢箪」であることに意味があるように思われる。古代の疾病観によれば、「脱腸」というのは、そのなかに悪霊がひそんでいるとみなされていたのだろう。ゆえにここでも桃という悪霊退治に用いられる木の枝を用いて弓をつくり、それで矢を射るという治療法をあわせて行っている。おそらく瓢箪は脱腸の患部にはいりこんでいる悪霊を吸い出して、そのなかに閉じ込める役割を果たしているのであろう。

『五十二病方』には毒蛇に噛まれた際も「ひさご」を用いる。

別方。泥水を沈澱させてその上澄みを杯に一杯ひさごのなかに入れ、左手にこれをささげ、北を向き、病人に向かって三度禹歩し、その名を尋ねて、そこでいう、「某某、年は□、今は□」。水を半杯飲んでいう、「病気は□□治る。ゆっくり離れ、ゆっくり治れ」。そこでひさごを伏せて、そこを離れる。(64)ここでは悪霊をひさごでおおって閉じ込めるのであろう。

おわりに

ヒョウタンはひとり中国の古代文化のみならず、世界各地で有用な植物であった。ヒョウタンは食器、楽器などの道具の原形であった。けれども、そのような実用とは別に精神世界や信仰とかかわるものも多い。

この信仰にかかわるものは、ヒョウタンから何かが生まれるとされるものと、ヒョウタンに吸い込まれるものとに大別されるように思われる。世界には瓢箪からその民族が生み出されたとされるものも多い。中国でも伏羲や女媧が瓢箪と語源を同じくするという。この生み出すということから、鈴木健之は子宮と瓢箪をむすびつけて考えている。

魂を吸い込む容器としてのヒョウタンについては、これまでと異なった角度から考えることも可能ではないか。なぜ魂がヒョウタンに取り込まれるのか。それは魂が本来、肉体という容器にはいっていたからではないか。その場所を限定すれば内臓や脳ということになる。(65)五臓などの内臓は袋状の入れ物であり、また脳は頭蓋骨という容器のなかにある。魂がヒョウタンという容器のなかにはいりこもうとするのは、本来、容器にはいっていたということと関連するのではないだろうか。

今ひとつは魂が飲食をすることとかかわりをもつように思われる。墓に副葬品として埋められた壷やヒョウタンは本来、魂の飲食のためのものであろう。魂は飲食のために、そのなかにはいりこむと考えられたのであろう。

そしておそらく、そのことによりヒョウタンは悪霊などを引き入れる、つまり、吸い込むと考えられたのではないだろうか。

（1）上山春平編、一九九六、照葉樹林文化、中公新書、二〇八頁、中央公論社。
（2）前掲（1）、一七一―一七二頁、三 照葉樹林と縄文文化。
（3）前掲（1）、一七二頁。
（4）前掲（3）に同じ。
（5）中尾佐助・談、小山修三・聞き手、一九八六、ヒョウタンの旅、日本の歴史三七、一二八頁、朝日新聞社。
（6）星川清親、一九七八、栽培植物の起原と伝播、二九五頁、二宮書店。
（7）ヒョウタンは英語で bottle gourd とされるが、学名は *Lagenaria siceraria* (Molina) Standl. (syn. *L. vulgaris* Ser.) var. *gourda* Ser. である。この属名は、ボトルを意味するラテン語 Lagena、種名 *siceralia* は飲む容器を意味する sicera に由来する（福井勝義、一九八七、ヒョウタン、文化人類学事典、六三二―六三三頁、弘文堂を参照）。
（8）劉堯漢、一九八〇、中華民族的原始葫蘆文化、彝族社会歴史調査研究論文集、民族出版社。
（9）鈴木健之、一九八四、葫蘆考――中国におけるヒョウタンをめぐる民族文化の諸相、東京学芸大学紀要、人文科学、三五。
（10）小南一郎、一九八九、壷形の宇宙、東方学報、六一、第一章壷と神仙世界、第二章葬送儀礼と壷、第三章葫蘆（ヒョウタン）と洪水、第四章穀物倉と祖霊を参照。
（11）小山修三、一九九八、ヒョウタンに宿る神、月刊みんぱく、二二（一二）、一二―一三頁。
（12）中野美代子、一九九一、ひょうたん漫遊録、三〇四頁、朝日新聞社。
（13）前掲（11）所収の「ひしゃく」に、「ヒョウタンを縦に割ると恰好のスプーンになるので世界的に例がおおい。胴部に穴をあけて利用するものもある。縄文時代にはあきらかにそれを模したような土製の匙がある。コロンビアで収集」と、コロンビア製のヒョウタンを縦に半分に割ったひしゃくの写真があげられている。
（14）王世襄・朱家溍・西村康彦、一九九六、中国美術全集11、工芸編、図版81、京都書院。
（15）民俗学研究所編、一九五一、民俗学辞典、七四〇頁、東京堂。

(16)　林寿晋、一九九一、先秦考古学、中文大学出版社。
(17)　前掲(16)に同じ。
(18)　前掲(16)に同じ。
(19)　甘粛省観光案内。
(20)　日本考古学協会、一九六二、日本考古学辞典、六五二頁、東京堂出版。
(21)　前掲(20)に同じ。
(22)　国立民族学博物館編、一九八六、国立民族学博物館展示案内、五九頁、講談社製作、(財)千里文化財団。
(23)　前掲(22)、五八頁。ほかに「刃物できざむこともある(前掲(7)、六三二頁)」とされる。
(24)　ユウガオではないかと思われる。
(25)　飯島武次、一九九一、中国新石器文化研究、七八頁、山川出版社。
(26)　前掲(7)、六三三頁には、「西アフリカでは、バラフォンとよばれる木琴の、また弦楽器の共鳴具として使用されている」とみえる。
(27)　那覇、県立博物館の展示品。
(28)　赤堀昭・山田慶児、一九八五、五十二病万、新発現中国科学史資料の研究訳注篇、二一八頁、京都大学人文科学研究所。
(29)　湯浅浩史、一九八八、日本大百科全書一九、七七一―七七二頁、小学館のヒョウタンの項。
(30)　前掲(11)に同じ。
(31)　白川静、一九八四、字統、七二六頁、平凡社。
(32)　大形徹、二〇〇〇、魂のありか、二四頁、角川書店を参照。
(33)　前掲(31)、七二六頁。
(34)　これも語源としては現在のタンスへとつながっていくものである。
(35)　『礼記』曲礼上、「簞笥」の注による。『名物図』に図がある。
(36)　清、梅膺祚撰。
(37)　『書経』泰誓上に「犠牲粢盛」とみえ、蔡伝は、「犠牲粢盛は、以て祭祀に備うる者なり」とある。
(38)　前掲(31)、七二七頁。

(39)　門については貝塚茂樹に考察がある。一九七六、貝塚茂樹著作集第一巻、中国の古代国家、三九〇頁、中央公論社。
(40)　楊志軍・郝思徳・李陳奇編、一九九〇、平洋墓葬、一四頁、文物出版社。
(41)　魂の居場所については、天界・廟・墓室内などさまざまな箇所が想定されている。前掲(32)を参照。
(42)　田中良之、一九九六、朝日百科、歴史をよみなおす②古墳はなぜつくられたのか、朝日新聞社。
(43)　前掲(42)に同じ。
(44)　前掲(31)、魄の項。
(45)　柳田國男、一九五一、杓子、柄杓及び瓢箪、土俗と伝説一―四、民俗学辞典(民俗学研究所編)、東京堂。
(46)　前掲(45)に同じ。
(47)　大槻文彦、一九三五、大言海一「から」、七二六頁、冨山房。
(48)　前掲(32)に同じ。
(49)　村田靖子、一九九五、大和文華館名品図録、一七一頁、大和文華館の漢、金銅博山炉の解説。
(50)　伊藤清司、一九九八、死者の棲む楽園、角川選書、一四四―二〇二頁、角川書店の第三章海上の他界・蓬莱山、および大形徹、二〇〇〇、始皇帝の不死幻想、しにか、一一(二)、五八頁を参照。
(51)　鄭振鐸編、一九八八、中国古代版画叢刊、上海古籍出版社の『列仙全伝』の図。
(52)　大形徹、一九九二、不老不死、講談社現代新書、三六頁、講談社の第二章「仙」とは何かを参照。
(53)　西遊記、三五回。原文は紅葫蘆。
(54)　谷川健一ほか、一九八三、再生をあらわす瓢箪、太陽と月、日本民俗文化大系二、三二頁、小学館。
(55)　脇田晴子、一九九九、はじめに、中世京都と祇園祭――疫神と都市の生活、中公新書、i頁、中央公論社の「はじめに」参照。
(56)　二〇〇〇年六月一六日、西日本新聞　http://news.yahoo.co.jp/headlines/nnp/000616/loc_news/10300000_nnpnws005.html.
(57)　前掲(55)、一五一頁。
(58)　前掲(55)、一五〇頁を参照。
(59)　前掲(32)、九三頁を参照。

(60)　黄静宜・王明雪主編、一九九五、台南歴史散歩(上)、一三七頁、遠流出版公司に「坊頂中央置一葫蘆石彫、有辟邪作用」とみえる。
(61)　前掲(29)に写真が紹介される。
(62)　前掲(28)、二一九頁。
(63)　前掲(28)、二二九頁。
(64)　前掲(28)、一八二頁。
(65)　前掲(32)を参照。
(66)　諸橋轍次編、一九六〇、大漢和辞典、七巻、瓢竇、九九三頁、七巻、周瓠尊、周瓠壺、九九一頁、大修館書店。
(67)　何賢武・王秋華主編、一九九三、中国文物考古辞典、二九四頁、遼寧科学技術出版社。
(68)　南陽文物研究所編、一九九〇、南陽漢代画像磚、文物出版社。
(69)　王圻選述、王思義編、明代、三才図会(上海古籍出版社版、一九八八)。

台湾や中国での写真は、平成一二年度科学研究費補助金、基盤研究(B)(1)(一般)道教的密教的辟邪呪物の調査研究の成果の一部である。

第八章　唐詩にみる焼畑文化

——「畬田行」を読む

古川末喜

中国の九世紀初めに劉禹錫《りゅううしゃく》という詩人がいる。姓は劉、名は禹錫。同時代の文学者には白居易(白楽天)や韓愈や柳宋元がいるが、日本では彼らほど知られた人物ではない。しかし白居易をして「詩豪」だといわしめたほどの詩人であり、民謡を取り入れて「竹枝詞」を創始し「詞」という新ジャンルの先駆けをなした詩人でもある。思想面でも柳宋元の合理主義をさらに進めて唯物論的思考をし、また儒教・道教・仏教の三教の融合を進めて朱子らの宋学の先どりをしたことでも知られている。

しかしたとえ後世の評価がそのように高くても、劉禹錫にとってそれらはあまり重要なことではなかったであろう。彼の人生を決定的に左右したのは、八〇五年正月、即位したばかりの順宗皇帝を押し戴いて推進された革新的な政治改革に、中心人物の一人として積極的に関与し、その改革が順宗皇帝の退位とともにわずか半年でついえたことである。彼は都・長安より遠く南方に左遷された。そして劉禹錫を含む八人の改革推進者たちについては、以後いかなる大赦があったにせよけっしてその恩恵は被らせないとの特別の詔勅が下されるに至ったのである。ときに劉禹錫は三四歳の若さであった。二二歳で科挙の進士科に合格してから二四歳までには博学宏辭科と吏部取士科に続けて登第し、その後着実にキャリアの道を駆けのぼっていたところであった。最終的に許されて洛陽に帰ることができたのは八二七年、五六歳のときである。もうそのときには彼の残りの人生は一四、五年ほどしか用意されていなかった。

結果から論じるのは劉禹錫にとって酷なことかもしれない。だが彼の政治的挫折は彼の文学を豊穣なものとした。事実からいうと彼の代表作として今日人口に膾炙するものは、その多くが左遷されて地方官の任にあったときのものである。じつはここで紹介する焼畑の詩も左遷時代のものである。

この焼畑の詩がつくられた時期に関してはふたつの説がある。ひとつは最初の左遷時期、すなわち八〇五年から八一五年で、劉禹錫が朗州(武陵。今の湖南省常徳市)の司馬(実権のない州の副長官)であったとき(三四歳から四四歳)。もうひとつは八二二年から八二四年、長官として夔州(今の四川省奉節県)に在任中であったとき(五一歳から五三歳)である。[1] いずれであるにせよ、本章では劉禹錫という流謫の詩人によって、この詩が九世紀の初頭につくられたという事実を確認しておけば十分であろう。

この詩は一四行からなる五言古詩で、総字数は一四〇字、比較的長い詩といえる。劉禹錫以前に焼畑を一篇のテーマとして描いた詩は皆無である。部分的に焼畑に言及するものはあるが、それらはいずれも作者の目にとどまった風景の一こまにすぎない。劉禹錫の焼畑描写はそうした片言隻句ではなく、焼畑の場所から、火入れの開始、燃える様子、植え付け、収穫までを、簡単な描写ではあるが焼畑農法の総体として描いている。

中唐の詩人劉禹錫によって焼畑の詩がつくられていることは、中国の農業史のなかではよく知られた事実である。「中国農業史」と名のつく本ならたいていそれについての記載はある。ただ中国における農業史研究が焼畑への関心が薄いせいか、独立した農法としての位置づけが弱く、したがって唐代に焼畑農業が拡大したことについても宋代に中心となる棚田(梯田)への過渡期的存在にすぎないという位置づけしかなされていない。だから劉禹錫の焼畑詩についてもほかの詩人の断片的な焼畑記載の詩と同等に扱われており、九世紀初頭に当時の一流詩人によって焼畑の全過程を総体として詠じた文字資料が残されているという事実の画期性には、ほとんど目がむけられていない。[2]

一方、中華人民共和国成立後は劉禹錫の思想の唯物論的傾向が注目されたことを契機に、劉禹錫研究が急速に進展し、伝記研究や作品研究などの単行本に限っても十指にあまる著書が出版されている。[3] 当然、この焼畑の詩に注釈を施すものもある。だがそれらはきわめて簡単なものにすぎない。また精査したわけではないが、日本でこの詩の全訳が紹介されたものもまだ目にしていない。これが本章を草した理由である。

底本には、たいていの大学図書館で容易にみることができ、かつ信頼のおけるテキストとして『四部叢刊』所収の『劉夢得文集三十巻外集十巻』を用いた。『四部叢刊』におさめられているのは、日本の崇蘭館の蔵する宋代の刻本(蜀大字本)を一九一三年に董康氏が景印したものである。

まず全詩の口語訳、原文、訓読を示し、それから二句ごとに小段に区切って注釈を加えながら読み進めていく。なおすべて新字体を用いた。

「焼畑のうた」

どんなところが焼畑をするのに都合がよいか、それはまるく盛り上がった山ののっぺりとした山肌の中腹のあたり。亀の甲羅を火で焼いて占い、雨降るとの卦を得たなら、山にのぼって、切り倒しておいた木を焼く。驚いたキバノロは振りむきかつ逃げ走り、キジの群はイオーと鳴き声を立てる。真っ赤な炎は遠くの方では霞のようになっており、軽くて舞い上がった煤《すす》は飛んで城内にはいっていく。風は煙と炎を吹き上げて高い山までのぼり、ごうごうと緑林を吹き渡っていく。青々としげっていた林は遠くから望むとみな倒れ伏し、赤い光が小さくなったかと思うとまた高く立ちのぼる。炎が深い沼を照らし出して、年をとったみずちが水面から飛び出し、青竹が焼けて破裂する音が山の化け物を驚かす。夜景色のなかで山の姿はみえなくなり、残火だけが銀河のなかでひとり輝いている。星のようなまた月のような大小さまざまな光は、みな明け方の風に吹かれて消えていく。もともとは火打ち石の火花からでたのに、ついには天を焼くまでの大きな炎となったのだ。暖かい灰のなかに種を植え付けると、まもなく春の暖かさに乗じて新芽が開く。しっとりとひと雨降った後、作物の穂が雲がわくようにたくさん伸びだしてくる。巴の国の人々は手をつかねてよく歌をうたい、耕したり除草したりの仕事には関心をもたない。これまでずっと地理的条件に恵まれてきて、やがて細い苗から大きな樹陰ができるほどまでに成長するのだ。

「畬田行」
何処好畬田、
団団縵山腹。
鑽亀得雨卦、
上山焼臥木。
驚麏走且顧、
群雉声咿喔。
紅焔遠成霞、
軽煤飛入郭。
風引上高岑、
猟猟度青林。
青林望靡靡、
赤光低復起。
照潭出老蛟、
爆竹驚山鬼。
夜色不見山、
孤明星漢間。
如星復如月、
倶逐暁風滅。

「畬田行《しゃでんこう》」
何《いず》れの処か　田を畬《しゃ》するに好《よ》き、
団団たる縵山《まんざん》の腹なり。
亀を鑽《うが》ちて　雨ふるの卦《か》を得、
山に上って　臥木《がぼく》を焼く。
驚きし麏《ノロ》は　走り且つ顧み、
群れし雉《キジ》は　声咿喔《いあく》たり。
紅き焔は　遠く霞《かすみ》と成り、
軽き煤《すす》は　飛びて郭《かく》に入《い》る。
風は引きて　高岑《こうしん》を上り、
猟猟として　青林を度《わた》る。
青林　望まば　靡靡《びび》として、
赤光　低く復《ま》た起こる。
潭《ふち》を照らして　老蛟《ろうこう》出で、
爆竹《ばくちく》　山鬼《さんき》を驚かす。
夜色《やしょく》に　山を見ず、
孤《ひと》り　星漢《せいかん》の間《かん》に明らかなり。
星の如く　復た月の如く、
倶《とも》に　暁風《ぎょうふう》を逐《お》って滅す。

本従敲石光、　本《もと》は敲石《こうせき》の光り従《よ》りするも、
遂致烘天熱。　遂に　烘天《こうてん》の熱を　致《いた》す。
下種暖灰中、　種を下す　暖かき灰の中、
乗陽拆牙蘖。　陽に乗じて　芽蘖《がげつ》拆《さ》く。
蒼蒼一雨後、　蒼蒼《そうそう》たる　一雨の後《のち》、
苕穎如雲発。　苕穎《ちょうえい》　雲の如く発す。
巴人拱手吟、　巴人《はじん》　拱手《きょうしゅ》して吟《ぎん》じ、
耕耨不関心。　耕耨《こうどう》には　心を関せず。
由来得地勢、　由来　地勢を得、
径寸有余陰。　径寸より　余陰有り。

まず詩題の「畲田行」について。「行」というのは中国の詩のジャンルのひとつで、古詩に属す。そのなかでもとくに楽府の一種をいう。劉禹錫の文集では、楽府の文体を集めた場所におさめられている。ただし唐五代までの楽府をほぼ網羅したとされる宋の郭茂倩の『楽府詩集』にはおさめられていない。

近代以前の中国の詩は、詩の規則がいろいろときびしく決まっている律詩、絶句などの近体詩と、相対的にそうでない古体詩(古詩)に分けられる。古詩のなかでもとくに、実際にメロディーをつけて歌われる、あるいはそれを想定している、あるいは民謡ふうにつくってあるなど、歌曲と関係の深いものを「楽府《がふ》」とよぶ。楽府体の詩題には、「行」や「歌」や「曲」や「詞」などがよくつけられており、それによって分けることができる。劉禹錫は、彼の現存詩約八〇〇首のなかで「〇〇行」と題する楽府体の詩を一〇首つくっている。

なお「畲田行」を「畲田作」につくるテキストがあるが、そうであれば「畲田にて作る」または「畲田の作」

などとなろう。行よりは軽いニュアンスがある。

「畬田」は焼畑の意。『旧唐書』南蛮・西南蛮列伝の東謝蛮(今の貴州省東南部)の条にある「土は五穀に宜しくも牛を以て耕さず、但だ畬田を為し、毎歳易《か》う。俗に文字無く、木に刻みて契と為す。山洞の間に散在し、樹に依りて層巣を為りて居し、流れを汲みて以て飲む。皆、自ら生業を営み、賦税のこと無し」とあるように、山地に住む少数民族にさかんであった。『新唐書』南蛮列伝下によれば、東謝蛮は早くも六二九(貞観三)年に、また七八二(建中三)年にも唐朝に入貢している。「畬田」という語は唐詩で初めてあらわれるという説があるが[4]、その唐詩のなかでもっとも早い例は、おそらく唐の岑参《しんじん》(七一五?―七七〇)の「早に五盤嶺に上る」の詩(七六六年ころの作)に「棧道は渓雨滑べり、畬田は原草乾く」であろう(原草を巌草につくるテキストがあるが、焼畑には巌(岩)草の方がふさわしいようだ)。五盤嶺は大巴山に属し、漢水上流で甘粛・陝西・四川の三省がまじわるあたり。また唐の杜甫(七一二―七七〇)の「戯れに俳諧体を作り悶を遣《や》る二首」の詩の其の二に「瓦卜《がぼく》は神語を伝え、畬田は火耕を費す」とある(七六七年の作)。これは杜甫が滞在していた三峡の夔州の風俗を詠じたもの。また良吏として知られる戴叔倫(七三二―七八九)から一例だけ引くと、「暮春に長沙の東湖に遊び辛兗州巣父に贈る二首」の其一に「古木には畬田の火、澄江には槳を蕩《うごか》すの人」とある(七七〇―七七七ころの作か)。東湖は今の湖南省長沙市と湘陰県のあいだにあった。洞庭湖の南にあり洞庭湖の西の朗州からは遠くない。劉長卿(?―七九〇?)の娘婿の李穆の「三月三日寒食に劉八丈使君に従いて遷仁楼に登り眺望す」の詩にも「空波は水埒《たにがわ》に交わり、重なれる岫《やま》は畬田を夾《はさ》む」とある。七八一(建中二)年、随州(今の湖北省北部)での作。

劉禹錫と同じころの用例としては、たとえば彼の友人の白居易の詩には七例あり、「孟夏に渭村の旧居を思い舎弟に寄す」の詩には、江州(今の江西省九江)の地を詠じて「泥には水畦の稲を秧《う》え、灰には畬田の粟を種《う》う」とあり、「夜、江浦に宿り元八の官を改むるを聞く、因りて此の什を寄す」の詩に、江州での感慨を「若し生涯を報ずれば応に笑殺すべし、茅を結び芋を栽え畬田に種う」と詠う。その他、唐詩に「畬田」の用例は少なくない（陳郁夫「全唐詩」を参照）。(5)

一　何処好畬田、団団縵山腹

まず焼畑の詩を書き出すにあたって、どういう場所が焼畑にふさわしいだろうかという話題から始めている。「好」はその後に動詞が来て「〜するのによい、便利だ」の意。「〜することができる」の意になることもある。唐詩によくある用法。だから「畬田に好し」と読むより「田を畬するに好し」と読む方がより語法に忠実ではある。

「縵山」はあまり用例をみない言葉。劉禹錫に一例あって、「途中早に発す」の詩に「流水は遠村を隔て、縵山には紅樹多し」とある。『劉禹錫詩集編年箋注』はその縵山に「深い谷や高い峰がなく、表面がやや平らな山」と注する（三二八頁）。「縵」は元来模様のない絹織物の意で、転じてあやのないのっぺらとしたものをさす。したがってこの縵山は老年期のような起伏のない山の意のようにとれる。「腹」は「山腹」の意。「縵山腹」は、山肌ののっぺらとした山腹部分を意味するのであろうか。

「団団」はまんまるいさまで、日月や団扇《うちわ》のまるい様子をいうことが多い。またはぐるりと取り巻くさま。山がまるくこんもりと盛り上がったさまか、山がぐるりと取り巻くさまか、どちらとも決めがたい。あるいはもっとほかの意味かもしれない。いずれにしろこの一句は意味がとりにくい。後考をまつ。

焼畑を詠じた唐詩でやはり焼畑の場所に言及するものがある。劉禹錫の「莫徭《ばくよう》歌」に「星のごとく居して泉眼を占い、火種して山脊を開く」とあり、「山脊」の地で焼畑していることがわかる。山脊は山が背骨のように隆起して高くなっているところ。中国古代の字書『爾雅』には「山脊は岡なり」とある。

ちなみに劉禹錫に「連州にて臘日に莫徭が西山を猟するを観る」の詩があることから、「莫徭歌」も彼が連州刺史(今の広東省連県)だった時期(八一五—八一九)の作だと推定されている(ただし『劉禹錫集箋證』は朗州時代の作とする)。莫徭とは少数民族の名称で、今のヤオ族の古いよび名。『隋書』巻三一、地理志下に「長沙郡に又た雑りて夷蜒有り、名づけて莫徭と曰う。自ら云う、其の先祖功有りて常《かつ》て徭役を免る、故に以て名と為す、と。[6]其の男子は但だ白布の褌衫を著け、更に巾袴無し。其の女子は青布の衫、班布の裙、通じて鞋屩無し。婚嫁には鉄の鈷鏻を用って聘財と為す。武陵、巴陵、零陵、桂陽、澧陽、衡山、熙平、皆同じ」とある。そのなかの熙平とは連州のことで、隋代に一度名前がかえられたが唐になってまた連州の名に戻った。これらから八世紀の前半ごろ広東省のヤオ族の先祖たちが焼畑をしていたことがわかるのである。

また劉禹錫と同時代の元稹の「南昌灘」の律詩にも「畬には宿麦を余す黄山の腹、日は残花に背く白水の湄《ほとり》」とあり、畬田の場所が「黄山腹」となっている。『元稹年譜』[7]によれば、この詩は元稹が八一五(元和一〇)年に通州司馬に左遷され通州に赴任する途中の作である。同書によれば元稹が都を出発したのは同年の夏であり、早くて半月、遅くても一カ月で通州には到着できるという。通州に到着したのは、旧暦の閏六月。南昌灘は今の四川省渠県の渠江のなかにある名勝の地。渠江には三六カ所の灘があったという。通州まで目前の地である。この詩で黄山(黄色い山)は白水(白い川)の対として用いたものであろうから場所は特定しにくい。夏の時分に黄色にみえる山の中腹の畬田に、冬小麦がまだ全部刈り取られずに残っている様子を詠じたものであろう。

このようにここでは焼畑の場所が、いずれも山腹や山脊と歌われていることに注目しておきたいと思う。

二　鑽亀得雨卦、上山焼臥木

冒頭の句で焼畑にふさわしい場所が確定した後、つぎはいつ火入れをするかを占いによって決めることを述べる。そして雨が降るという占いの結果を得たら、山にはいって事前に切り倒しておいた木を焼くのである。

「鑽亀」は占いの一種で、亀の裏の甲をうがって火で焼き、そのひび割れの模様で吉凶を占う。どういう植物でどういうふうに亀の甲を焼くか、しきたりが決まっていたであろうが、劉禹錫はそれについては記さない。『荀子』王制篇に「陰陽を相し、祲兆《しんちょう》を占い、亀を鑽《き》り卦を陳《つら》ね、攘《はら》いと択《えら》びと五卜とを主《つかさど》り、其の吉凶妖祥を知るは、傴巫《うふ》・跛撃《はげき》の事なり」とあり、唐の楊倞《ようりょう》の注に「亀を鑽るとは火を以て荊菙《けいすい》を爇《ねつ》し之を灼《や》くを謂うなり」とある。荊菙はニンジンボク（牡荊）の類であろうから、そういうもので亀の甲を焼いたのであろう。ニンジンボクは神に通じ鬼精をあらわすと考えられていたので、よく方術に用いられた（『本草綱目』木部灌木類牡荊《ボケイ》）。

焼き方の一例として『史記』亀策列伝（褚少孫補記）中の記述を掲げよう。「卜するには先ず造《かまど》を以て鑽（切り取った甲）を灼き、中を鑽り已《おわ》り、又た灼く。亀首は各《おのおの》三たびす。又た復た鑽る所の中を灼くを正身と曰い、首を灼くを（正首と曰い、足を灼くを）正足という。各《おのおの》三たびす。即ち造《かまど》を以て亀を三周し、祝して曰く、（中略）、『天の雨ふるか雨ふらざるかを卜す。雨ふるは、首は仰ぎて外に有し、外高く内下《ひく》かれ。雨ふらざるは、首は仰ぎて足は開き若しくは横吉安かれ』と」。

「得雨卦」は雨を占って雨が降るという卦を得ること。「得～卦」のフレーズは、『孔子家語』好生篇に「師、卜者に聞く、賁の卦を得るは吉なり、と」とある。

山へ火入れをする前に雨が降るかどうかを占うことや、先に切り倒しておいた樹木（劉禹錫詩でいう「臥木」）

を燃やすことが、北宋の王禹偁の「畬田詞有序」や南宋の范成大の「労畬耕并序」にも記されている。王禹偁はその序で「大底先ず山田を斫《き》るは、懸崖・絶嶺と雖も、樹木は尽く仆《たお》し、其の乾き且つ燥《かわ》くを俟《ま》ち、乃《すなわ》ち火を行う」と述べ、范成大は、序で「畬田は、峡中の刀耕火種の地なり。春の初め山を斫《き》りて、衆木は尽く蹶《たお》す。当《まさ》に種《う》うるべき時に至りて、雨の候《きざし》有るを伺い、則ち前一夕に之に火し、其の灰を藉《か》りて以て糞す」と述べ、詩の六句目では「雨を占い先ず原を燎《や》く」と詠じている。

劉禹錫よりやや後の唐の温庭筠の焼畑の詩「焼歌」でも「卜して山に上れの卦《か》を得、桑棗《そうそう》の下《もと》に帰り来る。火を吹きて白き茅《カヤ》に向かい、腰の鎌《かま》に楨蔗《ていしょ》映ず」と歌っており、焼畑の火入れの日取りが占いによって決められていたことがわかる。

ここまでは、焼畑に適した場所を俯瞰することから、占いをへて、切り倒した木を焼くところまでを簡潔に記す。以下は山が燃える部分の描写をややくわしく描写する。

三　驚麏走且顧、群雉声咿喔

いよいよ火入れが始まり、ここは山の火によって鳥獣が驚く様子を述べる。以下、一〇まで山の火をめぐっての描写が続く。

「驚麏」は驚いたキバノロ。麏《キン》は麕または麞とも書く。キバノロの意。ミズシカ、クジカとも。鹿の一種で小形、体長一メートル弱。角がなく、雄にキバがある。朝鮮半島や長江沿岸で、アシの茂みや低木地帯に生息する。単独またはつがいですむことが多い。「驚麏」は南朝梁の沈約の「東園に宿す」の詩に「驚麏《きょうきん》は去りて息《とどま》らず、征鳥は時に相い顧みる」とあり、『文選』巻二二におさめられている。劉禹錫の「驚麏走且顧」は、沈約のこの二句をつづめた表現にしている。

唐の李善の『文選』注に「今以て江東の人、鹿を呼びて麞と曰う」とあり、これが劉禹錫にもあてはまれば、彼がシカとこのキバノロとを区別して詩に詠んだとはっきり断言できなくなる。そういう可能性は高いが、そうであれば火入れで驚く鳥獣たちをシカとキジで代表させていることになる。ちなみに劉禹錫の詩には、鳥や動物が驚く様子を読み込んだ詩句が少なくない。彼はそういうハッとしたような鳥獣の動的な動きにひかれていたようである。

「群雉《ぐんち》」の語は見慣れない言葉であるが、キジが群れている状況を描写するものは少なくない。代表的なものでは『文選』巻九の西晋の潘岳の「雉を射るの賦」の用例。「青林を渉《わた》りて以て游覧し、羽族の群飛するを楽しむ」とあり、南朝の宋の徐爰《じょえん》がそれに注して「羽翮《うかく》の類の或いは群れ或いは飛び、飲み啄《ついば》みて恣性《きまま》なるを、楽しむなり」という。劉禹錫には「朱輪は尚お憶う群れ飛ぶの雉」の用例がある(「竇員外使君が寒食の日に松滋渡に途次し、先に寄せて四韻を示さるに酬ゆ」詩)。なお「群雉」は「群鶏」につくるテキストもあったようだが(『全唐詩』注)、詩意からしても家禽のニワトリよりキジの方がいいであろう。

「咿喔」は、鶏などの鳴き声をあらわす擬声語としてしばしば用いられる。現代中国語では咿喔はイーウォー(yiwo)の音。劉禹錫詩では、「咿喔として天鶏鳴く」「咿喔として晨鶏鳴く」などとある。雉が「咿喔」と鳴く用例は劉禹錫にはほかにみないが、唐の儲光羲(七〇六?—七六二?)の「雉を射るの詞」に「遥かに聞く咿喔の声、時に見る雙《ふたつ》ながら飛び起つを」とある。なお劉禹錫詩では押韻の関係で擬声語を咿喔にした可能性がある。

四　紅焔遠成霞、軽煤飛入郭

ここは山がさかんに燃え上がる様子を大きな景観のなかで描いている。

「紅焔」は真っ赤なほのお。花の色や蛇の舌の色を形容するのにも使われる。時代は劉禹錫より数百年も下るが、元の貢奎《こうけい》(一二六九―一三二九)の「燈花」(灯心の余燼が花のように固まったもの)の詩に「紅焔より軽煤落つ」とあるのは、劉禹錫のこの詩を意識した句づくりのように思われる。私が一九八六年の四月ごろ雲南高原の最南地帯で遭遇した焼畑は、まさに炎が天をこがす勢いで燃え上がっており、この「紅焔」という表現にふさわしいものであった。

「霞」は日の出、日没時の赤くなった空の状態、赤い雲。ここでは遠くがぼんやりとかすんだ春霞のような状態をいうのではない。劉禹錫の「晩歳に武陵城に登り水陸を顧み望みて悵然として作有り」の詩に、「路の塵は高く樹より出で、山の火は遠く霞に連なる」とある。この「山火」は必ずしも焼畑の火というわけではないが、山に燃える火が遠くで赤い雲と一体となっていくさまを詠じており、類似した表現である。劉禹錫は「霞」に心をひかれていたようであり、霞のある遠景をしばしば詩に歌い込んでいる(彼の詩には霞という字が四七回も使われている)。

「軽煤」は制墨の材料という意味で使われている例があるが、ここは詩意からして軽くて(舞い上がっている)煤《すす》状のものを意味していよう。あまり用例をみない言葉である。『全唐詩』の注記によれば「軽爍《けいしゃく》」につくるものもある。軽爍であれば、軽くて(舞い上がっている)キラキラ光っているものの意味になろうか。意味からしても「軽煤」の方がいいであろう。

「郭」は二重の城壁がある場合は、内城の城壁の「城」に対して外城の城壁を「郭」というが、ここでは広く城内の意。焼畑を燃やす際に、燃えかすが遠くまで飛んでどこかに帰着するという描写は、温庭筠の「焼歌」に「迸《ほとばし》る星は霞《かすみ》の外に払い、飛燼《ひじん》は階《きざはし》の前に落つ」とある。

ここまでの押韻は、偶数句目の句末の、腹・木・喔・郭が韻字となっており、それぞれ入声(仄声)の屋韻・覚韻・薬韻で通押してある。この詩では韻のかわり目は必ずしも意味のかわり目とはなっていないようだ。

五　風引上高岑、獡獡度青林

ここは炎が大きく燃え広がる様子を述べる。

「風引」は風が吹いて何かを引っ張ること。唐の杜甫の「雨(冥冥甲子雨)」の詩に「煙添いて纔《わずか》に色有り、風引きて更に絲の如し」とあり、そこでは風が雨を吹いて雨脚が細い糸のようにみえることを詠じている。「高岑」は高い山、みね。魏の王粲の「楼に登るの賦」に「平原は遠くして目を極むれば、荊山の高岑に蔽《さえぎ》らる」とあり、唐の李善が『爾雅』を引いて「山小さくして高きを岑と曰う」と注している(『文選』巻一一)。この詩では風が吹いて焼畑の炎や煤煙を高い山の上まで引っ張り上げているさまをいう。斜面の上から下にむかって焼きおろす燃やし方と違って、ここでは火の手は風をうけて山の上の方にむかっているようだ。

「獡獡」は擬声語としてよく使われる言葉。ここでは強い風の吹く様子。南朝宋の鮑照の「都へ還る道中にて作る」の詩に「鱗鱗として夕雲起こり、獡獡として曉風遒《つよ》し」とある(『文選』巻二七)。北宋の王禹偁(前出)の「畬田の詞」其三に「鼓の声は獡獡として酒は醺醺《くんくん》たり、斫《き》りて高山に上り乱雲に入る」とあるのは、鼓の音の形容であるが、劉禹錫のこの詩を意識していよう。

「青林」は青々とした、濃緑の樹林。杜甫の「火」の詩に、夔州では雨乞いのために山を燃やすことがあり、そのために「青林は一に灰燼となり、雲気は処所無し」と詠じている。この杜甫の詩の題下の原注(おそらくは杜甫の)に「楚の俗は、大いに旱すれば則ち山を焚き鼓を撃つ」とあり、雨乞いの山焼きと焼畑の山焼きには、類似した部分があったのかもしれないと想像させる。劉禹錫はほぼ確実に杜甫の詩を読んでいた。

韻字は上句の岑と下句の林、平声の侵の韻で毎句押韻型となっている。

六　青林望靡靡、赤光低復起

ここは今まで樹林が生い茂っていたのがすっかり倒れふし、燃焼が一段落した後に、炭火のようになった赤い光が小さくなったかと思うとまた大きくなり、ぶすぶすとくすぶっているさまを述べている。

「靡靡」は、『文選』巻一九の「薄草靡靡たり」(戦国楚の宋玉「高唐賦」)というように、草が風で倒れふすさまをいう。この詩では樹木が炎であぶられ燃えて倒れているさまを詠じている。詩のなかで靡靡という言葉を用いて倒れふす樹木を描写する例はあまりない。

「赤光」は赤い光。これも詩のなかで用いる例はあまりない。このことは、このあたりの描写については、劉禹錫が焼畑という今まで詩のなかで描かれなかった題材を詠じるにあたって、彼が今まで学んで蓄積してきた詩表現にとらわれずに、題材に即した写実的な表現をしているからであろうと思われる。

七　照潭出老蛟、爆竹驚山鬼

ここは焼畑の火が山中の魑魅魍魎どもをも驚かすことを述べる。ここの描写には伝説的要素があり、おどろおどろしさが伝わってくるようだ。

「潭」は水が深いところ。「老蛟」は年期をへたみずち。「蛟」はみずちで、竜に似た想像上の動物。「蛟竜」という言葉で竜とよく併称される。『荀子』勧学篇に「積水、淵を成さば蛟・竜生ず」、前漢の厳忌の「時命を哀しむ」の賦に「蛟・竜旋(深)淵に潜む、身は罔羅《あみ》に挂《か》からず」などというように、つねに深淵にすむと考えられていた。「老蛟」の言葉は、杜甫の「打魚を観る」の詩に「潜竜は声無く老蛟は怒り、迴風は颯颯《さつさつ》として沙塵を吹く」とある。

「爆竹」は青竹を燃やして炸裂音を立てるもの。南朝梁の宗懍《そうりん》の『荊楚歳時記』正月の項に「先ず庭前に爆竹し、以て山臊《さんそう》の悪鬼を辟《さ》く」とあり、隋の杜公瞻《とこうせん》の注につぎのようにいう。「『神異経』を按ずるに云う、『西方の山中に人あり。其の長《たけ》尺余、一足にして、性は人を畏れず、之を犯さば人をして寒熱せしむ。名づけて山臊と曰う』と。人、竹を以て火中に著《お》くに烞熚《ぼくひつ》として声あり。而して山臊は驚憚《きょうたん》して遠く去る。『玄黄経』に謂う所の山𤢖《さんそう》の鬼なり」と。(8)

このように、山中にすむ異物は爆竹の音に驚くと考えられていたが、この詩でいう爆竹は山を焼く際に自生していた青竹が燃えてたまたま爆竹となったものであろう。前後の詩意から考えて、(山焼きに際して山にすむ異物を追い払う目的のためとかに)儀式用に人為的につくったものなどではないようだ。温庭筠の「焼歌」と比べて劉禹錫の詩には、祭祀的呪術的な描写があまり盛り込まれていない。

「山鬼」の意味するものは多様で、広く山中に住む神、精霊、怪物などが含まれる。男(雄)であったり女(雌)であったりする。劉禹錫が普通に意識しているのは『楚辞』九歌の「山鬼」の歌であろう(『文選』巻三三所収)。当時、『楚辞』九歌中の山鬼は女性の精霊と考えられていたようであり、劉禹錫はほかの詩ではこうした意味での山鬼を使っている(「韓十八侍御見示『岳陽楼別竇司直』詩、因令屬和、重以自述、故足成六十二韻」の詩に「桃源訪仙宮、薜服祠山鬼」とある)。しかし、この詩の山鬼は爆竹で驚き、蛟《みずち》と対になっているので、怪物・異物の類、すなわち前掲の「山魈」の類であって、楚辞の山鬼のような精霊的なものではあるまい。

山魈については『神異経』西荒経につぎのような説明、「西方の深山中に人有り、身長尺余、袒身にして蝦・蟹を捕う。性、人を畏れず、人の止宿するを見れば、暮れに其の火に依りて以て蝦・蟹を炙る。人の不在を伺いて人の塩を盗み以て蝦・蟹を食らう。名づけて山魈と曰う。其の音自ら叫ぶ。人、嘗て竹を火中に著《お》くに爆烞《ばくぼく》として出づ。魈は皆な驚き憚《おそ》る。之を犯さば人をして寒熱せしむ。此れ人の形なりと雖も、変化せるなり。然らば亦た鬼魅の類なり。今、所在の山中に皆な之有り」がある。『神異経』は漢代の東方朔の作と伝えられるが偽作とされている。しかし劉禹錫詩の山鬼を考えるには参考になる。

韻字は六の上句の靡と下句の起と七の下句の鬼、それぞれ上声(仄声)の紙韻・止韻・尾韻で通押している。

八　夜色不見山、孤明星漢間

ここは夜になって山はみえなくなったが、焼畑の残り火が銀河に対してぽつねんとみえていることをいう。ここも実景をほぼそのまま写したものであろう。

「夜色」は夜の景色。南朝梁の江淹《こうえん》の「外兵の舅、夜に集う」の詩に「煙光は夜色を拂《おお》い、華舟は秋風に盪《うご》く」

とある。「星漢」は天の河。西晋の潘岳の「寡婦の賦」に「霜は庭を被《おお》いて風は室に入り、夜は既に分かれて星漢は迴《めぐ》る」(『文選』巻一六)とある。

韻字は上句の山と下句の間、平声の山の韻でここだけが独立した毎句押韻型となっている。

九　如星復如月、倶逐暁風滅

ここは夜も更けて焼畑の残火が大きくなったり小さくなったりしながらも、ついには明け方になり朝の風によってとうとう消えてしまうことを述べる。

「如星復如月」は星のようであり、また月のようであるという比喩だが、こういう比喩にはかなり主観的なものがあり、人によって意味するところが異なる。春秋時代斉の晏嬰《あんえい》の言行録『晏子春秋』諫下第二一には「星の昭昭たるは、月の曀曀《えいえい》たるに若かず」とあり、星はくっきりと輝いて明らかなさまにたとえ、月は薄暗くぼんやりとしたさまにたとえてある。

劉禹錫のほかの詩ではどういう比喩として用いてあるかをみてみると、月については「月明」「明月」などと明るいというのが圧倒的に多いが、星については「樹の杪に明らかな星が光る」というのがあるだけで、星がどのようであるかとははっきりいわない。彼の「八月十五日夜、玩月」の詩に「天は今夜の月を将《も》って、一遍に寰瀛《かんえい》を洗う。暑さ退きて九霄浄く、秋澄みて万景清し。星辰は光彩を譲り、風露は晶英を発す」とあって、十五夜の月がでて星が光を月に譲ったという。そこでは月と星を明るさの程度の違いとしてとらえている。この焼畑の詩では遠くからみた焼畑の残火の大小をたとえたものと解しておく。

「逐」の本義は、動詞で追うの意であるが、ここは前置詞で「〜に従って、〜にもとづいて、〜によって」などの意。北周の庾信の「梁上黄侯の世子の為に婦に与うるの書」に「当に海神を学んで、潮風を逐いて来往すべし」とあり、「逐潮風」は潮風によっての意。この詩でも暁風によって火が消えるの意味になる。「暁風」は明け方に吹く風。唐の玄宗皇帝の「早に蒲津関を度《わた》る」の詩に「馬色は朝景を分け、鶏声は暁風を逐う」とある。

ここの描写も作者が実際に焼畑の現場をみて、詩に描き込んだものであろう。

一〇　本従敲石光、遂致烘天熱

ここは火花のような小さな火が、天をあぶるほどの大きな焼畑の火になったことを、やや感動を帯びた口吻で述べている。

「敲石」は火打ち石を敲《たた》く。または火打ち石。詩での用例は唐の韋応物(七三七?—?)の「孫徴の雲中に赴くを送る」の詩に「石を敲きて軍中に夜火を伝え、冰を斧《おのぎ》りて河畔に朝の漿《のみみず》を汲む」とある。『文選』巻二六に、西晋の潘岳の「河陽県の作二首」其一の「人、天地の間に生くる、百歳孰《たれ》か能く要《もと》めん。熲《ひか》ること石を槁《う》つの火の如く、瞥なること道を截《わた》る飆《かぜ》の若し」という表現がある。「槁石の火」は「敲石の火」とつくるテキストもあって、劉禹錫がそのテキストで『文選』を読んでいた可能性もある。『文選』では一瞬のきらめく火花の意で、短いものの比喩として用いてある。劉禹錫詩では小さいものの比喩として用いてあるようだ。

「烘天」は天を照らす。「烘」はあぶる、照らすの意。『文選』に用例はない。一般的に詩で「烘天」の語を用いる例はあまり見掛けない。劉禹錫は全唐詩のテキストでみるかぎり「烘」の字を三カ所も用いており、その点でやや突出しているようだ。そのなかのひとつ、「武陵にて火を観る」の詩には「余れる勢いは隈隩《くま》に下り、長き熛《ほのお》は舳艫《じくろ》を烘《てら》す」とあり、表現が似通う。

なお「致」を「至」につくるテキストがあるが、意味上では大きな違いはない。それぞれ「〜を致す」、「〜に至る」と訓ずる。致すと読めば至らせる、招き寄せるの意。ただし互いに致は至に、至は致に通じる。

以上、三からこの一〇までが焼畑の火をめぐっての描写である。分量からいうとそれは全体の半分強をも占める。焼畑の一連の作業工程で一番華々しいのはやはり山が燃えるところであろう。とくに農作業に実際にたずさわるわけではない詩人が、外部から焼畑という農法に接したとき、もっともインパクトを与えられるのは山を燃やす大きな炎に違いない。だからこの劉禹錫の詩でも、描写の重点が焼畑の火をめぐるものとなっているのだと思う。

一一　下種暖灰中、乗陽拆牙蘖

ここは山焼きがようやく終わってすぐに種をまき、まもなくそれが春の陽気で発芽することを述べる。「下種」は種をまく。西晋の傅玄の「瓜の賦」に「土を調えて種を下し、之を播くに経有り」とある。北宋の王禹偁の「畬田詞序」に「火尚お熾《さか》んにして、即ち種を以て之に播く」とある。王禹偁も劉禹錫もいずれも火入れの後、まだ土や灰が熱いうちに種をまくことを述べている。だとすればこの二首の詩にいう種は、いずれもソバの種である可能性が高いことになる。南宋の范成大の「畬耕を労《ねぎら》う」の詩の序には「明日雨作《おこ》りて、熱土に乗じて種を下せば、即ち苗盛んにして倍収し、雨無ければ是れに反す」とあり、劉禹錫の詩の表現によく似る。詩の本文には「雨来たらば亟《すみや》かに種を下し、爾《しか》らずんば生じて蕃《しげ》らず」とあり、この范成大の詩では、火入れ後に雨が降るのをまってから種をまくといっている。その点が劉禹錫や王禹偁の詩とは異なっている。

「乗陽」は陽気に乗じる。上の句の「暖灰」をうけて、「陽」を暖かい灰と考えることも可能ではある。しかしそうすれば灰の暖かさという意味が重複する嫌いがある。唐の王維の「聖製、蓬萊従り興慶閣に向かう道中に春を留めし雨中に春望するの作に、和し奉る、応制」の詩に「陽気に乗じて時令を行わんが為なり、是れ宸遊《しんゆう》の物華を重んずるにあらず」とあり、はっきりと春の陽気に乗じるという意味で用いてある。したがってここでも春の陽気に乗じると解する方がいいであろう。とすれば種をまくのは暖かい灰のなかで、発芽するのは春の陽気でということになる。

「牙孽」は本来は邪悪の意であるが、ここでは新芽の意で「牙蘖」に通じるものとして用いてある。「牙蘖」につくるテキストもある。「牙蘖」であればそのままで新しい芽を意味することになる。「牙孽」は「牙蘖」の意味で用いられている例もあるので、必ずしも「牙蘖」が正しく、「牙孽」が誤りだとはいいきれないところがある。また牙を芽につくるテキストがあるが、意味は同じである。

「拆」は坼に同じ。裂ける、裂け開くの意。とくに植物の種子や芽が裂け開く意味に用いる。坼につくるテキストもある。『易経』下経「解」の彖伝に「天地解けて雷雨作《おこ》り、雷雨作りて百果草木は皆な甲坼《さ》く」（坼は拆につくるテキストもある）とある。

一二　蒼蒼一雨後、苕穎如雲発

ここは占いどおりに雨がたっぷりと降って、まいた種からもくもくと雲のようにたくさんの穂が伸びだしてくることをいう。

「蒼蒼」はぼんやりとしてかすんでいるさま。ここでは雨を形容している。「蒼蒼」は秋の雨も春の雨も形容する。秋の雨を詠じたものとしては、唐の王維の「裴迪の輞口《もうこう》に雨に遇い終南山を憶うの作に答う」の詩に「淼《びゅう》淼《びゅう》として寒流広く、蒼蒼として秋雨晦《くら》し」とあり、春の雨を詠じたものとしては、春を背景として詠う劉禹錫の「竹枝詞九首并引」の其の八に「巫峡《ふきょう》蒼蒼たる煙雨の時、清猿啼くこと再びす最高の枝」とある。ここはおそらく春の雨を詠じていよう。この焼畑は春に行われていると考えられる。なお蒼蒼を蒼天（おおぞら）の意で解するものもあるが、今は従わない。

「苕穎」の苕はもとは葦の穂、穎もイネの穂で、広く植物の花や穂や茎などをさす。『文選』巻一七所収の西晋の陸機の「文の賦」に「或いは苕《ほ》のごとく発し穎《ほさき》のごとく竪《た》ち、衆を離れて絶致あり」とあり、「苕穎」と続けるのは、その表現を借用したものだからであろう。「苕」は辞書的には、レンゲやエンドウの意味がある。だから「苕穎」を苕という植物の穎《ほ》と解して、焼畑にレンゲかエンドウかが植えられていたと考えることができれば、焼畑の資料としては非常におもしろいと思う。しかしその解釈は詩としては無理があるように思う。なぜならここで突然具体的な植物の固有名詞が登場するのは、詩の前後の流れからきわめて不自然であり、同時に「苕穎」は、今あげた陸機の「文の賦」の表現を踏まえていると考えざるを得ないからである。劉禹錫は『文選』に収録されていて、しかもこれほどよく知られた作品なら当然諳んじていたはずである。

「如雲」すなわち「雲のようである」というのはいろいろな比喩に使われるが、ここでは多いことをいう。『文選』巻五三に三国魏の李康の「運命論」があり、それに「裳《もすそ》を褰《かか》げて汶陽《ぶんよう》の丘を渉れば、則ち天下の稼は雲の如し」という。唐の李善はそれに対して「雲の如しとは多きを言うなり」と注している。

ここでようやく換韻する。韻字は九の上句の月、下句の滅、一〇の熱、一一の蘖、一二の発。それぞれ仄声（入声）の月の韻・薛の韻で通押している。ここでも意味の上での段落の切れ目と、脚韻の交代とが必ずしも一致していない。これはむしろ単調さを避けるための作者の技法かと思われる。

一三　巴人拱手吟、耕耨不関心

ここは粗放的な焼畑農法を行う巴の人たちは、よく歌をうたい、耕したり除草したりする漢民族の集約的な農法には関心がないことを述べる。

「巴人」は巴の国の人たちの意。巴は昔の巴族の国で、四川省東部、湖北省西部一帯で勢力をもっていた。その後、戦国のときに秦に滅ぼされてその地に巴郡がおかれ、唐代は渝州(今の四川省重慶)の名にかわった(唐代の巴州は渝州のずっと上流で今の四川省巴中県で、秦時の巴郡とは別の地)。巴族は南北朝期を通じて多くが漢族と同化が進んだ。一説では今の土家族とルーツが関係しているともいわれている。ちなみに巴人を四川の巴の人民の意で用いた例に、唐の王維の「梓州(今の四川省三台県)の李使君を送る」詩に「漢女は橦布《とうふ》を輸し、巴人は芋田《いもばたけ》を訟《うった》う」というのがある。

「巴人～吟」についていえば、劉禹錫自身は「竹枝詞二首」其の二で「楚水巴山は江雨多く、巴人は能く唱う本郷の歌」ともいっており、巴人が歌と関連が深かった点に彼自身注意をむけていたことがわかる。また少数民族が焼畑農耕をやり、一方で歌もよくうたうということを、劉禹錫が認識していたことは、彼の朗州左遷時代の「武陵(朗州。今の湖南省常徳市)、懐を書す、五十韻」の詩に「山を照らして畬火動き、月を踏みて俚歌喧《かまびす》し」と詠じていることからもうかがえる。

「拱手」は束手と同じで、手をつかねて何もしないこと。三国魏の楊脩《ようしゅう》の「臨淄《りんし》侯に答うる牋」に「呂氏・淮《え》南《なん》は、字は直《あたい》千金なり。然《しか》れども弟子が口を箝《つぐ》み、市人が手を拱する者は、聖賢は卓犖《たくらく》として、固《もと》より凡庸に殊絶する所以《ゆえん》なればなり」とある(『文選』巻四〇)。

この詩ではいわば、巴人が焼畑では耕耨をしないということを際だたせるための筆遣いであって、彼らがほんとうに歌ばかりうたってほかには何もしないといっているのではない。

「耕耨」は耕し除草する。また広く耕作して植え付ける、耕作するの意。耨はクサギると訓ずる。古くは『周禮』天官に「甸師は、其の属を帥《ひき》いて王藉を耕耨し、時を以て之を入れ、以て齍《しせい》盛を共するを掌る」とみえる言葉。先秦諸子の文献にも散見する。

この「耕耨」を文字どおり「耕し耨《くさぎ》る」と読めば、焼畑の農業詩としてはおもしろくなる。そのように解すれば、この詩は巴人の焼畑の農法が耕作と除草とをしないと述べていることになり、具体的な焼畑農法を述べた来歴のはっきりした文字資料として、はなはだ貴重になってくるからである。だが残念なことにここではその読み方が絶対に正しいとは断定できない。むしろ全体の流れで読めば、この箇所だけ焼畑の具体的な農法を指摘しているると考えるのは、やや不自然な嫌いさえある。ここは「拱手」と対応して用いてあるので、劉禹錫が身近に知ってきた漢民族の手間暇かけたような農作業に、巴人は関心をもっていないというほどの意味でとる方がいいのかもしれない。だが劉禹錫が「耕耨」を焼畑農法の特徴としてとらえていなかったとしても、彼には漢民族の水田農耕(劉禹錫は青年時代までずっと江南で生まれ育っている)と、巴人の焼畑農法との違いぐらいは、はっきりと認識されていたと思う。

「不関心」は心がひかれない。関心がない。詩での用例としては、盛唐の王維の「張少府に酬《むく》ゆ」の詩に「晩年は唯だ静を好み、万事心に関せず」とある。

劉禹錫は「賈客詞」で「農夫は何為る者ぞ、辛苦して寒耕を事とす」と詠い、商人に対して苦しい労働に従事する農民に同情を寄せており、農民とはそういうものなのだという諦観をもっていたようだ。そのことを考えあわせると、ここは、種をまいただけで後は拱手して歌を吟じておれる少数民族の焼畑を知って、一種の驚きと羨望の念を禁じ得なかったのだと思われる。

一四　由来得地勢、径寸有余陰

ここは巴人の焼畑農法が地勢の助けを得ることによって、小さな苗が大きな株にまでしげりうることを述べ、彼らの焼畑農法への肯定的ないいぶりで一首を終える。

「由来」「地勢」「径寸」「余陰」は、それぞれ『文選』巻二〇におさめる西晋の左思「詠史八首」其二の詩の表現を借りている。それにいう、「鬱鬱たり澗底《かんてい》の松、離離たり山上の苗。彼の径寸の茎を以て、此の百尺の條《えだ》を蔭《おお》う。世冑《せいちゅう》は高位を躡《ふ》み、英俊は下僚に沈む。地勢之をして然らしむ、由り来たること一朝に非ず。（後略）」。左思のこの詩は、谷底の松を寒門出身の英才に、山上の苗を名門出身の子弟にたとえ、名門出身者が親の七光りで出世して寒門出身者が出世できない世情を憤激したものである。劉禹錫のこの二句のように、ほかのひとつの詩から集中的に表現を借りてくるというのはやや特異である。そういう場合、そこには何らかの創作意図があると考えるのが普通である。読者は左思の「詠史詩」其八が下敷きにしてあることは容易に読み取ることができる。劉禹錫自身も典型的な寒門出身であり、いまなお流謫の身である。劉禹錫はおそらくこのことによって左思のこの詩への共感を暗に伝えたかったのではないか。

「由来」はこれまでずっと。それより以来。『易経』坤《こん》の卦の文言伝に「臣にして其の君を弑し、子にして其の父を弑するは、一朝一夕の故に非ず、其の由って来る所の者は漸《ひさ》し」とある。この「由来」のさす時間的幅を長く解すれば、巴人たちはその昔からずっと焼畑の歴史のなかで地の勢を得てきたというほどの意味になる。「由来」を短いスパンで解すれば、種をまいてより以来ということになる。下の句が焼畑で植えたものが小さいものから大きいものになるという意味なので、後者の意味でとるのがふさわしいと思う。

「径寸」は直径が一寸の意。円形状のものがきわめて小さいことを形容する。ここは焼畑で植えた作物が小さいことをいう。「余陰」は大きな樹陰。広大な樹陰ができるほどにまで作物が大きく育つことを誇張して述べたもの。余陰は余蔭に同じ。余蔭で考えれば、東晋の陶淵明の「桃花源の記并びに詩」に「桑竹は余蔭を垂れ、菽《しゅく》稷《しょく》は時に随って藝《う》う」という表現がある。

韻字は三つとも平声の侵の韻で、一三の上句の吟、下句の心、一四の陰。

なお朗州司馬時代につくられた「楚望賦」に、朗州での焼畑を描写した一段がある。最後にその部分を示しておきたい。「畬田行」と表現が類似する箇所は一目瞭然なのでいちいち指摘しなかった。

巣山之徒、　山に巣《す》むの徒は、
抨木開田。　木を抨《う》ちて田を開く。
灼亀伺沢、　亀を灼《や》きて沢《うるお》うを伺い、
兆食而燔。　兆《きざ》しの食《よ》ければ燔《や》く。（食は吉兆の意）
鬱攸起于巌阿、　鬱攸《ひので》は巌《やま》の阿《くま》に起こり、（鬱攸は火気の意）
騰絳気而蔽天。　絳《あか》き気を騰《あ》げて天を蔽《おお》う。
熏歊雨濡、　熏《くすぶ》ること歊《や》み雨《あめふ》りて濡《うるお》えば、
穎垂林巓。　穎《ほ》は林の巓《いただき》に垂る。
盗天和而藉地勢、　天の和を盗みて地の勢いを藉《か》り、
諒無労而有年。　諒《まこと》に労無くして年《みのり》有り。

（抨は捽とつくるテキストがある。そのときは、木を捽《ぬ》きてと読む）

以上で「畬田行」の注解を終わるが、ここでこの詩の特徴を私なりにまとめてみたいと思う。

劉禹錫はその長い左遷時代に朗州と連州と夔州で少数民族の焼畑に遭遇しているが、彼はそれを「蕃族」の異俗だとして卑しみ退ける態度はとっていない。むしろ苦しみの多い漢族の農民に比べると気楽そうでもあり、地の利を得たいい農法だとして肯定し、興味を示している。そのことは蛮族の風習に対して彼が偏見のない態度をもっていたことを示している。彼には少数民族地区の風物を描いた一連の作品があり、それらは「蛮夷報告文学」とでもよぶべき様相さえ呈している。そういった蛮夷への態度はじつは盛唐以前にはなく、中唐のこの劉禹錫あたりから顕著に始まることである。そうした彼の態度は時代に一歩先んじていると思われるが、それは人民の福利をねがう彼の官吏としての立場、事物をありのままに観察しようとする彼の唯物論的な精神からでているのであろう。

彼は焼畑を最初から最後までよく観察しているが、それを無味乾燥な叙事詩風にではなく浪漫的かつダイナミックに描いている。彼の詩の語彙、典故の用い方は『文選』をもっとも学び、そのほか『楚辞』や庾信や杜甫の詩からも学んだ形跡がうかがわれる。このことは、劉禹錫詩全体についていわれていることだが、それがこの小さな一篇の詩でも確認できる。押韻の面では複雑な換韻の仕方をしており、この方面でも創意工夫をこらしていることがわかる。詩の風格はリズム感があってのびやかで、達意の韻文となっている。しかしけっして平俗におちいっていない。こういう点から私はこの詩は劉禹錫詩のほかの名作と遜色がないと思う。

劉禹錫以前に焼畑をテーマに詩をつくったものがないことはすでに冒頭で触れた。しかし彼以後はいくつかの焼畑の詩がつくられた。注解のところで取り上げた作品である。まず劉禹錫より四〇歳ほど若い晩唐の詩人、温庭筠(八一二?—八七〇?)の「焼歌」という焼畑の詩。彼は劉禹錫を深く尊敬していたから「焼歌」を書くにあたって「畬田行」を意識していたことは間違いない。つぎに北宋の王禹偁(九五四—一〇〇一)の「畬田詞」の連作五首と序、さらに南宋の范成大（一一二六—一一九三）の「労畬耕」とその序文がある。詩に関するさまざまな話題を集めた宋代の『詩話総亀』には、その「書事門」に、畬田を項目に立てて劉禹錫、白居易らの例をあげている（『楊文公談苑』）。このことは、宋代にはもう焼畑がひとつの詩の話題として独立していることを示す。確かにこれだけ材料が集まれば、ひとつの詩の話題として独立しえたであろうことは間違いない。そういう発端をつくったものとして劉禹錫の詩の意義はけっして小さなものではあるまい。

このように「畬田行」は、詩としてのできばえ、そのオリジナリティ、後世に与えた影響の大きさなどを考えあわせると、彼の「竹枝詞」や詠史詩類などとともに、劉禹錫詩を代表する作品のひとつに数え上げてもけっして不当ではないと思う。この詩が再発見、再評価さるべきものを十分にもちあわせていると考えるゆえんである。

（1）「畬田行」の制作年代・制作場所については現時点では決定的な説はでてきていない。劉禹錫の文学研究者には夔州説が多いようであり、中国の農業史研究者には朗州説が多いようである。以下に主な論点を私なりにまとめてみる。

夔州刺史時代とする根拠は、①杜甫が夔州に滞在していたときの詩に焼畑に言及するものがあること。本文であげたもののほかにも「秋の日に夔府にて懐を詠じ、鄭監・李賓客に寄せ奉る、一百韻」の詩に「井を煮《に》て塩を為ること速やかに、畬を焼きて地を度《はか》ること偏《へん》なり」や、「瀼西の荊扉自り且《しばら》く東屯の茅屋に移居す、四首」の其三に「畬を斫《き》るは応に日を費すなるべし、纜《ともづな》を解くは年を知らず」など。②劉禹錫が夔州時代につくった「竹枝詞九首」其九に「山上層層たる桃李の花、雲間の煙火是れ人家。銀釧金釵（の女性）は水を負いに来たり、長刀短笠（の男性）は燒畬に去る」と、焼畑に言及していること。③「巴人」の焼畑を詠じているから、作者が三峡の夔州刺史だったときの可能性が高いこと。ただし巴人は朗州近辺にも住んでいたという説もある。

朗州司馬時代とする根拠は、①「楚望賦」で比較的くわしい焼畑描写があり、表現も類似すること。②さらにこれは私見だが劉禹錫は朗州へ流されて初めて焼畑を知り、それに一種の衝撃をうけていることがわかり、一般的にいって初めてみたときに感動して書くのが多くないだろうかということ。また見知らぬ土地への新事物に対する好奇心がおうせいな時期のようにみえること。③「武陵(朗州)懐を書す」詩に本文でも指摘したように類似した焼畑描写があること、などである。

(2) 私の手元にある以下のものを参照した。(李長年)一九八二、中国農業史話、一二七―一三三頁、明文書局(台北)。趙岡・陳鍾毅、一九八九、中国農業経済史、七八―八一頁、幼獅文化事業公司(台北)。閔宗殿・紀曙春主編、一九九一、中国農業文明史話、一四八頁、中国広播電視出版社。閻万英・尹英華、一九九二、中国農業発展史、二四八―二四九頁、天津科学技術出版社。李根蟠、一九九四、中国古代農業・中国文化史知識叢書六四、五四―五五頁、臺灣商務印書館。王啓柱、一九九四、中國農業起源與発展・中國農業史初探㊤㊦、四三二―四三三、六四五―六四七、七一八―七一九頁、渤海堂(台北)。游修齢主編、一九九五、中国農業百科全書・農業歴史巻、三五、一五〇、二一三、二八四、三七四頁、農業出版社。呉存浩、一九九六、中国農業史、六六〇―六六二頁、警官教育出版社。張澤咸、一九九九、隋唐時期農業・隋唐文化研究叢書⑧、三六九頁、文津出版社(台北)。董愷忱・范楚玉分巻主編、二〇〇〇、中国科学技術史・農学巻、五〇七―五〇八頁、科学出版社の第一四章隋唐宋元時期農学全面発展的歴史背景。

なお、布瑞(Francesca Bray)、陳立夫主譯、李學勇譯、一九九四、中國農業史(上下册)中國之科學與文明⑯⑰、臺灣商務印書館(台北)には、当時の南越民族の焼畑の描写だとして劉禹錫の「畬田行」の原文を全文引用する。原著は、Francesca Bray 中国農業史、Science and Civilisation in China(中国の科学と文明)六(Joseph Needham 主編)(この中国農業史の巻の邦訳はまだない)。原著に載せる詩は、Schafer, E. H. 1967. The Vermilion Bird: Thang Images of the South. Berkeley & LosAngeles, University of California Press.)の英訳(第五四頁)によるという。いずれも原著は未見。

また唐代の焼畑に関する研究では大澤正昭、一九九六、唐宋変革期農業社会史研究、一五九―一九三頁、汲古書院の第五章唐宋時代の焼畑農業が必読文献である。また同氏の引く草野靖、一九七二、唐宋時代に於ける農田の存在形態(上)、熊本大学法文論叢、三一、八七―九八頁も参考になる。

(3) 今、私の手元にあるものを列挙してみると、湖南省劉禹錫詩文選注組、一九七八、劉禹錫詩文選注、二九八頁、湖南人民出版社。黄雨、一九七九、劉禹錫詩選評注、一六五頁、香港上海書局。劉禹錫詩文選注組、一九八〇、劉禹錫詩文選注、二六二頁、江蘇人民出版社。卞孝萱・呉汝煜、一九八〇、劉禹錫・中国古典文学基本知識叢書、一〇六頁、上海古籍出版社。高志忠、一九九七(一九八二)、劉禹錫詩詞訳釈、二八三頁、黒龍江人民出版社。瞿蛻園、一九八九、劉禹錫集箋証㊤㊥㊦、一八一〇頁、上海古籍出版社。呉汝煜選注、一九八九、劉禹錫選集、四〇二頁、斉魯書社。劉禹錫集整理組点校・卞孝萱校訂、一九九〇、劉禹錫集㊤㊦、六三七頁、中華書局。卞孝萱・卞敏、一九九六、劉禹錫評伝、四〇二頁、南京大学出版社。蒋維崧・趙

蔚芝・陳慧星・劉聿鑫、一九九七、劉禹錫詩集編年箋注、八一八頁、山東大学出版社。朱炯遠、一九九八、劉禹錫伝、三八一頁、遼海出版社などである。このうち「畲田行」に注解するものは江蘇人民本と斉魯書社本と山東大学本の三冊。

（4）游修齢、一九九九、農史研究文集、四一四頁、中国農業出版社。さらに畲田はおそらく少数民族の刀耕火種に対する漢族のよび名であろうともいう。

（5）陳郁夫主編、「全唐詩」、寒泉 http: //210.69.170.110/s25/index.htm.

（6）莫傜は傜役が莫《な》いと読めるから。

（7）卞孝萱、一九八〇、元稹年譜、二四一―二六七頁、斉魯書社。

（8）守屋美都雄訳注・布目潮渢ほか補注、一九七八、荊楚歳時記、平凡社東洋文庫、七―一〇頁、参照。

末尾ながら資料の面で便宜をはかっていただいた愛媛大学の加藤国安氏、九州大学の川本芳昭氏、および焼畑についての基礎知識を教えていただいた佐賀大学の五十嵐勉氏に感謝の意を表します。また九州中国四国地区在住の「中唐文学会」の会員を中心に開かれてきた劉禹錫詩の読書会で、この詩は一度取り上げられたことがあり、そのときの議論も参考にさせていただいています。

第九章　どろくっつぁん・またげ石・子安の石

——水田開発技術をもった氏族と石神

中村　治

日本は稲作文化圏に属し、照葉樹林文化圏と稲作文化圏とは大幅に重なるといわれているので[1]、日本は照葉樹林文化圏に属しているといってもよいであろう。ただし日本に稲作がはいってきたのは縄文後期といわれているので、アジアのなかでは稲作後発国ということになる[2]。

ところで初期の水田の大部分は、おそらく原初的な天水田で行われていたであろうが[3]、やがて灌漑施設をともなった水田があらわれてくる[4]。そのような水田のうち、大規模な灌漑施設をともなった水田の場合には、灌漑施設をつくる技術をもつ人たちの渡来ということを考えなければならないであろう。では誰がそのような技術をもたらしたのであろうか。ここでは京都盆地や北九州にみられる「どろくっつぁん」「またげ石」「子安の石」などとよばれる直径一〇―二〇センチほどのまるい石神を手がかりに、その問題を考えてみたい。

一　どろくっつぁん[5]

京都市左京区の岩倉盆地東部にある花園地区の数軒の家には「どろくっつぁん」とよばれる石神がまつられている。「どろくっつぁん」の御神体は、直径一〇―二〇センチほどのまるい石、あるいは大きい石のまるみを帯びた一部だけを地上に出したものである。この御神体は子を産み、石の数がいつのまにか増えたといわれ、数個まつられていることもある。まつられている石の質をみると数種類あるようで、そのうちの一種類は花園地区産。その他はまるみを帯びているので、花園地区のような上流地域のものとは思われない。おそらくほかの地域からもってこられたものであろう。

「どろくっつぁん」は、家の鬼門の隅や北西の隅において、石でつくったほこらに入れられたり、大きな木の根元のほこら状になったところにまつられたりしていることが多い。それだけに他人にはみられることなく、家

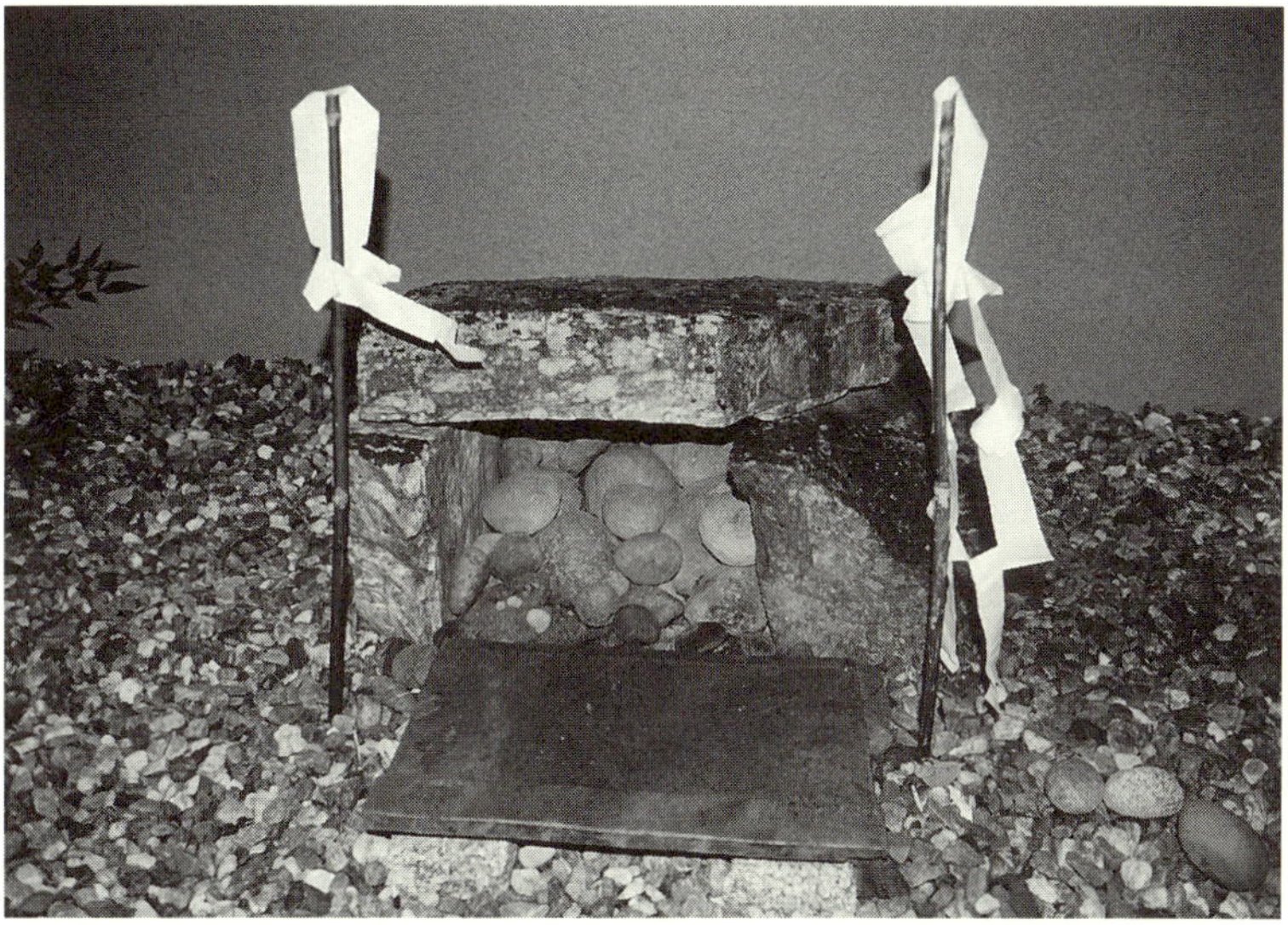

写真 9.1　山岸久和氏宅(花園地区)の「どろくっつぁん」(中村撮影)

写真 9.2　沢田作蔵氏宅(花園地区)の「どろくっつぁん」(中村撮影)

写真 9.3　金子甚一氏宅（花園地区）の「どろくっつぁん」（中村撮影）

写真 9.4　金子剛氏宅（花園地区）の「どろくっつぁん」（中村撮影）

写真 9.5　上田義巳氏宅(花園地区)の「どろくっつぁん」(中村撮影)

写真 9.6　安原欣氏宅(花園地区)の「どろくっつぁん」(中村撮影)

の人によってだけひっそりとまつられていたのであった。ただし「どろくっつぁん田」とよばれる田の畔にあった小さなやぶにまつられていた場合もある。そこでは、田仕事にでた母親が、子の世話をしてやれないので、そのかわりに「どろくっつぁん」をなでてやっていたといわれている。

一一月三〇日に行われる「どろくっつぁん」の祭りの日には、御神酒、おはぎ、こイモとダイコンを煮たもの、生のおあげと白どうふ、アジやサンマなどの頭つきの魚をふたつずつそなえ、ごへいを切り、燈明をあげる家もある（写真9・6）。「お祭りは陽が沈むころにするように」と言い伝えている家もある。嫁に行っていた人も、この日には実家に戻り、みんなでアズキごはんを食べる。一一月三〇日にお祭りが行われるのだから、五穀豊穣の神だという言い伝えもある。何の神かよくわからないものの、「どろくっつぁんの祭りだけは必ず行うように」といわれ、古くから受け継がれてきている。では「どろくっつぁん」はいったいどういう理由で、いつごろからまつられるようになったのであろうか。

そのような疑問をもち、調べを進めていくうちに、岩倉のほかの地区にも「どろくっつぁん」がまつられているということがわかってきた。それは花園地区に隣接するものの、まったく異なる性格の村である岩倉中地区と岩倉長谷地区である。

三つの村の性格を概観することにしよう。古い記録に「花園」という地名がでてくるのは、「康富記」一四四七（文安四）年七月一六日条の中原康富が花園へでむいた記事に、「賀茂上野花園辺罷越了」とでてくるのがはじめのようである。康富は同年九月、翌年六月にも花園へ赴いている。そして一四五五（享徳四）年二月四日条に、花園から去年の年貢の残り一二〇疋が到来したことが記されているので、この地は康富の知行地であったようである。江戸時代の「山城国高八郡村名帳（一七二九（享保一四）年）」によると、花園（石高・合計六二四石余）の主な領主は、禁裏御料一三二石・安井門跡領一二五石・光雲寺領九九石・相国寺領七一石・中院家領八四石など、

写真 9.7　伊佐義武氏宅(中地区)の「どろくっつぁん」(中村撮影)

写真 9.8　平岡仁郎氏宅(長谷地区)の「どろくっつぁん」(中村撮影)

禁裏、公家、寺であった。このうち、相国寺領の七一石は一六〇一（慶長六）年からのものであることがわかっている。そしてその関係からであろうが、花園村の人は臨済宗に属している。

中地区は、「中村」という地名が一四八四（文明一六）年の文献にでてくるので、それまでには村として成立していたのであろう。古くから下鴨神社と深い関係をもち、一五七六（天正四）年に「中村郷下鴨社役人中」にあてられた文書が残っている。前述の山城国高八郡村名帳に「一村禁裏御料、村高一八八石余」とでてくるが、それでも下鴨神社との関係を持ち続けたようで、村人は下鴨神社の神人として葵祭、御蔭祭に奉仕し、葵祭に用いる葵をこの地から献上していた(6)。

長谷地区は、藤原道長の姉詮子（円融帝后・一条帝母）が国家鎮護のために解脱寺を建て、藤原公任がそこで出家したところである。室町時代にはいると、足利義政が山荘を営み、江戸時代には後水尾上皇が山荘を営んでいた。前述の山城国高八郡村名帳によると、長谷（五五一石）は聖護院門跡領、若王子院家領であった。そして長谷村の人は浄土宗に属していた(7)。

さて、「どろくっつぁん」がみられるのは、中地区、長谷地区のうちでも花園地区に近く、隣接しているところである。しかし中地区、長谷地区は長谷川水系に属しているのに、花園地区は花園川水系に属している(8)。また、前述のように、それぞれの村はかなり異なる歴史をもっている。なぜ中地区、長谷地区にも「どろくっつぁん」がみられるのか。花園地区の「どろくっつぁん」を中地区、長谷地区の家がまねたのか。確かにそれも考えられる。しかしむしろ、相国寺とのむすびつきを重んじて臨済宗に属する花園地区、下鴨との関係を重んじた中地区、聖護院との関係を深く持ち続けた長谷地区という各地区の性格がでてくる前に、「どろくっつぁん」をまつる人たちがおり、その後の歴史的経緯、あるいは新たにはいってきた人たちによって現在の花園、中、長谷地区の性格が形成されていったのではないか(9)。そのように思われるのは、京都盆地西部の右京区梅津、西京区松尾の月読神社にも、「どろくっつぁん」によく似た石神（梅津では「またげ石」、月読神社では「月延石安産石」）がまつられているのがみられるからである。

二　またげ石

「またげ石」とよばれているのは京都市右京区梅宮大社の二個のまるい小石で（写真9・9）、婦人がまたげば妊娠すると言い伝えられている。御神体がまるい小さい石であるという点と、子どもに関係した言い伝えもあるという点で、「どろくっつぁん」と「またげ石」は似ている。また、花園を知行地としていて、一四四七（文安四）年に花園にやってきたことが知られている中原康富が、一四四二（嘉吉二）年一一月一六日に梅宮大社に参っている。[10] さらに、岩倉花園地区と接している岩倉の中地区には、中地区が下鴨神社と古来深い関係をもってきているにもかかわらず梅宮神社があり、村の神社として扱われている（長谷八幡も中地区の氏神といわれているが、村人の気持ちのうえでは梅宮神社への親近感がはるかに大きい）。中地区の梅宮神社の本社は梅津の梅宮大社であろう。そして梅津の梅宮大社には「またげ石」がまつられており、子宝に恵まれない女性がまたぐと、子を授かると伝えられているのである。では小さな石を御神体とする信仰は梅宮神社と関係しているのであろうか。

しかし「またげ石」のような石は、梅津においても梅宮大社にだけあるのではない。梅津南町大崎寺の石塔のすぐそばにある伊藤淳二氏宅（屋号・権六・伊藤家は鎌倉時代に始まる家系図をもつ家）の庭にも平たい石の上にまるい石がまつられており、そのうちの二個が御神体と伝えられ、「またげ石」とよばれている（写真9・10）。徳川時代には長福寺境内の西端、字土斎坊の塚の上にあったようであるが、夢にあらわれ、「権六さんの家へ戻りたい」というので、家に移したという。子宝に恵まれない女性がまたぐと子が授かると伝えられ、春にはずいぶ

写真 9.9　梅宮大社の「またげ石」(中村撮影)

写真 9.10　伊藤淳二氏宅(梅津)の「またげ石」(中村撮影)

写真9.11　月読神社の「月延石安産石」(中村撮影)

ん参詣の女人があったようであるし、最近でも、うわさを聞いてお参りする人があるという。「明治になつて梅宮神社から度々買収の交渉があつたが遂に譲らなかつた。それで社の方で道斎坊に模した圓石を作つて境内に置き跨げ石と名附けた。遂には其の方が有名となつて仕舞つたものであるとの事である。記録も少々あつたと云ふが、今は傳わつてゐない。美しい圓石で、上に覆屋の無いのは神意に因つて設けぬと云ひ、手を觸れる事を禁止されてゐる」[11]。それゆえ、小さな石を御神体とする信仰は、この言い伝えによれば、梅宮神社というよりはこの地域に関係しているようである。

また、松尾神社の南方、松室の月読神社にも「月延石安産石」というまるい石がまつられており(写真9・11)、神功皇后が懐妊中、この石を腹に抱いて出征し、凱旋後、石をとると、子を安産したと伝えられている[12]。

さらに井上頼壽『京都民俗志』によると、伏見正福寺にも「跨げ石」と称する石があるようである[13]。したがって「またげ石」に対するような信仰は、梅宮大社と関係しているというよりは、梅津とか松尾(ひょっとすると伏見も)という地域にいた人々に関係しているようである。ではどのような人々がその地域にいたのであろうか。それは秦氏と思われる。秦氏は多くの同族をともなって五世紀には朝鮮半島から日本に渡来していた氏族である。[14]古代山背国においては松尾、嵯峨、深草・稲荷地域に広がり、葛野大堰を築造して嵯峨野を開拓するなど、土木技術にすぐれていた。[15]松尾大社東南の松室遺跡からは、葛野大堰に関連する遺構の一部とみられる古墳時代後期の大溝跡が発見されている。[16]全盛期の秦氏族長は、九二集団(七〇五三家族、一八、六七〇人)を支配下においていたという。[17]そして秦氏あるいは秦氏族長に率いられた集団のうちのひとつが、石の信仰とかかわっていたとも考えられるのである。

ところで秦氏の拠点のひとつ、松尾の松尾大社には、大山咋神《おおやまくいのかみ》と宗像神がまつられている。このうち、宗像神は福岡の宗像三神のうち中津宮市杵嶋姫命《いちきしまひめのみこと》のことのようである。どうして秦氏が海上神である宗像神を信仰しているのであろうか。九州北部にいた秦氏が松尾に移住してきて、宗像神信仰も受け継いだのではないかという説もある。[18]

三　子安の石

それと同じく、九州とのむすびつきが、石の信仰に関してもみられる。福岡県糟屋郡宇美の宇美八幡に「子安の石」がある(写真9・12)。妊婦は安産にあやかろうとこの石を預かって帰り、お産の鎮めとし、祈願成就の後は、別の新しい石にその子の「性別」「名前」などを書いて、預かった石とともにお返しするということが行われている。また、月読神社の「月延石安産石」は神功皇后の伝説を伝えているが、宇美八幡の石も神功皇后の伝説を伝えている。[19]さらに、秦氏の氏神であったと思われる大酒神社(広隆寺境内)は、元来は石をまつっていたともい

写真 9.12　宇美八幡の「子安の石」(中村撮影)

われている。[20]

秦氏のうちのある人々は宗像信仰をもち、ある人々は石の信仰をもって朝鮮半島から九州北部へやってきて、定着した。そこからさらに松尾や梅津までやってくる人たちがいた。石の信仰をもっていた人たちのうちにはさらに岩倉までやってきた人たちがおり、その人たちが花園、中、長谷南部地区を開墾するとともに「どろくっつぁん」信仰を伝えた。そのように考えられないであろうか。長谷地区には松尾姓の人が多くみられるし、その人たちが開墾したと思われる岩倉北小学校あたりの土地は「松室」とよばれていることも、それと関係しているのかもしれない(月読神社がある場所は松室とよばれている)。また、秦氏と関係の深い北野廃寺の瓦は岩倉盆地西部の幡枝地区で焼かれたことがわかっている。[21]「幡《はた》枝《えだ》」という地名も秦氏との関係を示唆するようにもとれる。岩倉盆地は、幡枝にみられる古墳の多くが六世紀のものであり、それが鴨氏の墓と考えられることから、鴨氏との関係で論じられたり、出雲高野神社が岩倉盆地南東部の上高野地区にみられることから、出雲氏との関係で論じられたり、小野毛人の墓が上高野地区にみられることから、小野氏との関係で論じられることが多かったのであるが、秦氏もかかわっていた可能性は大いにあると思われる。(22)

このようにみてくるなら、「どろくっつぁん」であれ「またげ石」であれ「子安の石」であれ、いずれも小さなまるい石神であり、それについての記録はほとんど何も残されていないが、大規模な灌漑施設の建設技術をもった人々の足跡を語っているようにも思えるのである。

(1)　上山春平、一九八五、稲作文化――照葉樹林文化の展開(上山春平・渡部忠世編)、中公新書、一三頁、中央公論社の「序説」参照。
(2)　前掲(1)、渡部忠世の発言、稲作が日本に入ったころ、一九七頁。
(3)　前掲(1)、佐々木高明の発言、縄文時代の稲作、二〇五頁。
(4)　前掲(1)、佐々木高明の発言、稲作が日本に入ったころ、一九八頁。
(5)　中村治、一九九九、花園誌、洛北岩倉研究、三、一―二一頁。中村治、一九九五、どろくっつぁん、洛北岩倉誌、七八―八〇頁、岩倉北小学校創立二〇周年記念事業委員会。花園村、一九七九、京都市の地名、一〇一頁、平凡社。花園・中・長谷の石高については、下坂守(史料校訂)、一九八五、左京区、史料京都の歴史八、四〇三―四〇五頁、平凡社。
(6)　中村治、二〇〇〇、「中」村の歴史と暮らし、洛北岩倉研究、四、七―一二頁。前掲(5)、中村、京都市の地名、一〇一頁、平凡社。
(7)　中村治、一九九八、長谷をたずねて、洛北岩倉研究、二、一―一一頁。前掲(5)、長谷村、京都市の地名、九九―一〇一頁、平凡社。
(8)　中村治・森田和代、一九九七、水系からみた岩倉、洛北岩倉研究、一、六四―七六頁。
(9)　中村治、二〇〇〇、「どろくっつぁん」再考――古代の岩倉盆地の歴史を探る、洛北岩倉研究、四、一―六頁。
(10)　前掲(5)、梅宮大社、京都市の地名、一〇九七頁、平凡社。
(11)　井上頼壽、一九三三、京都民俗志、一五一頁、岡書院。

(12) 前掲(11)、一五〇—一五一頁。
(13) 前掲(11)、一五二頁。「幾分形をなした陰陽石である。跨げ石とも称してゐる」。
(14) 田辺昭三・加藤修・上田正昭、一九七〇、氏族の発展、京都の歴史一(林屋辰三郎編)、一一九頁、學藝書林。「この辺り(嵯峨野)一帯は、五世紀の中ごろまで寂寞とした原野であったが、五世紀後半に入ると急速に開発がすすみ、間もなく、この地を中心にして京都盆地最大の新勢力が誕生する」。中村修也、一九九四、秦氏とカモ氏、八八頁、臨川書店。
(15) 前掲(14)、氏族の発展、一三〇—一三三頁。山尾幸久、一九九四、右京区概説(古代)、史料京都の歴史一四、二二三—二五頁、平凡社。前掲(14)、秦氏とカモ氏、一七七頁。
(16) 京都市埋蔵文化財調査センター、一九八五、ケシ山窯跡群発掘調査概要報告、七七頁。
(17) 山尾幸久、一九九〇、洛西探訪(後藤靖・山尾幸久編)、一三二頁、淡交社。
(18) 前掲(14)、秦氏とカモ氏、一五二—一六一頁。
(19) 前掲(11)、一五一頁。
(20) 前掲(17)、一四三頁。
(21) 前掲(16)、七八頁。
(22) 井上満郎、一九八四、古代山城国雑考、日本政治社会史研究(上)(岸俊男教授退官記念会編)、三五二—三五九頁、塙書房。井上は、秦氏が五世紀後半に山城国北部に移住・定着したと考えられるのに対し、鴨氏の首長墓と想定される上賀茂周辺の古墳が築かれるのが六世紀であることから、秦氏が勢力をもっていたところに鴨氏が接触したことによって、秦氏と鴨氏の密接な関係が生まれたと論じている。前掲(16)、七九頁。井上満郎、一九八五、左京区概説・古代、左京区、史料京都の歴史八、二二頁、平凡社。

第一〇章　建築と照葉樹林文化

岩切　平

はじめに

建築でしか味わえない感動というものがある。それは、当然ながら建築という造形の表面に刻印された表現とみることができるが、けっして地域性や風土といった背景から無縁のデザインや、ある種の（とくに近代の科学技術がもたらす）ユニバーサルな視点からはみえないものだ。地域という場所性、その固有の歴史が生み出すものが先にあり、人類共通の普遍性―合理性がもたらすものとはいいがたい。

なぜなら、建築とはまさに継続する歴史のただなかにあり、けっして歴史を変革する主役ではありえないからだ。歴史とともに歩む、場所という特性のなかで歩む、それが建築の真の姿である。私はそのことを十数年にわたる照葉樹林帯の建築の探索によって確認することができた。とくに広大な中国大陸での体験は、民族のさまざまな多様性と、その文化複合を目のあたりにすることで、確信以上のものになったといっていい。近代化の波に巻き込まれる以前の中国の建築の姿は、建築が歴史のただなかにあり、歴史の語り部であると同時に、生きた道標としての役割を十分に表現していた。豊かな精神文化を背景として、建築はその全体性を表現するあるべき姿であったのである。

一　建築・文化の状況

私たちの身のまわりの建築と、その文化に関する分析、および批評は、十分成熟しているとはいいがたい。メディアに載る論評に単なる自己宣伝だけといった調子のものを見掛けることもある。難解な空間論、ときに煙に巻くような美術論といった類も多くみられる。じつはこういった論調は、同じ建築界のなかにいる者でも、不可解な面を数多くもっている。

これはいったい、何に原因があるのだろうか。建築界の内部でさえ、分断され、孤立化した論調が、平行線のまま併存するということはある種の自閉症なのではないだろうか。そうであれば、そのことが表現のほかの領域にどのようにつながっているのか、それは大いに気になるところである。

建築をめぐる議論が十分に成熟したものであれば、そういった危惧を抱くにはあたらない。ただいえることは、多分、建築をめぐる論議の振幅の大きさという点がある。どのレベルで何を議論すればよいのか、そのあたりの一般的なコンセンサスがないのだ。それは、教養といいかえてもいい。建築を語る言葉が常識的な普遍性をもちえないまま、ただ一方的な交通のみで成立している状況は不幸である。またそれは、建築そのものを未成熟な状態におしとどめているといっても過言ではない。

概して建築という用語のあいまいさがひとつ、原因であるだろう。というより、建築という領域の抱えもつ、とてつもない広さのせいのようにも思われる。だからこそ、その建築に対する批評や分析が、いわゆる偏った啓蒙主義や評価主義によって語られるとき、このあいまいさは二重にヴェールを被せられる危険性をはらむことになる。

とくに一九世紀から二〇世紀にかけてその産業構造の一大変化は、建築のもつその全体性をいっそう遠くにおしやる結果をもたらした。経済の発展や、近代工学技術の発展により、そのことに対応した建築の役割のひとつの側面が殊更誇張され、建築の果たした偉大さと、そこに出現したかつてみたことのない〝美〟が建築のテーマになった。

この時期、建築は芸術の王座を謳ってはばからなかった。一九一九年のバウハウスに始まる近代建築の大きな流れはこうして現代にもその余波を与え続けている。しかし、建築におけるこのひとつの側面、経済効率や技術偏重という視点が、別の角度からみればそれは歴史的に当然の成り行きでしかないのは明らかである。

またそれが、かつてみたことのない〝視覚的効果〟を与えたことも当然の成り行きであったとしかいえない。こうして本来建築のもっていた、とらえどころのない全体性は、ますますみえなくなった。結果的に建築をめぐる言説は自閉症的にならざるを得なくなってゆく。

問題は、その建築に本来そなわっていたはずのすべての要素が分断され、その根幹にかかわる部分が捨象されてゆく過程である。非効率的なもの、ローテクなもの、あるいは定量化できないさまざまな精神文化にかかわるものがまず切り捨てられてゆく。それは、時代をおおうすべての近代化の現象とパラレルに建築の分野にも見舞った現象にしかすぎない。しかし、建築の分野に限っていえば、それが単なる造形、表現という特性を超えて、社会資産という性格をもつものであるがゆえに、さまざまに混乱を生み出すことになるのである。その混乱への切り口もまた、近代主義として啓蒙的であり、評価的であることはやむを得ないことであった。

その切り口の大まかな特徴をここでは三つに分けて整理してみることにする。

①社会資本的なとらえ方

もっとも一般的であり、定量化できる分だけ説得性の高いもの、また、大衆の嗜好性という文化のもっとも底辺にあるものをも巧みに定量化できる。

②テクノロジー依存的なとらえ方

テクノロジーの自律的発展に対し、つねに受身でしか対応できない。ある種の楽観主義として、テクノロジーの生み出す形態に対しても無批判にデザインソースとして受け入れる。

③純粋美学的なとらえ方

すべてを芸術としてとらえることにより、建築のもつ社会性や歴史的意味づけをも、すべて並列的な表現の一要素として、処理している。足し算や引き算的な処理が、表現の形式となる。ポストモダン的発想はこれにあたる。

いわゆる、これらの分析的手法は、ほかの表現ジャンルに関しても同様のことがいえるのだが、とくに建築の分野ではある種の空洞化をともないながら安易に基本的主流をなしていった。先端的な技術、政治や経済との絡みといった時代の要請に対して、さしあたって有効だったといえるのである。そこで、このとらえどころのない大きな領域を負う建築をどう解釈し、把握してゆくかが、今からの建築文化を担う者にとって、不可欠の課題であると私は考えている。

二　デザインではないもの

私たちが、感動を覚える空間とはいったいどのようなものなのだろうか。その空間とは、五感を頼りにした知覚だけで感得されるとは限らない。

デザインという用語が発生する以前、世界にはデザインはなかった。すなわち、モノの形とは、知覚だけにとどまらず、全身的にとらえられる何かの事象だったのである。それは精神に深くかかわっているもの、あるいは生活や生産に直接関係しているものだった。デザインという用語に与えられた性格すなわち、自己表現を目的にしたものではなかった。形を与えられたものはすべて、ある意味で、世界認識のためにつくられていた。そういう意味では、限りなく芸術に近いものといっていいだろう。

近代にはいってから、建築の様式は、それ以前の様式と明らかに大きな落差を生むことになる。近代以降の様式は思想的な合目的性によって貫かれるのに対し、それ以前は目的とモノの形のあいだに、はっきりとした因果関係が見出せないからである。

それはスタイル（様式）という用語でくくられていたといってもいいだろう。このスタイルという言葉では近代以降のデザインを説明することができない。

なぜならば、スタイルは認識の共有（あるいは共通認識）を目的に、また結果として産み出されたものであり、自己表現と差異を至上の目的としたデザインとは、その成立基盤が異なっているからである。ここでいうスタイルとは広義の概念、たとえば中国におけるヤオトン式住居、高床式住居などの民俗学的概念としてとらえていただきたい。

では、現代の私たちのデザインを特徴づけているものは何かというと、それは第一節で考察した①社会資本的なとらえ方、②テクノロジー依存的なとらえ方、③純粋美学的なとらえ方という、この三つの性格のなかにほとんどはいっていると考えて差し支えない。この発想のもとに生産され続けるデザインとは、スタイル（様式）が必然的に内包していた世界認識への足がかりを、基本的に忌避しているとしかいえないのである。その特徴のひとつであるテクノロジーについて若干考察の輪を広げてみよう。テクノロジーが表現をリードしているケースは最近頻繁にみられる傾向である。かつて芸術家は、日常性から非日常的空間の創出を託される存在だった。今では、テクノロジーがいとも簡単に非日常的空間をつくりだす。ときには人間の手の介在なしに、あたかも人類が初めて遭遇する状況を眼前に突き出す。

このテクノロジーによる発現（表現）が生み出すものをデザインの要素として取り込むケースは多い。かつてモノの形のなかに当然組み込まれていた歴史的背景や、人為的選別とかをへたうえでの、何かの主張があるわけではなく、形そのものが意味を表現する。その結果、形が野放図に自己増殖を繰り返し、背景のない無限の意味群

〈メディア〉を構成する。これこそが、現代におけるデザインの母胎なのだ。そこには到達すべき結果へのアクセスが不在のままである。

三　照葉樹林文化論を通して建築を考える

一九八七年、鹿島出版会の『ＳＤ』誌の誌面に(1)、初めて、「照葉樹林文化論を通して建築を考えている」とのコメントを発表した。そして、文化の起源を探るといった〝雲をつかむような議論〟という表現も当時は使っていた。

建築におけるデザインの現状に、いつもどこか割り切れないものを感じていたということもあるが、建築でしか味わえない空間の感動というものに対し、はっきりとした確信があったことも事実である。

文化の起源というものを、デザインのソースとして利用するといった近代的発想はとりたくなかった。文化を根底的にとらえなおすという意味で、雲をつかむといった表現がでたのである。照葉樹林帯という植生と、そこで生まれ育まれた文化、しかもナショナリズムを超えた視点、それは地域や風土というものにこだわり続けていた私自身の姿勢に広がりと、展望を同時にもたらすものだった。

一九八三年、宮崎県綾町の自然林伐採問題に端を発して、少数の有志が集まり、「宮崎照葉樹林文化を考える会」を発足させた。建築家は私だけだったが、陶芸家や画家など多彩な面々が集まった。当時の綾町の町長、郷田実氏の理解もあり、綾町では毎年照葉樹林文化を考えるシンポジウムを開くことになった。

招待されるパネリストも多分野にわたった。民俗学はもちろん、詩人、作家など表現の領域にいる人たちも基本的に選ばれた。それはこの文化論を単なる学説として評価するだけでなく、現代の文化状況に対し有効な方法論として理念化する意識が少なからずあったからである。少なくとも広範囲に文化を論ずることで、閉塞しがちな現代の文化状況に何がしかの風穴をあけようとする企みがあったといえるだろう。

シンポジウムは年一回の企画だったが、私たちは、月一回の定例会をもち、宮崎市内でも、「連続講座照葉樹林文化を考える」を毎月開催していた。県内のさまざまな分野の研究者、詩人、画家などほとんどが手弁当で講師陣となり、一種の文化運動的な広がりをもつようになっていった。

こうした流れのなかで、私自身の建築家としての課題も、少しずつ鮮明になっていったということができる。先に書いた『ＳＤ』誌でのコメントは「観渓爐」という住宅の紹介記事に書いたものだが、その前年、この住宅で行った建築展のパンフレットで、施工主だった高橋さんは、「現代の建築家もまた（現代の大半の都市住宅と同様）生活と建築を予め切断された設計を強いられる」と書いた。

そのことに関し、私自身反論できる論拠が見出せない状況だったが、そのころからの照葉樹林文化にかかわるさまざまな動きのなかから、そのことへの解答が少しずつ像をむすぶようになった。しかし、そのことを公けにするまでは、私自身の十余年にわたるさまざまな試行をへなければならなかった。

そのひとつが、中国雲南や、揚子江流域への旅行によって見聞した建築の姿である。近代化が押し寄せる以前の中国の農村の建築様式、集落の構成、生産と生活が一体化した姿は、悠久の中国の大地を背景に美しく感動あふれるものがあった。私は毎年、九月から一〇月になると中国に行き、雲南を中心に広大な大陸を旅行するのが習慣になっていった。それはある意味で「嘘っぽい日本の状況から逃げるようにして」[(2)]旅をしたといえるだろう。

そして、その旅の記憶を具体的な建築作品に転写してゆく作業を繰り返してゆくことになる。それが、アジア建築三部作と自ら命名した、雲南居、江南楼、宮崎の四合院（いずれも新建築住宅特集に掲載）[(3)(4)(5)]という住宅である（写真10・6、10・7、10・8）。この一連の住宅を発表した後、私はひとつの総括をしなければならなかった。樹下山

写真 10.1　昆明郊外の一顆印住居(岩切撮影)。かつて中原から雲南へと南下した漢民族は，中庭形式の住居という伝統を持ち込みながらも，高床系の住宅を生み出した。建築に与えられた観念性は，持続性をもちながらもその地の風土と融合される。

写真 10.2　雲南省西双版納の高床式住居(岩切撮影)。この入母屋系の高床式住居は，日本の佐味田宝塚古墳から出土した家屋紋鏡の図柄に酷似している。西はネパールから，雨の多いモンスーン帯の住宅の特徴ともいえる。

写真 10.3　雲南省，麗江の住宅(岩切撮影)。先年大地震に見舞われたこの街は，現在世界文化遺産に指定されている。妻側の軒の特徴的な懸《げ》魚《ぎょ》は，なまずの形をしており，古くからこの地を襲う地震への恐れを表現している。

写真 10.4　雲南省，ミャンマー国境近くの村(岩切撮影)。あたりの竹林とみごとに一体化した住居は，竹製である。社会資産としての住宅は，単に物理的な耐久性のみで語られるべきだろうか。環境との一体化という意味でその持続性が評価される。

写真 10.5　雲南省永寧の中庭形式ログハウス高床系住居(岩切撮影)。雲南省最北部のこのモーソ族の住居は，乾燥地帯の中庭形式，北方ツングース系のログハウス，そして雲南省の高床式と，さまざまな文化複合がみられる。ここは母系性社会としても特徴的である。

写真 10.6　雲南居(岩切撮影)。熊本市内に立つこの住居は，交通量の多い前面道路と，両側の宅地の視線をさえぎるためにこの形態が選ばれた。昆明郊外の一顆印住居に似た形状であるため，雲南居と名づけた。

写真 10.7　江南楼(岩切撮影)。雲南居と同様，狭小宅地に中庭を取り込んでいる。江南とは揚子江下流域をさすが，形態のモチーフは，その一帯のレンガ製のうだつに求めた。準防火地域という法的制約のなかでのひとつの解答である。

写真 10.8　宮崎の四合院(岩切撮影)。中庭を中心に 4 つの棟が取り囲んでいる。外形は四合院形式といえるが，夏の風通しを最大限に考慮し，宮崎の風土に適応させようとした。コンクリートと木造の混構造は，雲南居，江南楼と同じ発想である。

写真 10.9　樹下山房(長瀬秀文氏撮影)。ミカン畑のなかに立つこの家は，農村がかつてもっていた風情，すなわち生産と生活が一体化している空間を，次世代へつなごうという思いを具現化したものである。煙草の乾燥小屋をモチーフにこの地の歴史を表現した。

房と名づけた住宅(写真10・9)を、今年同じように新建築住宅特集[6]に発表したが、それにその総括の意味の文章をあげた。

「雲南居」からの一連の住居、「江南楼」「宮崎の四合院」は単なる形態の模倣を意図したものではない。近代デザインの恣意的な抽象性から遠く離れ、自らのスタンスを画定することを目論むものだった。そして、今、この宮崎の地においてすら風化しようとしている〝生産＝生活〟のありようを、いわゆる挽歌としてではなく、生活全般に通底するおだやかなメロディとして差し出したい。

高橋さんが、建築展のパンフレットのなかで指摘した〝建築家としての自己矛盾〟は、私自身の照葉樹林文化論との付き合いのなかですでに〝生活全般に通底するおだやかなメロディ〟として内深く肉体化していたのである。

四　環境芸術としての建築へ

建築が総合芸術としての役割を担うものとして、その位置にあることは論を待たない。人間を包み込む器としてのスケールがその第一義だが、知覚としての五感すべてに関与する芸術はほかにない。また、それが制作される過程に、大勢の人間が参加し、その総和として完成されるものもほかにはない。それはある意味で社会芸術としての性格をそなえているといっていいが、このことは、近代以前もそれ以後もかわらないものである。

先にみてきたとおり、その制作過程での環境の変化は、近代以降大きく動いてきた。それは、機械化、工業化という過程をへて、先端的な情報化というレベルに到るまで、さまざまに建築の制作プロセスに影響を与え続けている。テクノロジーによる形態の発現が、大きな影響力を与えていることは、先に書いた。私たちは、背景のない膨大な意味を、無制限に享受する状況下にある。また、私たちはその状況下に繰り広げられる多種多様な言説に対し、確固とした論拠をもてないまま議論を先送りすることが多い。

それは、過剰な情報量という側面もあるが、多様化する価値観がもたらしたものといえるだろう。多様化する価値観は、アイデンティティそのものを無機的な情報の一部として処遇する一面をそなえている。

かつて、建築が地球上のそれぞれの特徴ある気候風土のなかで、それぞれに工夫を凝らし、叡智をもって自然との共生という大事業を成し遂げてきたこと、そのことの意味は大きい。私たちは、ヨーロッパ人の服を着て、アメリカ人の頭脳をもって、インド人の食事を楽しむ時代に現在生きているが、基本的にそのことが私たちの環境になじまないという点について疑問をもたないでいる。物質的な豊かさに安住していると同時に、精神的な豊穣さ(多様性)さえも、私たちの現在を支えていると信じて疑わない。地域性が産み出したオリジナリティをも、その一部として常識的に取り上げるだけだ。それが、現代における文化状況の背景というものである。すべてが一列に並べられ、目前の必要に応じて、並列的に取り上げられる。

近代化以降、確かに私たちは地球の姿を知識として把握できるようになり、環境問題も同様に広く学ぶことが多くなった。そこにはもはや国境はなく、私たちは遠い国の環境問題について、かなり正確に論じることができるようになった。ほかの地域の抱えもつさまざまなテーマを、あたかも自分のテーマとして瞬時に取り組むことも可能になった。そこまで私たちは文化という視点で、広がりと量としての豊かさを獲ち取ったといえるのである。

だが、建築文化という視点でこのことを考えたとき、はたしてそのユニバーサルな視点が建築に豊かさを与えているかというと、疑問を提示しなければならない。なぜならば、建築行為という、本来自然界に対し正と負の両面を担う行為が歴史的に何を表現のテーマにし続けてきたかという大きな問題が横たわっているからである。

私たちの歴史を正確にひもとくと、建築はどのように大きな建造物であれ、またごく普通の小さな民家であれ、自然界への尊敬と畏怖をきわめて大きなテーマとして表現し続けてきたという事実、それは、はっきりといって自然というものへの人間の精神の表明にほかならない。建築が感動を与える芸術だという論拠はまさしくそこにある。しかもそれは地域という限られた場所性のなかで成立するものであった。近代以降、その自然への尊敬と畏怖を捨て去ってきた建築にはもはや感動が失われたといっても過言ではないだろう。

このアジアにおいて、照葉樹林が豊かな生産力とさまざまな精神文化を育んできたという事実は、私自身の建築へのかかわりをこの一点に導き出した。そして、建築をさらに感動深くみる視点を与えてくれたのである。

建築は、まぎれもなく、環境芸術として自然界とみごとに共振し続けてきた。さらに今から、この地球上を美しく豊かなものにするためには、冒頭に書いた自閉症的な建築界の現状に目覚めると同時にその環境芸術としての役割と使命を再度深く認識しなければならない。

(1)　岩切平、一九八七、四〇歳前の建築家一〇一人、SD、一九八七年一〇月号、七二—七三頁。
(2)　岩切平、一九九三、職人建築があればこそ、材料との出会いもある：設計カタログ、建築知識、五一頁。
(3)　岩切平、一九九三、雲南居：系譜あるいはプロセス、新建築住宅特集、一九九三年四月号、一二七—一三二頁。
(4)　岩切平、一九九五、宮崎の四合院、新建築住宅特集、一九九五年二月号、一四一—一四八頁。
(5)　岩切平、一九九五、江南楼、新建築住宅特集、一九九五年二月号、一四九—一五三頁。
(6)　岩切平、一九九八、樹下山房、新建築住宅特集、一九九八年四月号、一五五—一五九頁。

第一一章　ブータン商店街の構成と建築

――パロ商店街を中心として

川窪広明

はじめに

ブータンは、インドの西ベンガル州およびアッサム州とチベットに挟まれた、面積四六、五〇〇平方メートル、人口五八二、〇〇〇人(1)の王国である。国土の南北の距離は約一五〇キロであるが、インドに接する南部は標高二〇〇メートルの亜熱帯、チベットに接する北部は標高七〇〇〇メートルのヒマラヤ山岳地帯と大きく傾斜している。一方、東西の距離は約三〇〇キロであり、主な町は標高二〇〇〇メートルくらいのラインにそって東西に並んでいる。日本とは照葉樹林帯の西と東という位置関係にあり、ともに照葉樹林自然風土を基盤とした農耕文化を発達させてきた。そのためコメ、ソバ、麹といった食物や漆塗り、竹細工、紙、絹といった工芸品に共通点を見出すことができる。

主な産業は、農業・牧畜業であり、国民の多くは伝統的に自給自足を生活の基本としてきた。そのため貨幣制度が制定されたのも一九五九年のこと(2)であり、商業活動もチベットとのヒマラヤ越えによる塩の交易や定期市における物々交換に限られていた。しかしチベットとの交易が不可能となり、また一九六二年にインド国境の町プンツォリンと首都ティンプーとのあいだに道路が完成してからは、インドとの交易が中心となり、さまざまな物資がこの道路を通って国内に流れ込むようになった。さらに一九五〇年代に亡命したチベット人がしだいに定着し、その商才を生かして商業を営むようになったこともあり、各地に商店街が誕生した。ブータンの東西は、西部のパロと東部のタシガンのあいだが全長約五三〇キロの道路でむすばれているが、首都ティンプー以外の各町の商店街は、この道路にそって発達して町の核となっている。しかしその規模は各町によって異なり、近年急速に都市化が進むティンプーでは、商店街も急成長を遂げているが、中部や東部の町では、まだまだかつての

「市」の色合いが強い。

ブータンは、国の政策としてゆっくりとした近代化をはかっているといわれている。そのため国民に民族衣装の着用を義務づけたり、建物のデザインを伝統的なものに制限するなど自国のアイデンティティにこだわることで、かたくなに外国からの文化の影響を避け続けてきた。これは、南北をインドと中国という大国に挟まれた地勢的な条件下で、独立をまもり続けるためには必要な政策であったのかもしれない。しかし、世界的なＩＴ革命の波はブータンにも押し寄せており、インターネットや昨年から開始されたテレビ放送を通じて海外の最新情報が大量にもたらされるようになった。このような社会の変化のなかで、自給自足を基本にしてきたブータン人の生活にも消費文化が徐々に浸透してきている。本章では、ブータン人の消費生活の拠点となる商店街を分析するために、一九九九年一〇月と二〇〇〇年一〇月に行ったブータン・パロの商店街の構成と商店建築に関する調査結果について報告する。

一　商店街の構造

パロは、パロ・チュー（パロ川）にそって発達したブータン西部の町で、ブータン随一の稲作地帯として知られているが、同時にブータン唯一の空港がある町でもあり、ブータンの海外への窓口としての役割を担っている。今回、調査を行ったパロの商店街は、図11・1に示すようにパロ・チューを挟んでチェチュ祭[3]で有名なパロ・ゾンの反対側に、約三五〇メートルにわたって形成されている。一九九九年の調査では、全部で三四棟ある建物の一階には一〇一の店舗が入居しており、工事中の二棟を除きすべての店舗が営業していた。元来、この場所には露店から発展した小さな店舗が立ち並んでいたが、現在の商店街は、一九八七年の火災でこれらの店舗が焼失し

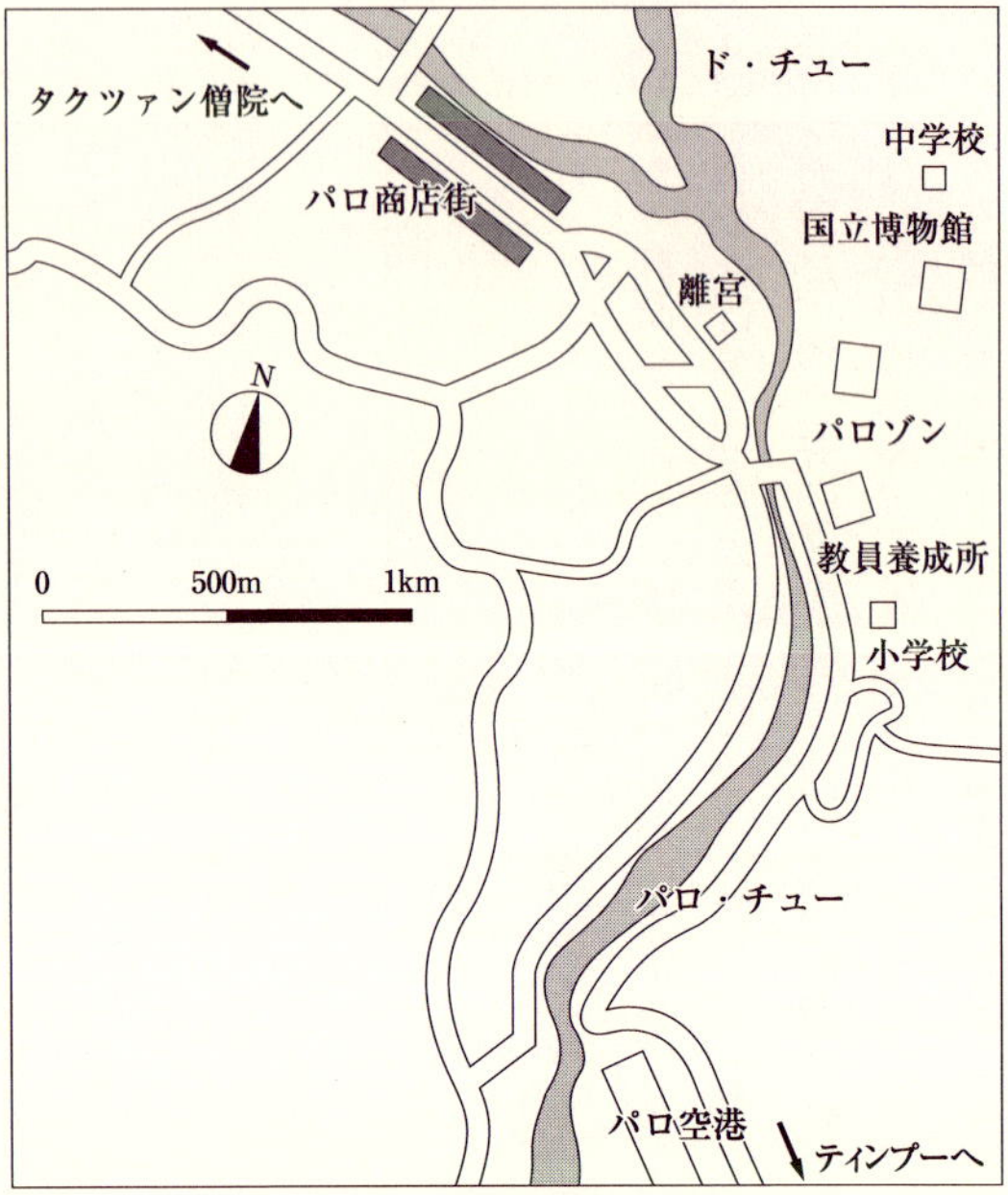

図 11.1　パロ商店街の位置

た後に計画されたものである。パロ・ゾンに近い商店街の東側の入り口には、道路の北側にチョルテン、南側に寺院が建立されている。商店は舗装された道路の南北両側に並んでいるが、チョルテンの西には約一〇〇メートルにわたって空き地があり、この部分だけは空き地の反対側に商店が存在する。また商店街の南側の裏手には、サブジマーケット（野菜市場）と民家がある。

二　商店建築

ブータン建築には、伝統的に三つのカテゴリーがある。宗教と政治の拠点となるゾン、ゴンパやラカンといった寺院、それに民家である。それぞれのカテゴリーの建物に対しては、屋根や壁の色やデザインについて規則が設けられており、たとえば宗教上で高貴な色とされる黄色を民家の屋根や壁の色として用いることはできない。またブータン建築は、ブータン人の多くが七世紀末ごろから徐々にチベットから移住してきたことから、チベットの影響を強くうけているといわれている。確かにチベット仏教に関連したゾンや寺院の建築は、チベット・ラサのポタラ宮を思わせるものであり、民家のつくりにも版築工法による土壁の使用や、梯子のような急階段などにチベット建築との共通点がみられる。[4]

写真 11.1　パロ商店街の商店建築(川窪撮影)

しかし、チベットの家が土のみを材料としてつくられるのに対し、ブータンでは土と木材がともに用いられている。これはチベットと違ってブータンには豊富な森林資源があるからで、住文化にも照葉樹林の自然の恵みがもたらされているものといえよう。したがって材木の組み立てに釘を一本も使わない点、竹で編んだ下地に土を塗りつけて壁をつくる点、木の枠に木製の建具をはめ込む点など、むしろわが国の在来工法との共通点が多い。

ブータンの民家には、ブータン人の仏教に対する篤い信仰心を反映して、壁や梁の木口、窓枠などに仏教上のさまざまな吉祥紋や、豊穣のシンボルとしてのポー(男根)が色彩も鮮やかに描かれている。また屋根の四隅には、木製のポーと剣をクロスさせたものが、魔よけとしてぶらさげられている。棟にもルンタとよばれる経文が印刷された旗が立てられている。

パロ商店街の商店建築もまた、民家同様、版築工法による土壁と木造を組み合わせた建物である(写真11・1)。一棟に二カ所出入り口があることから、二軒が一棟の建物に入居する、いわゆる「二戸一」として計画されたものであろう。所有者も建物の半分で異なり、建物の半分が鉄筋コンクリート造へと改築中のものもあった。また民家と異なる点として、民家の一階はどの壁面も窓が少ないのに対し、商店建築では一階の道路に面する側に花頭窓《かとうまど》(日本の寺の窓の形をしている)が並んでいる点があげられる。(5) それらの窓は高さ九八〇ミリの腰高に取り付けられており、窓の下部に肘を乗せて外部から店内をのぞきこむのにちょうどよい高さとなっている。窓にガラスを入れていない商店も多く、買い物客が歩道とのあいだに一段あがった店前のテラスにのぼって窓越しに店内の様子を眺めたり、店の売り子相手に会話を楽しむ光景をよくみかける。また店前にベンチをおいてある店もあり、人々が座って話に花を咲かせている。近くにある小学校の下校時には、児童たちが買い食いをしたり、鞄を店の前においたまま遊びに興じたりしている。このようにパロの商店街は、「商業活動の場」としての機能以外に「人々の集いの場」としての機能も持ち合わせているように思える。

また多くの建物は、一階の道路に面した部分が商店、一階部分の背後および二階が商店主の住宅となった「職住一致型」であるが、なかには二階がレストランやホテルとして使用されている建物もある。また商店の規模としては、建物の二分の一を使用しているものと、四分の一を使用しているものとがある。四分の一を使用している店では、ふたつの店がひとつの入り口を共用しているものと、一店が入り口を占有し、ほかは窓に踏み台をおいて窓から出入りするものとがある(写真11・2)。

民家に比べると商店の外壁には開口部が多いため、吉祥紋やポーなどのペイントはほとんどみられない。また、軒下にポーと剣をクロスさせた魔よけもつりさげられていないが、屋根にルンタは立てられており、数店の入り口には羊の頭蓋骨が飾られている。さらにほとんどの店は、入口上部にペンキで店名と店番号を書いた看板を掲げている。建物と建物のあいだは、二階にあがる外部階段がとれる三メートル程度の間隔しかなく、切妻屋根がほとんど接するように建てられているが、道路の南側では三戸、北側では二戸ないし三戸ごとに幅一〇メートル

写真11.2　窓から出入りする踏み台をもつ店(川窪撮影)。腰高の窓からは，買い物客が店内をのぞいている。

ほどの空き地が設けられている。この空き地は、とくに広場として整備されているわけではなく、過去の火災の経験から火災発生時に延焼をふせぐ目的で計画されたものと考えられる。また、南側の空き地は、背後の住宅への通路としても利用されている。なかにはこの空き地に面している店もあるが、規模は総じて小さい。

三　商店の種類

パロ商店街を形成する商店の種類を一九九九年の調査にもとづいて以下のように分類し、それぞれについて特長をまとめてみた。

三－一　ゼネラルショップ

商店街のすべての店は、Ministry of Trade and Industry という政府機関から許可を得て営業している。パロの商店街の特徴は、ブータンのほかの町の商店街と同様、ゼネラルショップあるいはゼネラルストアとよばれる「よろず屋」が非常に多いことである。全商店数一〇一店のうち、約半数にあたる四八店がゼネラルショップであった。ゼネラルショップで扱っている商品は、コメ、雑穀、マメなどの穀類、缶詰、調味料、干し魚などの食料品、歯磨き粉、石鹸、洗剤、食器などの日用品、たばこ、ドマといった嗜好品、種子、菓子類、玩具、野菜、衣類、靴、金具、仏具など多岐にわたっている。店舗の規模は多様であり、建物の二分の一を使用しているもの、四分の一を使用しているもの、空き地に面しているものがある。したがって各店によって扱っている商品の種類や量は異なるが、日用品はほとんどの店で扱っていた。穀類を扱っている店は四八店舗のゼネラルショップ中一一店舗であったが、すべての店が建物の二分の一を使用しており、取り扱っている品の種類や量も豊富であった。ちなみに写真11・1の建物の左半分を占めるゼネラルショップPARO CANTEENでは、穀類、日用品、菓子など一四〇種類程度の商品を扱っており、店主が月に二回、インドとの国境の町、プンツォリンまで商品の仕入れに出かけるとのことである。

一方、空き地に面したゼネラルショップ三店は、取り扱う商品の種類、商品の量ともに非常に少なかった。また食堂を兼ねたゼネラルショップが二店、店の看板には電気店とあるが、電気製品のほかに日用品や衣料も販売している実質ゼネラルショップも一店あった。

このように多くのゼネラルショップが同じ商店街で営業できるのは、各店に固定客がいるからである。ブータンでは、町から遠く離れた山中に単独で居住している人も多く、このような人々は定期的に町まで食料や日用品を買い出しに出かける。交通網も整備されていないので、この買い出しのために馬のキャラバンを組み、片道二―三日をかけてでてくる人もめずらしくないという。このような人々にとって、なじみの店でいろいろな品をまとめ買いすることには、価格面でのディスカウントをうけることができる、あるいは現金収入が得られるまで「ツケ」で買い物ができるといったメリットがある。パロ近郊は豊かな稲作地帯であり、ここに住む人々はコメや野菜を自給自足できるため、穀物を扱うゼネラルショップは、稲作ができない山岳地帯在住の人を固定客にもつ店であると考えられる。

三-二　ショッピングコンプレックス

ショッピングコンプレックスとは、内部通路に面して複数の店舗が入居した商業施設のことである。一九九九年の調査では一店のショッピングコンプレックスがあった。入り口は一カ所であるが、内部は廊下を挟んで間口三メートル程度の七つの店舗に細分されている。内部の各店舗には商品をストックするための倉庫はなく、扱っている商品数、商品量ともに非常に少ない。また建物の外部にはSHOPPING COMPLEXと書かれた看板が掛けられているが、内部の店舗の店名を表示した看板はない。店舗の内訳は、菓子や日用品を扱うゼネラルショップが四店、ほかに衣類を中心とした店、靴屋、洋品店が一店ずつである。ただし、衣類を中心とした店や靴屋でも日用品を販売しており、ゼネラルショップ的な要素をもっている。

三-三　パンショップ

パロの商店街には、日本のたばこ屋に相当するパンショップとよばれる売店が七店ある。また「ゼネラルショップ」と看板を掲げている店でも、実質はパンショップと考えられる店も二店あった。パンショップは、(6)ドマやばら売りのたばこ、袋菓子など安価な商品のみを扱っており、規模も小さく、なかには二階に通じる外部階段の下に出店しているものもあった。パンショップにはドマのはいったガラスケースが正面におかれており、袋菓子などが店内いっぱいにところ狭しと並べられている。店内に売場スペースはなく、客は売り子と窓を通して金品のやりとりを行う。

三-四　食堂、ホテル

食堂は一八店あり、このうち一階にあるものは一三店、二階にあるものは五店であった。またゼネラルショップに食堂が併設されている店も二店ある。ホテルは六軒あり、すべて二階あるいは三階に設けられている。これらのホテルにはすべて食堂が併設されているが、逆にHOTELと看板を掲げていても、食堂のみで宿泊機能をもたないものもある。一階にある食堂はブータン人を対象としたものであるが、二階にある食堂のなかには、外国人観光客を対象として、バイキングスタイルの食事を供するところもある。またパロ商店街のホテルはすべてブータン人を対象としたもので、外国人観光客が宿泊するためのホテルではない。

三-五　専門店

ほかの店の内訳は、土産物店六店、電気器具店三店、レンタルビデオ屋三店、肉屋三店、床屋二店、仕立屋二店、写真屋、靴屋、洋服店、洋品店、パン屋、酒屋、カー用品店、電話屋、アーチェリー用品店、宝石店、コーラ卸店、銀行、郵便局が一店ずつである。

①土産物店

外国人観光客相手に民芸品を販売しており、クレジットカードが使用可能な店もある。ただしいずれもゼネラルショップと同じ大きさの店であり、ティンプーのハンディクラフトセンターと比較すると非常に規模が小さい。

②電気器具店

三店ともに電気製品の小売りより、修理を中心に行う店である。店先におかれていた電気製品は、オーディオ機器、電気釜、照明器具といった小型のものが多く、冷蔵庫や洗濯機といった大型家電製品はおかれていない。

③レンタルビデオ屋

インド製の映画のビデオが中心である。ほとんどがダビングを繰り返した画質の悪いものといわれている。

④肉屋

肉屋は三店のうち二店が空き地に面しており、店先の台の上に直接、肉、魚、鶏肉を並べて売っている。肉屋が表通りに面していないのはティンプーでも同様である。ブータンでは、肉屋は夕刻のみ営業するため、表通りに面する場所に比べて店賃の安い奥まった場所に店を構えるとのことである。

⑤電話屋

ブータンには、公衆電話や電話ボックスはなく、これにかわるものとして電話屋という商売がある。店内に料金メーターをそなえた電話があり、利用者は通話終了後、計算された料金を支払う。国際電話も可能である。

四　ゼネラルショップの間取り

パロ商店街の典型的なゼネラルショップの間取りを図11・2に示す。この店は写真11・1の店であるが、建物の左半分を占めており、右半分には銀行がはいっている。建物は、版築工法で建てられたオリジナルの状態を保っており、改装はされていない。建物の一階床面積は約一一四平方メートル、二階床面積は約一二八平方メートル、延べ床面積は約二八七平方メートルである。このうち一階店舗部分の内寸は、幅七〇五〇ミリ、奥行き三五八〇ミリで、面積約二五・二平方メートルである(写真11・3)。店の奥には商品倉庫が四室あるが、各倉庫内部には棚が設けられ、商品が整然とストックされている。また階段奥は米倉庫になっている。一方、二階は居住区域になっており、急な内部階段をのぼってあがる。道路に面して居間と寝室がある。その奥に仏間と寝室があるが、仏間はブータンの農家と同様に非常に立派なつくりであり、仏壇には国王やダライラマの写真が飾られている。

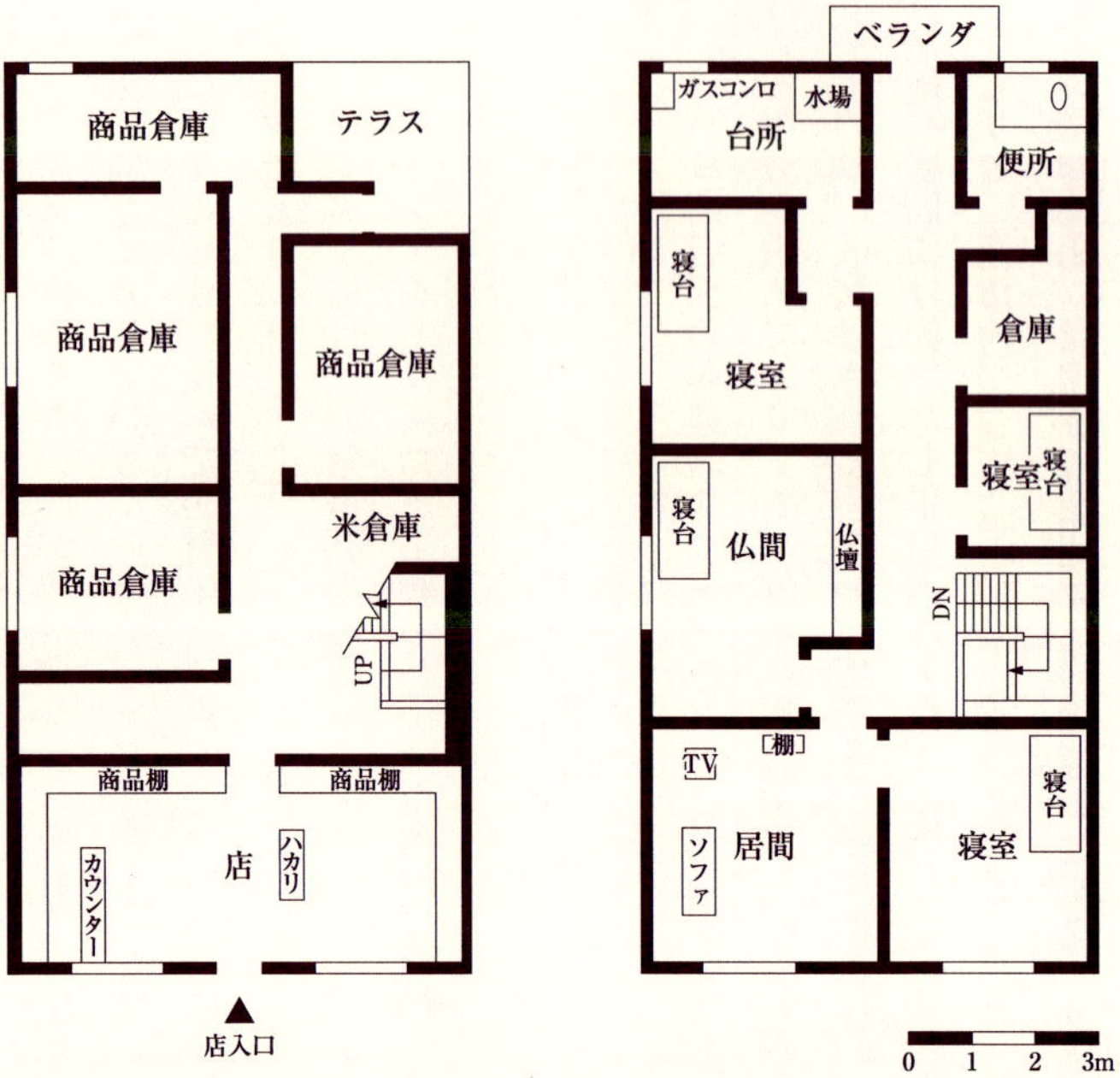

図 11.2　ゼネラルショップの間取り

写真 11.3　ゼネラルショップの店内(川窪撮影)

写真 11.4　半分が鉄筋コンクリート造に改築された建物(川窪撮影)

また仏間は、老人の寝室としても使用されている。しかし隣家が近接して建てられているため、仏間と寝室にはほとんど光がはいらず、室内は昼間でも薄暗い。道路の反対側の面は、台所と便所になっている。台所ではプロパンガスのコンロを使用しているが、炊事用の水はくみおきである。

五　一年間の変化

二〇〇〇年の調査では、建物の数は三四棟とかわらなかったが、一階の店舗数は一〇八と前年に比べ数字のうえでは七店舗増加していた。また前年の調査時に工事中であった建物は、二棟とも完成しており、鉄筋コンクリート造の建物となっていた。そのうちの一棟は四階建てであり、一階が店舗、二階が外国人旅行者むけのレストラン、三階と四階が賃貸アパートとなっている(写真11・4)。さらに商店街の西のはずれには、新たな鉄筋コンクリート造の建物が建築中である。

この一年間の変化として、一階の店舗については一六店舗が入れ替わるか廃業しており、八店が新規に開店した。また建物の二階には、五店が新規に開店した。新規に開店した店のなかでは、二店のショッピングコンプレックスが目を引く。前述したようにショッピングコンプレックスは、建物内部を貸店舗用に細かく仕切ったもので、内部通路に面して小面積の店舗を数多く入居させることができる。このような店舗は賃貸料が安いため、借り手、とくに商売を新しく始めようとする人にとってはリスクが少なく、家主にとっても借り手をみつけやすいといったメリットがあると思われる。

さらに新しい種類の店舗として、一九九九年には一店もなかったヘアサロン(美容院)が、いっきに三店も開業していた。従来、ブータンの女性は、いわゆる「ザン切り」に髪を短く刈り込んでいたが、近年は長髪が流行しているとのことである。したがってこれらのヘアサロンは、このような流行のニーズにあわせたものといえよう。またコンピュータショップも開店し、「インターネットカフェ」として外国人旅行者に利用されている。

おわりに

ブータン西部の町、パロの商店街の調査を行った。この商店街の特長として、全商店の約半数がゼネラルショップとよばれる店で構成されていることがあげられる。ゼネラルショップが扱う商品は日用品、食料品から電気製品まで多岐にわたる。また商店建築は、ブータンの伝統様式である版築工法によってつくられた二階建て建築が多く、通りに面する店の規模はその建物の二分の一を使用するものと四分の一を使用するものとがある。従来は、一階が店舗、二階が住居という職住一致型であったが、鉄筋コンクリート造に改築された建物もあり、このような建物は、一階のみならず上階も店舗に利用されている。二〇〇〇年現在では鉄筋コンクリート造の建物はまだ少ないが、建物の高層化が可能であり、上階も商業スペースとして利用できるために、今後、鉄筋コンクリート造への建て替えを進めてゆく家主も多いかもしれない。

さらに一九九九年にはパロ空港が改装され、また国王即位二五周年を記念した認可によって、外国人のブータン国内の観光を扱うツアー会社が三三社から七九社に増加した。ブータン唯一の空港があるパロは、このようなツアー会社にとって重要な拠点であり、パロの中心部にオフィスを構えようとする会社も出現するであろう。さらにテレビ放送やインターネットなどの情報分野における近代化により、ブータンの人々のライフスタイルも急激に変化してゆくであろう。このような変化に対し、人々の消費生活を支えるとともに交流や集いの場としての一面も持ち合わせるパロの商店街が、今後どのように変化してゆくのか興味がもたれる。

(1)　地理編集部、一九九三、ブータン王国データファイル、地理、三八(一〇)、二七頁。
(2)　Coelho, V. H. 三田幸夫・内山正熊訳、一九七九、シッキムとブータン、一七九頁、集英社。
(3)　チェチュ祭は、ブータンに仏教を伝えたとされるパドマサンババをたたえる祭りで、ブータン各地で開かれる。そのうちパロのチェチュ祭は、毎年、三月に開催され、その規模もブータンでもっとも大きい。祭りでは、僧侶たちによる仮面舞踏や村人の歌や踊りが奉納される。
(4)　宮脇檀・猪野忍、一九九九、Nostalgia Bhutan. 建築知識、二一五頁。
(5)　ブータンの民家(農家)では、一階は家畜小屋や倉庫として使用されてきた。現在は、衛生上の理由により、一階を家畜小屋として利用することは禁止されている。
(6)　ドマは、ビンロウジュの実と石灰をキンマの葉で包んだものを口のなかでかみ砕いて刺激的な味を楽しむ嗜好品で、インドやネパール、ブータンで愛好されている。「パン」とは、ヒンディー語で「ドマ」のことである。ブータンの路上には、ドマをかんで吐き出された赤い唾液の染みがあちこちにみられる。

III

農業景観と照葉樹林文化

山口裕文
森本幸裕
梅本信也
徐　英大
石井　実
上野　登
副島顕子

第一二章　照葉樹林帯の中山間地農村の景観をつくる畔道と撹乱依存性植物

山口裕文

はじめに

田舎や故郷への想いは、人、一人一人にとってさまざまである。ある人には薄緑色の葉の萌えるナラ林が故郷の景色であり、ある人には濃緑色のむしろ黒い感じのする照葉樹林を背景とした景色であり、ある人には丘陵地の里山の景色である。この違いは、幼いころに五感を通してすりこまれた故郷の景色によるものである。景観(景相 Landscape)は、さまざまに定義されるが[1]、一般的には草の芽生えや花や土の香りを含んだ人の感じる景色そのものである。この景観の成り立ちは土台となる土(母岩)の性質や降水量など風土による部分もあるが、その場所の歴史や文化や風俗によっても大きく規定される。景観はとらえ方によっては大きくもなり小さくもなり境界のないものであり、学問上の方法論や施策にまでかかわる景観の問題のすべてについて論じることは不可能に近い。ここでは西南日本の農村景観にかかわる攪乱依存性植物とその管理について考えてみたい。

一　中山間地の農村にみられる景観要素

農村の景観をつくる要素には、森林、水田、畑、竹林、山の岩肌、道路、水路、小川、家屋、土壁、屋根瓦、屋敷林、ため池、ある場合にはそこに住む人や動物など、ある地域に存在する自然と人工物のすべてが含まれる。それぞれの要素が組み合わさった景色が人の感性を満足させれば美しい景観(写真12・1)、人の感性に添わなければ好ましくない景観(写真12・2)ということになる。それぞれの要素のほとんどは美観を意識して配置されたものではない。美観を意識して計画された公園でさえ、時間とともにさまざまな改変があり、時間とともに変容して

写真 12.1　中山間地農村の景観(山口撮影)。日田

写真 12.2　ある廃屋の風景(山口撮影)。湯川

写真 12.3　日本の農村原風景のようなミャオ族の村(山口撮影)。凱里

いるものである。伝統的な日本庭園の縮景(Landscape in garden)や借景(Garden in landscape)でさえ、人の意図せぬ植物の動きや周辺の変化によって意識的管理には無力であり、景観はその要素の変容によってつねに変容しているととらえられる。さまざまな景観のうち田園や中山間地の農村の風景は、日本人の心をなごませ、さまざまな効用をもたらしている。美しいあるいは好ましい農村の風景には、人家があり、裏山があり、前に水路やせせらぎがあり、水稲の実りや外周型庭園にある果物の実りが含まれる。四季折々の水田の風景は、そのなかで多くの日本人に好まれる風景である。しかし、われわれは現在、幼いころに経験した原風景をみることはできない。そのような風景は昔ながらの生活を営んでいる中国西南の少数民族の村にみることができるが(写真12・3)、それも五〇年くらいのあいだにわら葺き屋根(2)から瓦葺き屋根へ、ハンギングウォールから煉瓦積みの壁への変化に代表される景観要素の歴史的変容のなかに存在しているのである。

現在の農村の景観要素にかかわる文化の基層をみると、

写真 12.4　ソバの「かりや」も景観の要素（山口撮影）。対馬

水田の基盤整備や道路の舗装、生活習慣の洋風化によってさまざまな変容はみられるものの、西南日本では照葉樹林文化の要素が、東日本ではナラ林文化の要素が色濃く残っている。西南日本を例にとれば、水稲の栽培とそれにともなう儀式や儀礼、山菜利用やモチ性嗜好の食文化、生け垣のある高床で土壁の家、外周型庭園にあるキチン・ガーデンなど数え上げればきりがない。[3] そのなかに住んでいる人の日々の行動が（写真12・4）、植物や生物や自然風土だけでなく、現実の景観要素に影響して全体の風景にかかわっていると考えられる。

二　景観要素としての撹乱依存性植物群落

好まれる農村の原風景における景観の構成要素やその基層を注意してみると、田や畑の作物のほかに必ず広い意味の雑草（撹乱依存性植物 Ruderal）があり、それらはいくつかの共通点をそなえている。好まれる景観のなかの雑草は、花をつけ、あるいは緑を保っており、家畜によって喰まれてはいても、けっしてぼうぼうとしげった状態ではなく、除草剤で枯れ赤茶けてはいない。好まれる景観にあらわれる雑草の風貌は、単調でもなく、けばけばしくもなく、華やかさもない。早春のつややかな草花のカーペット（写真12・5）も、秋のヨメナやユウガギクのつくる野菊の苑でさえひっそりとたたずんでいる。この撹乱依存性植物のつくる風景は意識してつくられたものではない。日々の農

写真 12.5　春の畔道の花園（山口撮影）。堺

写真 12.6　あぜ塗りの風景（山口撮影）。河内長野

作業による撹乱依存性植物の管理や家畜の影響に対する植物の反応によってつくられたものである(写真12・6)。それがゆえに一時期だけを華やかに飾る園芸植物によってつくられた景観にはないものをもっているのである。

景観要素としての撹乱依存性植物は、学問的には一個体、ひとつの種、種集団、群落(すべての階層を含む)という分類学上あるいは生態学上の単位によって識別され、それらが景観の構造や機能へどのような役割を果たしているのか考察されなければならない。植物社会学的にみると西南日本の植物遷移の極相は、海岸や高山を除いてヤブツバキで標徴される照葉樹林である[4]。農村に存在する撹乱依存性植物群落は照葉樹林の偏向植生もしくは遷移途中の植生とみなすことができる。西南日本の成熟した照葉樹林ではシイ、タブ、カシ類、イスノキなどが優占するが、海岸に近くなるとタブやハマビワやトビラが増え、標高が高くなるとアカガシが増える。照葉樹林の撹乱地には、海岸に近いかや標高とはかかわらず、ベニバナボロギクやカラスザンショウの幼植物からなる伐採地植生やマダケやクズの群落がしばしばみられるが、継続した人為撹乱(草刈りや火入れ)が続くと通常はススキ草地かチガヤの草地になる[5]。家畜の影響が加わったり草刈りの頻度がより強くなるとシバ草地が発達する。好まれる景観の要素としての撹乱依存性植物群落は、この三種類の半自然草地を基本として構成され、そのなかでは多様な植物種の生活が営まれている。この半自然植生のなかにどのような種が含まれるかは地史にかかわった大きな植生単位の移動の歴史とそのなかで繰り広げられた種分化と適応の歴史によって決まり、農業技術の発展にともなうさまざまな人間活動のインパクトの歴史も植物群落の構造や特性の成立に大きく関与している。一例をあげれば、道端に生えるヨメナは在来のユウガギクと渡来種のコヨメナとの交雑によってできた日本固有種であるが[6]、これは水田農耕の伝来にともなった祖先種の接触によってできたとみることができる。また、ススキやチガヤやシバでさえ、遺伝的進化単位としてみると日本に適応した日本固有の植物ということになる。フジバカマに代表される絶滅危惧種の多くも撹乱依存性植物群落の管理の変容にともなって少なくなった東アジアや日本固有の植物である。(7) このような植物学的背景をもつ雑草群落自身が、周辺の植相や環境条件の違い、その地域の歴史的成り立ち、文化風俗の性格によってさまざまに変化して、裏山や人家とともに景観をつくりあげるひとつの重要な要素となっているのである。

三　景観要素としての畔道

人間の生活とそれに対する撹乱依存性植物の反応の関係がもっともよくあらわれている景観が水田の畔道である。「あぜ」には畔道のほかに、畑のうねや境界の意味があるが、ここでは水田の畔(中国語では広東語起源の「坎」にあたる)に限ってみると、「あぜ」は、これまで学校教育でもマスコミでもくわしくは扱われておらず、水田の基盤整備にともなう人為的な変更のほかには、意図的な管理によって景観のうえでの修正が加わっていない。そのため、伝統的な水田の畔は、景観と人間の生活との相互関係を知る絶好の素材といえる。

日本には、さまざまな「あぜ」がみられる。その型は、畦畔の形状と管理の方法によって八種類ほどに分けることができる(8)(図12・1)。西南日本にもっとも卓越的な関西型の畦畔(図12・2)を例にして、植物の生育状況をみると、水田面の塗り土部である「まえあぜ」と通路になる平坦面とそれに続く畦畔草地にはそれぞれ異なった種組成からなる植物群落がみられ、それぞれの群落は固有の季節的すみ分けを示す。

まえあぜは、毎年、粗起こしや耕耘の際に「畔切り」の作業によって破壊され、粗代かきや本代かきの際に塗り戻される(写真12・6参照)。畔切りとあぜ塗りの手入れの程度は、その地域の水利や土質、モグラの生息の有無などによって異なっている。普通、畔の平坦面は年に三回から数回の草刈りが行われ、畦畔草地は年に一度か二年に一度の草刈りと火入れが行われる。この草刈りの高さも回数も、あぜ塗りの程度と同様に、場所によって異

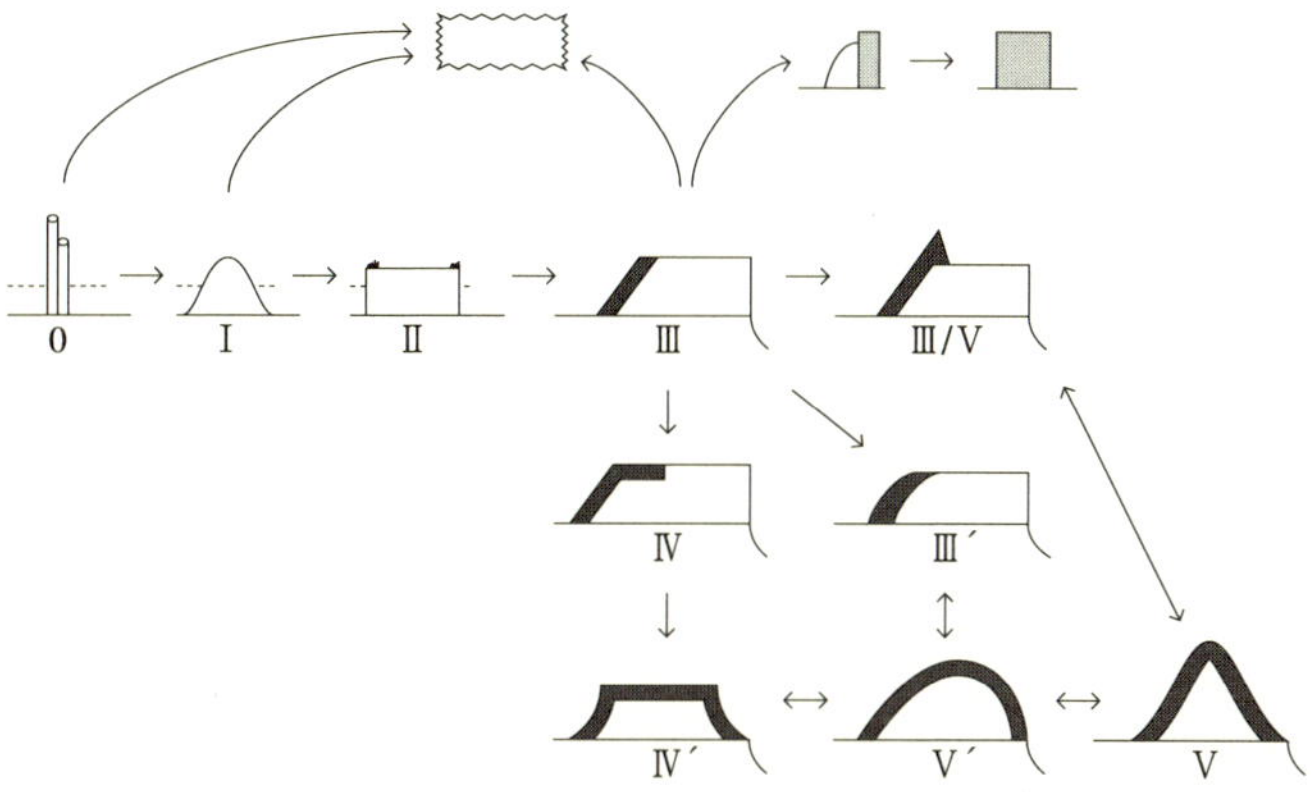

図 12.1　日本にみられるさまざまな畔(山口・梅本，1996 より)[8]。0：畔なし型，Ⅰ：手畔型，Ⅱ：くろなし型，Ⅲ：関西型，Ⅲ′：関西亜型，Ⅳ：九州A型，Ⅳ′：九州B型，Ⅴ：北陸型，Ⅴ′：北陸亜型，上段：雑型。黒色部はあぜ塗りの部分，網かけ部はコンクリート。雑型には畔板やコンクリートなどを使ったものが含まれる。

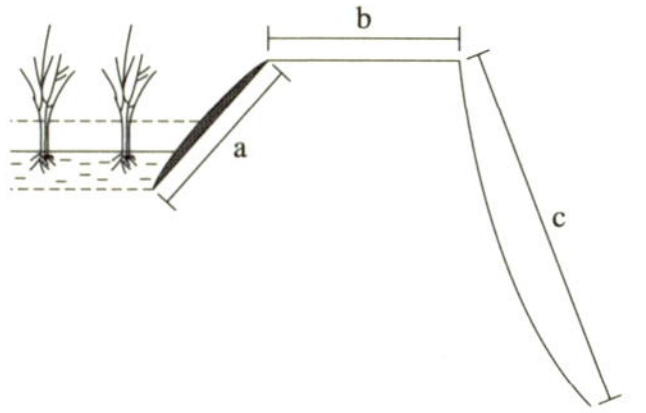

図 12.2　関西型畦畔の構造(山口・梅本，1996 より)[8]。a：まえあぜ，b：平坦面，c：畦畔草地

なっている。平坦面の広さ、畦畔草地の傾斜度、農家の勤勉度やその年の植物の生長量に応じて変化するのが普通である。

つぎに伝統的な畦畔にみられる植物群落の組成を関西型畦畔でみてみよう[9,10]。

まえあぜにみられる植物は、ヒデリコ、オオジシバリ、タネツケバナ、チガヤ、ヒメクグ、ヨメナ、チョウジタデ、ムラサキサギゴケ、アゼナ、ゲンゲ、スズメノテッポウ、カズノコグサ、タカサブロウ、ヒメタイヌビエなど、水田に主にはいる一年生雑草と畔の平坦面に生育する多年生草本の侵入によるものである。

平坦面には多年生草本から構成される三つの群落のベルトがつくられる。まえあぜの側にはチガヤ、ヒメクグ、オオジシバリ、ヨメナ、ヨモギ、シバ、チカラシバなどがみられ、中央部にはシバ、ニホンタンポポ、アオスゲ、オオバコ、カゼクサ、ノチドメがみられ、畦畔草地側にはチガヤ、ヨモギ、ニガナ、スイバ、ウマノアシガタ、チカラシバ、スズメノヤリ、ネザサなどが生育する。平坦面の中央部は人の踏みつけの力もかかるため一般に草高は低く、両側では草高はやや高くなる。補修など畔に手入れがはいると部分的に一年生雑草が一過的に生育する。

畦畔草地には、通常、チガヤやススキを優占種とする群落ができる。このなかにはヨモギ、カルカヤ、オミナエシ、アザミ類、ウマノアシガタ、スイバ、ワレモコウ、クズ、キキョウ、メドハギやマルバハギなどのハギ類がみられ、ウツボグサ、タツナミソウ、ミヤコグサ、コマツナギなど春や秋の道端を飾るさまざまな植物もみられる。畦畔草地の植物は多くの場合生長点のやや高い多年草が多いが、ときには潅木がまじり、ヤマツツジやミヤコツツジ、クサギなどもみられる。

畦畔の植物群落は畦畔の類型によって異なっている。毎年大きな破壊とあぜ塗りが続けられる畦畔では越夏性もしくは越冬性の一年生植物の生育がみられ、ヨモギやチガヤなどの生育が少なくなる。大きめの水田では、水の管理を平均化するために手畦という一時的な畔をつくるが、ここには水田雑草とまったく同じ種がみられ、除草剤が連用される畦畔では小さな種子をもち空白地に侵入しやすい一年生の帰化植物や除草剤耐性のハルジオンやキュウリグサのような植物が生育する。もっとも種数が豊富で安定した植物相を示す伝統的畦畔は関西型畦畔であり、帰化植物の多い畦畔は基盤整備直後の畦畔である(9)(10)。

伝統的な畦畔の植物は通常みごとな季節的なすみ分けを示し(図12・3)、平坦面の観察の例では、春季に双子葉植物のバイオマスが大きくなり、季節を通してイネ科植物を主とする単子葉植物のバイオマスは安定している傾向にある。また、手入れの行き届いた畦畔では刈り込みのインパクトに対してさまざまな緩衝力がみられ、強度の刈り込みに対しても安定した植物生産を示す場合が多い(11)。このような畦畔では植物の生活型も多様であり、

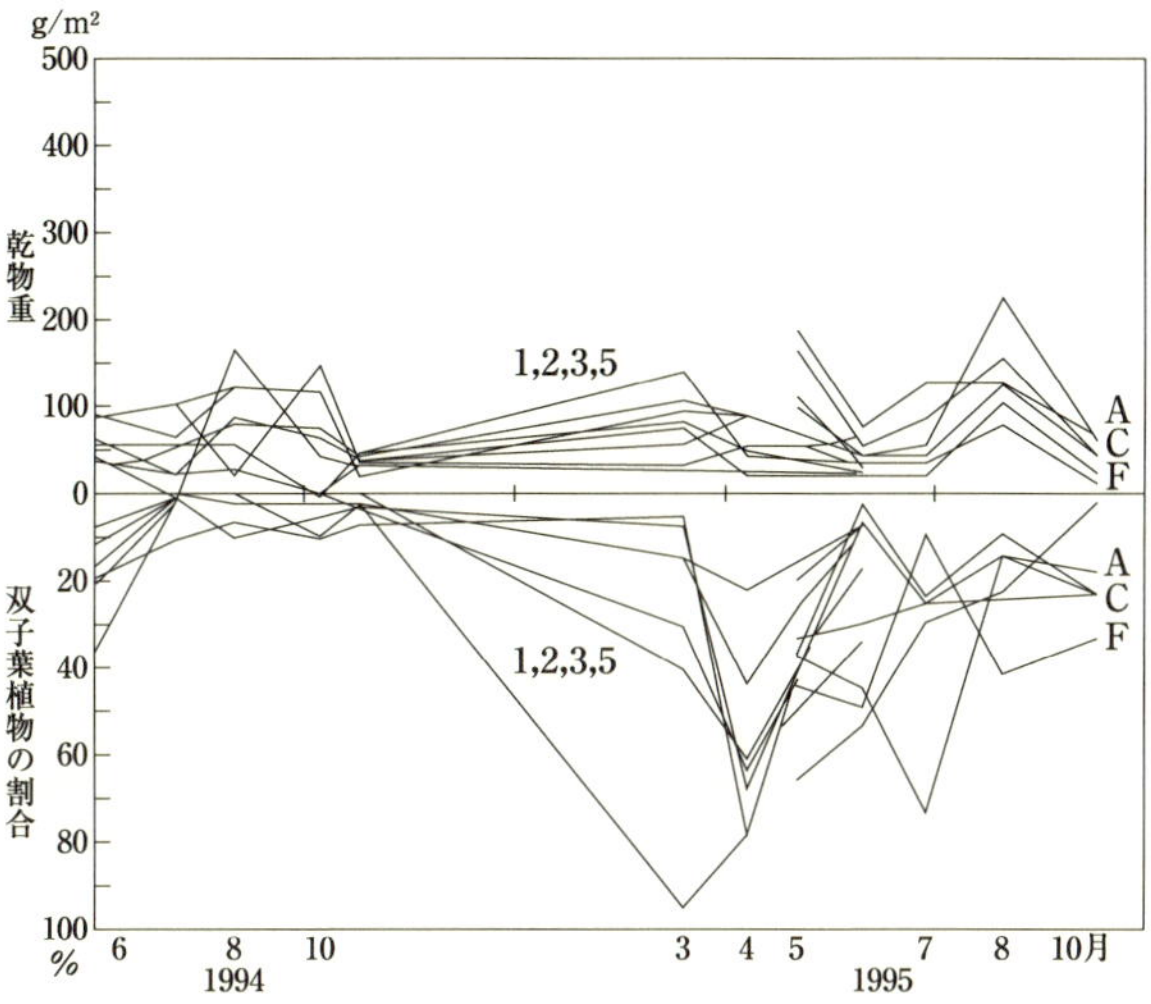

図12.3　刈り込みを継続的に加えた畔の平坦面における植物の生産量の動態(梅本・山口，1997より)(11)。関西型畦畔は刈り込みがあっても安定した乾物生産を継続し，双子葉植物の量は毎年春に多くなる。

個々の植物がパッチ状に表面をおおっており季節的に変化することから、草刈りや管理のインパクトに応じて個々の種が互いに干渉しあいながらバイオマスを増減させて植生全体として安定した物質生産を示していると考えられる。

このように畔道は、さまざまな管理の影響をうけながら畦畔の植物とともにさまざまな景観をつくっている。畔は、それ単独で美しい景観をみせることがあり、能登輪島の千枚田はその典型である。田植えころの千枚田は、土の光がまばゆい姿をつくる。この畔は、関西型畦畔ではなく、その上面を歩くことは不可能である。北陸型からやや変形した千枚田の畔は、上面をすべて塗るという習慣によって光沢のある畔の波が重なりあう景観を示しているのである。

一方、観光資源となっている近畿や四国の棚田では、田植え前や収穫のころの風景が好まれる。そこでは、畦畔植物の野の花が景観要素として大きな役割を果たすことになる。

四　畦畔植生の多様性

伝統的畦畔の植生は、ひとつの畦畔の類型をみても非常に多様であり、その存在様式は日ごろの農作業やそれにともなう雑草管理にかかわっている。この畦畔植物の多様性は、畔の種類によって大きく変化するが、その畦畔の管理の歴史によって異なる。基盤整備後の経過期間の異なる水田畦畔における植物の動態からその実態をみてみよう(9)(10)。基盤整備直後の水田でも、整備後数年をへた畦畔でも、伝統的畦畔でも、生育する植物の種数がきわめて少ないことはあまりなく、ある時期に一本の畦畔には少ないときでも五種程度、多いときには二〇種ほどの植物が生育する(図12・4)。むしろ、基盤整備直後の畦畔では種数は多い傾向にある。しかし、その中味をみると整備をへた畦畔では帰化植物や一年生草の生育が多く、通常、景観としては粗雑である。ひとつひとつの種の平面的広がりの構造をみると、伝統的畦畔では「優占種、次優占種、斑状のパッチをつくる種、バラバラに広がる種がまじっている」特徴と「一年生草、二年生草、生活型の違う多年生草がまじっている」特徴を示すのに対し、新しい畦畔では優占種が全面をおおっていたり、一年生の帰化植物がでたらめにまじって生えていたりする。新しくつくられた畦畔にクローバーやライグラスを被覆した場合でも、数年のあいだには斑はげや全面枯死や帰化植物の侵入が頻繁にみられる。畦畔草地には整備直後は畔の平坦面の植物と同じ種が生育するが、数年をへたものではセイタカアワダチソウを主とするみすぼらしい植物群落が展開している場合が多い。さらに年月をへた畦畔草地では、ススキやチガヤの部分的な生育がみられ、ヨモギなどもみられる。基盤整備によって再構築された畦畔では、畔の平坦面でも畦畔草地においても帰化植物が多くなり、日本や東アジアに古くから生育する植物はあまりみられない。多年生草本の大きなパッチと一年草がでたらめに生えたあいだに空白のパッチがみられるた

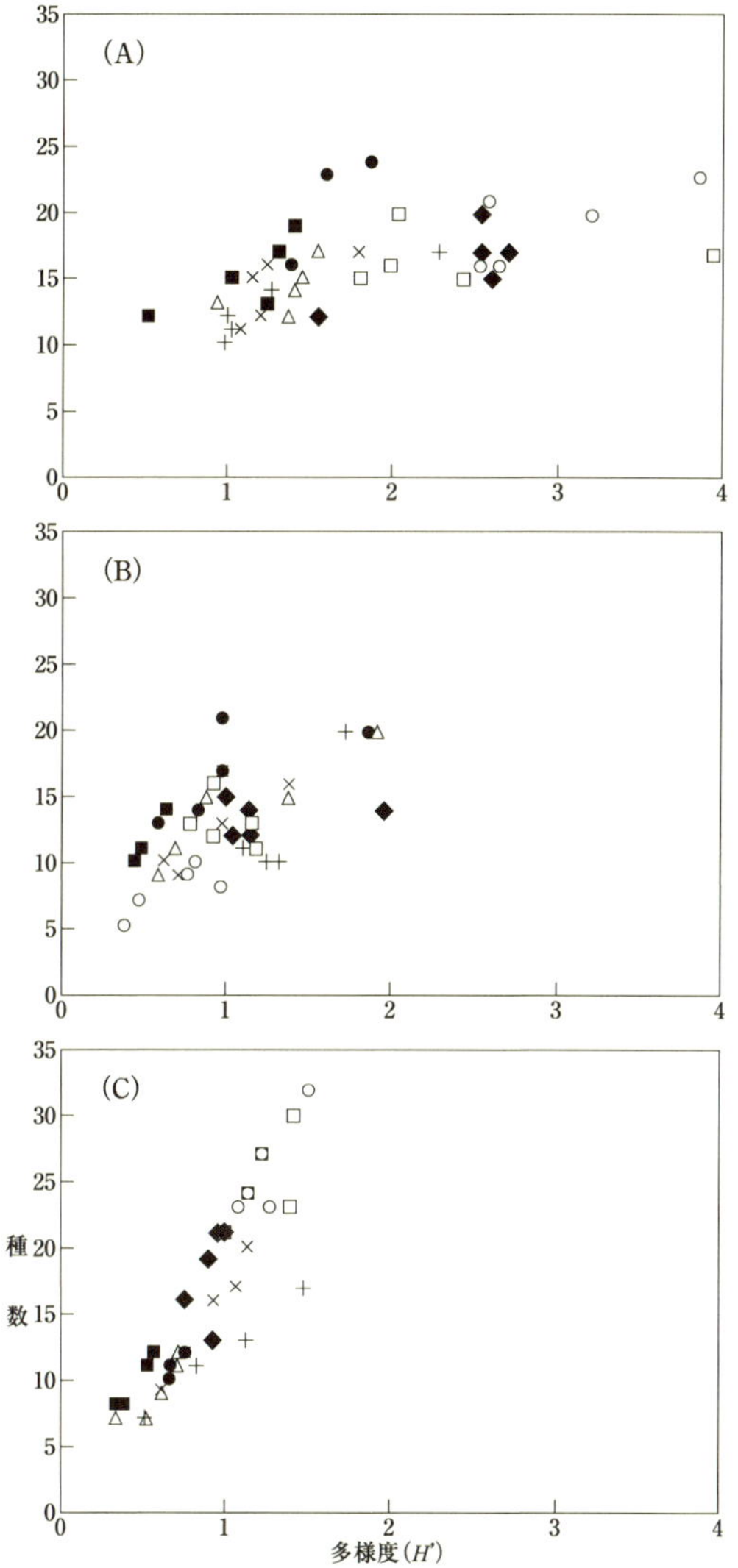

図12.4　基盤整備畦畔植生における種数と多様度の年間推移(山口ほか，1998より)(9)。○：5月，□：6月，◆：7月，×：8月，+：9月，△：10月，●：11月，■12月。(A)：伝統的水田畦畔，(B)：基盤整備後5年目の畦畔，(C)：基盤整備直後の畦畔

め、種数としてはある程度の多様性はあるが、少なくとも美観に耐えうる状態にはない。この基盤整備後の畔の植生の回復の程度は都市に近い農村と山間地の農村ではまったく異なり、山間地では早い回復がみられる(12)。しかし、伝統的畦畔にみられるようなお花畑や尾花(ススキ)の景観は容易にはみられない。種としてのススキやチガヤがみられたとしても、群落のなかでの植物どうしの落ち着きや調和はできあがっていないからである。

畦畔の植物群落の動態の違いは、季節消長にもみられる。季節的すみ分けと多様性の季節推移は伝統的畦畔では安定したダイナミックスを示すが、整備後の畦畔ではその動きを示さない(図12・4参照)。伝統的畦畔の雑草群

落は、このような種構成の変動を示しながら、双子葉と単子葉の植物の置き換わりにみられる一年の季節的すみ分けを示す（図12・3参照）。

五　雑草の管理と年中行事

「隣の綺麗にさしたけん、うちも草刈りばしゅうか（隣家が周辺を手入れしてきれいにしたので、自分の家も草刈りをしようか）」であらわされる農家の美意識の程度によって、草刈りや畔の手入れの頻度は大きくかわるのが普通である。この植物群落の状態に応じた農家の動きこそが、撹乱依存性植物からなる畔の景観の美しさを維持している原動力である。各地での聞き取りによると草の高さが三〇センチを超えると草刈りを始めるのが普通である。畔や畦畔草地の手入れは日本人の心に彫り込まれたこのような美意識とともに、農作業の実際にあわせて営まれる。スミレ、タンポポ、スズメノエンドウ、レンゲ、ウマノアシガタの花園をみながら、田の耕耘や粗起こしが行われる。花の終わりを告げるころ、代かき作業の前に畔の草ははらわれる。畔の植物は、水稲の生長にあわせて景観の主役をイネにゆずり、長い梅雨から夏のあいだは、歩行のじゃまになるほどに大きくなれば刈られることになる。イネの実りが近づくころには、最後の草刈りがある。収穫機を入れ、取り入れの作業を容易にするためである。秋、畦畔草地の草花は取り入れ作業の人の心をなごませた後、冬を迎え、晩秋や早春に火入れされる。

畦畔草地や畔の草は、隣人との競争や農作業の機能性ばかりでは管理されていない（写真12・7、12・8）。村で婚儀や儀式のハレがあれば、人々はこぞってハレの道にそった場所を整備する。盆や村祭り前の草刈りは、ハレのためだけでなく、都会にでた子どもの帰郷や親戚縁者の訪来にあわせても行われる。農村の景観を美しくする倫

写真 12.7　除草剤による神様の米栽培における畦畔の管理(山口撮影)

写真 12.8　山の神信仰にともなう通路の草刈り(山口撮影)

理観は、単純にここで述べた事柄だけでは成立していないように思われる。水利組合、青年婦人会、村の講など社会組織の構成ともかかわっている。ため池集落の水当番と水路とその共同地の管理などによって農村の雑草景観は影響をうける。このような平素の人々の営みのもとで安定した生活の動態を示す畦畔が好まれる景色の一要素なのである。

六　雑草管理と自然環境の保全

自然環境の保全と産業との調和を考えるには、物理的合理的計画のほかに人間と文化の問題は考慮されるべき要素のひとつである。人間と文化の地域的かたよりを考えると、いたずらに画一的な調和点を探すのは誤りであろう。とりわけ、農村と都市とを識別し、農村にのみ環境保全機能を求めるべきではない。都市化は、都市だけでなく、住環境の整備にともなって、またムラや講の組織の終焉とともに農山村でも進んでいる社会現象である。農村の老齢化やゲートボールの普及と半自然草地や道端のみすぼらしさとは無関係ではない。薪や山野菜の採集とプロパンガスやコンビニエンスストアの普及とは無関係ではないのである。近代的で機能的農村の成立は、人の生活と自然と産業におけるこれまでの相互関係をさまざまな側面で切り放している。都会で必要とされる家庭菜園や園芸植物によるセラピーまでが、今や農村でも必要とされるようになっている。二〇年前に歩いた中山間地の農村では、年寄りによる小面積のアズキづくりや野菜つくりがさかんにみられ、年寄りは朝から鎌をもって草刈りに精を出していた。自由になるわずかのお金が手にはいるからである。今は農協預金やカードシステムの確立によって、生産物から現金までを管理されてしまった年寄りは、孫のお菓子や小遣いの裁量ができず、現金のためのアズキもつくらず、野菜もつくらず、ゲートボールに興じている。「あの家は、物入りがあるらしい」

とうわさになるため、農協の窓口に立てないからでもある。講や婦人会や子ども会の解散は、山の神、水の神、ヤマミツバチの神様などの自然信仰を捨てさせ、亥の子祭りやどんどやき、モグラうちの行事などをも放棄させる。それが自然にかかわる倫理の変更を招いている。自然と人間との関係の切断は、農村においても大きな問題であり、効率化の追求のもたらす歪みが景観のみすぼらしさにもかかわっているのである。

中山間地農村の環境の保全では自然と人間と農業の新たな関係をつくることが必要である。その関係のあり方は、それぞれの地域の人が選択すればよい。耕地整備や効率的な農業技術の普及は、農家の経済力を増すことによって良好な環境の維持にある程度の効果は果たすとしても、自然環境の保全には無力である。基盤整備による大型畦畔の普及と雑草管理の問題化は、そのひとつの例とみることができる。これまでは草のしげりと雑草管理は農家の裁量と植物の自然の反応にゆだねられひとつの平衡状態に落ち着いていた。それが鎌の草刈りと畦畔植物とのやわらかな平衡を生んでいた。動力による草刈り機を必要とする、あるいは薬剤で管理しなければ手に負えない新たな畦畔の導入では、これまでの関係は役に立たなかったのである。完結した循環系を内包しない文明力の導入が大型畦畔における雑草管理問題の根幹にあることは留意すべきである。勤勉な知恵のある農家は基盤整備畦畔を昔と同じ畦畔にかえ、新たな関係を模索しているが、そうでない農家は新たな関係の模索を放棄している。人と畔の草とのやりとりは自然と人との関係である。コストだけを考えるなら畦畔の草は枯らせばよい。自然を残す必要があれば、そこは自然にまかせることが必要である。畔のような半自然環境における保全では、どれだけを人の自然な行為にまかせるかが重要であり、これまでの普及活動がそうであったように、画一的意識的に畦畔の植物を管理させるとそこにはさまざまな不調和が残ることになる。[13] アメニティとしての撹乱依存性植物は手入れを楽しむ人の心があって意味のあるものである。[14][15] スギの人工林と同じ状態を畦畔につくるか、照葉樹林の里山の状態を畦畔につくるのがよいのかを考えれば、畔の景観の保全への解答は単純である。どのように農業環境を整備し管理するかより、自由にまかせ、自然にまかせ、新たな調和関係を産ませることが大切であろう。それによって好ましい景観は必ず人々のまわりにできあがると考えられる。景観の好ましさの問題は、そこに住む人々の文化にかかわる問題であり、よそ者の価値観や文明の問題ではないのである。

（1）沼田真（編）、一九九六、景相生態学：ランドスケープ・エコロジー入門、一七八頁、朝倉書店。
（2）鳥居龍蔵、一九二六、人類学上よりみたる西南支那、七九六頁、冨山房。
（3）中尾佐助・佐々木高明、一九九二、照葉樹林文化と日本、二四一頁、くもん出版。
（4）宮脇昭（編）、一九七七、日本の植生、五三五頁、学習研究社。
（5）沼田真、一九八七、植物生態学論考、九一八頁、東海大学出版会。
（6）西野貴子、一九九七、倍数化による種分化――ヨメナとその近縁種を例に、雑草の自然史：たくましさの生態学（山口裕文編著）、一三四頁、北海道大学図書刊行会。
（7）日本植物分類学会（編）、一九九三、レッドデータブック：日本の絶滅危惧植物、「我が国における保護上重要な植物の現状」普及版、一四一頁、農村文化社。
（8）山口裕文・梅本信也、一九九六、水田畦畔の類型と畦畔植物の資源学的意義、雑草研究、四一、二八六―二九四頁。
（9）山口裕文・梅本信也・前中久行、一九九八、伝統的水田と基盤整備水田における畦畔植生、雑草研究、四三、二四九―二五七頁。
（10）伊藤貴庸・中山祐一郎・山口裕文、一九九九、伝統的畦畔と基盤整備畦畔における植生構造とその変遷過程、雑草研究、四四、三二九―三四〇頁。
（11）梅本信也・山口裕文、一九九七、伝統的水田における畦畔植物の乾物生産、雑草研究、四二、七三―八〇頁。
（12）前中久行・大窪久美子、一九九六、基盤整備が畦畔草地群落に及ぼす影響と農業生態系での畦畔草地の位置づけ、ランドスケープ研究、五八、一〇九―一一二頁。
（13）有田博之・藤井義晴、一九九八、畦畔と圃場に生かすグランドカバープランツ、雑草抑制・景観改善・農地保全の新技術、一七〇頁、農文協。
（14）Stevens, J. 1987. Wild Flower Gardening. 192pp. London, Darling Kindersley.
（15）近藤哲也、一九九三、野生草花の咲く草地づくり――種子発芽と群落形成、九七頁、信山社サイテック。

本章は、山口裕文、一九九七、中山間地農村の景観と雑草管理――水田畦畔を事例として、海と台地、五、三一―三八頁をもとに加筆・訂正したものである。

第一三章　田舟と撻斗と龍船と

梅本信也／山口裕文

写真 13.1　紀伊大島の湿田稲作で現在も使用される田舟(山口撮影)

はじめに

本州最南端の町、和歌山県西牟婁郡串本町潮岬の東約一・五キロの海上に紀伊大島がある。面積九・九二平方キロのこの島は、海蝕台地状地形で、魚付林や戦前は薪炭林として持続的に利用されてきた照葉樹林におおわれている。約一〇〇〇万年前の火成岩からなる台地を穿つように形成された線状谷があり、ここでは今も湿田の稲作がある。かつての常湿田稲作農耕はスイギュウによる代かき、台風対策のための早期栽培、田舟による収穫というような風物であった[1]。紀伊大島の田舟(写真13・1)は水田稲作で田植え、除草、収穫の際に今も使われている。この島の掛け流し田と傍流する小川は、メダカやスブタ、ミズオオバコの絶好の生息地である。ここには湿田稲作とむすびついたかつての自然が残っているのだ。

　フネとかタブネとか称されてきた田舟は、紀伊半島の沿海部で普通に使用されていた農具で、日本の沖縄の八重山諸島から本州の湿田において、かつては広汎に用いられてきた重要な運搬用具である。田舟はスギやヒノキの板材からつくられ、水平移動しやすいように底部がやや反っているのが特徴で、日本の湿田稲作農耕においては欠かせない汎用農具であった。

一般的には、田舟は日本古来の道具と考えられている。はたして田舟は日本に固有な農具なのであろうか、それともどこからか伝播したものであろうか。結論を先にいえば、私たちは田舟は中国にみられる箱形の脱穀用具と関連があり、伝播による照葉樹林文化要素の変容例であろうと推定している。(2)―(4)

ここでは、中国大陸の照葉樹林帯に居住する民族が水稲脱穀に用いている脱穀用木箱類の多様性と分布様式を述べ、脱穀箱と日本の田舟との系譜的関係、さらに中国文化にみられる龍船との関係について言及したい。

一　中国大陸照葉樹林帯における脱穀農具の類型

欧州の硬葉樹林帯の正反対の位置にある東アジア照葉樹林帯の人々にとって、もっとも重要な栽培植物のひとつは水稲である。水稲には種々の品種群や品種がある。この地域で営まれる中国型稲作では、インディカやジャポニカ品種群のイネを用いて、スイギュウやウシによって本田を準備し、苗代で育成した幼植物を本田に移植する。除草や水を管理して、収穫期を迎えると、成熟した稲株を根際から刈り取り、打ち付け脱穀する。そして、得られた稲籾を臼と杵または回転臼で精米する。(5)

イネ品種には、容易に成熟後に籾が脱落するものから、日本各地に普通にみられるような非脱粒性を示すものまでいろいろな段階が認められる。中国型稲作にみられる打ち付け脱穀を支えるのは、中程度の脱粒性を示す品種群である。これは、水田で刈り取った後も容易には籾が脱落しないが、スナップを利かして板や石にたたきつけると、すぐに籾が落ちてしまうものである。

　一九九四年秋、私たちは初めて中国大陸照葉樹林帯の西弧部にあたる雲貴高原を訪れた。照葉樹林文化のさまざまな要素をみようとしたのである。中国の発展途上地帯である貴州省へは上海から飛行機で約二時間すると、海抜一〇〇〇メートル前後の省都、貴陽に着く。ミャオ族やトン族などの少数民族の衣装はたいへん印象的であった。飛行場から貴陽にむかう途中、両側の丘陵地帯の谷間に広がる水田で、私たちは見慣れぬ水稲の脱穀風景を目撃した。イネを刈り取って束にした後、それを骨太な農民が四角い頑丈な木箱に打ち付けていた。この脱穀用木箱はdouとかdadouとかよばれていた。調べていくと、貴陽の東方の歴史都市、凱里や西南の安順にも普通にあり、この脱穀方法はミャオ族を中心に広く使用されていた。

　この脱穀箱が雲南省から浙江省まで認められ、中国大陸の照葉樹林帯に広く伝承される文化要素であった。また、この脱穀箱はベトナム北部の照葉樹林帯にもあまねく分布していた。照葉樹林帯には、さらに別の打ち付け脱穀方法もあった。つぎにこれらの稲脱穀用具をみてみよう。

一―一　中国雲貴高原における稲脱穀農具

　一九九四年から一九九八年までの調査によると、中国雲南省、貴州省、広西壮族自治区、四川省、湖南省、浙江省、安徽省、広東省、福建省などの地域では、脱穀用木箱はdouとかdadou, kandouと呼称され、そのほかにdazhenとよばれるタケで編んだ大籠、石などが打ち付け用脱穀農具として使用される例があった。以下に、ややくわしく紹介していこう。なおこれらの地域では足踏み脱穀機、打谷机(daguji)が普及してきている[3][4]。

dadou（撻斗）

　この脱穀用具は、貴州省、雲南省から江西省、浙江省まで照葉樹林帯に広くみられる伝統的な農具である（写

写真13.2　中国照葉樹林帯ミャオ，プイ，漢族の伝統的脱穀用具dadou(梅本撮影)

真13・2)。撻斗といういい方は、ミャオ族やトン族が居住する貴州省に多い。簡略してdou(斗)ともよばれる。貴州省凱里のミャオ族はgudou(谷斗)とかgutong(谷桶)、貴陽周辺のブイ族や漢族はdadou(大斗)、ミャオ族はnutauあるいはtohoaとよぶ。kandou(貫斗)は貴陽のミャオ族、ブイ族、漢族によって使われる。四川省ではdagutong(打谷桶)、batong(拌桶)という。

dadouは木製の台形で、基本的に数枚の厚い板からなっている。板材はdong-mu(桐木：*Pawlownia fortunei*)やwudong-mu(梧桐木：*Firmiana sinplex*)から切り出される。ときに*Quercus*属とか*Lithocarpus*属の板材も使われることがある。

dadouのサイズや形は地域によって微妙に異なるようだ。もっとも一般的なものは上側の辺の長さが一三〇—一四〇センチ、底の辺の長さが一一〇—一三〇センチ、高さが四五—六〇センチである。側板と底板の角度はおおむね四五度であった。標高が高く起伏の大きいところでは、全体に小型になるようである。dadouには底部に二本の橇がある。これによって湿田や強湿田でも、楽に移動できる。そして、水浸しの水田では dadou はあたかも船のように利用できる。

橇の名称にも地域性があり、tuo-ni（施泥）とか tuo-tu（旋斗）といわれている。dadou をすべらせて移動させるときには、大人二人がこの耳状の部分をつかんで動かす。このハンドルにあたる部分は、形状にちなんで sixia-er（挟耳）、dou-er（斗耳）、tuo-er（旋耳）、dong-er（桶耳）などと呼称されたり、機能にちなんで pa（把）とか lasu（裸手）といわれる。

dadou の表面は tong-mu（桐木：*Aleurites fordii* または *A. montana*）の果実を蒸して搾油した桐油が丹念に塗布されているので、黒光りしている。これは腐食防止となり、耐水性を高めるという。貴州省では、桐木は村周辺で自生または半野生状態にある。

dadou は各村にいる木匠（大工）に制作を依頼するか、それぞれの家族の成人男子が自作する。dadou は地区または家系の誇りである。補修しながらうまく使うと二〇年以上の耐久性がある。小農民には高価であり、貴州省では買えば二、三〇〇元もする。

dadou は、農家の屋内にまたは軒下に立てて大事に保管される。収穫が始まると、屈強な成人男性が gang とよぶ棹を使って、あるいは肩に担いで収穫現場まで運ぶ。ときには数キロも歩いて運ばれる。大型の dadou は二人で運ぶ。リヤカーとかウシで運ぶことはないようである。貴州省凱里と広東省桂林近郊で担いではみたが、標準サイズの dadou でも脆弱な日本人にはたいへんな重さで、持ち上げるのがやっとである。

ミャオ族は水田では、主に女性が水稲を収穫する。根際から鎌で刈り取り、一把ずつ束ねて立てていく。水稲の脱粒性がやや高いので、あまり時間をおかずに、一人あるいは二、三人が脱穀箱の横に立って稲束をもち、振りかぶってやや斜めに箱の内部の板面に打ち付ける。稲束のコメの落ち具合をみながら、二、三回打ち付けて完了である。ただし、この打ち付けには熟練を要する。この打ち付ける音は、貴州省のカルストの谷間に、ドーン、ドーンと低く、のびやかだが迫力をともなってこだましていく。音に驚いて鳥たちが飛び上がる。打ち付けはほとんどは男性の作業であるが、ときには女性も行う。時雨で作業が中止されると、農民はdadouを縦にして立て、上部横面に稲藁を掛けて傘とし、内部がぬれないようにする。

一九九九年秋には浙江省や安徽省でも打ち付け脱穀を私たちはみた。安徽省休寧県では斗(dou)とよび、浙江省西部の昌化や昌西でも斗(dou)であった。しかし、後者では側板上部の縁がまるみを帯び、側板には豪華な屋号が彫り込まれていた。また全体が長方形なものが多かった。

安徽省黄山では屋桶(wutong)とよばれている。「屋」とは小部屋の意味である。材質は軽量のヤナギ属がよく、村の木匠が約一〇〇元で製作する。あまり手入れしないが、少なくとも二〇年は使用に耐えている。

形状は耳にあたる部分が拉手(rashi)、橇にあたる部分が施子(tuozhu)である。側板は一二〇—一三五センチ、底部の辺の長さが九〇—一一〇センチで、高さは六〇センチである。側板の上縁はまるみを帯びて、中央と端部との差は六センチある。まるみを帯びるのは、打ち付けの際に隅にむかって稲束をたたきこむ際に、たたきやすいからであるという。

dazhen(打斟)・石・板橙

dazhenは、雲南省の大理や楚雄周辺でみられる伝統的脱穀農具である(写真13・3)。この脱穀用具は、帽子をひっくり返したような大型の竹籠で、直径が一五〇—一八〇センチ、高さが約七〇センチである。dadouと同様に、成人の男性、一、二人が稲束を内側に数回打ち付けて脱穀する。大理白族自治県の四上(Sishang)村の農民によれば、このdazhenの値段は一九九二年ころは四、五〇元で、大事に使えば三〇年以上はもつという。最近普及し始めた足踏み脱穀機は、雨天時に使いにくいのでこのdazhenが便利であるという。

写真 13.3　雲南省パイ族の伝統的脱穀用具 dazhen(正永能久氏撮影)

写真 13.4　貴州省にみられた脱穀用の石板(正永能久氏撮影)

写真13.5　貴州省でみられた脱穀用の板橙（梅本撮影）

貴州省の安順や普定（Puding）周辺では、稲束を石にたたきつけて脱穀するのがみられた（写真13・4）。一、二〇キログラムくらいの丸石や板石を近くから拾ってきて、ビニールシートにおいて脱穀作業をする。普定では壊れた椅子を使って脱穀していた（写真13・5）。これを農民は板橙とよんでいた。石や板橙のような簡易脱穀用具は、打ち付け脱穀の起源を考えるうえで興味深いが、この場合は低所得という社会経済的な理由であった。

一-二　ベトナム北部、とくに中越国境地帯の稲脱穀用具の類型

ベトナム東北部のCao Bang, Lang Son, Bac GiangおよびHoa Binhは、標高が五〇〇メートルから一五〇〇メートルのカルスト地形が卓越する山岳地帯である。タイ族（Tai）、ヌン族（Nung）、ムオン族（Muong）、キン族（Kinh（Viet））などの人々が居住する。タイ族やヌン族はともに舟を意味するloongという伝統的な打ち付け脱穀用具を、ムオン族はnongという踏み付け脱穀用具を使っている。[4]タイ族のloongは文字どおり舟形だが、ムオン族のloongは中国の脱穀箱dadouと同型であるので、後者には便宜上square loongという名称をあてて説明する。

写真 13.6　ベトナム東北部ヌン族の伝統的脱穀用具 square loong（梅本撮影）

square loong（舟）

この脱穀用農具は、中国の摜斗(dadou)と形も構造も同一である(写真13・6)。この農具はカオ・バンやラン・ソン地方に住むヌン族が伝統的に用いている。未確認だがカオ・バン地方のタイ族の一部も使用しているらしい。一九九七年の調査では、ベトナム北西部のラオ・カイ地方のハーモン族(Hmong)とザオ族(Dao)がdongあるいはthungとよぶ同型の脱穀用具を用いていた。ふたつの民族は中国のミャオ族と同系であるといわれている。ヌン語でloongは底とか箱とか四角を意味する。ヌン族は発酵植物染料xomで濃青に染め上げられた黒光りする民族衣装をまとっている。衣装や風体から判断して中国の照葉樹林に住むトン族との関連が示唆される。

カオ・バン地方のPhuc　Xen村でみた典型的なsquare loongは台形の上辺が一四六および一六四センチ、底辺が一一六―一一七センチで、高さが五五センチであった。板材はchamという軽量の木でつくられる。成人男子が村周辺にあるこの木から四日でつくりあげる。うまく使うと一五年程度はもつという。使用していない

写真13.7　ベトナム東北部タイ族の伝統的脱穀用具 loong（梅本撮影）

期間は家屋内におかれ、食糧貯蔵箱ともなる。外形は中国の dadou と驚くほど酷似しているのだが、異なる点も多い。square loong は中国の dadou と同様に側板が二枚で構成されているが、上下に取り外しできる。急峻な山道でも人間が運搬できるようになっているという。底部には湿田作業のための橇もなく、板材に油も塗布されていない。全体が、耐水性とは無縁のようである。ただ、移動のためと思われる取っ手部分は装備されていた。

この村では、三、四〇年ほど前に導入された中国系の易脱粒性のイネ品種 Doan Ket（団結）が用いられている。脱穀の仕方は dadou の場合と同じである。

loong（舟）

この伝統的打ち付け水稲脱穀用具は、木とタケでつくられた舟状である（写真13・7）。タイ族語で loong は文字どおり舟を意味する。loong はカオ・バン、ラン・ソン、バク・ザン地方のタイ族が使用していた。この用具は loong つまり底部とよばれる部分と manh つまり上部とよばれる部分からなる。manh はタケで編んだヨシズ状のもので、高さが二三二センチで幅が一二一センチある。これは村の竹林から得た材で二日で自作する。タケは軽量で入手しやすい。loong の縁の両側にそれぞれ竹棹を一本ずつさして固定する。manh は打ち付け脱穀時に外側に稲籾が飛散するのをふせぐ装置である。取り外し自由なので、作業の小休止時にはこれだけで簡易日除けどころとなる。

底部の loong は、舟形で長さ二四〇センチで幅四四センチ、高さ四二センチである。このなかに脱穀した籾がたまることになる。この loong には移動用の gao とよばれる取っ手部分と先述の manh を固定する竹棹用の tai(耳を意味する)が装着されている。いずれも村周辺にある川堤に植えられた耐水性の高い硬材樹と金釘を使って一人で三日で自作する。この底部分の外側には白もしくは黄色で装飾されている。

loong は補修しながら丁寧に使えば二〇年以上は使用に耐えるという。

打ち付け脱穀はつぎのように行われる。女性や子どもたちが稲株を地面から五センチくらいの高さで、鎌 liem で刈り取り結束する。loong の両側に男性がそれぞれ一人ずつ立ち、稲束を振りかぶって舟の中央にむかって数回バシッとたたきつける。一人で行うこともある。二人の方がリズム感がよく疲れないらしい。横に飛び散った籾は manh にあたって舟に戻る。舟がいっぱいになると布袋に籾を移して、manh と竹棹で日陰をつくり小休止する。ちなみに小休止のときにはライムの一かじりが欠かせない。水田内で移動するときには gao をもってすべらせる。収穫後は、普通は軒下で保管するが屋内で種籾入れともなる。

nong

この道具は、直径六、七〇センチのまるくて平らなタケおよび籐製のザル籠で、ホア・ビン地方のムオン族が水稲脱穀用に使用する(写真13・8)。これまでの脱穀用具とは異なり、女性が一人で使うものである。

写真13.8　ベトナム東北部ムオン族の伝統的脱穀用具nong（梅本撮影）

まず、成人女性がnongを庭の平らな地面におき、そのなかに一握りの稲穂をおく。つぎにnongのなかに裸足で立ち、足の裏を使って大きく円を書きながら巧みにこねまわし、三〇—六〇秒で脱穀を終える。穂軸やゴミを手で取り除き、別のやや小さめのザル籠sangに移す。この作業を繰り返す。風選はsangを使って行われる。

聞き取りによると、家事のなかで自ら時間を管理しながら、毎日、必要量を脱穀できるので、nongはいまだに重宝であるという。また、最近普及してきている足踏み脱穀機は、機械に追い立てられる感じがするうえに、品種のコンタミが激しい。したがって、有芒モチ稲nep rauなどの儀礼用の重要品種の脱穀には、やはりnongが最適だという。

二　稲脱穀用具の系譜、とくに田舟の起源——dadou, loongとの関係

ここでは、中国大陸照葉樹林でみられたアジア型稲作の打ち付け脱穀の諸類型、とりわけミャオ族や一部漢族に代表されるような台形状のdadouとベトナム東北部のヌン族やハ・モン族などに代表される台形状のsquare loong、タイ族が使用する舟形のloong、さらに日本の湿田で今も使用される田舟との関係を考察しよう。表13・

表13.1　田舟，dadouおよびloongの比較

	田舟	脱穀箱	脱穀舟
現地名称	フネ，タブネ	dadou，dou，loong	loong
分布	日本の湿田	中国〜北ベトナム	北ベトナム
民族(中国)	－	ミャオ，プイ，漢族	
(ベトナム)		ヌン族	タイ族
起源	大陸から伝播？	中国照葉樹林帯	中国照葉樹林帯
材質	スギ，ヒノキ	スギ類，桐木(＋桐油)	硬木＋タケ
付属品	ロープ	木の棒	タケ製の囲い
輸送	１人または大八車	１，２人	１，２人
修理	自分または大工	自分で	自分で
機能	田植え，除草，収穫	打ち付け脱穀 籾一時保管，雀脅し	打ち付け脱穀 籾一時保管，雀脅し
使用時必要人数	１人	１〜４人	１〜２人

1に田舟、dadouおよびloongの諸特性を要約した。

二-一　木桶とdadouと脱粒床

dadouやloongは一〇〇年以上以前から、照葉樹林帯のミャオ族やプイ族さらに漢族、さらにタイ族やムオン族によって用いられてきた。

一六三七年に著された『天工開物』祖本上巻の「湿田撃稲」図によれば、イネの打ち付け脱穀用として複数の立て側板を紐またはワイアーでしっかりとむすびつけた桶状の木製用具mutong木桶がある(6)。木桶の横では、稲株は地上数センチの高さで鎌刈り後結束され逆立ちさせられている。打ち付け者は一人で木桶に振り下ろしている図である。『天工開物』は江西省南昌で刊行されたらしい。こうした脱穀用具とほぼ同一のものが、台湾では一九一四年までに大陸中国産の易脱粒性水稲品種の脱穀のために漢族がアミ族に持ち込んでいる(7)。おそらくは対岸の福建省で使われていたのであろう。稲打桶pawasanがそれであるが、まるい桶ではなく馬蹄形である。また、イネを打ち付けやすいように内部に洗濯板のような稲打梯子tsatsaが入れてある。この稲打桶は一九八〇年代でも台湾で形がかわらず使用されていた。『天工開物』の木桶と台湾とその対岸に

分布していたであろう木桶とには何らかの関係があるのではないだろうか。

一七四二年に発行された『授時通考』は江西省で出版された『天工開物』の重修本であるとされるが、その「湿田撃稲図」はまぎれもなくdadouである。名称は木桶である。側板は縦に四枚重ねで移動用の耳のような部分もみえる。しかし、橇にあたる部分はない。二人が交互にむかいあって稲束を交互に振り下ろしている様子が描かれている。木桶の近くでは、別の二人が何かを話しながらイネの鎌刈りをしている。重修に携わった人間が別の地域出身だとすると、現在のdadouの系譜がすでにそのころあったことになる。

箱をつくる技術体系と桶をつくる技術体系が別起源であるとすれば、dadouと木桶は別系譜と考えられるが、現在決定的な証拠はない。

一方、『天工開物』と『授時通考』には、挿し絵が異なるが器具としては同型の打ち付け脱穀用具がみえる。後者には「打稲図」と表現され、脱粒床とよばれることもある。三脚台のようにみえるV字型の股木に支持足をつけた構造に長方形の平板を水平に載せて、そこに根刈りの稲束を打ち付けている図である。平板はV字股木の中程にある留め具でずり落ちないようになっている。基本的には一人用であろう。

同じく『授時通考』には、大きな四角い敷物の中央手前に大型の石をおき、そこに一人で稲束を打ち付けている図がある。

『天工開物』や『授時通考』に紹介された打ち付け脱穀図から判断すると、明時代の揚子江中下流域では、dadouや木桶、石や三脚机による打ち付け脱穀も並立していたと考えられる。この地方では石や三脚机といった脱粒床から多所的にdadouや木桶が成立した可能性もある。

dadou と square loong

ベトナム東北部に居住するハー・モン族(Hmong)とザオ族(Dao)は、おそらくはミャオ族と近縁であり、一〇世紀以降に現在の地に南下したと考えられている。したがって、彼らの台形状の loong の起源は中国照葉樹林帯の dadou かその亜系と思われる。

二-二　中国古代水田模型の舟状用具

時代をさらにさかのぼってみる。四川省の四川盆地から発掘される紀元後の東漢時代の墓からは、稲作作業の実態を知る明器や画像磚が出土している。(6)(8)

四川省我眉山双福県出土の東漢時代の墓副葬用明器である陶器製水田水塘石刻模型をみると、水田とため池のような構造物がデザインされ、そのなかにトリ、カエル、サカナ、カニ、マキガイがある。さらに畔または堤のわきには田舟のようにみえる舟状のものが浮かぶ。

同じく四川省成都で発掘された東漢時代建造の墓室の壁を飾る浮き彫り画の一種である画像磚には、水稲収穫作業中の六人の農夫が描かれている。なかの三人が腰をかがめてイネを穂刈りし、その後部には稲穂を籠に入れた農夫がいる。右の二人はタジャックのような大鎌で茎をなぎ倒している。

時代は前後するが、約二〇〇〇年前の西漢時代に国王婦人が埋葬された湖南省長沙の馬王碓第一号墓の副葬品のなかに漢代の江南貴族の食生活を知る資料が多く含まれていた。イネは江南地方で広く食用にされていたようで、そのなかには籼(インディカ型)や粳(ジャポニカ型)およびその中間品種が認められている。

東漢時代において四川盆地では水稲収穫は打ち付け脱穀ではなく穂刈りであり、田舟状のものは水面用の作業舟であったと思われる。またこのころ四川盆地では高床式住居が普通であった。しかし、種々の品種がすでに西漢時代からあり、脱粒性程度にも変異があったであろうから、江南の地すなわち中国照葉樹林帯には、打ち付け脱穀がすでに発達していた可能性もある。

二-三　中国古代の舟形木棺と越人

長江下流域では紀元前二〇世紀から紀元前一〇世紀にかけて、幾何学印文陶文化が栄えた。(9) この土器は、幾何学的文様を施した板で土器外壁をたたいて整形した結果、特有な模様を有する。早期のものは良渚文化との関係があり、これは日本の弥生文化と関係があるらしい。紀元前四、五世紀ごろ、つまり呉越時代の晩期幾何学印文陶文化のものはきわめて高度に発達したものである。この文化は地域性も非常にあったらしい。

福建省武夷山地で江南幾何学印文陶文化に属する崖墓からクスノキの約五メートルの舟形木棺が出土した。(9) また江西省でも同様な舟形木棺が多数出土している。後者の蓋には屋根型のものがあり、葬られた主は高床式建築と関係が深いと思われる。いずれも副葬品としては高度に発達した絹や麻、チョマの織物が含まれている。後者の葬送年代は紀元前五世紀の春秋戦国時代である。

このような崖墓文化の担い手は紀元前一〇世紀ごろ浙江南部から福建省および台湾に居住していた高床式山岳民、山越であったと思われる。一方、同様の崖墓や懸棺墓に埋葬する焼畑民もいた。彼らは福建省や江西省から広東、広西、雲貴高原、湖南省、四川省に分布したミャオ族、瑤族系の少数民族であった。

一方、この時期に平野部に居住する越人たちもいた。彼らは船を操りおそらくは水田稲作を行っていた。江蘇省太湖南部の湖州市の良渚文化期とそれ以降の遺跡から半月形の石包丁やザルなどの竹製品、織物類さらには長さ一一八センチの杵と長方形の木槽が出土した。木製の櫂が多く出土することから、船の文化も熟していたであろう。また山越に代表されるような人たちと平野部の越人のような先進の民はさかんに交流したであろう。彼らは木棺に魂を託する人たちであるとともに、水海の知識に明るくその技術にも巧みであった。そしてこの地域はその後の戦乱や諸民族の南下による越人の移動とともに照葉樹林帯とその周辺に拡大したのであろう。それは船をキーにした人たちであった。東シナ海を渡った者もいた。

二-四　打ち付け脱穀用具の系譜・試論

こうした情報をもとに、照葉樹林文化圏と南接する黒潮文化圏における脱穀用具の系譜を想像してみよう。紀元前五世紀ごろまでは、照葉樹林帯では穂刈りを中心としたイネ収穫が行われていた。長江下流などの低湿地水田地帯では高床式生活者たちが、刈り取った稲穂をザルや籠で運び出し、龍船などの移動用の船や特殊な船でオカに運び上げた。気候変動や社会・経済的な事由によって漢族が南下し、それに対応する形で越人の一部は南下し、現在の北東ベトナムまで達した。こうした流れの一部には海を越え東進したものもあり、彼らは日本の本州や琉球に達した。一方、南下した越人たちはその前後に感光性の弱い易脱粒性イネとも出会い、脱穀を兼務する装置を継承的に開発し、それが現在の loong の原形となった。その意味でタイ族の loong は祖形の龍船に近いと私たちは推定する。

一方、水稲伝来後に日本列島では、一部を除いては穂刈りが続いた。大陸からは易脱粒性品種ももたらされたが、台風が常襲するためにあまり普及しなかった。したがって収穫兼脱穀用具としての loong の原形は活躍の場を失った。そのかわりに、loong の原形は小まわりの利く形に変容して小型の板箱船というシンプルな形となり現在の日本の田舟につながっていったのではないだろうか。日本の低湿地では排水の改良はごく最近までさほど進まなかった。そのために田舟は、dadou や loong とは異なり、収穫のみならず田植えとか除草など汎用機能を獲得していった。低湿田のあった地方には、田舟を使った農作業の記録が頻繁にみられる。日本では、その後非脱粒性品種が卓越し、一部ではこき箸の使用を残しながら、千歯こき段階にはいっていく。そのなかで収穫のための田舟はなくなり、収穫法としての打ち付け脱穀は、マメ類などに継承されていった。田舟の底にみられる特有な反りは、現在の中国の脱穀箱の底に付属する橇に相当し、ともにloongの原形から進化した特徴であろう。

一方、雲貴高原周辺にむかった山越やミャオ関連族は、トンやミャオの祖族が有した高度な建築技術の影響をうけながら、周辺民族から易脱粒品種を受容するとともに湿田稲作用に高機能で持続的な脱穀用具を完成した。それが現在において照葉樹林帯に広くみられるdadouにつながるのであろうと私たちは推定している。

（1）梅本信也、二〇〇〇、SC一九初期における紀伊半島南部沿海湿田稲作雑草の管理、雑草研究、四五(別)、二一二—二一三頁。
（2）正永能久・梅本信也・山口裕文、一九九五、中国貴州省の稲脱穀用農具について、近畿作物・育種研究、四〇、六九—七一頁。
（3）Masanaga, Y., Umemoto, S. and H.Yamaguchi. 1998. Traditional Devices for Threshing Rice Seeds in Yun-Gui Highlands, China. Bull. Osaka Pref. Univ. Series B, 50: 1-10.
（4）Umemoto, S., Nguen Dung Tien and H.Yamaguchi. 1999. Traditional Devices for Threshing Rice Grains in Northeastern Vietnam. Sic. Rep. Coll. Agric. Osaka Pref. Univ., 51: 39-45.
（5）田中耕司、一九九一、マレー型稲作とその広がり、東南アジア研究、二九、三〇六—三八二頁。
（6）周晋英、一九九八、中国農具史網及図譜、五一一頁、中国建材工業出版社。
（7）松山利夫、一九八四、与那国島における水田の分類と在来の稲作農具、南島の稲作文化(渡部忠世・生田滋編)、二六三—二九四頁、法政大学出版局。
（8）町田章、一九九七、中国と朝鮮の稲作——考古資料からの考察、イネのアジア史(普及版)三アジアの中の日本稲作文化、九七―一三八頁、小学館。

（9）佐々木高明、一九九七、稲作文化の伝来と展開――照葉樹林文化と日本の稲作、イネのアジア史（普及版）三アジアの中の日本稲作文化、三九―九六頁、小学館。

第一四章　照葉樹林文化の一要素としてのニホンミツバチの養蜂

――対馬のハチドウとハチドウガミを事例として

山口裕文

はじめに

壱岐とともに神々の島として知られる長崎県対馬はニホンミツバチの伝統的養蜂で有名であり、ハチドウとよばれる巣箱（飼養洞）の乱立は対馬の原風景をなしている。ハチドウとその民俗に関する報告は多く[(1)–(4)]、多様なハチドウとミツバチと人とのかかわりも知られている。ソバの花のしぼむころとられる蜂蜜は、対馬では豊穣を祈る秋の奉りにまず「だんつけ餅」や「蜜もち」として楽しまれる[(5)]。また、ハチドウ自体をご神体として奉る例もある。対馬における景観の要素としてのハチドウや年中行事にかかわる蜂蜜の利用は、ミツバチと人間のかかわりを写した文化要素ととらえることもできる。

生業として重要な技術や道具が文明化という機能や効率の追究によってきわめて速く変容しやすいのに対して、生活の周辺を取り巻く副次的要素には変容が遅く伝統的文化という形で残り続けるものがある[(6)(7)]。ニホンミツバチの養蜂では古来から「方円を嫌わぬ」巣箱の利用が知られ（家畜養蜂記や日本山海図絵など）、江戸時代中—末期の砂糖や木蠟の普及[(8)(9)]とその後のセイヨウミツバチと近代的効率的な養蜂技術の導入にもかかわらず、ニホンミツバチの養蜂は、日本各地に残っている[(10)–(12)]。伝統養蜂による蜂蜜のおおよそが大きな流通とはなっていないことから、この伝統の維持は機能や効率という視点からではなく、別の視点からとらえてみる必要があろう。本章では、対馬を中心として観察したニホンミツバチの巣箱の多様性を照葉樹林帯における文化要素という視点から考えてみたい。

一　調査地

養蜂にかかわる対馬の自然とその背景はいくつかの報告[1]-[4]に述べられている。山地の多い対馬は、平地が少ないため、小さな河川の川口にある低湿田と湧水をつかった小さな田を除くと、水田はなく、人家の周囲には畑が多い。そのため林業と漁業への依存度が高い。畑作物が農産物の主流を占めるのは、江戸時代から続いており[13]、戦後まもなくまで、オオムギ、ソバ、ダイズ、アズキ、サツマイモなどが栽培されている。とくに、山地での計画造林が進む前にはコバとよばれる焼畑が各所で営まれ、蜜源となる雑木が豊富であった。この焼畑でつくられる対馬のソバは、現在の畑作でも同じだが、秋ソバの作型でつくられ[14]、採蜜時と冬越し直前の重要な蜜源としてニホンミツバチへ大量の花を提供していたと推定される。対馬の山は信仰対象として人のはいっていない龍良山や白岳などにあるわずかな照葉樹林の極相林を除くと、スギやヒノキの針葉樹の人工林となっており、島の西部に多い自然林は、かつての焼畑から回復したあるいはシイタケのほだ木生産のためのコナラを主とする二次林である。また、対馬では一七〇〇年ころにシカとイノシシの殲滅作戦が展開され[15]、現在もシカの生息はわずかであり、イノシシは一頭もいない。

対馬では伝統的なミツバチの飼養について予備調査と四回の本調査を行い、聞き取りを行った。また、古くに焼畑が営まれた山林業地帯である九州山地(宮崎県西米良村および椎葉村、熊本県五木村および東陽町)と和歌山県南部(串本町および古座町)の伝統養蜂を比較として調べた。この地域は、シカやイノシシなどの生息数が顕著に多く、最近はシカやイノシシが農作物を荒らすほど増えている。

二　多様な対馬のハチドウ

対馬のハチドウ（蜂洞）は外観において多様である。主にみられるのは、円筒形で基部がやや膨れたものが多い。ハチドウには箱形のものや重箱状のものもあるが（両者をあわせて以下ハコドウとよぶ）、卓越してみられるハチドウは円筒形のもの（岡田[10]のいう丸木巣箱にあたるが、ここでは杉本[1]に従って以下マルドウとする）である。ハチドウはニホンミツバチを飼養するための閉鎖空間であり、マルドウは、通常、スギをくり抜いた筒の上部に蓋をつけ、ミツバチの出入口（巣門）である穴や溝を下部にそなえている（写真14・1）。巣門は、ハチドウの一方の面につくられ、ハコドウでも出入口はひとつの面にのみ配置される。

写真 14.1　対馬に普通にみられる円筒形（後）と箱形（前）のハチドウ。前は2本の，後ろは3本の溝をもつ巣門がある（山口，1998 より）[24]。巣門は対馬固有？

ハチドウの基本的な構造は杉本[1]に、設置場所の詳細は宅野[4]などに記述がある。製作資材にはマルドウでは金属はほとんど用いられず、ハコドウでは金釘が用いられている。マルドウではときおり割裂防止のために又釘が打たれたり、針金で縛られている。ハチドウの表面は、マルドウでは樹皮をつけたままあるいははいだ状態で、通常は無塗装、まれに防腐剤で塗装される。ハコドウではスギ板の表面は無加工で粗く、防腐剤を塗装する例が多い。ハコドウではときとして鉋がけされた板が使われたり、青いペンキで塗装されたりする。

表14.1　ハチドウの巣門における溝または孔の分布(山口，1998より)[24]

巣箱の形	溝または孔の数						計
	なし(0)	2	3	4	5〜10	25	
マルドウ	1	22	55	2	6	0	86
ハコドウ	1	5	20	10	2	2	40
計	2	27	75	12	8	2	126

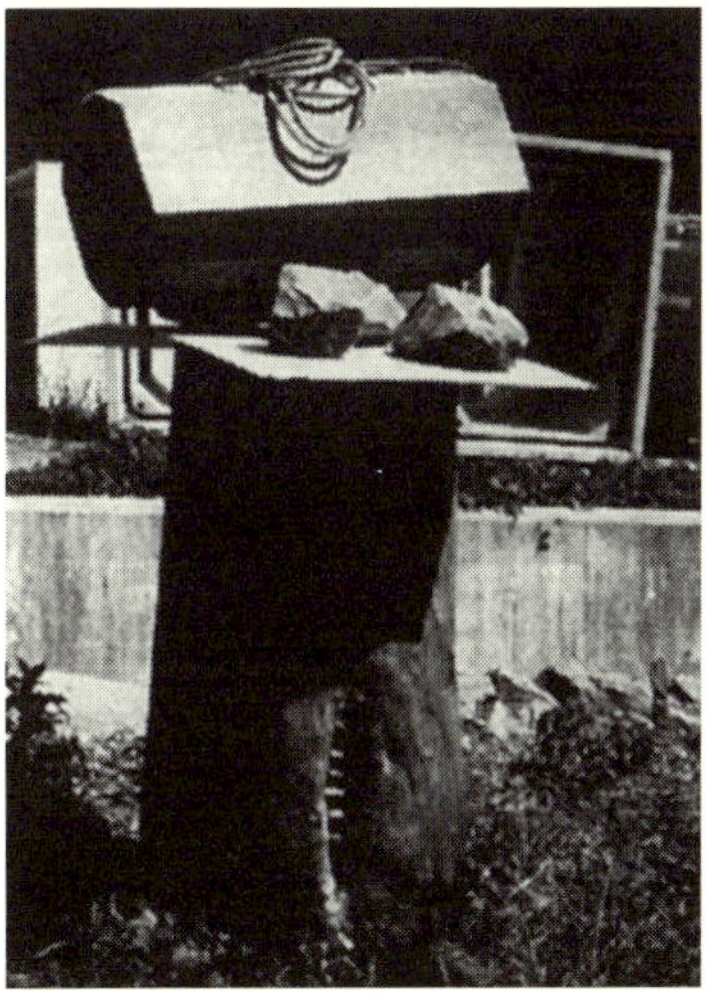

写真14.2　縦穴をもつハチドウ(上対馬町舟志)(山口，1998より)[24]。上部に乗っているのは通常の大きさのハチドウ

ミツバチの出入口である巣門には溝や孔が彫られ、マルドウでは雨よけ状のへこみのなかやその上部に彫られ、ハコドウでは溝や孔の上部または上部と両側に雨よけ状の桟がつけられる場合が多い。孔や溝はまれにないこともあるが、その数は、マルドウでは二個から九個、ハコドウでは二個から二五個である(表14・1)。マルドウでは三個がもっとも多く、ついで二個、ハコドウでは三個がもっとも多く、ついで四個である。この違いは統計的に有意である。孔や溝には杉本[1]も記述したように、さまざまな変形があり、溝の先端にのみ小孔をもつものから、溝全面が空隙となる場合、およびそれらの移行型がある。孔や縦に刻まれた溝は通常水平に配置されるが、上対馬町舟志の例では孔は縦に配置されていた(写真14・2)。これは素材の丸木にもともとあった縦穴に桟を差し込み段々状に巣門をつくったものである。ミツバチの出入口の機能を補助するものに金網があり、これは、スズメバチ(ほとんどキイロスズメバチ)の侵入をふせぐ目的で主にスズメ

バチの多い晩夏から秋につけられ、ハコドウでもマルドウでもみられる。

ハチドウには上部に雨よけとおさえ（重石）があり、下部に台座がある。それらの素材は杉本が述べたのと同じ[1]である。おさえについてみるとコンクリートブロックと岩石が多いが、ブロックの利用は、ハコドウの利用地域に多く、自然石はマルドウの優占地域に多い。とくに島の西側では対馬で古くから「石屋根」の屋根素材に使われている頁岩の利用が多い。重石の形状についてハコドウとマルドウのあいだに差はみられない。台座には、コンクリート板の利用が多いが、人家の近くではブロックの例が多くなり、マルドウの卓越地域とくに島の西部では自然石が多い。また、プラスチック製のミカン箱やビールケースを台座の下に利用する例もある（写真14・1参照）。雨よけの板にはビニールやトタンの波板の利用が多いが、発泡スチロールのトロ箱やプラスチック製のたらいや収納ケースの利用もある。また、厳原町椎根ではハチドウ全体を小屋で囲った例もみられる。

マルドウでもハコドウでもハチドウにはさまざまな模様や文字が描かれたり彫られている。赤や黄色の線をまわして描いたものや、文字や数字が描かれている例が多い。これは、所有者を示す意図が強いようであり、対馬で屋号に使われるシルシ[16]を刻んだものも少なくない。

マルドウとハコドウは、島の全体にどこにでもみられるが、分布を調べると、美津島町根緒から空港周辺までのあいだの国道ぞいおよび箕形では一部を除いてハコドウが卓越し、厳原町では久田、阿連、内山周辺とつつ瀬で、美津島町では尾崎と賀谷付近で、上対馬町では琴付近でハコドウとマルドウが混在する（図14・1）。それに対して峰町や上県町では圧倒的にマルドウが多い。

明瞭ではないが自然物の利用は対馬のなかで田舎的場所に多く、現代的資材の利用は都市的な場所に多いようにみえる。養蜂を目的としてつくられるハチドウの本体（マルドウとハコドウ）には都市的地域とそうでない地域とに差異があり、補助的素材の利用形態には単純に資材の入手の容易さにともなうばらつきがあると判断される。

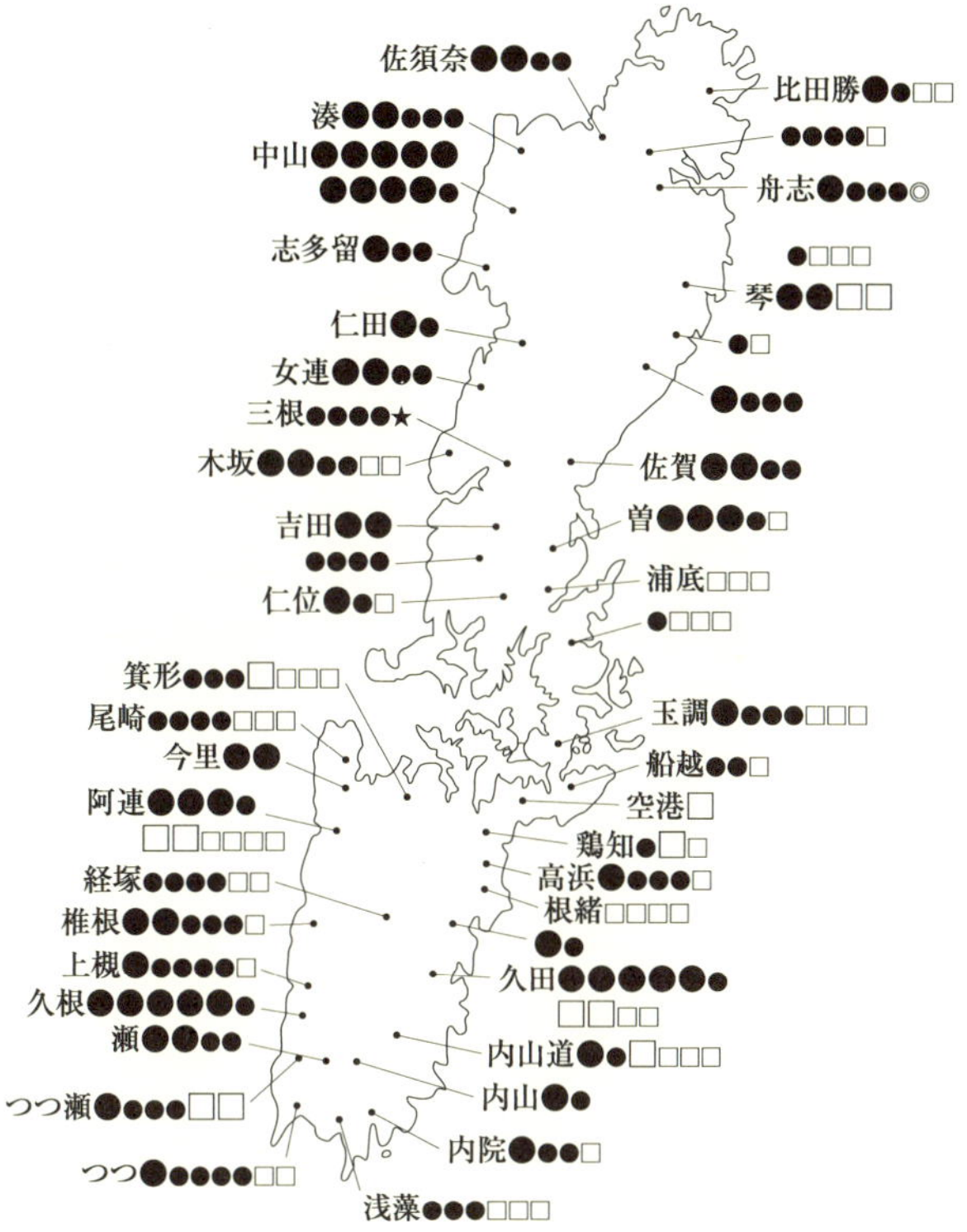

図14.1　マルドウとハコドウの分布(山口, 1998より)[24]。●:マルドウ, □:ハコドウ, ◎:縦穴をもつ巨大なハチドウ, ★:ハチドウガミ。大記号は5個, 小記号は1個を示す。ハコドウは都市的地区に多い。

三　三根のハチドウガミ

対馬の峰町は三根川の下流に開けた町である。三根川は大久保でふたつに分かれ、本流はユクミの谷を北へのぼり、支流の佐賀の内川は東へのぼる。一九九六年一〇月二五日、大久保からユクミ方面へあがった三根川のほとりで山の神の奉りが営まれていた。男ばかり一五、六名が浅い淵のもとで神主の祝詞を聞き、酒を飲み交わすほどの質素な祭りである。この後のささやかな宴のなかで「三根や吉田にはハチドウが奉られている」との話を聞いたわれわれは、早速、土地の方の案内でその神社へ赴いた。神社は、三根中里の寺の内にあり、小牧(おひら)宿祢命を奉る小牧宿禰神社である(最近は「こまき」神社とよばれているが「玉かつま」[17]によると小牧(ヲヒラ)宿禰神社で座王権現というとされる)。本殿

写真 14.3　小牧宿禰神社のハチドウガミ(山口，1998 より)[24]。しめ縄が締めなおされ，モチがそなえられ，灯明があげられている。

にむかって左側に軍殿神社と右側に田口村神社の祠があり、右にはさらに小さな祠がある。この小さな祠がハチドウを奉ったハチドウガミである(写真14・3)。しめ縄がかけられたハチドウは、やや大ぶりで、石台に座し、上部には平石とゴムシートの雨よけがあり、通常のハチドウにみられる重石はない。材はケヤキで古びてはいない。平石はいわゆる対馬の石屋根に使われる頁岩である。調べると、神社は一〇年前に建て替えられ、昔、奉ってあったハチドウガミを七年前に再現(建)したとのことである。このハチドウガミは、三根中江の小学校のエノキの木の洞にあったものを一九一七(大正六)年に小牧宿禰神社の右側に鎮座させたという歴史をもつものである(図14・2)。大坪は[2]、元禄年間の陶山訥庵の書に「養蜂は継体天皇のころ、太田宿祢が山林より巣をとって家園で飼育する法を村人に教えた。その味は濃厚で美味である」とあると述べ、対馬での古来からの養蜂の存在を推定している。一九一七年以前にハチドウガミがあったかどうかはわからないが、ご神体として神社に奉られる形で「養蜂」が信仰へと延長している点は、養蜂がいかに対馬の人の生活と一体化して存続してきたかを示すものとして注目される。話に聞いた吉田のハチドウガミは、その後の調査でも確認できなかったが、対馬ではハチドウは古くから神として信仰の対象にあったものと推定される。

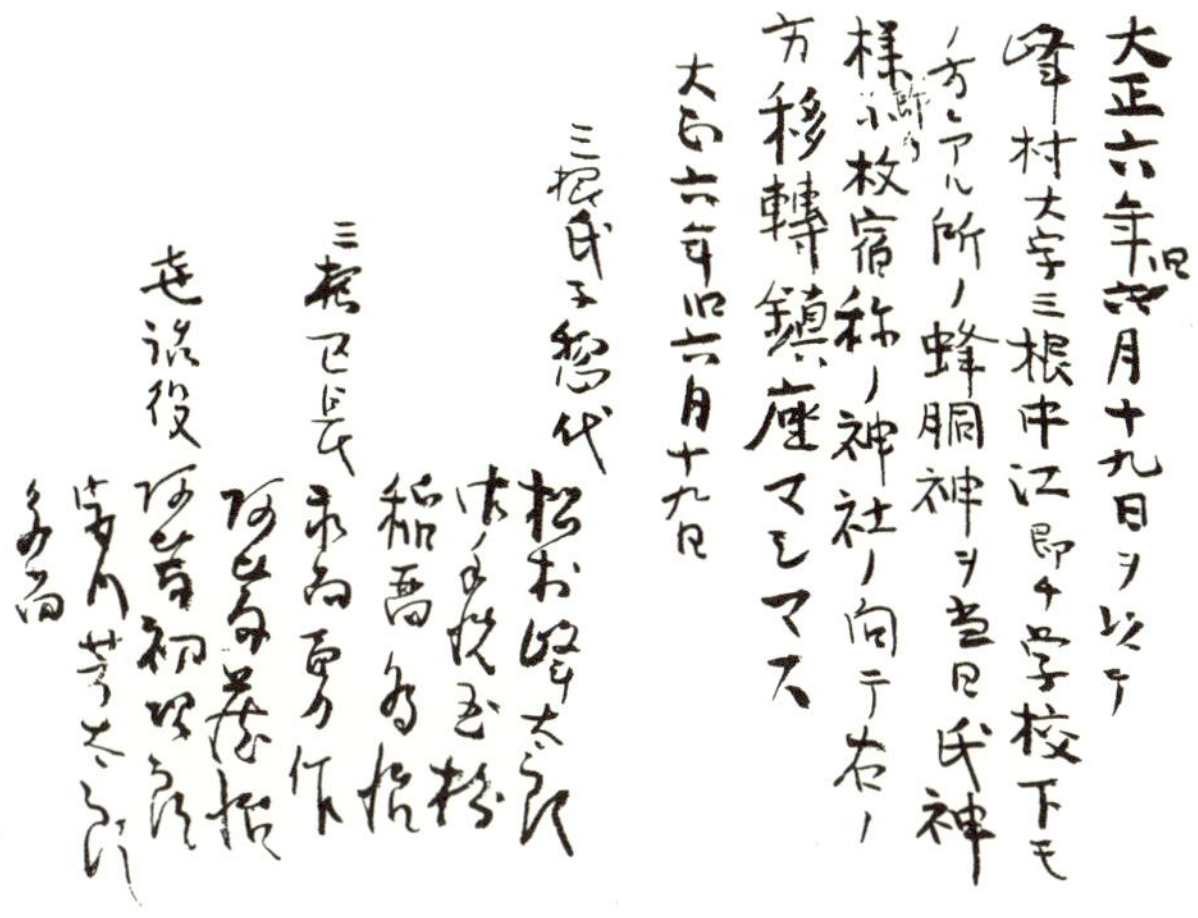

図14.2　ハチドウガミの奉納の記録(山口，1998より)[24]

四　ハチドウのサイズ

多様なハチドウを構成する要素のすべてについては考察できないので、ここではつぎに、その大きさについて検討してみたい(図14・3)。マルドウでもハコドウでもそのサイズは単純化すると高さと直径もしくは底辺の長さで表現できる。対馬で調査したハチドウと宮崎県および熊本県のハチウト(または単純にウト)と和歌山県のゴウラのサイズは、図14・3に示すとおりである。ハチウトとゴウラは、伝統養蜂の巣箱であり、いずれも円筒形である(和歌山には箱形の巣箱があるが、調べていない)。対馬のマルドウとハコドウには横径に明らかな差があり、マルドウでは四〇センチ前後、ハコドウでは三〇センチ前後である。長さに大きな差はみられない。直径四〇センチの円の面積は約一二六〇平方センチ、一辺三〇センチの正方形の面積は九〇〇平方センチとなるが、通常、マルドウではハコドウより材の厚さが厚いので、マルドウでの材の厚さを六センチ、ハコドウでの材の厚さを二・五センチとすると両者がつくる空間の平面領域は約六〇〇から六二〇平方センチとなり、ほぼ等しくなる。一方、九州山地のハチウトと和歌山のゴウラでは、横径は対馬のマルドウとほぼ等しいが、長さは二〇センチほど短い。対馬ではマルドウでもハコドウでも明瞭な巣門をそなえている。これに対して

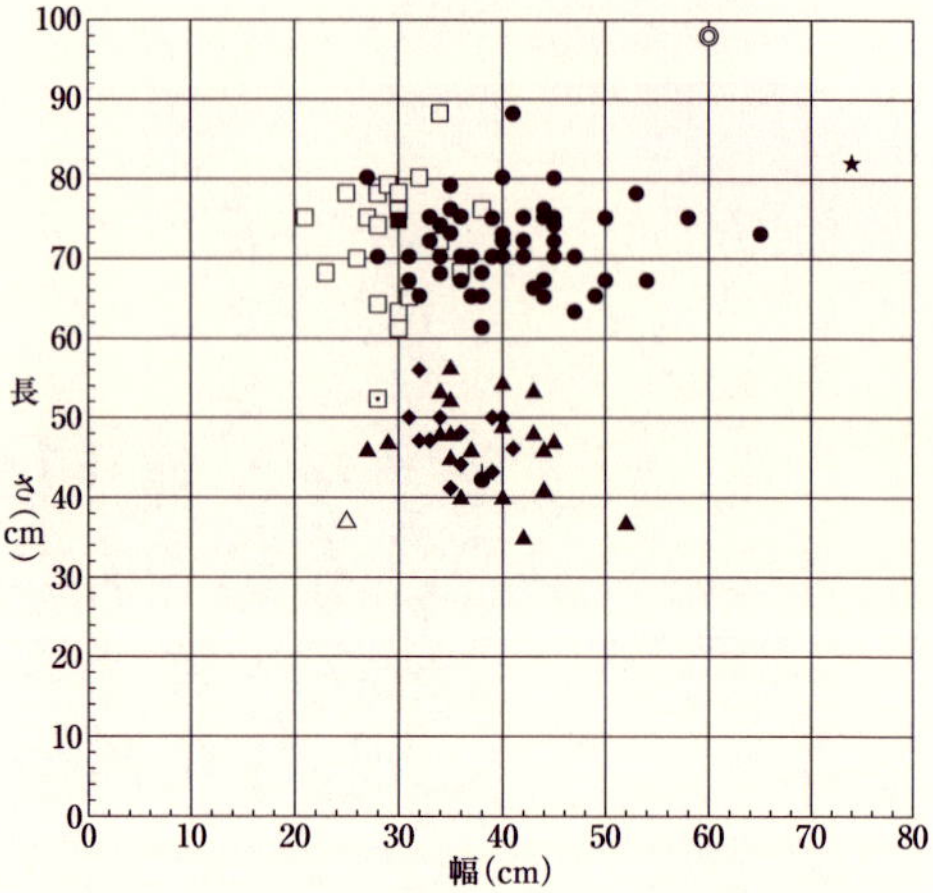

図 14.3　ハチドウの形と大きさの関係(山口，1998 より)[24]。●：マルドウ，□：ハコドウ，◎：縦穴をもつ巨大なハチドウ，★：ハチドウガミ，▲：宮崎県九州山地のハチウト，◆：和歌山県のゴウラ(円筒形のみ)，⊡および♠：無巣門のハコドウとマルドウ，△：宮崎県西米良村狭上稲荷のハチウト

本州や四国九州の円筒形巣箱であるハチウトやゴウラには本来明瞭な巣門がなく、この形状は古くからかわっていない。[10][12][18][19]ハチウトやゴウラでは巣門は、台座に接した円筒の基部を歯牙状もしくは平かまぼこ状に削ることによってつくられている。対馬のハコドウやマルドウにはごくまれに明瞭な巣門のないものがあり、その高さはゴウラやハチウトと等しい。対馬のハチドウの巣門の最上位は下部から一五センチや二〇センチのあたりにあるので、ハチドウの巣門以下が切り取られたものが本州や九州の巣箱にあたり、異なった場所で使われているニホンミツバチの養蜂箱はある一定の閉鎖空間を確保していることになる。

五　巣箱の機能性

ニホンミツバチの養蜂箱がすでに江戸時代から多様であったのはよく知られており、日本山海図会(一七九九(寛政一一)年)[7]には家に養う蜂(畜家蜂)について、「家に畜わんと欲すれば先ず桶にても箱にてもつくり、(略)、箱なれば九寸四方竪弐尺九寸にしてこれを竪に掛るなり。(略)松の古木を用い、是又鋸のみにて鉋に削ることを忌む。(略)下の戸の上に一歩八厘、横四寸斗の隙穴を開きて蜂の出入りの口とす。(以下略)」と記述され、「飼養箱は箱でも桶でも良く、その大きさは、九州地方では箱であれば約二七センチ四方で高さ八七センチで、材は厚さ二四ミリ、巣の出入口の隙間は五―六ミリ程度で横に一二センチの長さ、鉋掛けにせず、表面は粗いままが良い」とされる。この内容には、酒樽の穴状の巣門や板組の桶の利用など熊野の山地での実態としては考えにくい側面もみられる(図絵)[7]ものの、基本的記述は、家蜂蓄養記(一七九一年)[6]ともほぼ同じで、現在の対馬(あるいはニホンミツバチ)[12]の養蜂技術の基層が当時とかわっていないことを明瞭に示している。

現在の巣箱の多様性は、図14・3からわかるように、機能性を高め、効率を求める方向と機能性からのふれによってとらえることができる。採蜜からつぎの採蜜までの一年間にミツバチが稼いでつくる巣板の量には大きなばらつきをもつ平均的な値が期待されるので、採蜜とハチ群を維持するための機能的な空間を確保する巣箱の大きさはあるサイズに落ち着くと期待される。確保された空間では巣板が上部から垂れ下がった後、両側面に固定され、安定したたたずまいをつくる。対馬では通常、この上部の三分の一から三分の二の巣板を切り取って利用するのが普通であるから、ミツバチの活動量と採蜜量とに合理的空間が期待されるのである。文明や科学技術の進展という側面からみると巣箱という「道具」には機能的な探求が進むので、ハチドウでは材を軽くして、容易に工作し[1]、できるだけ効率よく蜜を回収するという方向へ変化する力が働く。その面からみると、マルドウからハコドウへ、また、巣門の簡素化はひとつの帰結ということになる。

一方、信仰対象となっている三根のハチドウガミの祠と舟志の縦穴をもつハチドウは機能的と考えられる平均的なサイズから離れる(図14・3参照)。このような例のひとつは、宮崎県西米良村の狭上の稲荷にある鉄砲神事に使われるモミの木の下にそなえてあるハチウトである(写真14・4)。前者ふたつは、機能的空間を占めるよりはるかに大きく、後者は小さすぎる。後者についてはなぜこのハチウトがここにおかれているのか調査を完了していないが、これらには、明らかに巣箱もしくは集蜜道具としての機能性が欠落していると思われる。

六　養蜂にみる人と自然と文化と

これまでに述べてきたようにニホンミツバチの飼養箱であるハチドウは、いくつかの側面からとらえることができる。道具としてのハチドウにはサイズや形状(円筒形か方形か)のように文明化あるいは機能化に対応している部分があり、重石や台座の種類など周辺の文明のあり方に依存した部分もある。一方、巣門の形状や溝の数のように人の意識の外にあっても地域固有の部分があり、所有者を示すシルシのようにその地域の歴史や文化に依拠している部分がある。機能性とはかかわらない後者のうち、ハチドウガミの存在は、対馬における長い養蜂の歴史が生み出した人とニホンミツバチとの緊密な相互関係の延長とみることができよう。

写真 14.4　宮崎県西米良村のテッポウ神事の木の下にあるハチウト(山口，1998 より)[24]

ハチがある場所に存続するには、営巣の場所、交尾繁殖の場所、餌や巣の素材の資源を得る場所などが確保される必要があり[20]、一方、人の生存には、生計を維持するに足りる食糧や産業(生業)の確保が必要である。人間による自然の撹乱は、野生のハチの生育地を乱し、ある場合にはハチの存在を脅かすことになる。しかし、ミツバチのような訪花昆虫の存在は農作物を含む他殖性植物にとっては種子繁殖の効率に大きく影響する。養蜂における採蜜という行為は、ニホンミツバチからみると、労働の搾取であるが、一方で人がハチドウをつくることによってニホンミツバチは営巣の場を確保し、また分封の手助けや蜜源樹木の植栽という形でニホンミツバチは報酬を得ることになる。対馬では江戸時代中期にイノシシを殲滅したためにソバを主とする焼畑の面積が急増するが[13]、それは繊維用のワタやアサ、食糧のイネ科穀物を助けて日々の糧を確保したカブやナタネやダイコンとともに効率の高い生産のために訪花昆虫の増加を必要としたことを意味する。おそらく、ソバの作付けの拡大はハチドウからの採蜜量にもハチのコロニーの数にも飛躍的な増加をもたらしたものと考えられる。蜜の収量とソバの実りに関係があるとする人は多く、ハチドウをソバ畑の前にそなえたり、ハチドウの前にソバを播種する例は頻繁にみられる。対馬では、ニホンミツバチの最初の蜜は一〇月初めの亥の子祭りに「亥の子餅」として、また「蜜餅」や「だんつけもち」として使われてきたという[5]。ハチの飼養者がハチとのやりとりのなかでハチへの愛着を生んだだけでなく、直接飼養にかかわらぬ人々も生活の一部としてハチとかかわってきたのである。自然や生活習慣の一部が神となるのはよく知られたことであり[21]、ハチドウの神体は、自然物ではない釜やイネと同様の類型[22]として神格化したものであろう。このことは日本文化の基層にある豊穣や多産(＝女性)信仰への普通のできごとととらえられよう。その視点からみると舟志の縦穴のハチドウ(写真10・2参照)は意図としない深層からの作品とともよめる。

ユズの里を売り物に村興しを進めている西米良村では、カメムシ退治の農薬散布によってハチウトにハチがいらなくなったという。この背景には人工林の増大や自然林の減少、農作物の作付け量の減少によってニホンミツバチそのもののコロニー数の減少があり、ニホンミツバチそのものが脆弱な状況にあったものと推定される。そのような状況に比べ対馬でのニホンミツバチの大量な存在は、山や海の神とともにハチドウにみられるような自然信仰の存在がニホンミツバチを含む対馬の自然を保全していると解釈できよう。

人と動物の共生関係は家畜との関係のような文明化の過程としても、奈良公園のシカのような単純な友好関係[23]としてもとらえられる。対馬のニホンミツバチの伝統的飼養をどのような生態学的関係に分類するかより、照葉樹林下の半自然環境における文化のかかわりあった生態系のひとつととらえ、まもり育てていくことが大切なように思える。[12]

（1）杉本和永、一九八九、対馬の蜂洞、ミツバチ科学、一〇(三)、一二一―一二四頁。
（2）大坪藤代、一九九〇、対馬の和蜂の養蜂今昔、ミツバチ科学、一一(二)、五九―六二頁。
（3）吉田忠晴、一九九〇、対馬におけるニホンミツバチの採蜜、ミツバチ科学、一一(二)、六三―六六頁。
（4）宅野幸徳、一九九四、対馬の伝統的養蜂、ミツバチ科学、一五(二)、五九―六八頁。
（5）月川雅夫・井上寿子・大坪藤代・片寄真木子・栗木千代香、一九八五、聞き書き――長崎の食事、三五〇頁、農山漁村文化協会。
（6）久世敦行、一七九一、家蜂蓄養記、「古事類苑」動物部、一四、一二一九―一二二四頁。
（7）千葉徳爾、一九七〇、日本山海名産名物図会、三〇八頁、社会思想社。
（8）小今井収夫・足立勇、一九七〇、甘味と砂糖の歴史、平凡社世界大百科一二、二八一頁、平凡社。
（9）初島住彦・岡光夫・善本知孝・新田あや・佐藤武・中里寿克、一九九五、ウルシ属、世界有用植物事典(堀田満編)、九〇九―九一二頁、平凡社。
（10）岡田一次、一九九七、ニホンミツバチ誌、八七頁、玉川大学出版部。
（11）佐々木正己、一九九四、養蜂の科学、一五九頁、サイエンスハウス。
（12）澤田昌人、一九八六、ヒト―ハチ関係の諸類型――ニホンミツバチの伝統養蜂、季刊人類学、一七(二)、六一―一二五頁。
（13）陶山訥庵、一七二二、老農類語、対馬藩。
（14）氏原暉男・俣野敏子、一九七八、対馬のソバ――日本ソバの伝播と生態型分化をめぐって、農耕の技術、一、四三―五九頁。

(15) 陶山訥庵、年代不詳、津嶋記畧乾、対馬藩。
(16) 矢野道子、一九九五、対馬の生活文化史、一八八頁、源流社。
(17) 本居宣長、一七九三―一八〇一、対馬の式社――玉かつま 九の巻、日本古典全集玉かつま(巻下)(與謝野寛ほか編)、七四―七六頁。
(18) 宮崎県、一九七〇、日向の山村生産用具、資料編一、一四―三九頁、宮崎県総合博物館。
(19) 肥後克子・山口幸子・中武サエコ・高橋芳子・江藤洋子・永友恵子・松本和子・村上眞子、一九九一、聞き書き――宮崎の食事、三五〇頁、農山漁村文化協会。
(20) Westtich, P. 1996. Habitat Requirements of Central European Bees and the Problems of Partial Habitats. *In*: The Conservation of Bees. Matheson, A. et al. (eds.), pp. 1-16, Academic Press.
(21) 萩原秀三郎、一九八八、豊穣の神と家の神、目でみる民俗神二、一二四頁、東京美術。
(22) 白山芳太郎、一九九二、祭神と神体、日本「神社」総覧(上山春平編)、三〇〇―三〇一頁、新人物往来社。
(23) 中尾佐助、一九七五、私たちの風景⑥、生態系の保護、毎日新聞、五月二〇日、中尾佐助著作集(大阪府立大学総合情報センター所蔵)。
(24) 山口裕文、一九九八、照葉樹林文化の一要素としてのニホンミツバチの養蜂、ミツバチ科学、一九(三)、一二九―一三六頁。

本章は、山口裕文、一九九八、照葉樹林文化の一要素としてのニホンミツバチの養蜂、ミツバチ科学、一九(三)、一二九―一三六頁をもとに加筆・訂正したものである。

第一五章　森林文化とチョウ相の成り立ち
——大阪での考察

石井　実

はじめに

現在、日本には約二四〇種のチョウが分布する。生物地理学的にみると、日本の本土部分はユーラシア大陸の北側の大部分を包含する旧北区の東端に、琉球列島はアジアの熱帯・亜熱帯地域を含む東洋区の北東端に、それぞれ位置している。すなわち、ごくおおざっぱにいえば、日本のチョウ相は、本土ではヨーロッパやロシア、モンゴル、中国、朝鮮半島などのものと、琉球列島では東南アジアからインドあたりのものと、それぞれ共通性が高いということになる。このような生物地理区ごとの大まかな生物相の類似は、約三億年前に存在した巨大大陸が分裂・移動した結果、現在の諸大陸ができあがったとする地史と気候を反映したものと考えられている。

しかし、日本のチョウ相の成り立ちを、このような生物地理区だけで説明するのは緻密さに欠ける。たとえば、ギフチョウ属のチョウは現在四種が知られているが、すべての種が日本海を取り囲む地域に分布し、そのうちの一種、ギフチョウは日本固有種である(図15・1)(1)。また、ルーミスシジミは、房総半島を東限として、インドシナ半島北部を通りヒマラヤの西部に至る帯状の分布域をもっている(図15・1参照)。日本のチョウ類には、ギフチョウ属のように日本海を取り巻くような分布をする種(ウスリー系)やルーミスシジミのように中国南部からインドシナ北部を通りヒマラヤにまで分布をする種(ヒマラヤ系)が多く含まれるが、これら東アジアに限定された分布をもつ種を単に旧北区の要素と片づけるわけにはいかない。日浦は、このような分布をする種こそ日本のチョウ類のなかでは古い起源をもつものであるとし、「日華区系」とよんだ(2)。なお、「ヒマラヤ系」は白水(3)の提唱した「西部支那系」に相当する。

チョウ類は、ごく一部のグループを除けば植食性である。しかも、幼虫期の寄主植物は種ごとに決まっている。

したがって、チョウ類の分布は寄主植物の分布に縛られることになるが、一方で植物の分布は気候による影響を強くうけるため、おおむね緯度と平行な植生帯を形成している。たとえば、ルーミスシジミは、イチイガシを主な寄主植物としており、前述のようなこのチョウの分布は、照葉樹林帯と重なっている。おもしろいことに、日本固有種や固有亜種の多くは日華区系であり、照葉樹林や落葉樹林などの森林植生と結びついている。[2]

近年、最終氷期以降の日本の気候と植生、祖先たちの生活の変化についての知見が集積しつつある。[4] そのなかで明らかになってきたのは、日本の基層文化が、約一二、〇〇〇年前に始まる縄文期にナラ林文化と照葉樹林文化というふたつの森林文化の影響をうけながら発展したということである。[5] その後、縄文末期あるいは弥生期の初めに稲作文化が伝来すると、低地での定住生活が始まるが、そのころには農用林や薪炭林が営まれ、それらは里山として維持・管理されながら今日まで引き継がれてきた。

とくに縄文期は、しだいに温暖化にむかう気候のなかで植生帯の分布がゆるやかに変化し、日本人の祖先はそれに対応してきた。弥生期以降は、増加する人口により自然へのインパクトがしだいに強くなったと想像される。ある地域のチョウ相を考える場合には、このような人為による影響を無視するわけにはいかない。本章では、大阪周辺のチョウ相をひとつの例として、その形成に森林に対する祖先の営為がどのようにかかわったかについての考察を試みる。

一　都市化とチョウ相の衰退

チョウ類は、大部分の陸上生態系に生息し、前述のように、ほとんどの種が幼虫時代には特定の植物に依存することから、とくに植生の状態を反映するよい指標生物と考えられている。[6] チョウ類が多種多様な捕食者や寄生

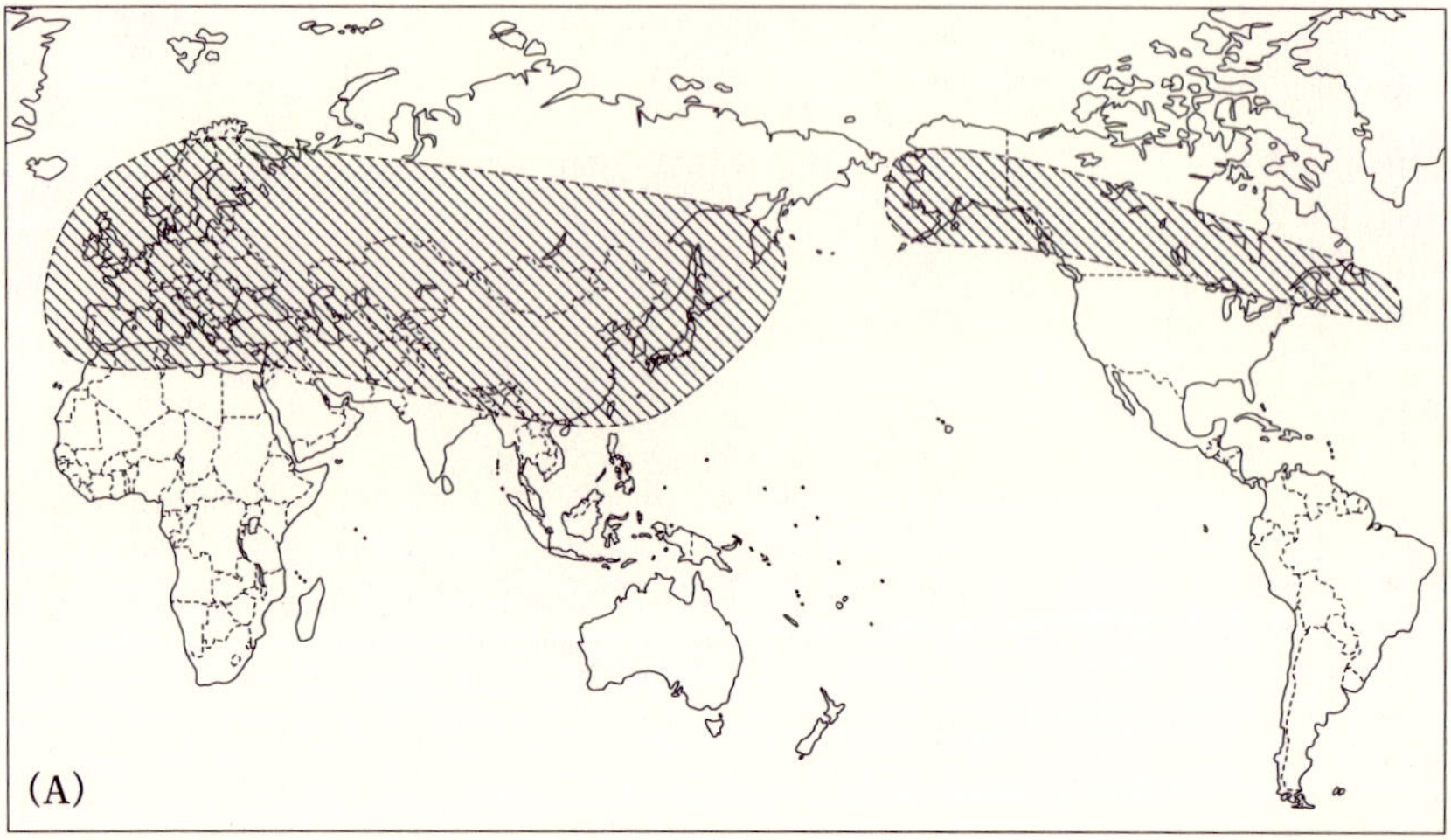
(A)

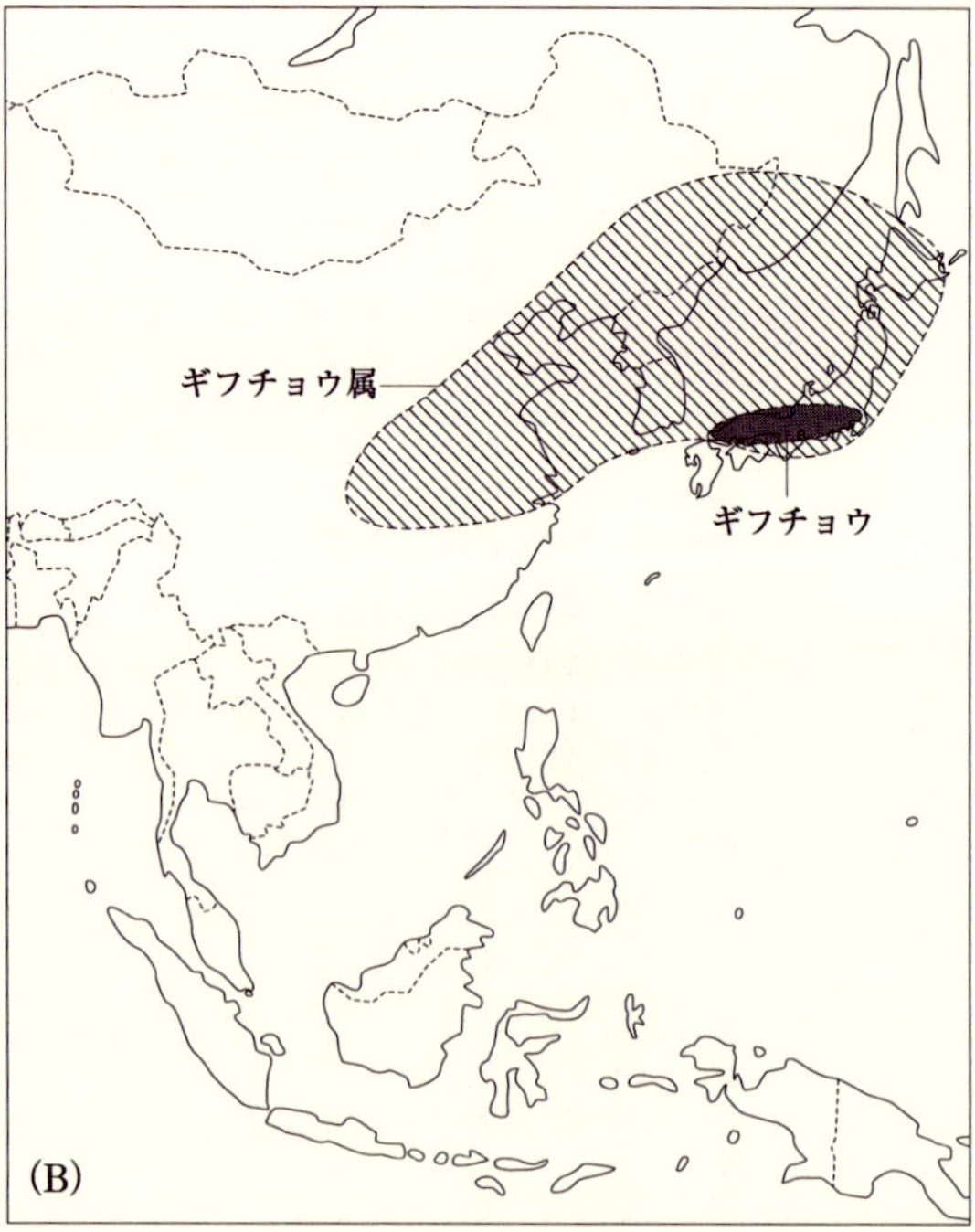
ギフチョウ属
ギフチョウ
(B)

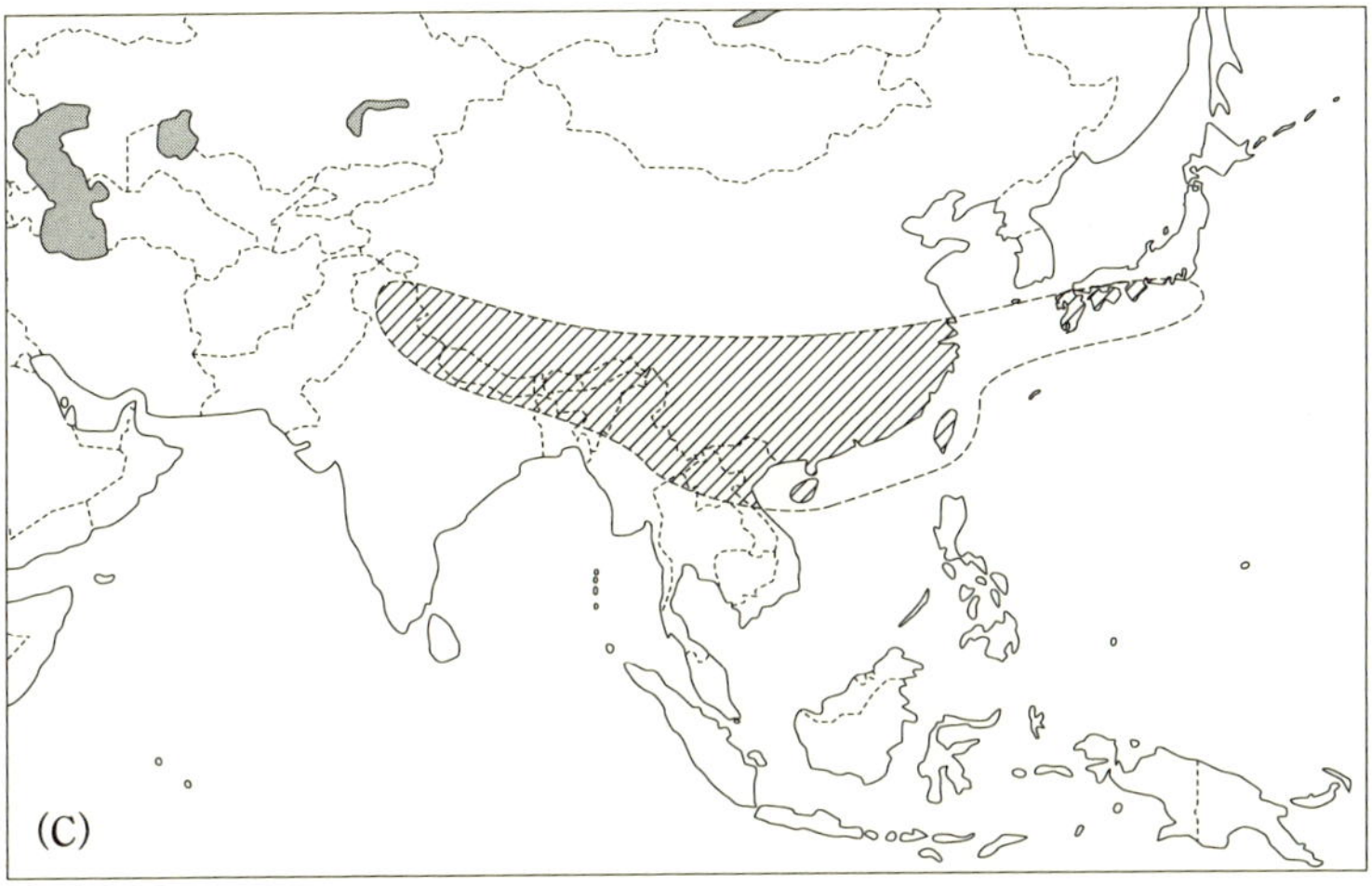

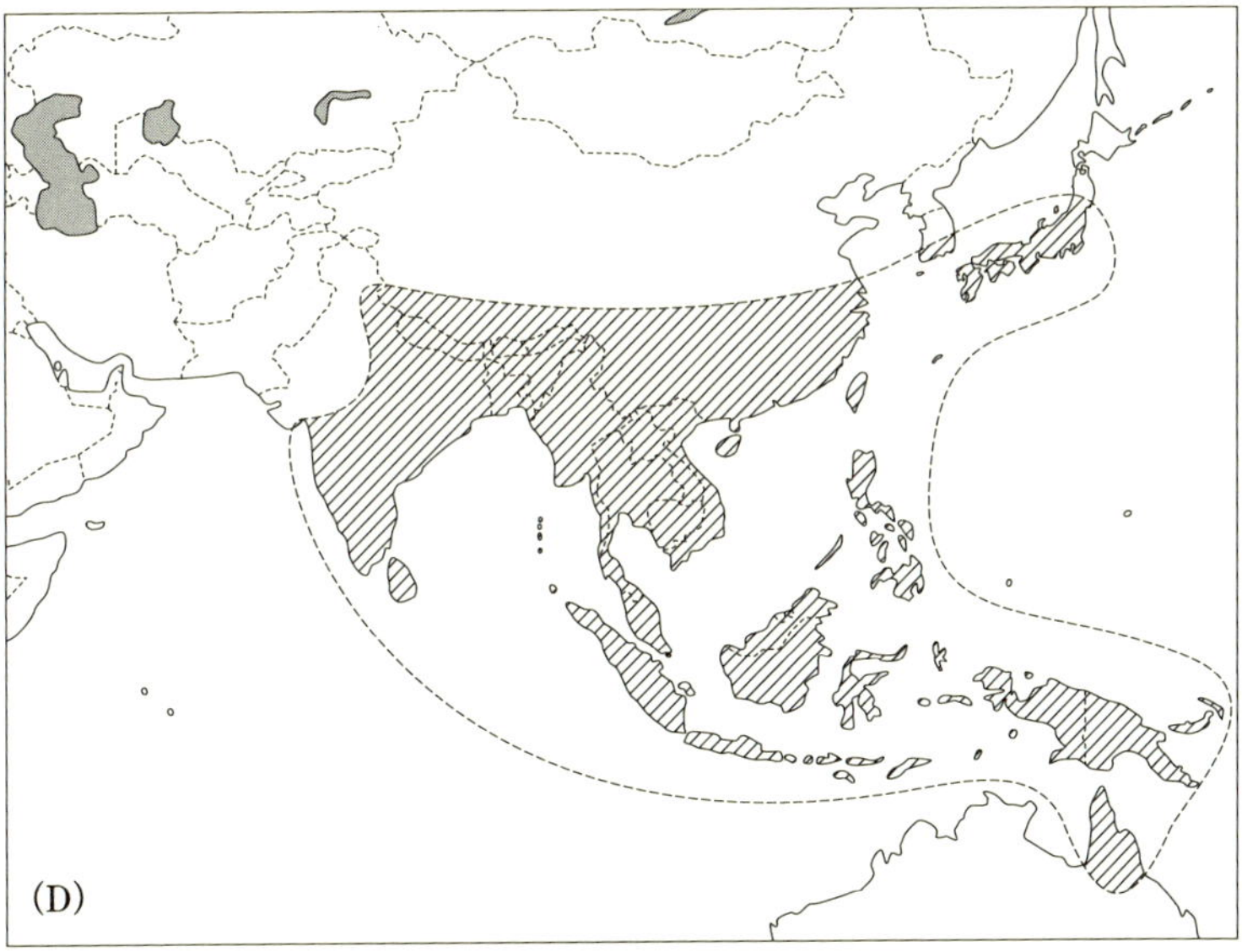

図 15.1　日本のチョウの国外分布型。(A)：シベリア型(キアゲハ)，(B)：アムール型(ギフチョウ属)と日本型(ギフチョウ)，(C)：ヒマラヤ型(ルーミスシジミ)，(D)：マレー型(アオスジアゲハ)

者の食物や寄主であり、生息のためにさまざまな多くの生態学的な要求が必要であることや、成虫が訪花性の種では種子植物の花粉媒介者であることなども、陸上生態系のなかでの重要な位置づけを示すものである。また、分類学的にも生態学的にもよく研究されており、種数が適当で、明瞭な斑紋と昼行性のために識別が容易であるなどの点で、チョウ類は野外でのルートセンサス調査などに適している。

チョウの種構成は、すでに述べたように、おおまかには気候帯や植生のタイプにより異なるばかりでなく、小地域的には環境の変化に敏感に反応して、比較的短期間のうちに変化する。たとえば、東京の目黒にある約二〇ヘクタールの自然教育園では、一九四九年の開園当時には約五〇種のチョウがみられたが、一九七〇年代の初めには約三五種になり、現在は三〇種足らずにまで減少している(7)(8)。その原因として、同園が周囲の都市化により近隣の自然環境から孤立したことに加えて、落葉樹が成長し、常緑樹林への遷移が進行したことなどが指摘されている(7)。実際、同園ではウラナミアカシジミをはじめとするミドリシジミ類やミヤマセセリなどの落葉樹林性の種やジャノメチョウのような草地性の種が、最近になって消滅してしまった。

このような都市化によるチョウ相の衰退は自然教育園に限ったことではなく、東京のほかの地域や名古屋、大阪、京都、福岡といった大都市に共通する現象である(2)・(9)―(14)。大阪市内でも、二〇世紀の初めには六〇種以上のチョウ類が棲息していたと考えられるが、一九五〇年ころまでには四〇種程度に減少し、一九六〇年代にはいると三〇種前後になり、現在に至っている。

このように、都市化のような大きな人為が加わると自然環境は変貌し、チョウ相は短期間のうちに貧弱になってしまうが、その際に起こる変化には一定の傾向が認められる。日浦(2)は、都市化により衰退する種の特徴として、森林性、定住性、一化性、野生木本食性などをあげている。逆に、最後まで都市の緑地に残るのは、草原性、移住性、多化性、栽培・外来草本食性のチョウである。

とはいえ、大阪全体ではまだ一〇〇種程度のチョウ類がみられる。それらの多くは、北摂、金剛・生駒山地、和泉山脈など、大阪を取り囲む山々の森の周囲に生息している。それらは、かつて大阪周辺に広く分布していたチョウ相のなごりという側面ももつに違いない。とくに、森林に残るチョウ類を調べることで、本章の目的である、祖先の森林に対する営みの痕跡を見出すことはできないだろうか。

二　大阪周辺の森にすむチョウ

近年、ルートセンサス方式によるチョウ類群集の調査が各地で行われるようになった。この方法では、調査地内に一定のルートを設定し、シーズン中、毎月一―二回の頻度でルート上を歩いて、普通は左右五メートルずつの範囲にあらわれるチョウの種と個体数を記録する。ルートの長さに等しい帯状の調査地（トランセクトとよぶ）が調査対象となることから、トランセクト調査とよばれることもある[15]。トランセクト調査は、異なる場所の調査結果や同じ場所での経年変化などを定量的に比較検討するのに適した方法といえる。

このような方法にもとづく大阪周辺の森林や緑地のチョウ類群集の調査結果をみてみよう（表15・1）。大泉緑地や長居公園で代表される都心の緑地では、やはり二〇種前後のチョウしかみることができず、ヤマトシジミ、イチモンジセセリ、モンシロチョウといった草地性、多化性、移住性のチョウが優占種になっていた。これらの種は、それぞれ道端や空き地、家庭菜園などに生えるカタバミ、イネ科、アブラナ科に依存して生活している。アオスジアゲハやナミアゲハ、キチョウのような森林性の多化性種も上位種に含まれるが、これらの種はそれぞれ、クスノキ科、ミカン科、マメ科の街路樹や庭木を利用することで市街地に生き残っているのである。

森林では三五―五六種のチョウを確認することができた。また、森林にも都市緑地でみられる種が棲息してい

表 15.1 大阪周辺の森林と緑地のチョウ類群集の優占種，種数，種多様度(H')および生息場所別，分布型別の種数。種名の横の略称は，森：森林性，縁：林縁性，草：草原性，華：日華区系，北：旧北区系，東：東洋区系。森林性，林縁性の種を太字で示した。

順位	春日山*1	箕面*2	三草山*3
	奈良市(照葉樹林)	箕面市(照葉樹林)	能勢町(落葉樹林)
1	**ルリシジミ**(縁，北)	**ウラギンシジミ**	**ナミヒカゲ**(縁，華)
2	**ヒメウラナミジャノメ**(縁，華)	**キチョウ**	**キマダラヒカゲ類**(縁，華)
3	ヤマトシジミ(草，東)	ヤマトシジミ	**クロヒカゲ**(縁，華)
4	**コミスジ**(縁，北)	**ムラサキシジミ**(森，華)	**コミスジ**
5	**キチョウ**(縁，東)	**スジグロシロチョウ**	**ウラナミアカシジミ**(森，華)
6	**ウラギンシジミ**(縁，華)	**ルリシジミ**	**オオチャバネセセリ**(縁，華)
7	**モンキアゲハ**(森，東)	**テングチョウ**(森，華)	**ミズイロオナガシジミ**(森，華)
8	**スジグロシロチョウ**(縁，華)	**トラフシジミ**(森，華)	**メスグロヒョウモン**(縁，華)
9	**アオスジアゲハ**(森，東)	**コジャノメ**(縁，華)	**イチモンジチョウ**(縁，北)
10	**カラスアゲハ**(森，華)	**アオスジアゲハ**	**ヒロオビミドリシジミ**(森，華)
合計種数	45(100)	35(100)	49(100)
森林・林縁性種数(%)	38(84.6)	31(88.6)	43(87.8)
照葉樹林性種数(%)	12(26.7)	10(28.6)	13(26.5)
落葉樹林性種数(%)	26(57.8)	21(60.0)	30(61.2)
草原性種数(%)	7(15.4)	4(11.4)	6(12.2)
日華区系種数(%)	26(57.8)	21(60.0)	35(71.4)
旧北区系種数(%)	10(22.2)	7(20.0)	7(14.3)
東洋区系種数(%)	9(20.0)	7(20.0)	7(14.3)
日華区系種数(%)	26(100)	21(100)	35(100)
照葉樹林性種数(%)	6(23.1)	6(28.6)	7(20.0)
落葉樹林性種数(%)	19(73.1)	15(71.4)	27(77.1)
草原性種数(%)	1(3.9)	0(0)	1(2.9)
種多様度	4.19	4.14	4.39

順位	二上山*1	大泉緑地*2	長居公園*1
	当麻町(落葉樹林)	堺市(都市緑地)	大阪市(都市緑地)
1	ベニシジミ(草，北)	ヤマトシジミ	イチモンジセセリ
2	**キチョウ**	イチモンジセセリ	モンシロチョウ
3	**コミスジ**	モンシロチョウ(草，北)	ヤマトシジミ
4	**ヒメウラナミジャノメ**	**キチョウ**	**アオスジアゲハ**
5	**ルリシジミ**	ツバメシジミ(草，北)	ツバメシジミ
6	**ナミアゲハ**(緑，華)	ベニシジミ	**ナミアゲハ**
7	イチモンジセセリ(草，東)	モンキチョウ	モンキチョウ
8	**ツマグロヒョウモン**(緑，東)	**アオスジアゲハ**	**ルリシジミ**
9	ヤマトシジミ	ヒメアカタテハ(草，東)	**キチョウ**
10	モンキチョウ(草，華)	**ナミアゲハ**	ベニシジミ
合計種数	56(100)	22(100)	19(100)
森林・林縁性種数(%)	44(78.6)	12(54.5)	9(47.4)
照葉樹林性種数(%)	11(19.6)	5(22.7)	4(21.1)
落葉樹林性種数(%)	33(58.9)	7(31.8)	5(26.3)
草原性種数(%)	12(21.4)	10(45.5)	10(52.6)
日華区系種数(%)	31(55.4)	8(36.4)	6(31.6)
旧北区系種数(%)	13(23.2)	6(27.3)	6(31.6)
東洋区系種数(%)	12(21.4)	8(36.4)	7(36.8)
日華区系種数(%)	31(100)	8(100)	6(100)
照葉樹林性種数(%)	6(19.4)	3(37.5)	2(32.3)
落葉樹林性種数(%)	24(77.4)	4(50.0)	3(50.0)
草原性種数(%)	1(3.2)	1(12.5)	1(17.7)
種多様度	4.65	3.48	2.83

*1日浦(1976)(23)，*2石井ほか(1991)(24)，*3石井ほか(1995)(25)による。

たが、それらの多くは道ぞいや林縁などの開けた場所でよく遭遇した。いずれにせよ、都市緑地だけに棲息する種というのはなかった。

一方、森林でしかみられなかった種は多く、一化性の種ではウラナミアカシジミやミズイロオナガシジミ、メスグロヒョウモン、多化性の種ではカラスアゲハやコミスジ、イチモンジチョウのほか、ヒカゲチョウ類やヒメウラナミジャノメ、コジャノメのような森林性のジャノメチョウ科などが優占種であった。これらの種は、森林の主体となる木本植物ばかりでなく、林床や林縁の草本、林縁のマント群落の要素である藤本などを寄主植物として利用している。

森林の林内、林縁でみられる木本、草本、藤本植物を寄主とするチョウを森林性の種とすると、都市緑地では一〇種、五〇パーセント前後であったのに対して、森林では三〇—四〇種、八〇パーセント前後と多かった。このような結果は、かつて大阪周辺に広く分布していたチョウ類が周囲の森林地域に残存するのではないかという当初の仮説を支持するものと考えられる。この仮説をもとに、議論を展開する前に、もう少し大阪周辺のチョウ類群集について解析を進めておこう。

表15・1には、大阪周辺の森林や緑地のチョウ類群集の種多様度も示した。種多様度とは、種数が多く、各種の個体数が均等であるほど高い値を示す指数で、ここでは平均多様度(H')を用いた。種多様度がもっとも高かったのは、三草山、二上山の落葉樹林であった。春日山と箕面の照葉樹林では、種多様度はこれら三地域の落葉樹林よりやや低い値を示した。市街地の緑地では、種多様度は大泉緑地のように中程度のものから長居公園のようにかなり低い値を示すものまでさまざまであった。

都市緑地のチョウ類の種多様性がばらつくのは、立地や人為による撹乱の程度の違いによるものであろう。では、照葉樹林のチョウ類の種多様度が落葉樹林よりやや低いのはなぜだろう。西日本では、照葉樹林は植生遷移の極相にあたり、落葉樹林より歴史の古い森のはずである。照葉樹林のチョウ類群集の種多様度が落葉樹林より低いのは、大阪周辺の森林がたどってきた歴史を反映するものかもしれない。

もう一度表15・1に戻ろう。大阪周辺のチョウ類群集について、もうひとつ興味深いのは、都市のように人為による撹乱が加わった環境に残るチョウには東洋区系の種が多く、都市化により衰退するチョウには日華区系の種が多いということである。たとえば、日華区系の種の割合は、春日山や箕面のような照葉樹林では約六割を占めるのに対して、大泉緑地や長居公園では三—四割程度である。一方、東洋区系の種は、春日山や箕面では二割前後であるのに、大泉緑地や長居公園では四割近くを占めた。とくに三草山の落葉樹林では、日華区系の種が七割を占めたのに対して、東洋区系の種は一割程度にすぎなかった。

大阪周辺の森林に残ったチョウ類を照葉樹林と落葉樹林の要素に分けると、さらにおもしろいことに気づく(表15・1参照)。西日本低地の現在の極相は照葉樹林であるにもかかわらず、どの森林でも落葉樹林の種が全種の六割前後、日華区系に限れば約四分の三を占めるのである。これは、三草山のような落葉樹林はいうまでもなく、春日山のように歴史のある照葉樹林があるところでも同じである。これは何を意味しているのだろうか？

三　落葉樹林要素の由来

表15・2に大阪周辺の落葉樹林と照葉樹林でみられる主なチョウ類をリストアップした。この表をみてまず気づくのは、落葉樹林のチョウには一化性で日華区系の種が多いということである。逆に、照葉樹林のチョウは多化性で東洋区系の種が多い。東洋区系は新参者であり、日華区系は古参の種という日浦の考え方[2]に従えば、落葉樹林にこそ本来の大阪周辺のチョウが生き残っているということになる。

表 15.2 大阪周辺の落葉樹林・照葉樹林でみられる主なチョウとその寄主植物，分布型。日華区系の種を太字で示した。

種　名	化性	主な寄主植物	分布型
落葉樹林のチョウ			
ギフチョウ	**1化**	**カンアオイ類**	**日華区**
テングチョウ	**多化**	**エノキ**	**日華区**
クロヒカゲ	**多化**	**ネザサ，メダケなど**	**日華区**
ナミヒカゲ	**多化**	**ササ類などタケ科**	**日華区**
サトキマダラヒカゲ	**多化**	**ササ類などタケ科**	**日華区**
ミドリヒョウモン	1化	タチツボスミレなど	旧北区
クモガタヒョウモン	1化	タチツボスミレなど	旧北区
メスグロヒョウモン	**1化**	**タチツボスミレなど**	**日華区**
イチモンジチョウ	多化	スイカズラ，タニウツギなど	旧北区
コミスジ	多化	マメ科，ケヤキなど	旧北区
ルリタテハ	多化	サルトリイバラ，ホトトギスなど	東洋区
ヒオドシチョウ	1化	エノキ	旧北区
コムラサキ	多化	ヤナギ類	旧北区
ゴマダラチョウ	**多化**	**エノキ**	**日華区**
オオムラサキ	**1化**	**エノキ**	**日華区**
ウラゴマダラシジミ	**1化**	**イボタなど**	**日華区**
アカシジミ	**1化**	**クヌギ，コナラなど**	**日華区**
ウラナミアカシジミ	**1化**	**クヌギ，コナラなど**	**日華区**
ミズイロオナガシジミ	**1化**	**クヌギ，コナラなど**	**日華区**
オオミドリシジミ	**1化**	**クヌギ，コナラなど**	**日華区**
コツバメ	**1化**	**ナツハゼなどツツジ類の花蕾**	**日華区**
ゴイシシジミ	多化	ササ類のアブラムシ	東洋区
クロシジミ	**1化**	**クロオオアリと共生**	**日華区**
ミヤマセセリ	**1化**	**クヌギ，コナラなど**	**日華区**
コチャバネセセリ	**多化**	**ササ類，ススキなど**	**日華区**
オオチャバネセセリ	**多化**	**ササ類などタケ科**	**日華区**
照葉樹林のチョウ			
アオスジアゲハ	多化	クスノキ	東洋区
モンキアゲハ	多化	ミカン科各種	東洋区
アサギマダラ	多化	ガガイモ科各種	東洋区
クロコノマチョウ	多化	ススキなど	東洋区
イシガケチョウ	多化	イヌビワなど	東洋区
ルーミスシジミ	**1化**	**イチイガシなど**	**日華区**
ムラサキシジミ	多化	カシ類	東洋区
ムラサキツバメ	多化	カシ類	東洋区
ウラギンシジミ	**多化**	**マメ科の花実**	**日華区**

いうまでもないことかもしれないが、大阪周辺の森林で人為の加わっていないものはない。これまで落葉樹林といってきたものも、じつは、里山とよばれる農用林あるいは薪炭林のなごりである。今でこそ、化石燃料や化学肥料の普及によって里山は不要になりつつあるが、かつての農業では、薪や炭などの燃料、堆肥や木灰、刈敷などの肥料を得る林として里山は必要不可欠の存在であった。刈敷とは、田植え前の水田に投入された草や若葉などの形態の肥料である。この刈敷とよばれる肥料を得るためには、水田面積の数倍の里山が必要であったという[7]。

里山は木炭の供給源としても長く日本人の生活を支えてきた。樋口[16]によると、炭はおそらく縄文時代から使われており、今日まで暖房、炊事、茶道、照明などさまざまな用途で用いられてきた。中世、近世には産地も安定し、たとえば近畿地方には、近江、大原、山城、池田、横山、光滝、大和、紀州などの炭の大供給地があった。三草山のある北摂地方は、茶道に用いられる池田炭の産地で、クヌギを主体とする薪炭林が広がっていたという。

近畿地方の里山の多くは、コナラやクヌギ、アカマツで構成され、二〇年前後の周期で伐採されることで若返りがはかられてきた。伐採後、つぎの伐採までのあいだには、間伐や下刈り、落ち葉かきなどが行われ、農民はそれらを薪あるいは炭や堆肥の原料として利用していた。コナラやクヌギは、ウラナミアカシジミやオオミドリシジミ、ミヤマセセリの幼虫の寄主となるほか、樹液にはオオムラサキやヒカゲチョウ類の成虫が集まる。明るい林床にはスミレ類やカンアオイ類が自生し、ヒョウモンチョウ類やギフチョウの生活を支えてきた。

しかし、もしもこうした管理が行われなくなると、林冠はしだいに鬱閉し、林床にはネザサが繁茂し、照葉樹がはいりこみ、里山は徐々に照葉樹林へと遷移していく。そうなれば落葉樹林のチョウは衰退し、やがて消滅してしまう。これは前に紹介した目黒の自然教育園の事例のとおりである。

里山が、人間の営為により維持・管理されてきた半自然の林であるにもかかわらず日華区系のチョウが棲息しているのは、歴史が古いからに違いない。里山の歴史の生き証人として、ギフチョウの食草であるカンアオイ類や彼らが蜜源とするカタクリをあげることができる。これらの草本は、いわゆるアリ散布型植物である。日浦[17]は、カンアオイ類は発芽してから種子をつけるまで約一〇年もかかるうえ、種子はアリによって運ばれるので、一〇年でせいぜい五メートルしか移動できないとしている。したがって、カンアオイ類は一〇〇年で五〇メートル、一万年でも五キロしか進めないことになる。カタクリも発芽から開花まで七－八年というから、事情はよく似ている。このことを考えると、カンアオイ類やカタクリが生育し、ギフチョウの棲息する里山の歴史がいかに古いかがわかる。

では、ギフチョウやカンアオイ類、カタクリなどを育む落葉樹林はどのようにして現在まで引き継がれてきたのだろうか。じつは、落葉樹林が近畿地方において優勢だった時代は縄文期前半にさかのぼる（図15・2）。世界を襲った四回目の氷期（ウルム氷期）が終結し、暖かさが戻り始めた約一万年前は、私たちの祖先が半定住生活にはいり半栽培あるいは焼畑農耕を開始した時代と考えられている。当時、近畿地方は落葉樹林におおわれていたが、気候の温暖化とともに、温暖な太平洋岸などに退いていた照葉樹林がその勢力を拡大しつつあった。

この時代、私たちの祖先は、東日本ではブナやナラ類、西日本ではカシ類やシイ類の卓越する森から恵みをうけて生活を営んでいた。[4][18]安田によると、ナラ林文化とよばれる東日本の祖先たちの生活様式は、狩猟や漁労ばかりでなく、クリやクルミ、トチノキなどのカロリーの高い木の実の半栽培を行っていたことで特徴づけられるという。おそらく、これらの木の実は縄文人により積極的に保護・管理され、すでに里山の原型ができあがっていたと思われる。

縄文人たちはまた、石斧の柄や弓、盆などにも適当な樹種を選んで使用していたようだ。このように、一万年以上に及ぶ縄文時代、私たちの祖先はほんとうの意味で森と共生していた。そして、縄文人たちの営みは、押し寄せる照葉樹林の波に飲み込まれようとしていた落葉樹林を維持し、弥生人に引き継ぐ役割を果たしたと考えられる。

弥生時代の初期、西日本は深い照葉樹林におおわれていたが、水田稲作と鉄器の導入、人口の増加などにより、祖先の森に対するインパクトはしだいに強くなった。しかし、温暖で降水量の多い気候風土に助けられ、集落の背後の丘陵にはアカマツやコナラ、クヌギなどの二次林が発達した。この二次林こそが里山であり、その後、今日に至るまで、私たちに燃料や肥料、食物、木材などを持続的に供給してきたのだ。ギフチョウの飛ぶ里山にたたずむと、縄文以来、今日まで、脈々と続いてきた祖先たちの営為を思わざるを得ない。

四　照葉樹林のチョウ相はなぜ貧弱か

佐々木[5]は、日本の縄文文化は東日本のナラ林帯(冷温帯落葉広葉樹林)を中心に栄えたプレ農耕段階のナラ林文化のひとつだったとしている。実際、人口のもっとも多かった縄文中期(四〇〇〇—五〇〇〇年前ころ)には、日本の人口の八割以上が東日本のナラ林帯に集中していたようだ。そのころまでには、近畿地方の低地は照葉樹林でおおわれており(図15・2、15・3)、当時、一〇〇平方キロあたりの人口は、たとえば関東では約三〇〇人であったのに対して、関西ではわずか八人程度であったとされる。[19]

照葉樹林の卓越した縄文中期のころ、大阪周辺の落葉樹林のチョウは五〇〇メートル以上の山地の森か、縄文人の森への営為により形成された低地の照葉樹林の二次林に依存しながら、どちらかというと細々と生活していたかもしれない(図15・3)。淀川や大和川などの大きな河川の河畔林も彼らの重要な拠り所だっただろう。それに対して、照葉樹林のチョウは、当時、いわゆる縄文海進で水没していた河内平野を除く低地一帯で繁栄していたと想像される。大阪府内には三〇〇カ所あまりの縄文時代の遺跡が知られているが、土器の出土状況からみるか

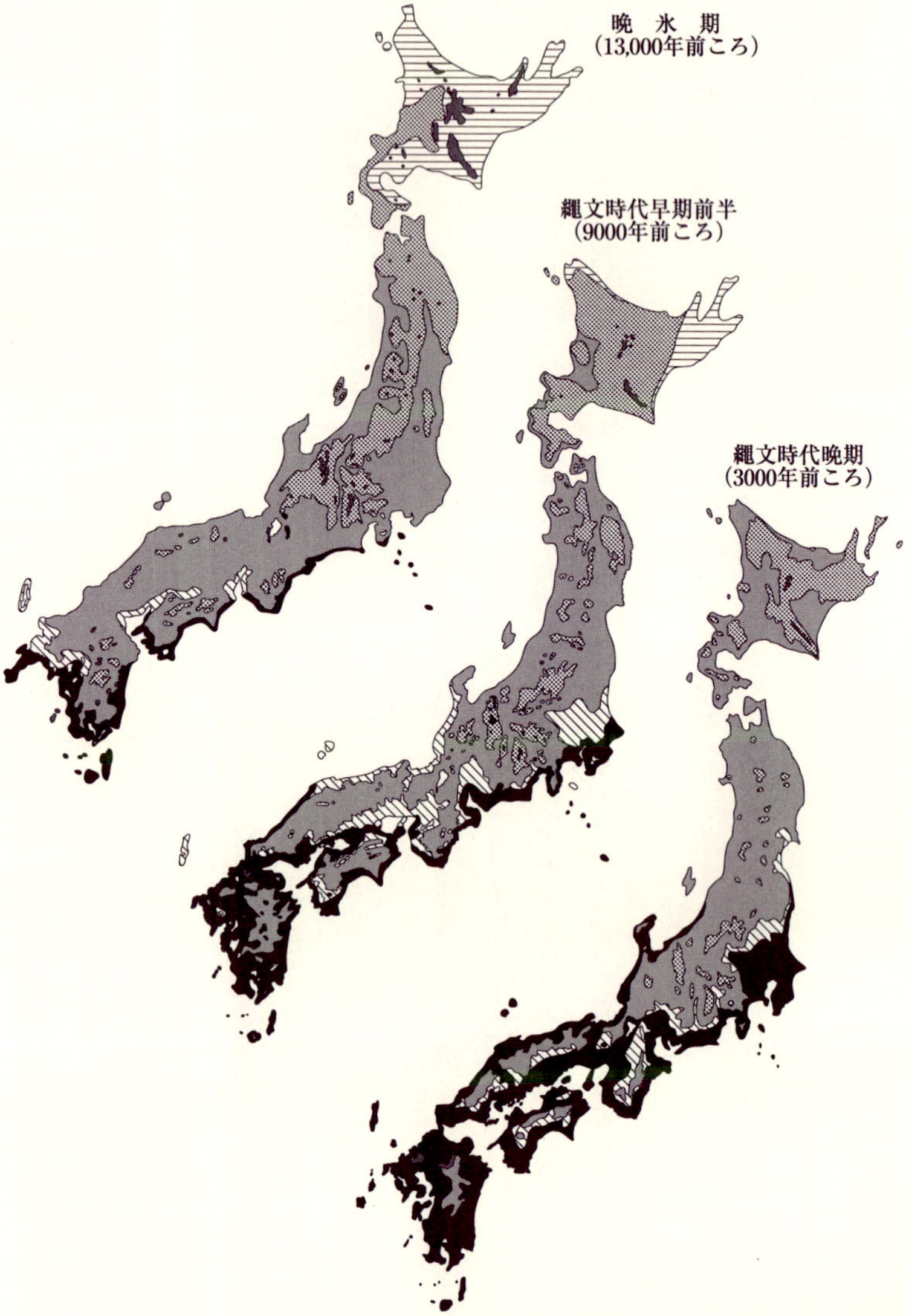

図 15.2　最終氷期後の日本の植生と古地理(安田，1980 より凡例一部改変)(18)。■ ツンドラ，☰ 森林ツンドラまたは亜寒帯林，▒ 亜寒帯針葉樹林，□ 冷温帯落葉広葉樹林(針・広混交林も含む)，▧ 暖温帯落葉広葉樹林，■ 照葉樹林

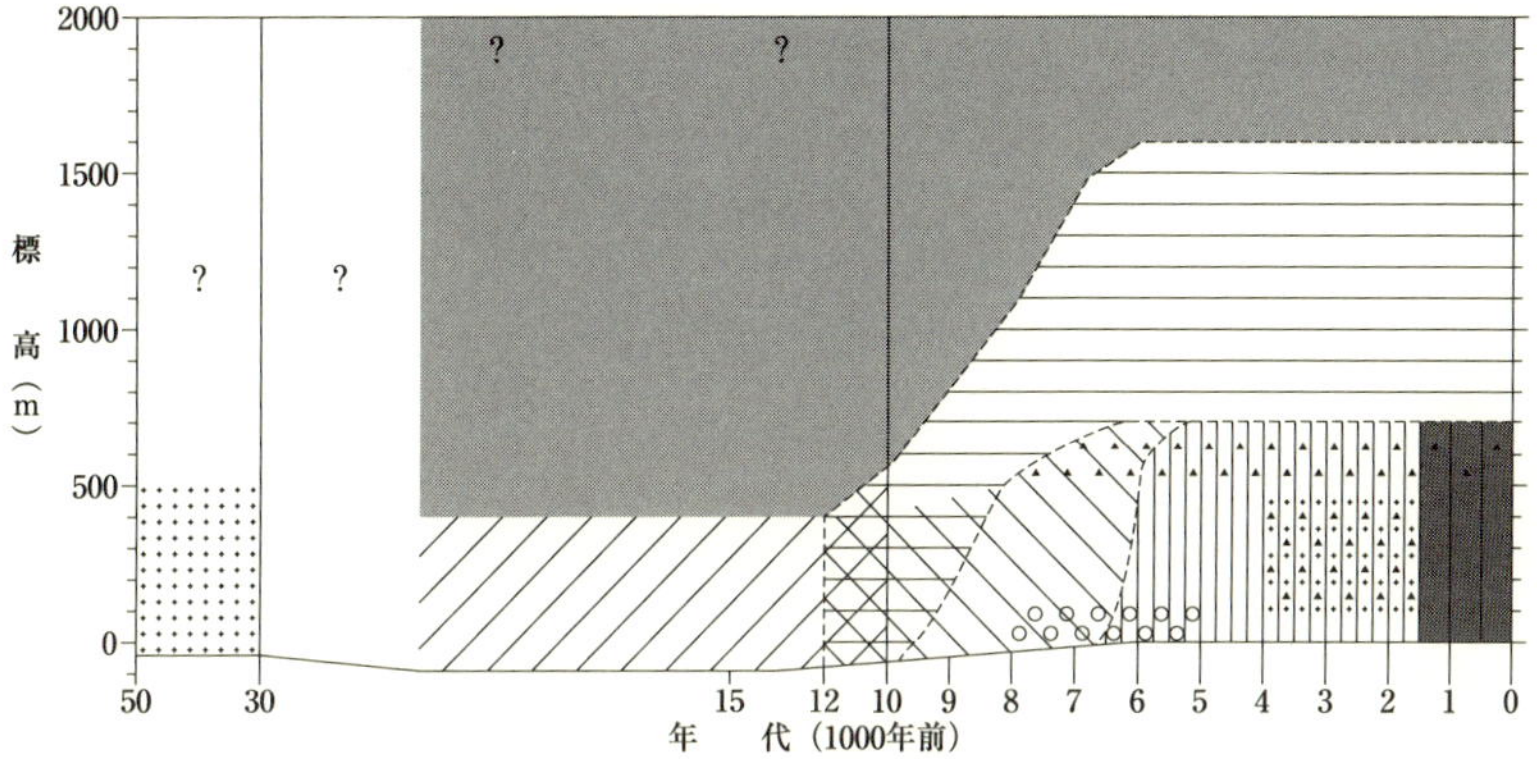

図 15.3　近畿地方と中国山地東部における植生史の要約図（高原，1998 より凡例一部改変）[26]。 マツ科針葉樹林（モミ属，ツガ属，トウヒ属，マツ属，カバノキ属），マツ科針葉樹とコナラ亜属の針広混交林，ブナ・コナラ亜属を中心とする落葉広葉樹林，コナラ亜属を中心とする落葉広葉樹林，照葉樹林，アカマツ二次林，スギ・ヒノキ人工林，スギ林，モミ林，エノキ・ムクノキ林

ぎり、西日本の他の地域と同様、その数が増加するのは縄文中期以降である[20]。したがって、この時代にはまだ大阪周辺の人口密度は低かったと考えられ、照葉樹林は紀伊半島の南端から大阪まで、途切れることなく海岸線ぞいの低地に広がっていただろう。

そんな縄文の照葉樹林のなかを飛びまわっていたのはどんなチョウだったのだろう。このことについて考えるヒントは、寒冷な時代に照葉樹林が避難していた南紀の森にあるのではないだろうか。実際、紀南地方には、大阪周辺でみられない照葉樹林のチョウが棲息している。たとえば、オガタマノキで発生するミカドアゲハ、各種カシ類を寄主とするルーミスシジミ、キリシマミドリシジミ、ヒサマツミドリシジミなどの森林性シジミチョウ類などがそうである。また、近年、紀南地方の山地でウバメガシに依存する特異なウラナミアカシジミの集団が発見され、新亜種ナンキウラナミアカシジミとして記載された[21]。大阪周辺を含めほかの地域のウラナミアカシジミがクヌギやコナラなどの落葉性のコナラ亜属に依存していることを考えると、この集団は南紀の照葉樹林帯で分化した可能性が高い。これら以外にも、表15・2にあげた種はいうまでもなく、ナガサキアゲハやヤクシマルリシジミ、サツマシジミのように、近年、大阪で増加傾向の種もみられるなど、南紀の照葉樹林のチョウ相はじつに多彩である。

これら紀南地方に棲息するチョウ類のうち、カシ類に依存する四種のシジミチョウは日華区系の要素である。とくに、ヒサマツミドリシジミは日本と台湾の、キリシマミドリシジミはルーミスシジミと同様、日本からヒマラヤにかけての(図15・1参照)、それぞれ照葉樹林帯に分布している。一方、ミカドアゲハやナガサキアゲハなど、残りの種はアオスジアゲハと同様、東洋区系の要素である(図15・1参照)。日浦(2)に依拠すれば、アオスジアゲハのような東洋区系のチョウたちは、最終氷期終結後の温暖化の波に乗って、東南アジアの熱帯、亜熱帯地域から北進してきた起源の新しいグループであり、ルーミスシジミのような日華区系の種は古くから日本にいて氷期を温暖な土地でやり過ごしたグループということになる。もしこの考え方が正しいなら、縄文中期には、大阪周辺の低地には日華区系の照葉樹林のチョウたちが栄えていたことになる。東洋区系のチョウたちは、その移動能力などに従って、順次、大阪周辺に侵入してきたのであろう。

この仮説を支持する事実として、一般に東洋区系のチョウは日本のどこかを北限として南方へ連続的に分布しているのに対して、日華区系のチョウは日本のなかで遺存的な飛び飛びの分布をしていることがあげられる。たとえば、ルーミスシジミは紀伊半島では春日山や古座川町、伊勢神宮などに局地的に分布し、それより東側は房総半島南部まで産地はない。キリシマミドリシジミもヒサマツミドリシジミも、神奈川県を分布の東限として、それより西側に飛び飛びに産地がある。日華区系の照葉樹林のチョウたちのこのような遺存的な分布は、人口の増加にともなう、照葉樹林の破壊、断片化によるものに違いない。近畿地方や中国地方東部の瀬戸内海岸の低地では、一五〇〇年ほど前からアカマツの二次林やスギ・ヒノキの人工林が増加している(図15・3参照)。おそらく、このころまでには、低地には集落や水田が広がり、その周囲をアカマツやコナラなどからなる里山が取り囲むという日本の田園風景の原型ができあがっていたであろう。このような人為による森への働きかけは、ギフチョウのような落葉樹林のチョウには有利であったが、同じ日華区系でも照葉樹林のチョウには不利であったと思われる。

五　森林文化とチョウ相

照葉樹林文化は、プレ農耕段階、焼畑農耕段階、水田稲作農耕段階の三つの発展段階をへて展開したと考えられている。(5) プレ農耕段階は、採集・狩猟・漁労が中心であったが、クズ、ヤマノイモ、ヒガンバナなどの野生イモ類の半栽培、エゴマ、シソなどの作物の小規模栽培、野蚕やウルシの利用などで特徴づけられるという。前述のように、日本の縄文文化はプレ農耕段階のナラ林文化と位置づけられ、東日本の落葉樹林帯を中心として発展していた。(5)

しかし、最終氷期後の温暖化が進むなかで照葉樹林帯が北進し、縄文中期のころまでには西日本の低地はカシ類やシイ類におおわれるようになった。安田(4)は、花粉分析の結果から、当時の近畿地方低地はイチイガシを主体とする深い照葉樹林におおわれていたのではないかとしている。もしそうなら、現在では絶滅危惧種にまで減少してしまったルーミスシジミは、当時、近畿地方一帯に広く分布していたと考えられる。安田(4)によると、ちょうどそのころ、西日本にプレ農耕段階の照葉樹林文化が伝えられ、祖先の森林への働きかけが始まったようだ。

縄文後期・晩期(四〇〇〇―三〇〇〇年前ころ)になると、西日本において焼畑農耕段階の照葉樹林文化が展開し、人為による森林へのインパクトが増大する。焼畑では、森を焼いた後、数年間アワやヒエなどいくつかの雑穀を順に栽培し、放棄される。そこにはやがて照葉樹林の二次林としての落葉樹林が発達するが、ギフチョウの食草であるカンアオイ類や蜜源植物のカタクリなどはそのなかで維持されてきたと考えられている。守山は、落葉樹は焼かれても簡単には死なないし、カタクリなどの地中深いところにある球根は焼畑後でも保存されるとしている。[7] 落葉樹林のチョウが、縄文時代の後半は焼畑の産物である二次林に依存しながら生き延びてきたと考える根拠はここにある。

弥生時代に西日本に広まった稲作文化も、縄文期にすでに各地に浸透していた照葉樹林文化のなかに組み込まれ、日本文化の基層となっていった。[5] 灌漑水田農業に基礎をおいた日本の農耕社会では、平地のイチイガシやクスノキからなる照葉樹林は破壊されて水田や集落になり、背後の山地や丘陵のカシ・シイ林やブナ林も伐採され、その後に形成されたアカマツやナラ類の二次林が農用林として利用された。この農用林こそが里山であり、現在に至るまで、落葉樹林のチョウ類の温床となっていたのである。逆に、この時代以降にルーミスシジミをはじめとする照葉樹林のチョウたちの棲息場所がしだいに縮小、断片化することになるのである。

このように西日本に伝えられた照葉樹林文化は、稲作農耕文化の時代に至って、皮肉なことに落葉樹林のチョウには有利に、照葉樹林帯のチョウ類にとっては不利に働くことになった。たとえば、ルーミスシジミは、九州、四国、南紀などの照葉樹林帯を除けば、伊勢神宮や清澄寺などの社寺林に残るのみとなった。このチョウのすむ奈良市の春日山原生林は、春日大社の神域として八四一年に狩猟や伐木が禁止され、手厚く保護されてきた。これは照葉樹林文化とは無関係の鎮守の森信仰にもとづくものである。春日山原生林は一九二四年に、ルーミスシジミは一九三二年に、それぞれ国の天然記念物に指定されたが、不思議なことにその後、このシジミチョウはみられなくなった。約三〇〇ヘクタールもあるとはいえ、この照葉樹林が孤立してしまったことが原因かもしれない。照葉樹林文化が追い風となって守られてきた落葉樹林のチョウも、化石燃料や化学肥料の普及によって里山が不要になることにより、今や風前の灯火である。[22] 森のチョウたちの衰退は、日本の文化基盤の崩壊を意味しているのではないだろうか。

(1) 渡辺康之編著、一九九六、ギフチョウ、二六九頁、北海道大学図書刊行会。
(2) 日浦勇、一九七三、海を渡る蝶、二〇〇頁、蒼樹書房。
(3) 白水隆、一九四七、従来の日本蝶相の生物地理的研究方法の批判及びその構成分子たる西部支那系要素の重要性に就いて、松虫、二(一)、一―八頁。
(4) 安田喜憲、一九九二、日本文化の風土、二一〇頁、朝倉書店。
(5) 佐々木高明、一九九三、日本文化の基層を探る――ナラ林文化と照葉樹林文化、二五三頁、日本放送出版協会。
(6) Kudrna, O. 1986. Aspects of the Conservation of Butterflies in Europe. 323 pp. Aula-Verlag, Wiesbaden.
(7) 守山弘、一九八八、自然を守るとはどういうことか、二六〇頁、農山漁村文化協会。
(8) 国立科学博物館附属自然教育園、一九九四、東京でみる都市化と自然、六三頁、財団法人科学博物館後援会。
(9) 西多摩昆虫同好会編、一九九一、東京都の蝶、二〇〇頁、けやき出版。
(10) 久保田繁男、一九九三、東京都における都市化と蝶類の衰亡、昆虫と自然、二八(一二)、五―一〇頁。
(11) 高橋昭、一九九三、名古屋市における都市化と蝶類相の変遷、昆虫と自然、二八(一二)、一一―一五頁。
(12) 今井長兵衛、一九九三、大阪市における都市化とチョウ相の変化、昆虫と自然、二八(一二)、一六―一九頁。
(13) 今井長兵衛、一九九八、ビオトープづくりのために、チョウの調べ方(日本環境動物昆虫学会編、今井長兵衛・石井実監修)、一二八―一六〇頁、文教出版。
(14) 福田治、一九九三、福岡市における都市化と蝶類の衰亡、昆虫と自然、二八(一二)、二五―三〇頁。
(15) 石井実、一九九三、チョウ類のトランセクト調査、日本産蝶類の衰亡と保護第二集(矢田脩・上田恭一郎編)、九一―一〇一頁、日本鱗翅学会・日本自然保護協会。
(16) 樋口清之、一九九三、木炭、二八六頁、法政大学出版局。
(17) 日浦勇、一九七八、蝶のきた道、二三〇頁、蒼樹書房。

(18)　安田喜憲、一九八〇、環境考古学事始——日本列島二万年、二七〇頁、日本放送出版協会。
(19)　小山修三、一九八四、縄文時代——コンピュータ考古学による復元、二〇六頁、中央公論社。
(20)　藤本篤・前田豊邦・馬田綾子・堀田暁生、一九九六、大阪府の歴史、三一二＋四三頁、山川出版。
(21)　後藤伸、二〇〇〇、虫たちの熊野——照葉樹林にすむ昆虫たち、二五五頁、紀伊民報。
(22)　石井実・植田邦彦・重松敏則、一九九三、里山の自然をまもる、一七一頁、築地書館。
(23)　日浦勇、一九七六、大阪・奈良地方低地における蝶相とその人為による変貌、自然史研究、一、九五—一一〇頁。
(24)　石井実・山田恵・広渡俊哉・保田淑郎、一九九一、大阪府内の都市公園におけるチョウ類群集の多様性、環動昆、四、一八三—一九五頁。
(25)　石井実・広渡俊哉・藤原新也、一九九五、「三草山ゼフィルスの森」のチョウ類群集の多様性、環動昆、七、一三四—一四六頁。
(26)　高原光、一九九八、近畿地方の植生史、図説日本列島植生史(安田喜憲・三好教夫編)、一一四—一三七頁、朝倉書店。

第一六章　照葉樹林帯上部の焼畑における植生

——継続的かつ周期的に加えられる人為的影響下の植生

副島顕子

焼畑農耕は森林を伐採して焼き払い、一定期間継続して作物を植えた後放棄することを周期的に繰り返すことにより、植生に対して人為的影響を連続的に与え続ける農法である。日本においては、稲作以前に存在していた原始的な農法であり、自然植生に対して継続的で強い影響力をもつ人為作用のもっとも古いものということができるであろう。

各地の縄文遺跡の解析により、日本における焼畑農耕は遅くとも縄文晩期から後期にはすでに成立していたと考えられている(1)。また、縄文中期(三八〇〇―四〇〇〇年前)のものとみられる北海道渡島の遺跡から発掘されたアワやヒエの種子は、当時すでにこの地に焼畑が存在していた可能性を示唆している。北海道に焼畑が伝わった伝播経路が問題であるが、守山はアワの耐寒性の低さを指摘し、北海道へアワの栽培が伝播したのは本州を通る南方ルートであったと推定している(2)。そうであれば、日本のほかの地域には縄文中期以前に焼畑農耕が成立していたはずである。

縄文前期から中期にかけては、最終氷期以後のもっとも暖かかった時期を過ぎてゆるやかに寒冷化していた時期であるが、西南日本ですでに優勢であった照葉樹林はさらにわずかながらも北上を続けていた(3)。この時期、縄文人口も増加を続け、縄文中期には大規模集落も存在していた。焼畑は年に数カ所を同時に利用し、一カ所は数年間の利用の後数十年間放置するという利用形態なので、実際に利用しているよりかなり広い面積が必要とされる。縄文中期には焼畑を含めた人為的な影響による二次林の存在は全森林面積の一二パーセント以上であったとする試算もある(2)。効率の悪い焼畑に縄文人がそれほど依存していたはずはないとする説もあるが(4)、人口が多かったと考えられる西南日本で照葉樹林がうけていた人為的影響はかなり大きかったのではないだろうか。

その後稲作が行われるようになっても、平坦な土地が少なく気温の低い山間地では焼畑が続けられていた。現在も残る焼畑は人間の居住地の近くにあり、周囲は主に二次林や人工的な造林地、人里や常畑である。これらのモザイク的な環境のなか、年ごとに異なった場所で周期的に出現する焼畑はそこにどのような生態系を有しているのか。現在も続く焼畑の生態系には縄文時代より長期にわたる人と自然とのかかわりあいが反映されてはいないものだろうか。焼畑という人為的で特殊な空間には周囲の林や畑にはみられない植物が生育するかもしれない。また、植物と密接な関係のある昆虫や動物も同じように人為的な影響をうけ続けてきたであろう。焼畑の植生を把握することにより、ヒトと自然の相互作用の一端を明らかにしたいと思い、現在も続けられている焼畑においてその植生を調査した。

一　調査地の概要と調査方法

近年の開発のような急速で一方的な人為作用ではなく、人間も自然の一部として相互にゆっくり作用しあうような関係を維持している場所は多くはない。宮崎県東臼杵郡椎葉村は秘境ともいわれるほど山の深いところで、地形はけわしく農地が少ない。古くから慣習的に行われていた農法が現在も引き継がれている数少ない場所のひとつである。伝承文化が地域全体に根強く残っていることで知られるが、現在でも本格的な焼畑農業が行われていることでも有名である。今回調査対象とした焼畑は標高約一〇〇〇メートル、周囲の植生はスギ、ヒノキの植林のほか、アカシデ、イヌシデ、クマシデ、ミズメ、ミズナラ、コナラ、クマノミズキ、アカイタヤ、ウワミズザクラなどの落葉樹種を主要樹冠構成種とする二次林が主である。気候的には暖温帯域常緑樹林帯(照葉樹林帯)と暖温帯域落葉樹林帯のほぼ境界に位置している(図16・1)が、椎葉村では焼畑でソバ、アワ、ヒエ、アズキ、ダイズを、常畑ではサトイモやコンニャクも重要な作物として栽培しており、これらをセットで栽培していることは照葉樹林文化の重要な特徴である。[5][6]

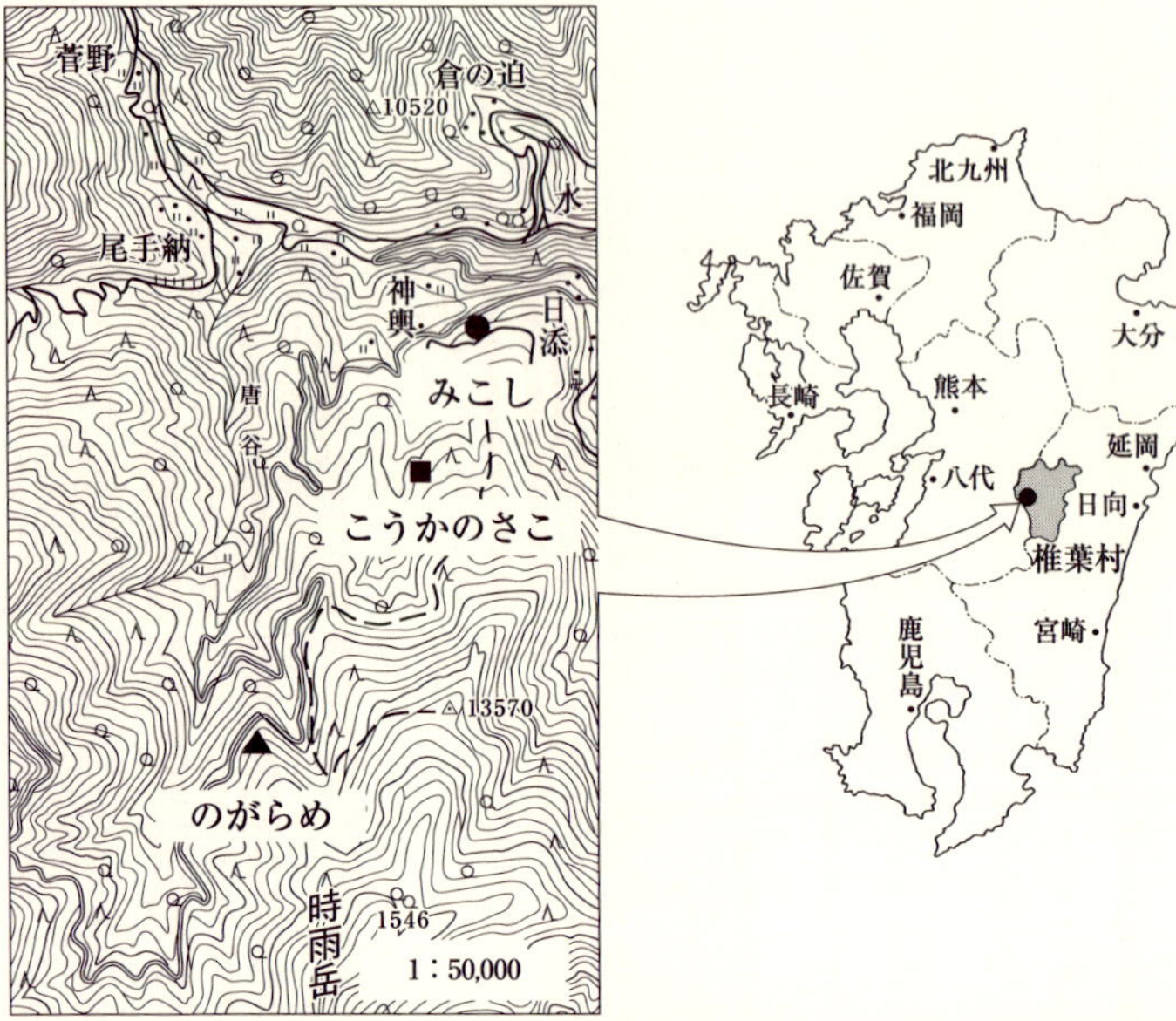

図 16.1　宮崎県東臼杵郡椎葉村の位置（国土地理院，5 万分の 1「椎葉村」より）

ここでの焼畑は伐採して火を入れた後、一年目にソバ、二年目はヒエまたはアワ、三年目はアズキ、四年目はダイズを栽培し、その後二十数年放棄するという周期で行われている。これらの作物はいずれも一年生草本であり、二年目以降は畑に生える雑草を鎌で根こそぎにした後に種をまく。その後は夏に一度手作業で畝のあいだの除草をし、さらに収穫前に一度同様の除草作業を行う。一九九七年の調査時点において、三地点の調査地における耕作状況はつぎのとおりであった。

一―一　のがらめ（二年目）

一九九六年に火入れされ、一九九六年はソバ、一九九七年はヒエの栽培が行われている。一九九六年のソバの播種は東半分だけに限られた。火入れ前は植齢二〇年程度のスギ植林の一部で、伐採後一部を残して搬出し、火を入れている。以前一続きであったスギ林に隣接している。標高は約一二〇〇メートル。北北西むきで傾斜一五度程度の斜面にあり、火入れ後の作物栽培と並行してヒノキが植栽されている(表16・1、16・2)。

一-二　みこし(三年目)

一九九五年に火入れされ、一九九五年はソバ、一九九六年はヒエ、一九九七年はアズキの栽培が行われている。並行してヒノキを植栽。一九九五年の火入れ前は一〇〇年以上人手の加わっていない場所で、もとの植生はかなり自然度の高い落葉樹林であったとみられる。ハチク林に隣接している。標高は約九〇〇メートル、北北西むきで傾斜三〇度ぐらいの急斜面である(表16・3、16・4)。

一-三　こうかのさこ(四年目)

一九九四年に火入れ、一九九四年はソバ、一九九五年はヒエを栽培し、一九九六年以降は草刈りのみで作物の栽培はしていない。一九九五年にヒノキを植栽している。火入れ前は数十年放置されていた落葉樹の二次林であった。標高は約一〇〇〇メートル、北北西むきで傾斜二〇度程度の斜面である(表16・5、16・6)。

三カ所の焼畑それぞれに生育する植物すべてのリストを作成し(表16・1、16・3、16・5参照)、さらに植生組成を調べるためブラウン・ブランケ法によるコドラート調査を行った。みこしについては、火入れはされたがその後作物が植えられていない焼畑と周囲の植生の境界部、また、のがらめおよびこうかのさこでは下方に隣接する道路との境目にあたる土手と路傍に生育する植物リストを別に作成した(表16・2、16・4、16・6参照)。調査は一九九七年五月二七―二九日および九月七―八日の二回行った。表はいずれも二回の調査の集計である。ただし、天候の悪化により、九月ののがらめの調査は不可能であった。全植物の生活型を一年草(A)、越年草(B)、多年草

表 16.1　のがらめ焼畑(2年目，アワ)のフロラ

アカネ科	ヘクソカズラ	P	スミレ科	スミレ	P
アケビ科	アケビ	W		タチツボスミレ	P
	ミツバアケビ	W		マルバスミレ	P
イグサ科	ヤマスズメノヒエ	P	タデ科	イタドリ	P
イネ科	イネ科 sp.	P		イヌタデ	A
	ササ sp.	P		ソバ	A
	ススキ	P		ハナタデ	A
	スズタケ	P	ツヅラフジ科	アオツヅラフジ	P
	ヤマヌカボ	P	ツユクサ科	ツユクサ	A
イノモトソウ科	ワラビ	P	トウダイグサ科	アカメガシワ	W
ウコギ科	タラノキ	W	ナス科	ヒヨドリジョウゴ	P
ウルシ科	ヌルデ	W	ニシキギ科	ツルウメモドキ	W
	ヤマハゼ	W		マユミ	W
エゴノキ科	エゴノキ	W	ハイノキ科	タンナサワフタギ	W
オトギリソウ科	オトギリソウ	P	バラ科	エビガライチゴ	W
オミナエシ科	オトコエシ	P		クマイチゴ	W
カタバミ科	カタバミ	P		ナガバモミジイチゴ	W
カバノキ科	アカシデ	W		ノイバラ	W
カヤツリグサ科	アオスゲ	P		ヒメバライチゴ	P
	ヒゴクサ	P		ヘビイチゴ	P
キキョウ科	ツルニンジン	P		ヤマブキ	W
キク科	アキノノゲシ	AorB	ヒノキ科	ヒノキ(植)	W
	アザミ sp.	P	ヒルガオ科	ネナシカズラ	A
	イワニガナ(ジシバリ)	P	ブドウ科	サンカクヅル	W
	オオアレチノギク	B		ノブドウ	W
	オニタビラコ	AorB	ブナ科	コナラ	W
	キツネアザミ	B	マメ科	クズ	P
	コウゾリナ	B		ネムノキ	W
	シロヨメナ	P		フジ	W
	ニガナ	P		メドハギ	P
	ハハコグサ	B		ヤブマメ	A
	ヒメジョオン	B		ヤマハギ	W
	ヒメムカシヨモギ	AorB	ミカン科	イヌザンショウ	W
	ヒヨドリバナ	P	ミズキ科	クマノミズキ	W
	ヤクシソウ	B		ヤマボウシ	W
	ヨモギ	P	ムラサキ科	ハナイバナ	AorB
キブシ科	キブシ	W	モチノキ科	イヌツゲ	W
キンポウゲ科	ボタンヅル	P	ヤマノイモ科	オニドコロ	P
クスノキ科	シロモジ	W		ヤマノイモ	P
クロウメモドキ科	クマヤナギ	W	ユキノシタ科	ノリウツギ	W
クワ科	クワ	W	ユリ科	サルトリイバラ	W
ケシ科	タケニグサ	P		シオデ	P
	フウロケマン	B		ナルコユリ	P
サクラソウ科	コナスビ	P		ホウチャクソウ	P
サトイモ科	マムシグサ	P		ヤマカシュウ	W
シソ科	キランソウ	P			
シナノキ科	カラスノゴマ	A		全種数：97	
スイカズラ科	ウツギ	W		A： 7(7.2%)	
	コバノガマズミ	W		AorB： 4(4.1%)	
	スイカズラ	W		B： 7(7.2%)	
	ツクシヤブウツギ	W		P：40(41.2%)	
スギ科	スギ(植)	W		W：39(40.2%)	

表 16.2　のがらめ周辺のフロラ

アカネ科	アカネ	P	クスノキ科	カナクギノキ	W
	ヘクソカズラ	P	グミ科	クマヤマグミ	W
アケビ科	ミツバアケビ	W	ケシ科	フウロケマン	B
アブラナ科	ヤマハタザオ	B	サクラソウ科	コナスビ	P
イグサ科	ヤマスズメノヒエ	P	シソ科	キランソウ	P
イネ科	カモガヤ	P	スイカズラ科	スイカズラ	W
	ススキ	P		ツクシヤブウツギ	W
	チヂミザサ	P	スギ科	スギ	W
	ナギナタガヤ	AorB	タデ科	ウド	P
	ヒロハノウシノケグサ	P		イタドリ	P
	ヤマヌカボ	P		スイバ	P
イノモトソウ科	ワラビ	P		ソバ	A
イラクサ科	コアカソ	P		ヒメスイバ	P
ウルシ科	ヌルデ	W	ナス科	ヒヨドリジョウゴ	P
エゴノキ科	エゴノキ	W	ナデシコ科	ミミナグサ	B
オオバコ科	オオバコ	P	バラ科	クマイチゴ	W
オトギリソウ科	オトギリソウ	P		ノイバラ	W
オミナエシ科	オトコエシ	P		ヒメバライチゴ	P
カタバミ科	カタバミ	P		ヤマブキ	W
カバノキ科	アカシデ	W	フウロソウ科	ゲンノショウコ	P
カヤツリグサ科	テキリスゲ	P	ブドウ科	サンカクヅル	W
	ヒゴクサ	P		ノブドウ	W
キキョウ科	ホタルブクロ	P	ブナ科	クリ	W
キク科	アキノキリンソウ	P		コナラ	W
	アキノノゲシ	AorB	マメ科	クズ	P
	アザミ sp.	P		シロツメグサ	P
	アメリカセンダングサ	A		フジ	W
	イワニガナ(ジシバリ)	P		メドハギ	P
	コウゾリナ	B		ヤハズソウ	A
	シロヨメナ	P	ミズキ科	クマノミズキ	W
	セイタカアワダチソウ	P			
	ニガナ	P			
	ノコンギク	P			
	ヒメジョオン	B			
	ヒヨドリバナ	P			
	フキ	P			
	ヤクシソウ	B			
	ヨモギ	P			
キンポウゲ科	ボタンヅル	P			

全種数：70

A：3(4.3%)
AorB：2(2.9%)
B：6(8.6%)
P：41(58.6%)
W：18(25.7%)

表 16.3　みこし焼畑(3年目，アズキ栽培)のフロラ

アカネ科	ハシカグサ	A
アブラナ科	タネツケバナ	B
イグサ科	ヤマスズメノヒエ	P
イチヤクソウ科	イチヤクソウ	P
イネ科	ウシノケグサ	P
	ススキ	P
	スズタケ	P
	チヂミザサ	P
	ヌカキビ	A
	メヒシバ	A
	ヒエ	A
	ヤマヌカボ	P
イノモトソウ科	ワラビ	P
ウコギ科	コシアブラ	W
	タラノキ	W
ウリ科	ウリ科 sp.	A
ウルシ科	ヌルデ	W
	ヤマウルシ	W
エゴノキ科	エゴノキ	W
オオバコ科	オオバコ	P
オトギリソウ科	オトギリソウ	P
オミエナシ科	オトコエシ	P
カエデ科	アカイタヤ	W
カバノキ科	アカシデ	W
	イヌシデ	W
	ミズメ	W
カヤツリグサ科	アオスゲ	P
	チャガヤツリ	P
	テキリスゲ	P
キク科	アキノキリンソウ	P
	アメリカセンダングサ	A
	イワニガナ(ジシバリ)	P
	オニタビラコ	AorB
	キツネアザミ	B
	コウゾリナ	B
	セイタカアワダチソウ	P
	ニガナ	P
	ハハコグサ	B
	ヒメジョオン	B
	ヒメムカシヨモギ	AorB
	ヒヨドリバナ	P
	ヤクシソウ	B
	ヨモギ	P
キブシ科	キブシ	W
クスノキ科	アブラチャン	W
	カナクギノキ	W
	シロモジ	W
	ウスゲクロモジ	W
クワ科	クワ	W
ケシ科	タケニグサ	P
	フウロケマン	B
サクラソウ科	コナスビ	P
シソ科	キランソウ	P
	シソ科 sp.	P
	シラゲヒメジソ	A
シナノキ科	カラスノゴマ	A
スイカズラ科	コバノガマズミ	W
	ツクシヤブウツギ	W
スミレ科	シハイスミレ	P
	スミレ	P
	タチツボスミレ	P
	マルバスミレ	P
タデ科	イタドリ	P
	イヌタデ	A
	ソバ	A
	タデ sp.	A
ツツジ科	ネジキ	W
ツヅラフジ科	アオツヅラフジ	P
ツユクサ科	ツユクサ	A
トウダイグサ科	アカメガシワ	W
ナデシコ科	ノミノフスマ	B
	ミミナグサ	B
ニシキギ科	ツルウメモドキ	W
バラ科	ウワミズザクラ	W
	クサイチゴ	W
	クマイチゴ	W
	ナガバモミジイチゴ	W
	ヒメバライチゴ	P
	ヘビイチゴ	P
ヒノキ科	ヒノキ(植)	W
ブドウ科	サンカクヅル	W
ブナ科	クリ	W
	コナラ	W
マツ科	アカマツ	W
マメ科	アズキ	A
	クズ	P
	ネムノキ	W
	フジ	W
	ヤマハギ	W
ミカン科	イヌザンショウ	W
	サンショウ	W
ミズキ科	ヤマボウシ	W
ムラサキ科	ハナイバナ	AorB
モクセイ科	マルバアオダモ	W
ヤマノイモ科	ヤマノイモ	P
ユキノシタ科	ノリウツギ	W
ユリ科	サルトリイバラ	W
	チゴユリ	P
	ヤマカシュウ	W
	ヤマホトトギス	P

全種数：100

A	13(13.0%)
AorB	3(3.0%)
B	9(9.0%)
P	35(35.0%)
W	40(40.0%)

表16.4　みこし周辺のフロラ(焼畑周辺の陽地)

アカネ科	ハシカグサ	A	シナノキ科	カラスノゴマ	A
イグサ科	ヤマスズメノヒエ	P	スイカズラ科	ノリウツギ	W
イネ科	キンエノコロ	A	スミレ科	シハイスミレ	P
	ササ sp.	P		タチツボスミレ	P
	チヂミザサ	P	タデ科	アキノウナギツカミ	A
	ヌカキビ	A		ソバ	A
イノモトソウ科	ワラビ	P	ツユクサ科	ツユクサ	A
イラクサ科	クサコアカソ	P	トウダイグサ科	アカメガシワ	W
ウコギ科	タラノキ	W	バラ科	クマイチゴ	W
ウルシ科	ヌルデ	W		ナガバモミジイチゴ	W
エゴノキ科	エゴノキ	W		ヒメバライチゴ	P
オオバコ科	オオバコ	P		ヘビイチゴ	P
オトギリソウ科	オトギリソウ	P	ヒユ科	ヒナタノイノコヅチ	P
オミナエシ科	オトコエシ	P	ブナ科	クリ	W
カバノキ科	イヌシデ	W	マメ科	クズ	P
キク科	イワニガナ(ジシバリ)	P		ヌスビトハギ	P
	ニガナ	P		ネムノキ	W
	ヒメジョオン	B	ミカン科	サンショウ	W
	ヒヨドリバナ	P	ミズキ科	ヤマボウシ	W
	ヤクシソウ	B	ユリ科	ヤマホトトギス	P
クスノキ科	カナクギノキ	W			
	シロダモ	W			
	ヤブニッケイ	W			
クワ科	クワ	W			
ケシ科	タケニグサ	P			
サクラソウ科	コナスビ	P			
シシガシラ科	シシガシラ	P			
シソ科	イヌトウバナ	P			
	シラゲヒメジソ	A			

全種数：49

A：	8(16.3%)
AorB：	0(0.0%)
B：	2(4.1%)
P：	23(46.9%)
W：	16(32.7%)

(P)、木本(W)に分類し、表に付記した。ある生活型がそれぞれのリストのなかで占める割合も表に示している。

植生組成調査は一九九七年五月二七―二九日に、それぞれの焼畑で実施した。のがらめでは焼畑のなか四カ所と隣接するスギ植林地のなかで一カ所、みこしでは四カ所と隣接するハチク林のなかで一カ所、こうかのさこでは焼畑のなか二カ所である。

ただし、火入れ後四年目のこうかのさこに関しては、一九九六年以降耕作に利用されていないので、積極的にほかの地点との比較対象とはしていない。

表 16.5　こうかのさこ(4 年目，3 年目より放棄)のフロラ

アカネ科	ヘクソカズラ	P
アケビ科	ミツバアケビ	W
イグサ科	ヤマスズメノヒエ	P
イネ科	カモジグサ	P
	ススキ	P
	スズタケ	P
	チヂミザサ	P
	ヌカキビ	A
	ハチク	P
	ヤマヌカボ	P
イノモトソウ科	ワラビ	P
イラクサ科	クサコアカソ	P
ウコギ科	タラノキ	W
ウルシ科	ヌルデ	W
	ヤマハゼ	W
エゴノキ科	エゴノキ	W
オトギリソウ科	オトギリソウ	P
	コケオトギリ	A
オミナエシ科	オトコエシ	P
カキノキ科	カキノキ	W
カバノキ科	アカシデ	W
	イヌシデ	W
カヤツリグサ科	アオスゲ	P
	スゲ sp.	P
	ヒゴクサ	P
	ヒメスゲ	P
キキョウ科	ツリガネニンジン	P
キク科	アザミ sp.	P
	イワニガナ(ジシバリ)	P
	オオアレチノギク	B
	オニタビラコ	AorB
	キツネアザミ	B
	コウゾリナ	B
	セイタカアワダチソウ	P
	ニガナ	P
	ハハコグサ	B
	ヒメジョオン	B
	ヒメムカシヨモギ	AorB
	ヒヨドリバナ	P
	ヤクシソウ	B
キブシ科	キブシ	W
クスノキ科	ウスゲクロモジ	W
	カナクギノキ	W
	クロモジ	W
	シロモジ	W
ケシ科	タケニグサ	P
	フウロケマン	B
サクラソウ科	コナスビ	P
シソ科	イヌトウバナ	P
	キランソウ	P
	シソ科 sp.	P
スイカズラ科	ウツギ	W
	コバノガマズミ	W
	スイカズラ	W
	ツクシヤブウツギ	W
スミレ科	タチツボスミレ	P
タデ科	イヌタデ	A
	ギシギシ	P
	ソバ	A
	タニソバ	A
ツヅラフジ科	アオツヅラフジ	P
ツユクサ科	ツユクサ	A
トウダイグサ科	アカメガシワ	W
ナデシコ科	ノミノフスマ	B
ニシキギ科	ツルウメモドキ	W
	マユミ	W
バラ科	クサイチゴ	W
	クマイチゴ	W
	ナガバモミジイチゴ	W
	ヒメバライチゴ	P
	ヘビイチゴ	P
ヒノキ科	ヒノキ(植)	W
ブドウ科	ノブドウ	W
ブナ科	コナラ	W
マツ科	アカマツ	W
マメ科	アズキ	A
	クズ	P
	ネムノキ	W
	メドハギ	P
	ヤブマメ	A
	ヤマハギ	W
ミカン科	イヌザンショウ	W
	サンショウ	W
ミズキ科	クマノミズキ	W
	ヤマボウシ	W
モチノキ科	イヌツゲ	W
ヤナギ科	サイコクキツネヤナギ	W
ヤマノイモ科	オニドコロ	P
ユキノシタ科	コガクウツギ	W
	ノリウツギ	W
ユリ科	サルトリイバラ	W
	ヤマカシュウ	W

全種数：92

A：	8(8.7%)
AorB：	2(2.2%)
B：	8(8.7%)
P：	35(38.0%)
W：	39(42.4%)

表16.6　こうかのさこ周辺のフロラ

アカネ科	ハシカグサ	A
アケビ科	アケビ	W
イネ科	ササ sp.	P
	ススキ	P
	スズタケ	P
	チヂミザサ	P
イラクサ科	コアカソ	P
ウコギ科	タラノキ	W
ウルシ科	ヌルデ	W
エゴノキ科	エゴノキ	W
オトギリソウ科	オトギリソウ	P
オミナエシ科	オトコエシ	P
カエデ科	アカイタヤ	W
	コハウチワカエデ	W
カバノキ科	アカシデ	W
	イヌシデ	W
カヤツリグサ科	シラコスゲ	P
キク科	アキノキリンソウ	P
	アザミ sp.	P
	イワニガナ(ジシバリ)	P
	オニタビラコ	AorB
	ガンクビソウ	P
	コウゾリナ	B
	シロヨメナ	P
	ヒメジョオン	B
	ヤクシソウ	B
クスノキ科	カナクギノキ	W
	シロモジ	W
クロウメモドキ科	クマヤナギ	W
ケシ科	タケニグサ	P
シシガシラ科	シシガシラ	P
シソ科	イヌトウバナ	P
スイカズラ科	ガマズミ	W
	コバノガマズミ	W
	スイカズラ	W
	ツクシヤブウツギ	W
スミレ科	タチツボスミレ	P
セリ科	ウド	P
	シシウド	P
ゼンマイ科	ゼンマイ	P
ツヅラフジ科	アオツヅラフジ	P
ツユクサ科	ツユクサ	A
トウダイグサ科	アカメガシワ	W
ニシキギ科	ツルウメモドキ	W
バラ科	ウワミズザクラ	W
	クマイチゴ	W
	ナガバモミジイチゴ	W
	ヘビイチゴ	P
ヒユ科	ヒナタノイノコヅチ	P
フウロソウ科	ゲンノショウコ	P
ブドウ科	ノブドウ	W
ブナ科	ミズナラ	W
マツ科	アカマツ	W
マメ科	クズ	P
	ヌスビトハギ	P
	ネムノキ	W
ミカン科	イヌザンショウ	W
	サンショウ	W
ミズキ科	クマノミズキ	W
	ヤマボウシ	W
ヤナギ科	サイコクキツネヤナギ	W
ヤマノイモ科	オニドコロ	P
ユキノシタ科	コガクウツギ	W
	ツルアジサイ	W
ユリ科	サルトリイバラ	W

全種数：65

A：2(3.1%)
AorB：1(1.5%)
B：3(4.6%)
P：27(41.5%)
W：32(49.2%)

二　焼畑の植生の特徴

二-一　焼畑のなかの種組成の特徴

火入れにより、もともとそこに存在していた植生は破壊される。火入れ後、栽培されている植物以外でそこに生育するのは、火入れで根や種子が生き残ったものと、火入れ後に新たに侵入してきたものである。火入れの際、地上部はすべて焼き尽くされてしまうので一年生の草本などは生き残れない。しかし地中五センチほどになると火入れ時にも温度が三五―四五度程度であるという記録もあり[7]、根株から萌芽しやすい木本種や、地中深くに球根や根茎をもつ多年性草本などは火入れがあっても十分生き残ることができる。しかし、もし火入れからは生き延びたとしても、環境が激変しているので、強い日差しに耐えられないような種類は消失するであろう。また、周期的に焼畑として利用されているような場所では、前回の耕作時に侵入していた植物が埋土種子として残されているかもしれないが、これらは林床で被陰されているときには姿をみせず、火入れ後光の豊富な環境となって再び出現する可能性がある。一方、新たに侵入してくる植物は散布能力の高い陽地性の先駆的植物であろう。焼畑では、火入れ後四年間つぎつぎに作物をかえて栽培を続け、そのあいだ年に何度かの除草は行うが、常畑や水田と違って無耕起である。このため、いったん侵入した植物の、とくに多年草の根は排除されにくく、火入れ後時間が経過するに従って増加する可能性がある。

全種数を比較すると、火入れ後二年目ののがらめで九七種、三年目のみこしで一〇〇種でありほとんど差がない。表16・7は両者のフロラを生活型別に比較したものである。一年草と越年草をあわせた種数が全種数のうちに占める割合は、のがらめで一八・五パーセント、みこしで二五・〇パーセント。ソバ、ヒエ、アズキなどの栽培

表16.7　生活型別リスト。太字は非共通種

みこし焼畑			のがらめ焼畑		
シナノキ科	カラスノゴマ	A	シナノキ科	カラスノゴマ	A
タデ科	イヌタデ	A	タデ科	イヌタデ	A
タデ科	ソバ	A	タデ科	ソバ	A
ツユクサ科	ツユクサ	A	ツユクサ科	ツユクサ	A
アカネ科	**ハシカグサ**	**A**	**タデ科**	**ハナタデ**	**A**
イネ科	**ヌカキビ**	**A**	**ヒルガオ科**	**ネナシカズラ**	**A**
イネ科	**メヒシバ**	**A**	**マメ科**	**ヤブマメ**	**A**
イネ科	**ヒエ**	**A**			
ウリ科	**ウリ科 sp.**	**A**			
キク科	**アメリカセンダングサ**	**A**			
シソ科	**シラゲヒメジソ**	**A**			
タデ科	**タデ sp.**	**A**			
マメ科	**アズキ**	**A**			
キク科	オニタビラコ	AorB	キク科	オニタビラコ	AorB
キク科	ヒメムカシヨモギ	AorB	キク科	ヒメムカシヨモギ	AorB
ムラサキ科	ハナイバナ	AorB	ムラサキ科	ハナイバナ	AorB
			キク科	**アキノノゲシ**	**AorB**
キク科	キツネアザミ	B	キク科	キツネアザミ	B
キク科	コウゾリナ	B	キク科	コウゾリナ	B
キク科	ハハコグサ	B	キク科	ハハコグサ	B
キク科	ヒメジョオン	B	キク科	ヒメジョオン	B
キク科	ヤクシソウ	B	キク科	ヤクシソウ	B
ケシ科	フウロケマン	B	ケシ科	フウロケマン	B
アブラナ科	**タネツケバナ**	**B**	**キク科**	**オオアレチノギク**	**B**
ナデシコ科	**ノミノフスマ**	**B**			
ナデシコ科	**ミミナグサ**	**B**			
イグサ科	ヤマスズメノヒエ	P	イグサ科	ヤマスズメノヒエ	P
イネ科	ススキ	P	イネ科	ススキ	P
イネ科	スズタケ	P	イネ科	スズタケ	P
イネ科	ヤマヌカボ	P	イネ科	ヤマヌカボ	P
イノモトソウ科	ワラビ	P	イノモトソウ科	ワラビ	P
オトギリソウ科	オトギリソウ	P	オトギリソウ科	オトギリソウ	P
オミナエシ科	オトコエシ	P	オミナエシ科	オトコエシ	P
カヤツリグサ科	アオスゲ	P	カヤツリグサ科	アオスゲ	P
キク科	イワニガナ(ジシバリ)	P	キク科	イワニガナ(ジシバリ)	P
キク科	ニガナ	P	キク科	ニガナ	P
キク科	ヒヨドリバナ	P	キク科	ヒヨドリバナ	P
キク科	ヨモギ	P	キク科	ヨモギ	P
ケシ科	タケニグサ	P	ケシ科	タケニグサ	P
サクラソウ科	コナスビ	P	サクラソウ科	コナスビ	P
シソ科	キランソウ	P	シソ科	キランソウ	P
スミレ科	スミレ	P	スミレ科	スミレ	P

表 16.7 （続）

みこし焼畑			のがらめ焼畑		
スミレ科	タチツボスミレ	P	スミレ科	タチツボスミレ	P
スミレ科	マルバスミレ	P	スミレ科	マルバスミレ	P
タデ科	イタドリ	P	タデ科	イタドリ	P
ツヅラフジ科	アオツヅラフジ	P	ツヅラフジ科	アオツヅラフジ	P
バラ科	ヒメバライチゴ	P	バラ科	ヒメバライチゴ	P
バラ科	ヘビイチゴ	P	バラ科	ヘビイチゴ	P
マメ科	クズ	P	マメ科	クズ	P
ヤマノイモ科	ヤマノイモ	P	ヤマノイモ科	ヤマノイモ	P
イチヤクソウ科	**イチヤクソウ**	**P**	**アカネ科**	**ヘクソカズラ**	**P**
イネ科	**ウシノケグサ**	**P**	**イネ科**	**イネ科 sp.**	**P**
イネ科	**チヂミザサ**	**P**	**イネ科**	**ハチク**	**P**
オオバコ科	**オオバコ**	**P**	**カタバミ科**	**カタバミ**	**P**
カヤツリグサ科	**チャガヤツリ**	**P**	**カヤツリグサ科**	**ヒゴクサ**	**P**
カヤツリグサ科	**テキリスゲ**	**P**	**キキョウ科**	**ツルニンジン**	**P**
キク科	**アキノキリンソウ**	**P**	**キク科**	**アザミ sp.**	**P**
キク科	**セイタカアワダチソウ**	**P**	**キク科**	**シロヨメナ**	**P**
シソ科	**シソ科 sp.**	**P**	**キンポウゲ科**	**ボタンヅル**	**P**
スミレ科	**シハイスミレ**	**P**	**サトイモ科**	**マムシグサ**	**P**
ユリ科	**チゴユリ**	**P**	**ナス科**	**ヒヨドリジョウゴ**	**P**
ユリ科	**ヤマホトトギス**	**P**	**マメ科**	**メドハギ**	**P**
			ヤマノイモ科	**オニドコロ**	**P**
			ユリ科	**シオデ**	**P**
			ユリ科	**ナルコユリ**	**P**
			ユリ科	**ホウチャクソウ**	**P**
ウコギ科	タラノキ	W	ウコギ科	タラノキ	W
ウルシ科	ヌルデ	W	ウルシ科	ヌルデ	W
ウルシ科	ヤマウルシ	W	ウルシ科	ヤマハゼ	W
エゴノキ科	エゴノキ	W	エゴノキ科	エゴノキ	W
カバノキ科	アカシデ	W	カバノキ科	アカシデ	W
キブシ科	キブシ	W	キブシ科	キブシ	W
クスノキ科	シロモジ	W	クスノキ科	シロモジ	W
クワ科	クワ	W	クワ科	クワ	W
スイカズラ科	コバノガマズミ	W	スイカズラ科	コバノガマズミ	W
スイカズラ科	ツクシヤブウツギ	W	スイカズラ科	ツクシヤブウツギ	W
トウダイグサ科	アカメガシワ	W	トウダイグサ科	アカメガシワ	W
ニシキギ科	ツルウメモドキ	W	ニシキギ科	ツルウメモドキ	W
バラ科	クマイチゴ	W	バラ科	クマイチゴ	W
バラ科	ナガバモミジイチゴ	W	バラ科	ナガバモミジイチゴ	W
ヒノキ科	ヒノキ(植)	W	ヒノキ科	ヒノキ(植)	W
ブドウ科	サンカクヅル	W	ブドウ科	サンカクヅル	W
ブナ科	コナラ	W	ブナ科	コナラ	W
マメ科	ネムノキ	W	マメ科	ネムノキ	W
マメ科	フジ	W	マメ科	フジ	W
マメ科	ヤマハギ	W	マメ科	ヤマハギ	W

表16.7　(続)

みこし焼畑			のがらめ焼畑		
ミカン科	イヌザンショウ	W	ミカン科	イヌザンショウ	W
ミズキ科	ヤマボウシ	W	ミズキ科	ヤマボウシ	W
ユキノシタ科	ノリウツギ	W	ユキノシタ科	ノリウツギ	W
ユリ科	サルトリイバラ	W	ユリ科	サルトリイバラ	W
ユリ科	ヤマカシュウ	W	ユリ科	ヤマカシュウ	W
ウコギ科	**コシアブラ**	**W**	**アケビ科**	**アケビ**	**W**
カエデ科	**アカイタヤ**	**W**	**アケビ科**	**ミツバアケビ**	**W**
カバノキ科	**イヌシデ**	**W**	**クロウメモドキ科**	**クマヤナギ**	**W**
カバノキ科	**ミズメ**	**W**	**スイカズラ科**	**ウツギ**	**W**
クスノキ科	**アブラチャン**	**W**	**スイカズラ科**	**スイカズラ**	**W**
クスノキ科	**カナクギノキ**	**W**	**スギ科**	**スギ(植)**	**W**
クスノキ科	**ウスゲクロモジ**	**W**	**ニシキギ科**	**マユミ**	**W**
ツツジ科	**ネジキ**	**W**	**ハイノキ科**	**タンナサワフタギ**	**W**
バラ科	**ウワミズザクラ**	**W**	**バラ科**	**エビガライチゴ**	**W**
バラ科	**クサイチゴ**	**W**	**バラ科**	**ノイバラ**	**W**
ブナ科	**クリ**	**W**	**バラ科**	**ヤマブキ**	**W**
マツ科	**アカマツ**	**W**	**ブドウ科**	**ノブドウ**	**W**
ミカン科	**サンショウ**	**W**	**ミズキ科**	**クマノミズキ**	**W**
モクセイ科	**マルバアオダモ**	**W**	**モチノキ科**	**イヌツゲ**	**W**

種を除くと、のがらめ一七種、みこし二二種で共通種は一三種である。みこしにのみ出現しているヌカキビ、メヒシバなどいくつかの種類は五月の調査時点では同定が不可能であった。このため、秋の調査を行えなかったのがらめではリストから漏れている可能性がある。一年草、越年草ともにほとんどの種が陽地性のもので、火入れ後に新たに侵入したか、あるいは埋土種子が環境の変化により発芽したものと考えられる。

多年草はのがらめで四〇種(四一・二パーセント)、みこしで三五種(三五・〇パーセント)確認された。共通種は二四種である。非共通種はシオデ、ナルコユリ、ホウチャクソウ、ササの一種、ツルニンジン、マムシグサ、チゴユリ、ヤマホトトギス、イチヤクソウなどの林床性草本で、その個体サイズなどから明らかに焼け残りと思われるものがほとんどである。これは火入れ前の植生組成がのがらめとみこしで異なっていたことを反映しているように思われる。多年草のこれら以外の種のほとんどは陽地—半陰性で、火入れ後の侵入または埋土種子由来と思われる。

木本種はのがらめ三九種(四〇・二パーセント)、みこし四〇種(四〇・〇パーセント)で共通種は二五種である。両方にみられるヒノキはどちらも火入れ後に植栽されたものである。みこしではエゴノキ、アカシデ、クワ、ノリウツギ、ミズメ、アブラチャン、ネジキ、ウワミズザクラの一部が生育状況からみて明らかに火入れ後の萌芽に由来する個体であった。のがらめでは萌芽個体としてはわずかにクワのみが確認されたが、これは火入れ前がスギ林であったため、もともと生育していた木本種数が少なかったことが原因と考えられる。共通種はタラノキ、ヌルデ、アカシデ、クマイチゴ、ナガバモミジイチゴなど、高木種でも低木種でも遷移初期に出現する先駆的な種が多いのが特徴で、これらは萌芽個体ではなく一—数年程度の実生個体である。

一方、のがらめの隣接スギ林のコドラート調査では高木層に二種、低木層に六種、草本層に三〇種が確認されている。のがらめの焼畑内部との共通種は二〇種であり、これは隣接スギ林の種数の六二・五パーセント、焼畑内部の種数の二〇・六パーセントである。両者は火入れ前は樹齢の等しい一続きのスギ植林地であったので、この数値は火入れ後、それまでそこに生育していなかった植物が多数出現していることを示している。このことは新侵入または埋土種子由来の種が多いという草本についての現象ともよく一致する。

コドラート調査において、ある程度以上の被度と個体数があるものは出現頻度が高い種と考えられるものである。みこしではヒエの出現頻度が高く、ソバがわずかに出現するが、これは一年目と二年目の作物から種がこぼれたためであろう。のがらめでは前年にソバを栽培しているので、ソバの出現頻度が高くなっている。のがらめとみこし両方に共通する高出現頻度種はフウロケマン、タケニグサ、ツユクサ、カラスノゴマ、ヒメムカシヨモギ、ヒメバライチゴ、ヌルデなどである。一年草、越年草、多年草、木本すべての生活型のものがはいっているが、いずれも空ニッチェに侵入しやすい先駆性の強い植物である。

焼畑に生育する植物のうち、萌芽個体や宿根性の林床植物などは明らかに火入れの生き残りとみなせるが、実生個体は新たに散布されてきた種子によるものなのか、埋土種子によるものなのかはわからない。埋土種子の組成は現在の焼畑よりもう一周期以前の焼畑であったときの植生に影響されているであろう。今回の調査地のうち、のがらめは明らかに二〇―三〇年前に焼畑にされているが、みこしは一〇〇年近くあるいはそれ以上の期間放置されていた場所であるという。経験的には、放置されていた期間が長いほど雑草が少ないというが、そのことは埋土種子が時間とともに減少することを意味するのであろう。しかし、今回の調査でみたかぎりでは全体の種数はのがらめとみこしでそれほどかわらない。また、量的な多少を議論するためにはよりくわしい定量的なデータをとる必要がある。埋土種子の焼畑植生に与える影響については、林を伐採する前の土壌まきだしなどを行えば明らかになることが多いであろう。

以上のデータから、火入れ後二年目のみこしと三年目ののがらめのどちらにおいても、火入れ後に新しく侵入したと思われる種の比率が高く、その共通種は六〇パーセント以上である。両者の比較により、種数、組成ともに二年目と三年目の違いが顕著にみられるとは思えない。一方、焼け残りとみられる多年草、木本が非共通種に多くみられることは火入れ前の植生の違いが影響したものであろう。

二-二　焼畑内外の植生の違い

火入れ後の焼畑はしばらくのあいだ比較的開放的な空ニッチェとなる。作物栽培とそれにともなう除草作業が年に数回は行われるが、耕起はなされない。そこには撹乱頻度の高い場所を好む先駆的な植物の侵入が多くみられることは上述のとおりである。これらの植物は焼畑以外では道路端の陽地や半陰の林縁、人家の庭や駐車場などの空き地、または河川周辺の撹乱地などに多く生育している。では、焼畑とこれらの生育地には同じ種組成フロラが成立するのだろうか。

のがらめでは焼畑斜面の下辺に舗装道路が通っており、道路端と焼畑内部を比較するのに都合のよい場所である。のがらめ周辺フロラ（表16・4参照）は焼畑と道路境界の土手および道路を挟んでむかい側の路傍に生育する植物種のリストである。この場所は北北西むき斜面にあり、調査範囲中央部の道路から下は落葉樹が生育するが、調査範囲の両端は道路の上下ともヒノキの植林である。長さ五〇メートルほどの範囲なので面積的に十分とはいえないが、いくつか気づいた点について述べてみる。

のがらめの周辺フロラ六九種のうち、隣接の焼畑内にみられなかったのは二三種である。さらにみこしの焼畑内部にもみられなかったのはアカネ、ヤマハタザオ、カモガヤ、ナギナタガヤ、ヒロハノウシノケグサ、コアカソ、ホタルブクロ、ノコンギク、フキ、クマヤマグミ、ウド、ヒメスイバ、シロツメグサ、ヤハズソウの一四種である。これらの種のうち、カモガヤ、ナギナタガヤ、ヒロハノウシノケグサは先駆性の高いイネ科の帰化植物であり、日本全土の路傍ではごく普通にみられる雑草性の強いものである。いずれも多年草で、穂をつけていない個体の場合は同定が困難であり見落としているおそれはあるものの、のがらめ、みこしだけでなく、火入れ後三年目に放棄されたこうかのさこでも火入れの跡には出現していないので、焼畑のなかには侵入しにくいものである可能性が高いと思われる。侵入できない原因としては、作物栽培中に年数回行われる根こそぎ除草のほかに、道路端より栄養条件のよい場所では、作物やほかの雑草との競争に弱いため、などが考えられる。

今回の調査ははなはだ不十分なものであるが、周辺に生育する陽地性でパイオニア的な植物のすべてが火入れ後の焼畑に侵入できるとは限らない可能性を示している。

以上の調査結果から、焼畑に生育する植物には先駆的植物が多いこと、火入れ後の種組成には火入れ前の植生組成の影響が認められること、撹乱頻度の高い生育環境を好む植物でも焼畑に侵入しにくい種があるという可能性などが示された。周期的に行われる焼畑によって一番大きな影響を被るのは林の組成であるが、とくに西日本ではそのような撹乱がなければ照葉樹林に移行する。そのような地域において、焼畑は植生の遷移を中断させ、落葉樹の二次林を継続的に維持する役割を果たしている。椎葉村の焼畑には火入れを生き延びたと思われる林床植物が生育していたが、これらの植物には常緑の照葉樹林の林床は暗すぎて生存に適さない。彼らにとっては焼畑がもたらす人為的な二次林の環境が一種の避難所となっているのかもしれない。このことはすでに守山によって指摘されているが[(2)]、今回の調査でも、耕作中の焼畑内部に火入れ前から存在していたとみられる宿根性の林床植物が生育していることで裏付けられた。また、撹乱頻度の高い環境に出現する植物でも焼畑内部とその周辺では異なる組成をみせている。このことは人為的な影響も、自然との相互作用によって異なる結果をもたらす可能性を示唆している。縄文時代から続くヒトと自然のかかわりあいは案外このような場所にその痕跡を残しているのかもしれない。

しかし、調査地でもみられたように、現在では焼畑作物と並行してヒノキやスギなどの植林が行われることがある。落葉性二次林と焼畑という繰り返しが、ヒノキ、スギの植林と焼畑との繰り返しにかわってしまえば、焼畑によって残されている林床植物の顔触れもまた変化していくかもしれない。

(1) 佐々木高明、一九七一、稲作以前、三四―一三六頁、日本放送出版協会。
(2) 守山弘、一九八八、自然を守るとはどういうことか、二六〇頁、農山漁村文化協会。
(3) 安田喜憲・三好教夫編、一九九八、図説日本列島植生史、一三―二四頁、朝倉書店。
(4) 勅使河原彰、一九八八、縄文文化、一七六―一八一頁、新日本出版社。
(5) 中尾佐助、一九六六、栽培植物と農耕の起源、岩波新書、五九―七五頁、岩波書店。
(6) 佐々木高明、一九八二、照葉樹林文化の道、三三―八八頁、日本放送出版協会。
(7) 福井勝義、一九七四、焼畑のむら、朝日新聞社。

調査にあたっては椎葉村で焼畑を営んでいる椎葉秀行さん、クニ子さん夫妻にたいへんお世話になった。とくにクニ子夫人には畑を案内してもらうだけでなく、焼畑についてのいろいろなことを教えていただいた。この場を借りてお礼を申し上げたい。

第一七章　照葉樹林帯の焼畑と日本庭園にひそむフラクタル

森本幸裕／徐英大

一　ランドスケープ

日本の焼畑と庭園。どちらも照葉樹林帯にあるということ以外に一見、何の関係もないふたつを取り上げるのにはわけがある。その説明の前に、ランドスケープ、景観という概念を少し掘り下げて考えていただきたい。目にみえる景色は、山とか谷とかそこに生育する森林、あるいは田畑とか古びた農家とか、さまざまの自然的な、あるいは人工的な、半自然的な要素で構成される。少し客観的に景観といったり、みる人の思い入れを含めた風景、というようないい方もあるが、この目にみえる景色には何らかの秩序が存在する。たとえそれが「無秩序」とみる人にみえても、流体力学の法則に逆らう川の流れはないし、生き物ならその遺伝情報と無関係な形とはならない。

ただ生えている樹木をもう少し深く観察すると、それはその種類特有の遺伝情報を反映しているだけでなく、その場所の特性とそれまでの履歴を反映していることがわかる。アジアの少し乾燥地帯の山では北斜面には森林があるのに南斜面では草地という自然景観によくでくわす。地形と植生の関連はもっとも古典的な生態学のテーマのひとつであった。

では人手のはいった景観ではどうか。山から庭に樹木や草を移植してみるとよくわかる。最初、あらぬ方向をむいていた葉も数日でちゃんと太陽にむかう方向に動く。日陰の樹林の下に植えたキチジョウソウは健全な緑色だが、日があたりすぎると元気がなくなる。土地条件が適当なら順調に大きくなるだろうが、造成地の排水不良のところに植えた木は太くはなっても、普通、絶対に樹高は高くならない。土壌条件と植栽樹木の成長の関連は、土地造成がさかんとなった高度経済成長時代からの古典的な造園学のテーマである。さらに、都市や農村集落の形態など明らかに人工の産物も、立地条件や地域の社会条件と関連した秩序をもっていることは、古典的な地理学のテーマであった。

ということは、目にみえる表層をよく分析すれば、環境とその履歴もわかってくることが期待される。ランドスケープの語源、ドイツ語の Landshaft には視覚的側面だけではなく、地域の概念も含まれていて、人間と環境の相互作用の結果としてあらわれた空間的な構造、と理解することができる。このような意味で日本の照葉樹林帯にあらわれた文化形態としての焼畑と日本庭園の一側面に迫ってみよう。

二　日本庭園とフラクタル

平城京に発掘された古代の庭園から現代まで、日本庭園なるものが綿々と続いているのは不思議である。西方浄土をイメージした浄土式庭園だとか、池泉回遊式、枯山水、あるいは茶庭など、いくつかの様式に整理されているが、西洋人からみれば、いや日本人でも「日本」庭園なる様式にくくることは、あながち無理ではない。一方、西洋庭園といういい方はフランス平面幾何学式やイタリア露段式を思い浮かべやすいが、じつはイギリスで発達した自然風景式の庭があるし、その流れをくむ近代、現代の多くの公園なども、ほんとうは西洋で発達した庭園であるが、ひとつにくくるのは難しそうである。日本庭園の場合はその背景や主要な素材を提供する照葉樹林帯に秘密がありそうに思うのだが、ここではその前にまずその形から考えたい。

私たちが日本庭園と思っている本質は何なのか。この疑問には多くの造園研究者がこれまで取り組んできたが、ほぼすべて定性的、記載的であった。どうにかならないかと思っていたところに脚光を浴びだしたのが、フラクタルである。フラクタルとは、マンデルブロによって確立された概念[1]で、部分と全体が相似の関係にあることを意味する。直感的にいえば、顕微鏡や望遠鏡で倍率をかえてみても、同じ形があらわれるような自己相似性である。リアス式海岸線や入道雲、樹木の枝分かれに典型的にみられるように、自然界の複雑な形態の多くが単純なフラクタル次元によって定量化できることが明らかとなってきている。

自然の形がフラクタルで、日本庭園は自然をモチーフにしているならばその形にもフラクタルがあらわれるはずである。早速、桂離宮庭園の池の形から研究を始めた。フラクタル次元値を調べる実用的な方法として、池の形は折れ線(デバイダ)法、庭石や樹木の分布はメッシュ法を使った(図17・1)。

そうすると、予想どおり、池の形だけでなく、石の配置にもフラクタル性が明らかになった。樹木の配置の場合は桂離宮庭園の場合六メートルよりも大きな範囲でのみフラクタル性があった(図17・2、17・3)。表千家不審庵のような小さな庭園だとこの限界は小さくなり、兼六園のような大きな庭園では逆に大きくなる。さらに、その次元値は、形の見掛けの複雑さに対応しており、室町時代や桃山時代の庭園の池は大きな値となった。

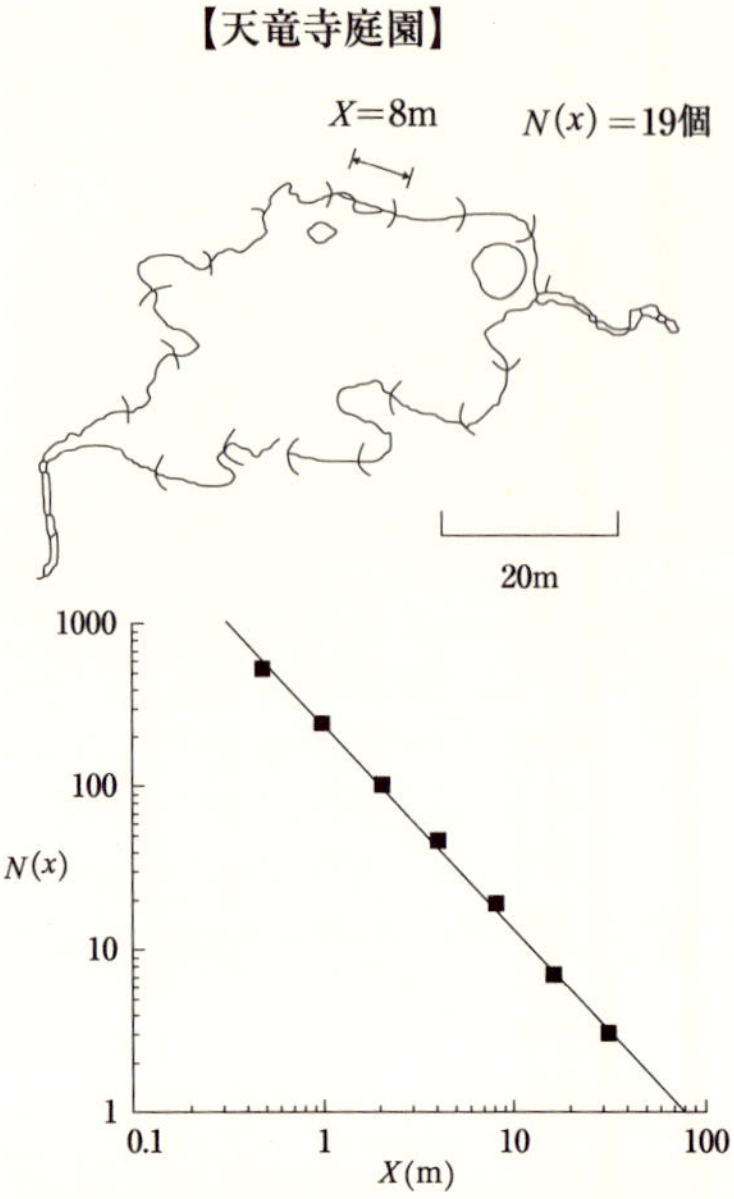

図17.1　池の形のフラクタル測定方法。
X：単位長さ(折れ線の長さ：m)，
$N(X)$：Xではかった折れ線の個数

つまり、この池の形、庭石や樹木の配置にフラクタル性があることによって、私たちは自然のミニチュアとしての日本庭園らしさを感じているらしいのである。フラクタルが成り立つ範囲、それとその次元値、が日本庭園美の本質に迫る武器になることが明らかとなったのである。

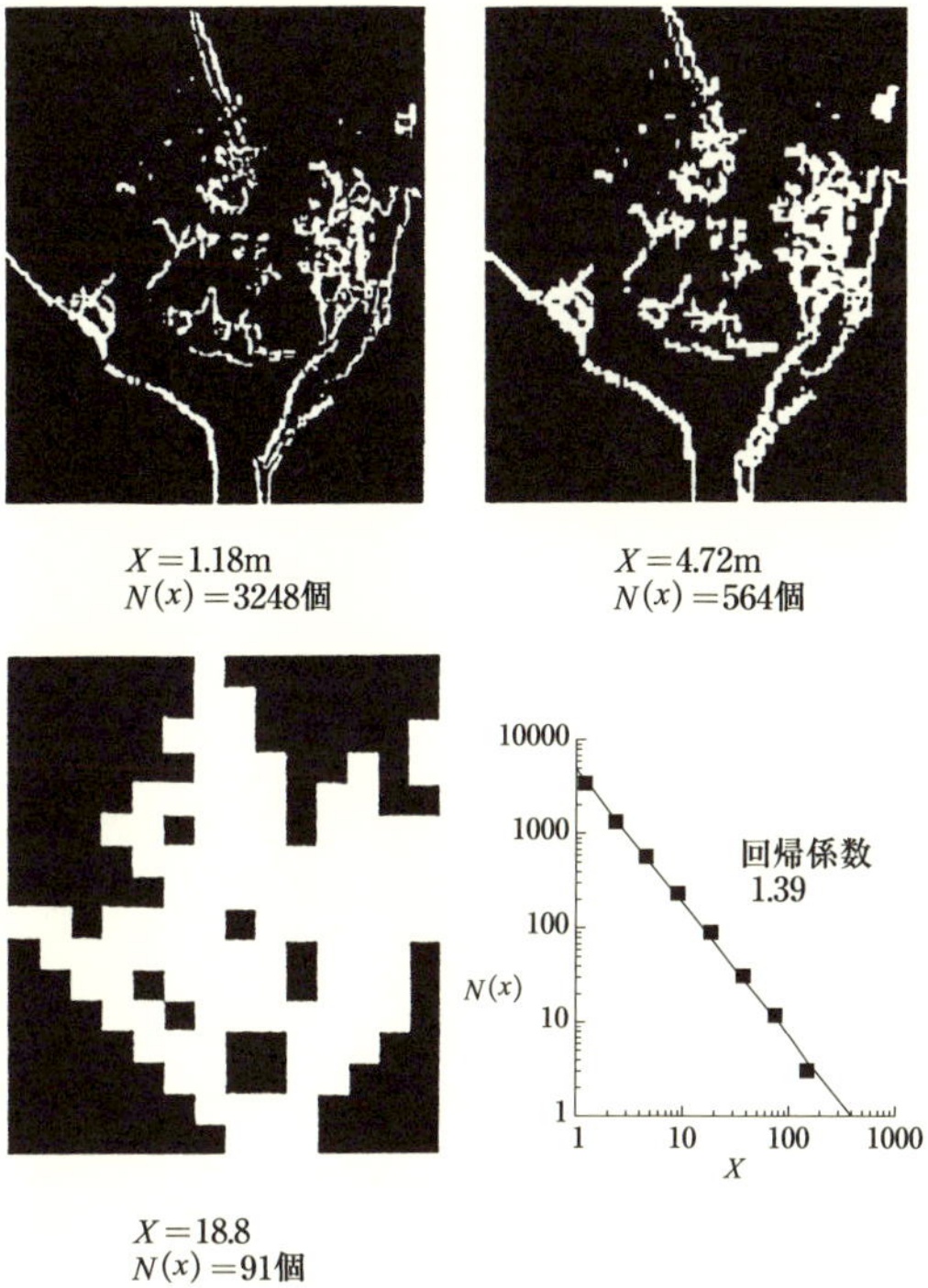

図 17.2　平面分布のフラクタル測定方法（桂離宮庭園の庭石）。X：メッシュ一辺の長さ，N(X)：メッシュ一辺の長さをXにしたときの庭石がはいっているメッシュの個数

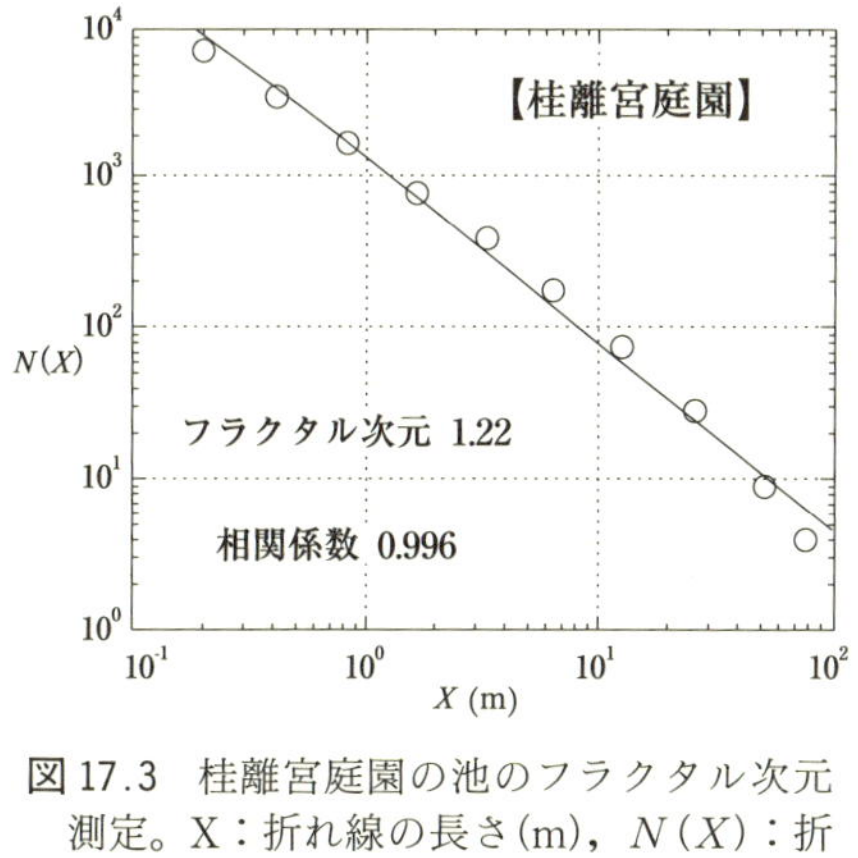

図 17.3　桂離宮庭園の池のフラクタル次元測定。X：折れ線の長さ(m)，$N(X)$：折れ線の個数

三　フラクタルでないところとコンピュータ設計

ならば、逆にこの法則性を生かして日本庭園デザインのCAD（コンピュータ支援設計）も可能で、時代の設定もできることになる。しかもこのCADにはもうひとつの可能性がある。それはこれまで庭園をつくってきた人が意図していてもできなかったことができるのでは、という点である。有名な日本庭園はみな日本的である、と

いう前提で始まったこの解析だが、フラクタル理論の方から迫れば、フラクタルでないところがみつかれば、その理由のひとつに作者の限界もあげられるのではないだろうか。

しょせんは人間がつくってきた庭園であって、池の形や庭石などの配置は細部まで気が配られているらしいのだが、調べてみると、樹種選択については事情が異なることがわかったのである。使用される樹種の頻度についてのフラクタル性を調べた結果、規模の小さな庭園でしか認められなかったのである。つまり規模の大きな、たくさん樹木が用いられている庭園では、フラクタルに従うならもっと頻度の少ない樹種が存在していていいのだが、それがない。つまり限られた種類だけが使われている傾向がある。これは、手にはいりやすい、あるいは好まれる樹種が使われたというだけでなく、あまり規模が大きくなると、作庭家が自然景観の再現を意図していてもその能力を超えていたのではないか、と思える。または、つくろうとしても材料供給などに限界があったのかもしれない。しかしこの限界はフラクタル庭園設計で超えることができる。詳細については章末に示した論文(2)—(4)をご参照いただきたい。

庭園の特性はこれらだけでない。もっとさまざまな点に配慮した理想的日本庭園がコンピュータ利用で可能となる。

四　なぜ焼畑なのか

さて、焼畑であるが、これも日本庭園と同様、日本文化のひとつの典型である。現在注目を浴びている里山も本来は焼畑を含む土地利用である。日本の焼畑は一九五〇年代までは九州・四国・北陸・東北など各地の山間部で広く行われてきたが(5)、現在はほとんど行われていない。焼畑や里山が注目を浴びる理由のひとつには人間—環境系の自己完結的で持続的なひとつのあり方として、ふたつ目には日本文化の底流としての照葉樹林文化のひとつの要素としての、ふたつの観点からである。両者は相互に関係しており、近年の工場生産的農業のもたらした環境負荷と伝統の喪失というマイナス面の顕在化を契機として、伝統的で持続可能な土地利用のひとつとして焼畑を振り返る傾向が生まれてきたのであろう。単なる郷愁としてでなく、現実の焼畑についてさまざまな側面から実証的に研究することは、このふたつの問題にアプローチする際に不可欠である。

焼畑地域の生産力は自然的な一次生産に大きく依存し、そのなかで自然立地的で持続的な人間―環境システムが構築されていた、ということを検証するには、その地域を生態系としてみることが必要であり、物質生産の面からの研究が必須なのはいうまでもない。しかしここではあえてそうしたオーソドックスな研究ではなく、土地利用の結果としてのランドスケープの形から、その自然性を検討してみたい。もし焼畑がもともとの自然の特性に順応的であるとするなら、単に「自然と調和した」というような抽象的で主観的な表現による断定ではなく、その形態は何らかの方法で自然的な性質をもっていることを確かめられるはずである。そこで、登場するのがフラクタル次元である。はたして日本庭園にみられたようなフラクタル性が焼畑にもみられるのであろうか。

近年、森や原野における火事がつくりだすモザイク構造が生物多様性や生態系の持続的な生産と大きくかかわっているという見方が定着してきている。自然的な野火や山火事がそうしたダイナミックスを発生させる撹乱であるなら、焼畑はどうなのだろうか。伝統的に行われてきた焼畑がつくりだすランドスケープのモザイク構造にも何かしら論理がひそんでいるのだろうか。

五　土地利用形態のフラクタルの調べ方

宮崎県西米良村でも同じく一九五〇年代までは、焼畑がさかんに行われた。この地域は、平均気温一五・三度、夏の集中的降雨の多雨地帯であり、照葉樹の成育には適地である。地質的には、新生代の頁岩砂岩互層をともなう頁岩が主であり、花崗斑岩が細長い線状に貫入している。(6)(7)

五-一　土地利用図の作成

この西米良村の中央に位置している村所地区を中心として四・五キロ×四・五キロを調査範囲と設定し、第二次世界大戦後、米軍が撮影したもっとも古い航空写真が得られる一九四七年とくわしい植生調査の情報が得られる一九八四年の土地利用パターンを調べることにした。一九四七年にはまださかんに焼畑が行われていたが、一九八四年にはほとんど消滅している。

土地利用のフラクタル性をふたつの面から検討してみた。(8) それは、①各土地利用の二次元的な空間分布におけるフラクタル性と、②各土地利用の個々のパッチの形についてのフラクタル性である。ここでいうパッチとは、景観生態学的な概念で、均質な土地利用をもっていて周辺の土地利用と明確に区別される二次元の形である。

一九四七年の状況は空中写真三万分の一の当時撮影された空中写真とともに、一九七六年に撮影された二万分の一の空中写真も用いて判読精度をあげようとした。これによって当時の焼畑の分布と形を示した土地利用図を作成することができた。

表17.1　フラクタル測定方法

対　象	処理過程	測定方法	誘導式*4	説　　明
土地利用別分布	平面分布パターン	Box-Counting法*1	$N(X)=\mathrm{a}\cdot X^{-D}$	X：Boxsize(一辺の長さ)，$N(X)$：パッチがはいっているBoxの個数
土地利用別パッチ	パッチの形状	次元解析法*2	$S(X)^{1/2}=\mathrm{a}\cdot P^{1/D}$	$S(X)$：パッチ面積，P：パッチ周囲長
土地利用別パッチ	パッチの面積	ジップの法則*3	$P(X)=\mathrm{a}\cdot X^{-D}$	X：大きさの順位，$P(X)$：パッチXの面積

*1Morse et al. (1985)(10)，*2高安(1986)(11)，*3武者・沢田(1991)(12)による。*4 a は定数，D はフラクタル次元や関連指数。

五-二　フラクタル検証

これまで述べてきたフラクタル理論の実際の形への適用方法を簡単に説明しよう。複雑な池の周囲長をはかるのに、曲がらない決まった長さの棒を使ってその長さを単位とする折れ線を数えると考える。そのとき、長い棒を使えば、こまかい凹凸は省略されて短くなり、短いのを使えば、長くなって、池の定まった周囲長は存在しない。

$$N(X)=\mathrm{a}\cdot X^{-D}$$

ここに、a＝定数、X＝測定単位、$N(X)$＝測定単位がXのときの計数値、D＝フラクタル次元である。上式で、Xと$N(X)$の関係が指数式になるとフラクタル性があるといい、その指数Dをフラクタル次元とよぶ。フラクタルかどうかは、Xと$N(X)$の相関係数を求め、その適合性を判断することにする。表17・1は、おのおの土地利用でのフラクタル測定に用いた資料と測定方法および誘導式をまとめたものである。

土地利用別分布パターンのフラクタル測定

まず、対象地全体における土地利用別分布パターンを調べるため作成された、一九四七年(三個)、一九八四年(一七個)の計二〇個の土地利用別分布図を抽出し、おのおの分布図のパターンにおけるフラクタル性を測定した。ここでは、画像処理を行い、メッシュの大きさXを変化させ、各メッシュの大きさXとそのときのパッチがはいっているメッシュの個数$N(X)$の測定を行った。

土地利用別パッチの形状のフラクタル測定

分類された個々の土地利用パッチにはさまざまな大きさのものがある。小さいパッチをその形態からフラクタルを測定するのは誤差が大きすぎる。そこで個々の形状のフラクタル性を測定するため次元解析法を用いた。測度の関係より求める方法のひとつである次元解析法とは、フラクタルが非整数次元の測度をもつことを利用して、次元を定義するものである。一般的に、長さをL、面積をS、体積をVとしたとき、つぎの関係式が成り立つ。

$$L \backsim S^{1/2} \backsim V^{1/3} \backsim X^{1/D}$$

この関係式より、次元Dを決める。ここでは、各土地利用別のパッチの面積(S)と周囲長(P)の測定を行い、$S^{1/2} \backsim P^{1/D}$の関係を満たすDを求める。なお、完全なフラクタルならPはこの方法でははかれないが、地図上ではかれる最小長さ以下は考察の対象外として、とりあえず無視することにする。土地利用図上の境界線は人間が描いているのであるから、これは合理的でもある。

パッチの面積頻度とフラクタル性

土地利用を構成している個々のパッチの大きさの分布を調べるため、おのおののパッチの大きさを大きい順に並べ、大きさと順位Xの関係を調べた。これは、フラクタル性と関連が深いジップの法則を応用したものである。ここで、順位と面積の関係を両対数プロットしたとき、傾きがマイナス一になる場合、ジップの法則が成り立つといい、その適合性を考察する。

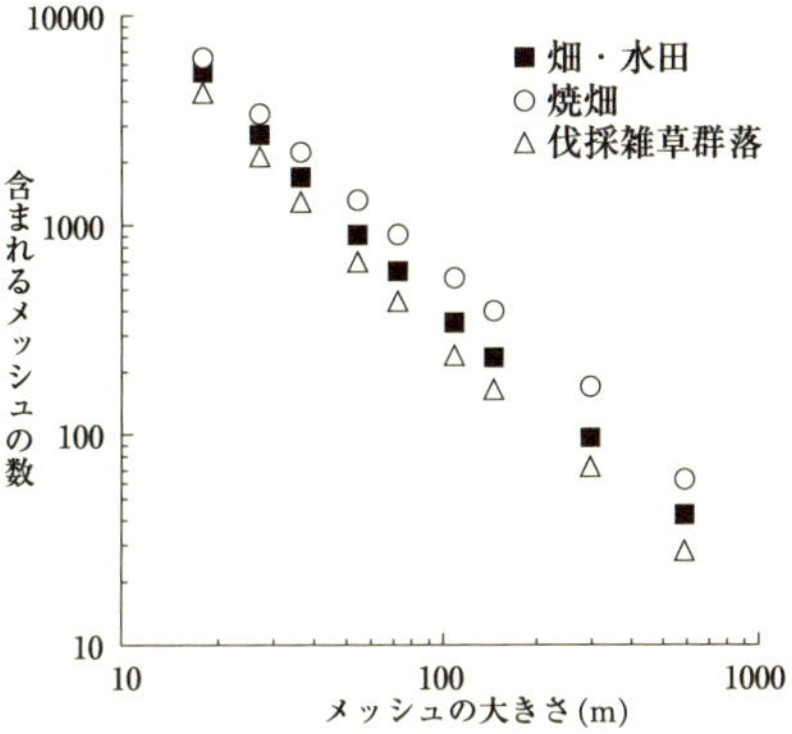

図 17.4　1947 年の土地利用分布パターン解析

表 17.2　土地利用別のフラクタル測定結果(1947 年)

凡　例	分布パターン		パッチの形状		パッチ数	平均面積(ha)
	フラクタル次元	相関係数	フラクタル次元	相関係数		
畑・水田	1.388±0.045	−0.998	1.281±0.041	0.981	60	2.560
焼畑地	1.297±0.025	−0.999	1.245±0.040	0.980	226	0.734
伐採雑草群落	1.435±0.054	−0.997	1.233±0.034	0.991	33	4.121

六　土地利用形態のフラクタル

六-一　分布パターン

図17・4は、一九四七年の土地利用についてメッシュの大きさXとそのときのおのおのの土地利用分布パターンを含んでいるメッシュの個数$N(X)$を両対数でプロットしたものである。この方法は各パッチの分布様式とともにそれぞれのパッチの形もあわせて評価するもので、平面におけるそれぞれの属性をもつ土地利用がどのように入り組んでいるかを示す。おのおのの土地利用は、図よりXと$N(X)$の関係が指数的であり、フラクタル次元である直線の傾きの絶対値と、そのときの相関係数を求めた。この結果を表17・2に、一九八四年の場合の結果を表17・3に、つぎに述べるパッチ形状からの測定結果とあわせて掲げた。一九八四年には、フラクタル次元が踏跡群落・路傍雑草群落で一・〇三(測定誤差を配慮すれば、一に近いのでフラクタル性がないと

表 17.3　土地利用別のフラクタル測定結果(1984 年)

凡例	分布パターン		パッチの形状*		パッチ数	平均面積(ha)
	フラクタル次元	相関係数	フラクタル次元	相関係数		
踏跡群落・路傍雑草群落	1.033±0.115	−0.978	—　—	—	4	1.58
畑地雑草群落	1.039±0.102	−0.983	1.580±0.033	0.958	11	2.24
落葉広葉樹林	1.047±0.080	−0.990	1.498±0.037	0.904	12	2.55
モウソウチク林	1.054±0.064	−0.993	1.174±0.027	0.979	26	1.49
水田雑草群落	1.130±0.056	−0.996	1.255±0.038	0.964	32	1.76
マダケ・ハチク林	1.187±0.081	−0.992	—　—	—	6	2.67
落葉低木群落	1.191±0.076	−0.993	1.314±0.036	0.982	11	3.34
アカマツ植林	1.249±0.037	−0.998	—　—	—	6	3.55
伐採群落	1.250±0.075	−0.994	1.176±0.040	0.978	16	6.24
コガクウツギ・モミ群集	1.367±0.049	−0.998	1.375±0.062	0.922	9	5.60
ルリミノキ・イチイガシ群集	1.411±0.068	−0.996	—　—	—	2	3.53
イスノキ・ウラジロガシ群集	1.429±0.090	−0.993	—　—	—	3	10.85
スズタケ・アカシデ群落	1.477±0.042	−0.998	1.431±0.048	0.965	13	14.02
ミミズバイ・スダジイ群集	1.586±0.030	−0.999	—　—	—	1	26.81
住宅地(市街地)	1.595±0.045	−0.999	—　—	—	3	5.50
スギ・ヒノキ植林	1.670±0.028	−0.999	1.397±0.043	0.989	73	10.76
シイ・カシ萌芽林	1.711±0.012	−1.000	1.495±0.052	0.992	17	47.44

*パッチの数が 6 個以下は測定してない。

みてよい)からシイ・カシ萌芽林で一・七一まで、広い幅の値が得られ、雑草群落など人為性の強い土地利用を除いて、フラクタル性があると判断された。一九四七年については焼畑で一・二九七から水田・畑で一・三八八までの値を示した。なお、自然立地条件と関連をもつ人間的な土地利用についてはシイ・カシ萌芽林とスギ・ヒノキ植林の高い次元から、農作業に利用してきた水田や畑地のような低い次元までさまざまであった。しかし、自然度が相対的に高いと考えられるコガクウツギ・モミ群集では、中間の次元値がみられた。このような自然的植生は、地形に代表される自然立地の分布に関連していると考えられる。これを確かめるため、全体の地形がよく反映されていると考えられる地形図の等高線(三五〇メートル)をトレースし、同じ方法でフラクタル次元を求めた結果、一・二二二プラスマイナス〇・〇一四であった。この次元値は、焼畑とかなり似ている。つまり、焼畑はその付近の地形的に焼畑に適したところを一部ではなく、全体にわたって継続的に利用していることを反映しているものと判断できる。また、雑草群落などは道路ぞいのみに分布し、地形など全体的な自然的要素との関連はないこともこの結果は示している。つまり、その地域全体にわたって自然地形に配慮した土地利用をしているかどうかが、その分布のフラクタル次元値を反映している。

六-二　パッチの形

同じ土地利用でも大小さまざまなパッチの形をまとめて直接的に計測する手段として、プロットした土地利用図の各パッチの面積$(S)^{1/2}$と周囲長$(P)^{1/D}$の関係を調べた。その適合性は相関係数から検討を行った。その結果を表17・2と表17・3に示した。なお、一九四七年と一九八四年の土地利用図のなかで、土地利用を構成しているパッチの個数が六つ以下であるものは、周囲長を図面から測定する誤差に配慮して、算出していない。相関係数は〇・九〇四(落葉広葉植林)から〇・九九二(シイ・カシ萌芽林)の範囲で、フラクタル性が確認された。Box-

Counting法で一般的に用いられているフラクタル性相関係数が〇・九五以上であることから判断すると、やや低い値ではある。

パッチの形で求められたフラクタル次元値は、高ければ高いほど入り組んだ複雑な形をもっていることを意味する。踏跡群落・路傍雑草群落は単純で、フラクタル性はないが、シイ・カシ萌芽林のような高い次元値は複雑な形をもっているというパッチの特徴をあらわす指標である。このパッチの複雑さは、景観生態学的に重要な意味をもっていて、その形によってパッチの内外部へのさまざまな生態学的な効果が予想される。(8)

なお、表には平均面積を掲げた。パッチの大きさが真にフラクタル的なら平均値は存在しないはずであるが、これは今回採用した調査スケール内で認知されたパッチの大きさの平均値という意味である。

六-三　面積と順位の関係

焼畑のパッチ(一九四七年)の面積の分布特性について、パッチの面積と順位の関係から、フラクタルと関連が深いジップの法則を検討し、一九八四年のすべてのパッチの面積の分布と比較考察した。図17・3はパッチの面積と大きさの順位をプロットしたものである。一九八四年では、大きさ順位一から二〇八位まで直線上になっていることから、この順位区間においてジップの法則性が成り立つと判断し、回帰直線の傾き(マイナス一・一六九プラスマイナス〇・〇三〇)と相関係数(マイナス〇・九九八)を求めた。一方、焼畑では、傾きが一定な区間がみられなかった。これは、一九八四年のパッチの大きさが大きいものから小さいものまで、分散が大きく平均的な大きさが存在しているのに対して、焼畑は、平均的な大きさが存在していないことを示していることを反映しているからである。

七　焼畑と日本庭園

一九四七年の資料から推定された二〇〇個以上の焼畑の平均面積は〇・七三ヘクタールであった。その分布パターン、パッチの形のフラクタル次元はおのおの一・二九七、一・二四五であった。これらの次元値は、分布のパターンからみれば中くらいの複雑さをもつ。地形のフラクタル次元値とおおよそ同じで、その分布は地形を反映しているものと判断される。個々の形状からみれば平均的な大きさが存在していて、その形状はやや単純である。またパッチの平均面積はほかの類型より小さい。

このように焼畑は自然地形に対応したフラクタル的な分布特性をもつものの、その大きさについてはフラクタル性がなく、平均的な大きさが存在した。これは焼畑の自然性と非自然性、あるいは人間的要素を示すものであり、その人間的な要素とは、焼畑が「講」という効率的な施業単位によって成立していたことと関連がありそうである。

以上のようにかつての伝統的な焼畑農業地を対象に、かつての土地利用形態と比較的近年になってからの植生分布パターンについて、フラクタル理論を適用して、それぞれランドスケープの形態を分析したところ、人為的でほとんどフラクタル性のない路傍の雑草群落のようなものがあることや、自然的な植生の分布パターンは地形のそれよりやや大きめのフラクタル性を示すこと、造林や伐採など大規模な撹乱をともなう土地利用の分布パターンは概して大きくなることなどが明らかとなった。

このように焼畑については、フラクタル的分布とともに、人間社会のあり方に規制された大きさがある点、つまり、焼畑ランドスケープのもつ自然順応性と社会性を形から検証することができた。一方、日本庭園の場合は池の形や庭石の配置などの作庭操作については、首尾よく自然性が再現できているものの、規模の大きな庭園の樹種構成のような自然性再現の限界と思えるようなものの存在も指摘された。

このように、焼畑や庭園など半自然的な土地利用の結果としてのランドスケープの形をフラクタル理論を応用して解析することで、その自然性と人為性の一端に迫ることができた。この方法はさまざまな方向に直接的な応用が可能である。たとえば、近年の耕地整理のもたらす非自然的な耕地形態と伝統的な谷津田や棚田との違い、日本の風土になじまないゴルフ場地形の様子などをみて感じる自然性と人為性なども解析できるだろうと思う。

（1）Mandelbrot, B. 1983. The Fractal Geometry of Nature. 460pp. New York, W. H. Freeman.
（2）徐英大・森本幸裕、一九九六、桂離宮庭園のフラクタル性について、ランドスケープ研究、六〇（一）、五六―六〇頁。
（3）徐英大・森本幸裕、一九九七、日本庭園のフラクタル性について、ランドスケープ研究、六〇（五）、六一五―六一八頁。
（4）徐英大・森本幸裕・守村敦郎、一九九八、フラクタルを用いた日本庭園のエキスパートＣＡＤシステムに関する研究、環境情報科学論文集、一二、一三七―一四二頁。
（5）佐々木高明、一九七二、日本の焼き畑、四一二頁、古今書院。
（6）西米良村勢要覧、一九九三、三九頁、西米良村役場。
（7）通商産業省工業技術院地質調査所、一九九五、日本地質体系（九州地方）、一二〇頁、朝倉書店。
（8）徐英大・森本幸裕・Ｊジョロゲ、一九九七、焼き畑地域における土地利用の分布パターンとパッチ形態にみられるフラクタル性について、環境情報科学論文集、一一、六五―六八頁。
（9）Forman, R.T.T. 1995. Land Mosaics. 631pp. Cambridge University Press.
（10）Morse, D.R. et al. 1985. Fractal Dimension of Vegetation and Distribution of Arthropod Body Length. Nature, 314: 731-733.
（11）高安秀樹、一九八六、フラクタル、一八一頁、朝倉書店。
（12）武者利光・沢田康次、一九九一、ゆらぎ・カオス・フラクタル、一二八頁、日本評論社。

第一八章　宮崎県の照葉樹林文化運動の流れ

上野　登

はじめに

宮崎県の照葉樹林文化運動は綾町の「照葉樹林文化を考える」シンポジウムで頂点を示し、それ以後静かな定着の流れになっていくが、発端はふたつの源泉から始まっていた。ひとつは市民運動としての自然保護運動の流れ、もうひとつは森林行政をめぐる保護の流れである。そのふたつが合流して綾町のシンポジウムに結晶していった。その流れの整理から論を始める。

一　自然保護運動の流れ

一-一　大崩山のブナ林保護運動

一九六五年、祖母・傾国定公園が指定されたが、傾山の南方に位置する大崩山もその園域に編入されていた。一九六六年九州地区山岳協会は祝子川源流域の自然保護を決議し、一九六七年には自然保護協会九州支部は大崩山塊の一六〇〇ヘクタールを特別保存地区に編入すべき陳情書を関係機関に提出した。しかし、延岡営林署の伐採の斧はその枢要部に及び、一九六八年には大崩山荘が位置する真むかいの一一四林班に達してきた。この一一四林班への侵入を契機に保護運動は、陳情の形から県民運動の形に発展し、「大崩山を守る会」が結成され、一〇万人署名運動を中心に県政を巻き込み、一九六九年県議会での自然保護の議決に達した。

一九七〇年には、動物学会、植物学会、生態学会の九州支部合同大会で学術研究の場としての保存を決議し、一一月の大崩山学術合同調査に発展していった。この調査には九州大学、鹿児島大学、宮崎大学、九州産業大学、

写真 18.1　大崩山塊のブナ林(森本辰雄氏撮影)。大崩山(1643 m)は花崗岩の噴出で形成された山で，周囲の山の奥に隠れて独立峰の姿はなく，秘境といわれる。このため伐採をまぬがれ，原生林として残っていた。写真の針葉樹は，主としてツガである。

九州経済調査協会、九州山口経済連合会、九州山岳協会、宮崎野鳥の会、宮崎県山岳連盟が参加し、加えて全報道機関が報道に参加し、ニホンカモシカの生態がカメラにおさめられて全九州の注目するところとなった。全林野労働組合も西の大崩山、東の日光は「正に試金石、天目山」の運動として保護を訴えた。一九七一年二月、学術調査報告書が作成され、関係機関に提出された。

営林署は一九七〇年の施行計画策定作業を進め、大崩山を保護山林とは設定せず、第三種地として伐採計画のなかに編入していた。すでに林道は通称坊主尾根といわれる小積谷の岩峰群の末端に達していた。林野庁は一九七〇年一〇月に各営林局へ自然保護についての通達を出していた。この通達をうけた九州営林局は、大崩山の施行を凍結するという判断で、この運動に対応した。この結果、モミ、ツガ、ゴヨウマツからブナ林に至る垂直分布、貴重な動植物種が保護され、現在は生態系保存地区として保存されている（写真18・1）。

一-二　中霧島有料道路計画の浮上

一九七二年、高千穂河原から高千穂峰と韓国山群のあいだの鞍部を通り、高原町皇子原に達する有料道路計画が浮上してきた。中霧島有料道路計画というが、地元の高原山岳会、小林山岳会、えびの山岳会が反対の姿勢をとり、県山岳連盟も同姿勢をとった。宮崎県は計画に対する環境事前調査を宮崎大学に委託し、計画の是非を問う姿勢を示した。大崩山の学術調査の経験をもっていた宮崎大学の研究者は、山岳連盟や野鳥の会などと協力し、調査を実施した。

この山域は高崎川源流域で、高千穂峰のお鉢の噴火後、山斜面が植生再生の過程、すなわち遷移過程を典型的に示している地域で、新燃岳の噴火後の東斜面も同様の過程を示し、学術参考林としての位置づけが国有林計画のなかで行われている地域である。

私もこの調査に参加し、「経済地理学的視点からする有料道路計画の可否」を執筆した。一九七三年印刷の『中霧島有料道路学術調査』のなかで、照葉樹林について初めて書き触れた。霧島山系の観光開発がえびの高原や霧島温泉郷で代表される凸地形の明るい雰囲気のところであるのに対し、高崎川源流域は凹地形で、照葉樹林の印象とむすびついて幽玄な魅力に満ちている。私はつぎのように書いている。

「この幽玄の世界は、凹的地形を充填する生態系によって本格的に形成されている。その典型は御池周辺景観である。イチイカシやアカガシに徴標されるうっそうたる原生林が、池周辺の斜面を被覆している。……この印象は、照葉樹林が人間に与えるもので、日本の原風景観を強烈に再生させるものである。この照葉樹林を基底として、標高を高めるにつれて徴標樹種を交替させ、森林植生体系が形成される(1)」。

この中霧島有料道路問題に突き当たって以来、宮崎県のなかで「照葉樹」という言葉がよく使われ、自然に親しむ人たちのなかに浸透していった。私が照葉樹林に注目したのは、大崩山のブナと霧島のカシ、後述する双石山系のシイの分布を考えるとき、すべてブナ科の樹木として植物図鑑にでていることからであった。英語の辞書では oak は樫の類とでていて、一般にカシと理解されるが、ほんとうはブナであり、このブナ科の樹種が標高と温度差で落葉と闊葉に進化し、標高に従って垂直分布をし、緯度に従ってブナ、ミズナラ、照葉樹という生態分布をする。河出書房の『世界地理体系』(2)で矢澤大二らがマルトンヌの乾燥指数を使った生態系分布の考え方を出し、シイ型極相森林地帯を位置づけていたことを、一九七二年段階で思い出し、日本の文化をミズナラ帯と照葉樹林帯に分けられるのではないかと考え出したのであった。私の照葉樹林文化は、大崩山と霧島山の調査にもとづき、ブナ科の垂直分布論をベースに組み立てられていった。

この時点で中尾佐助の『栽培植物と農耕の起源』(3)の岩波新書に遭遇し、今西錦司の還暦記念論文集『自然』のなかの「農業起原論」(4)に関心をもつことになった。さらにサウアーの『農業の起源』(5)の planting 農法と sowing 農法の違いから、農耕の起源をイモに求め、ヨーロッパ中心主義の種子農耕起源に対する根栽農耕起源に注目することになっていった。中尾はこのサウアーを踏まえ照葉樹林複合農業をとらえていったのである。雑穀起源の農法と根栽起源の農法の複合化が照葉樹林帯のなかで結晶していったというのであった。

一-三　宮崎県の自然を守る会と県内動向

中霧島有料道路計画の浮上と大淀川市民緑地計画の登場をうけ、大分県の自然を守る会の情報に接した宮崎大学のグループの先導で「宮崎の自然を守る会」が一九七一年に発足した。緑が多いという一般の印象に対し、宮崎市の一人あたり公園緑地面積は少なく、その弱点を河川敷公園化の建設省政策にのって河川敷公園で補うという計画に対し、大淀川観察の「自然教室」で対応し始めた。また中霧島有料道路計画に対し市民の要望書を提出する市民運動体に昇華していった。とくに「自然教室」は市民の評判がよく、一九七二年の会員は二八三人を数えた。一九七四年の自然教室をみると、二月「大淀川と鴨」、四月土呂久鉱害の現地視察、五月えびの高原の自然探勝、八月自然学習会、一一月「新しき村(石河内)のオシドリ」、一二月一ツ瀬ダム・銀鏡夜神楽見学と高揚の状態がうかがえる。中霧島問題に対しては、学術調査結果を踏まえて、建設反対署名運動を展開し、一九七三年一一月には九州自然を守る会連絡協議会と共催で、「観光開発と自然保護」をテーマに「九州の自然を守る宮崎研究集会」を開き、中霧島問題を九州の問題としてアピールしていった。こうした宮崎市の動きに刺激され、県内各地に市民運動が誕生し「宮崎の環境を守る連絡協議会」が一九七三年には結成された。

この結成よびかけで出席した会は二三団体で、大崩山の自然を守る会、日ノ影の自然を守る会、延岡の川を守る会、ひとつ葉の自然を守る会、タンポリを守る会、北郷町自然を守る会、串間の自然を守る会、霧島山の自然を守る会、高鍋山岳会(尾鈴山)、西都原を守る会と県内全体を網羅する自然を守る会が誕生していた。加えて宮崎空港拡張問題に対する市民団体、野鳥・植物の会、考古遺跡を考える会など各種の団体も参加してきた。この連絡協の動きは県民運動の姿をとり、中霧島有料道路計画はついに実施されず、下まわり道路改修整備というまっとうな姿にかわっていった。

一九七三年、宮崎県は「宮崎県における自然環境の保護と創出に関する条例」を実施したが、一九七六年の国の環境保全政策の計画と対比し、自然度調査結果で原生林は全国の二二・八パーセントに対し県は八・八パーセントと少なく、二次天然林が全国の二五・五パーセントを上まわる三三・三パーセントで、それでも自然度は全国に劣っているという実態を、県に問いかける質問書を提出した。そのなかでとくに具体的問題として高岡町の高房台天然林保全対策をとるべきことを提案した。宮崎市からも遠望できる高房台はシイ、カシ徴標の照葉樹林で、自然教室のときにヤイロチョウが確認され、ヤイロチョウの渡りの森になっていることが判明し、強い要求根拠となった。

一九七六年はもうひとつの照葉樹林への対応の年でもあった。綾町内の綾北川左岸の山林と宮崎市内の双石山の国有地の交換問題が起こり、大崩山の保護で積極的に働いた丸山県議長の反対で阻止され、かわって国民休養林としての利用計画が登場してきた。この双石山は宮崎市民のハイク登山地であり、山岳会の岩場練習場でもあった。南側の加江田渓谷は天然林のハイキングコースであった。この渓谷に続く南側の山域は猪ノ八重渓谷として知られ、日南市の服部苔研究所のフィールドで、世界的に評価された苔の植生地であった。この山域全体がシイ、カシ徴標の照葉樹林で北郷町の自然を守る会も高い関心を示していた。

このふたつの照葉樹林に対し、高房台は高岡町長が宮崎営林署の説得に落とされて皆伐され、貴重な価値を失ってしまった。双石山系は国民休養林としての位置づけで保存され、日南海岸を通る国道のつけかえ線としてのハイウェイライン案も消滅し、大面積の照葉樹林地区として残ることになった。

一九八〇年代になると、低成長時代になり、環境政策もしだいに充実し、加えて輸入材による森林伐採事業の後退で、自然破壊の危機感が薄れ、宮崎の自然を守る会も静穏の時代にはいっていった。

一-四　綾町の照葉樹林行政

大崩山の保護運動とは別個に、綾町で単独の照葉樹林の保護行政が形成されだしていた。郷田実という人が、北支からマレー半島までを歩き、南中国の柳州地方が綾町と同じ森林風景だという印象を強くもって復員し、くしき縁で綾町助役から一九六六年の町長就任という歩みで行政面に登場してきた。

氏は、復員してから農協の組織化、そして助役時代を通じて、綾町の戦後過程をみていて、県の綾川総合開発事業の完成と綾営林署の伐採、運搬事業の機械化、合理化の進展が、綾町の経済基盤に大きな影響を及ぼすことをおそれていた。そのおそれは昭和三〇年代の盛期には一一、〇〇〇人であった人口が、三〇年代末には六〇〇〇人を割り込み「夜逃げの町」としてあらわれてきた。その苦境の時代に町長役を「押しつけられた」というのである。町長に就任して二カ月後、綾営林署長から現在「照葉大吊橋」がかかっている山林部分の伐採の通告がなされた。要は、日本パルプがパルプ原木として伐採した隣村の須木村の社有地と綾町の照葉樹林地を交換するというのである。郷田町長はこの通告に対し反対の姿勢で、四方八方手をつくし、その保存につとめた。

この反対の姿勢を理論的に固めるために、町長は県立図書館から山と自然に関する本を職員に借り出させ、猛勉強を始めた。そこで生態系自然観を学び、中尾佐助の『栽培植物と農耕の起源』に突き当たるのである。白垣詔男の『聞き書き・郷田実』の関係部分を引用するとつぎのように書かれている。

「こうして勉強しているうちに、大変な書物に出会うんです、それは大阪府立大学の名誉教授、中尾佐助が書いた『照葉樹林文化論』です。これは昭和四一年一月に初版が出た岩波新書の『栽培植物と農耕の起源』のなかにあるんです。これを読んで、びっくりしたんです。『あららあ、照葉樹林地帯というのは日本文化のルーツじゃないか』と。私の考え方は間違っていなかったと確信するわけですね。中尾先生は、照葉樹林地帯について『東南アジアの熱帯雨林地帯の北方、主に大陸のインドシナ半島の脊梁の山脈の上から北方に向かって温帯性の森林地帯がある』と書かれております。……これにはびっくりしたんですよ、中尾先生の著書には十五頁分しかなく、照葉樹林文化論のほんのさわりです。しかし、私にはピンとくるものがあって感激して読みました。戦争中、中国南部を転戦しておるときに住民の生活や自然の状態を見聞して、これは綾町によくよく似ておるなあと感心したことがあります。それが、中尾先生の本を読んで、ああ、そうだったのか、あそこも綾町も同じ文化圏だったんだと、思わずひざをたたいて合点がいく思いでしたね」(6)。

営林署の施行計画は、地元自治体の同意と学識有見者の審議で決定され、実行される。そこで毎年、署長は町長に伐採の同意を求めてくるが、町長はそれを断固としてはね返した。それが「馬鹿町長」と関係町民から批判、罵倒されるなかで貫かれ、一九七五年には「綾町の自然を守る条例」を制定して、九州中央山地国定公園の飛び地として承認される運動を続けていった。一九八二年に公園指定が確定し、綾町の大森岳を中心とする照葉樹林は国定公園に編入された。一九八九年の環境庁の「みどりの国勢調査」で、綾町の国定公園面積三二〇〇ヘクタールのうち照葉樹林などの自然林が一七四八ヘクタールあることがわかり、天然林の残存量としては東の白神山に匹敵する存在であると評価されている。

郷田町長は、照葉樹林の保護、保存の行政を推進するだけでなく、照葉樹林文化の食生活文化を自然生態系農業として受けとめ、今日では常識化した有機農業の里づくり行政を創出しだした。さらに木材と土を基盤にした工芸の里づくりも提案し、ユニークな町づくり、「比較異」の町づくりを推進した。それを列挙してみると①「自然生態系農業の推進に関する条例」、②照葉大吊橋、③綾川荘とナイター運動場、④手づくりほんものセンターと雲海酒造の誘致、⑤山城としての綾城造成、⑥クラフトの城、⑦照葉樹林マラソン、⑧馬事公苑と市民菜園などがある。この町政の基礎に「比較異」という理念がこめられている。それを町長はつぎのようにとらえていた。

「私は自治公民を通して町民のみなさんに、『よその町と綾町が違うもの、綾町の特色を考えてほしい』とおねがいしました。それは『比較異』を出すことなんですね。よそと違うもの、そして近い将来、国民全体の共感を得られるものを町づくりの核にしようと話し合うんです[7]」。

町長が町民と話し合い「比較異」をつくる町づくり、その基礎には照葉樹林を保存したという誇りが張りついている。照葉樹林を踏まえた農業、工芸、教育、観光のあり方が問いかけられ、ポーターの唱える「競争優位」

写真 18.2　宮崎県綾町の照葉樹林(坂元守雄氏撮影)。県道から照葉大吊橋を見上げた林相。若葉の季節でシイの花が林相に色彩を添えている。

がつくりだされている(写真18・2)。

二　照葉樹林文化シンポジウムの開催

二-一　シンポジウム登場の経過

綾町はその行政が評価され、「日本の自然百選」(一九八三年、環境庁)、「森林文化協会)、「名水百選」(一九八五年、環境庁)、「森林浴の森百選」(一九八六年、緑の文明学会)などの賞をうけ、一九八二年の国定公園の指定もあり、「綾町のイメージ」を模索し始めた。町長はそのイメージを「照葉樹林都市」という理念に固めていった。そのイメージを世に広めていく企画はないものかと、陶芸家の二人に相談をもちかけた。この二人と私は友人関係にあったので、「郷田町長に会ってくれないか」と仲をとりもってきた。宮崎市内の旅館で会い、町長の意見を聞いた私は、京都大学の照葉樹林文化グループに相談し、イベントの方針を固めてはどうかと提案し、その席で上山春平氏に電話をかけ、町長と上山氏の話し合いの結果、町長の京都大学訪問が実現した。

私と上山氏との出会いは一九七三年六月にさかのぼる。宮崎大学教育学部の哲学科の集中講義で来宮された折、その懇親会に出席し、大いに照葉樹林文化論を論じ合い、宮崎の照葉樹林に案内すると霧島の御池に行った。ここで後に梅原猛氏の日本伝説の地、日向に連なる神話的風土の原風景を感じられたようであった。帰京された上山氏は今西学に関する本を七冊贈られ、今西先生に接近するようにすすめられた。一九七四年に奥さんの取り次ぎをやっと通過して、先生の自宅を訪問し、談論することができた。私が県岳連の会長で、ヒマラヤ登山の公約をもっていることもあり、私の熱心さが今西先生の心を動かしたのかもしれない。その後、三角点登山で宮崎に来られるときは、私のヒマラヤ行きを肴に論談が続くことになった。私の一九七四年末のジュガールのプルピ・チャチュ偵察を契機づけた出会いでもあった。このような関係が、郷田町長と京都大学をむすびつける土壌になったのである。

町長は一九八四年度の予算にシンポジウム開催費を計上し、「宮崎の自然を守る会」にその実現を全面的に委託してきた。これをうけて「照葉樹林文化を考える会」が組織され、一九八五年三月綾川荘で第一回シンポジウムが開催された。その開催にあわせて「照葉樹林都市宣言」が発表された。その要旨はつぎのようである。

「綾町ではそうした反省(高度成長への)のうえに立ってひむか邑の里づくりに努め、国定公園の指定にあたっては、照葉樹林の保護、保存に精力を傾注して参りました。

町民のなかには、本物を求める手づくり工芸をはじめ野菜づくりに有機農業の様式を継承する人もあらわれて参りました。……昨年は北九州市の生協の人たちが親子して『照葉樹林の綾町』を訪ね、宿泊を入れた学習会が催され、喜んでいただきました。……中でも綾南川にかけられた吊橋は、多くの人の募集のなかから『綾の照葉大吊橋』、『かじか吊橋』と命名され、観光名所になりました。

私たちは綾の町民として、そうした綾町の流れに誇りを感じていました。そうした折、日本の学界では『照葉樹林文化論』という文化論が、日本文化の起源と系譜にかかわって論じられていることを知りました。……ここに誇りをもって綾町は照葉樹林文化を大切にし、尊ぶ町であると宣言することは、時宜に適したことだと悟りました。

私たちは綾町を照葉樹林都市と宣言し、つぎのようなことにつとめます。

一　照葉樹林文化についての深い理解をもつようにつとめます。

二　照葉樹林文化に関する生産や生活の伝統的様式を大切に保存します。

三　照葉樹林文化がもつ内容を現代的に生かすように努力します。

四　照葉樹林文化の基礎になる照葉樹林を大切に保護、保存します」。

町長が期待した「綾町のイメージ」はこの宣言に凝集したのである。

二-二　シンポジウムの流れ

「考える会」は宮崎デザイン協会の藤崎晴誓を代表に選び、宮崎大学、「自然を守る会」、野鳥の会、工芸家グループなどの若い者で構成され、シンポジウムの企画に取り掛かった。基本テーマは「日本文化の古層」とし、つぎの開催要綱をパンフレットに掲載し、参加をよびかけた。

三月三〇日一二時三〇分　綾町「照葉樹林都市宣言」セレモニー

一四時　佐々木高明氏講演「照葉樹林文化の道」

シンポジウム……ゲスト・佐々木高明、宮丸吉衛、立松和平

一八時　パーティー

三月三一日　　　　　　照葉樹林探索

パンフレットは写真家芥川仁とデザイナー水間京子の協力を得て、それなりの気品をもったものとして作成された。この編集にあたり、今西先生の照葉樹林に対する意見をぜひ入れたいという要望がで、その交渉が私に一任された。先生に手紙でお願いしたところ、寄稿文が送られてきた。これにはみんな感激した。この小論を今西先生は『季刊人類学』に投稿され、これが契機で論議が起こり、[8]『季刊人類学』一六巻三号の冒頭文を飾った。今西先生は単極相林としての照葉樹林論ではなく、ブナとカシを連結する混合樹林が日本文化の基盤で、東北日本の縄文文化と西南日本の弥生文化の対立的把握を批判され、文化の連続性を強調されていた。この視点は、私が宮崎県の原風景をブナ科樹種として垂直分布と緯度分布で統一的にとらえようとした視点と共通するものがあると考え、雑木林に対する評価視点として尊重することにした。

この第一回で、佐々木高明氏が照葉大吊橋のところで、照葉樹林の姿を眺め、今後二〇年間この姿が維持されれば大したものになるだろう、と述懐されたことが印象に残っている。その二〇年がすぐ来るが、もう一度氏に来宮してもらい、その後の感想を聞きたいものである。

第二回シンポジウムは一九八六年三月「いま精神の古層へ」をテーマで開催した。

二九日九—一四時　　植物探策

一五時より　　中国雲南省調査報告・照葉樹林感謝祭・綾手つむぎ実演

一八時より　　パーティー

三〇日七—九時　　鳥類探索

一〇—一六時　　シンポジウム……ゲスト・小島美子、小山修二、伊藤比呂美、藤原宏志

後述の雲南調査旅行の現実を踏まえ、在福岡中の遠転(中国雲南省歌舞団独唱家)の歌唱を聞き、民俗音楽の小

島女史、ジェンダー視点の伊藤女史と文化的要素を盛り込み、これに縄文文化論の小山氏、オパール分析の藤原氏を加えた力のこもったシンポジウムであった。私は小山氏と今西論文を話し合い、今西先生の連続説に対し雑木文化論としての解釈を伝えた。

第三回は一九八七年四月「かたりつぐ精神の古層」をテーマにつぎの要領で開催した。

四日一三時　　貴州省調査報告

一四―一七時　講演とシンポジウム……ゲスト・坪井洋文、周達成、熊谷治

一七時　　　　雲南料理の実演、試食会、パーティー

五日七―九時　　鳥類探索

一〇―一三時　植物探索

雲南旅行で得た人脈を通じ、雲南の一流の調理師を招待し、雲南料理をつくりながらのパーティーを開き、シンポジウムも食文化を中心に語り合う会になった。

第四回は一九八八年四月「いきづく時を共有して」をテーマに、つぎの要領で開催した。

二日一四―一七時半　講演とシンポジウム……ゲスト・前登志夫、佐原真、中沢新一

一七時四五分　　胡弓演奏(逍国良)

一八時半　　　　パーティー

(一二時より三日一三時まで、河原で野焼き)

三日七―八時半　　鳥類探索

一〇―一三時　　植物探索

中沢氏は多忙のためヒアリングテープ参加、前歌人の森の印象、佐原氏の大和文化論、縄文土器づくりを実感

する野焼きなど、共生の複雑さを試みる会であった。
第五回は一九八九年四月「自然・共存の空間」をテーマにつぎの要領で開催した。
八日一四―一七時半　講演とシンポジウム……ゲスト・森崎和江、網野善彦
一七時四五分　琵琶演奏
一八時半　パーティー
九日七時より　鳥類探索
一〇―一三時　植物探索
独特な日本文化の基層を探究される網野氏の説を聞きたいというたっての要望で、私は神奈川大学を訪れ出会をお願いした。森崎女史は東北のブナ林と九州の照葉樹林を歌人の感覚で受けとめられている実感を吐露してもらった。九州には、筑前琵琶、薩摩琵琶の伝統があるが、大分の高木琵琶師の演奏を聞いた。
第五回シンポジウムの一週間前の四月二日の毎日新聞は、「特集ぷらんち」の二頁大に「照葉の里は残った」という報道をした。第一回のシンポジウム以来、企画の斬新さもあってか、ゲスト選びもスムースで、参加者も年々増加した。綾川荘の夕食パーティーは焼酎をのみながらの歓談の場で、有名なゲスト先生と膝を突き合わせて話しあえる、そうした宮崎流の無礼講が通せる集会であった。
しかし一九八九年の第五回を最後にシンポジウムは終わった。郷田町長が持病のため七期目の町長立候補を断念し、農業協同組合長の前田譲氏に町長を譲ったからである。有機農業推進の郷田町長に対し、近隣他町なみのハウス農業、工業誘致が必要という声が強くなり、若干は継承する意志のあった前田氏は、その波にのみこまれシンポジウム開催予算は前田町政のもとで消えていった。その後、「酒泉の杜」の観光面が強くなり、「看板に偽りあり」の綾町に変身していくようである。

三　シンポジウムの影響と波及

三-一　連続講座の運動

第一回のシンポジウムを終え、年一回の「考える会」ではなく、宮崎市を拠点にした県民次元の「考える会」を毎月一回、連続講座という形で開催する案が浮上し、シンポジウムと併行する研究活動が展開された。講師薄謝のボランティア講座で、つぎのように開催されていった。

一九八五年
六月　「原風景としての照葉樹林」　上野登（経済地理学）
七月　「日本と世界の照葉樹林」　河野耕三（植物社会学）
八月　「南九州の民俗芸能とヤマ」　鳥集忠男（民間民俗芸能研究者）
九月　「山村の生活文化」　泉房子（民俗学）
一〇月　中国雲南省報告会
一一月　「古代農耕へのアプローチ」　藤原宏志（オパール分析家・地域農業）
一二月　「民話を見る眼」　矢口裕康（民話学）
一九八六年
一月　「野鳥と森の物語」　鈴木素直（野鳥の会）
二月　「日本の住まいの源流」　岩切平（建築家）
三月　「焼畑の唄」　原田解（民話・方言研究家）

四月　「照葉樹林と食生活」　小川喜八郎（応用微生物学）
五月　討論会「いまなぜ照葉樹林文化なのか」
六月　「植生と人間」　河野耕三
七月　「宮崎の原生林」　森本辰雄（宮崎大学山岳会・緑環境設計）
八月　「都市と自然」　北川義男（緑地計画）
九月　「短歌と風土」　伊藤一彦（歌人）
一〇月　「古代日本人の死生観」　本田寿（詩人・地方出版社）
一一月　「地方（じかた）の表現空間」　黒木郁朝（版画家）
一二月　「砂漠の中の緑」　上野登

一九八七年

一月　「農耕からみた照葉樹林帯」　藤原宏志
二月　「日向の原始文化と照葉樹林」　日高正晴（考古学・博物館）
三月　「雲南地方の家族と住居」　米村敦子（住居学）
四月　「照葉樹林帯の染色」　秋山真和（綾つむぎ工房社長）
五月　「もうひとつの照葉樹林の国・ネパール」　森本辰雄
六月　意見交換会「これからの連続講座について」
七月　「生活と音楽・人はなぜ歌を歌うのか」　竹井成美（音楽学）
八月　「人と色——その意識——」　石川千佳子（美学・芸術学）
九月　「稲作起源に関する最初の緒論」　藤原宏志

一〇月　「日本の古代農耕」　日高正晴
一一月　「倭の五王と農耕文化の流れ（一）」　上野登
一二月　「　　右　同　　（二）」　上野登
一九八八年
一月　「氷期と後氷期の自然環境」　横山淳一（人文地理学）
二月　「環境と野鳥」　中島義人（動物行動学）
二月　特別講座「中国少数民族の婚姻と家族」　根笈美代子（大分大学家族関係学）
三月　「B型肝炎ウイルスの地域的偏在性について」　川畑紀彦（細菌学）
四月　「山幸彦と海幸彦」　芥川仁（写真家）
五月　「詩で自然を語る」　鈴木素直
六月　「インド人の人生観――神と業をめぐって」　田村智淳（宗教学）
七月　「照葉樹林とニホンザル」　水戸サツエ（幸島京大研究所）
八月　「世界に蘇った中国伝統医学」　長谷川康子（針灸学）
九月　「絵が語る」　弥勒裕徳（画家）
一〇月　第三回中国照葉樹林帯旅行報告
一一月　「木と人」　横尾哲生（プロダクト・デザイン）
一二月　特別講座「世界の森林・日本の森林」　今永正明（鹿児島大学森林経理学）
一九八九年
一月　「ブナ林の特徴と現況」　河野耕三

二月　「宮崎の自然植物誌と民俗植物誌」　南谷忠志(植物学・博物館)
三月　「老子の〝自然〟の思想」　根井康雄(東洋哲学)
四月　「茶のはなし」　橋爪昭人(有機化学)
五月　「インド文明と農業基盤」　上野登

今から思えばこれだけの連続講座がよくやれたものと考える。それは報告者の自発的出演に支えられていたもので、企画運営者の負担が軽かったからである。しかし、最終段階は出会者の減少をみ、有料の会議室から少し辺鄙な無料会場に移ったが、そこで連続講座の息は絶えた。

この間一九八五年九月の昆明→思茅→景洪(西双版納)→大理→麗江の視察旅行を皮切りに、一九八六年一二月は貴州省と雲南省、一九八八年一〇月は四川、雲南、湖南省と広西チワン自治区を巡検し、とくに雲南省・落水の母系制社会に注目した視察と三回の研修旅行が組まれた。以上の活動に対し、『連続講座照葉樹林文化を考える　第一回報告書』(9)、『同　第2回報告書』(10)、『照葉樹林文化の旅——中国雲南省を訪ねて』(11)という印刷物を残している。以上の活動は、綾町のシンポジウムの県民や市民へむかっての定着化の試みであった。

三-二　『みやざきの自然』誌の登場

一人の奇特な人物が一九八七年の定年退職を前に、第二の人生の生き方に悩んでいた。在職中から自然風景に興味をもち、山野に出かけて写真に熱中したりしていた。そして、一九六五(昭和四〇)年以降の宮崎の自然や森林の急変に心を痛めていた。彼は、宮崎の自然に関する資料や文献を図書館で探して、その乏しさに気づき、「ある時、植物の専門家に会った際、そのことを指摘すると、『協力するからあなたが自分で本をつくったらどうか』といわれ、眼の前が一変した思いがした」(12)と、本を出版することを現実的に考え始めた。その植物の専門家が「考える会」の中心人物の一人、宮脇門下生の河野耕三であった。定年退職人物は坂元守雄といい、宮崎銀行の退職者で、その退職金を基金に原稿料なしの投稿による『みやざきの自然』が刊行されることになった。それも連続講座が閉会してすぐの、一九八九年七月からであった。連続講座は『みやざきの自然』(13)へと連続していくことになった。

一九八九年の発刊以来、五月と一一月の年二回発行という計画で現在に及び、最新号は一八号(二〇〇〇年一〇月)である。その一八号の内容はつぎの目次で編集されている。

「自然」への会いかた　くどうなおこ(前宮崎大学教育文化学部教授)
イヌワシ発見の記　久永俊郎(丑山自然観察会会員)
イヌワシ発見に思う　猪野隆(同会長)
「日々片々」――二、四、五――T除草剤　吉谷雄三
わに塚山(二)　氏川豪勇(宮崎英会話センター理事長)
ネイチャーウオッチングスペース
――カヌーにゆられて思うこと――　古田栄子(ネイチャーゲーム指導員)
みやざきの滝を訪ねて(一五)――白滝　吉村豊(日本野鳥の会会員)
星空への招待――美しき誘い――　蓑部樹生(高崎星を見る会会長)
西南の役薩軍敗走路踏破　日高不二男(西都市議会議員)
バングラデシュ地下水砒素汚染
――シャムタ村実態レポート――　上野登(アジア砒素ネットワーク代表)
グラビヤ　宮崎の砂浜　坂元守雄(編集発行人)

「四季の小径」　小丸川の春　田中一歩
「短歌」――月――　伊藤一彦(歌人)
宮崎の野生動物――ニホンカモシカ(二)　岩本俊孝(動物学)
宮崎の草木と人と(九)　民俗植物誌(二)　南谷忠志(県立博物館副館長)
宮崎を訪れた人とその研究・その五　渡辺邦夫(京都大学霊長類研究所)
宮崎の昆虫覚え書(一八)　井之口希秀
みやざきの森林植生(一八)椎葉水無川源流域の植生　河野耕三(植物社会学)

全一三八頁の雑誌で、それぞれ個性的な論稿である。ここで目につくことはたとえば河野耕三の「みやざきの森林植生」である。氏は毎号執筆し、県の全容を明らかにしようとする意欲を示している。氏の今までの発表領域はつぎのようになっている。

①鬼の目山のスギ林、②尾鈴山塊の植生、③掃部岳山塊の植生、④大崩山塊の植生、⑤双石山塊の植生、⑥徳蘇山塊の植生、⑦霧島山系の植生、⑧高千穂峰山塊、⑨甑岳山塊、⑩白鳥山塊、⑪大浪池山塊、⑫大森岳南東稜山塊の植生、⑬矢岳山塊、⑭鰐塚山塊の植生、⑮えびの高原と韓国岳、⑯三方岳椎葉斜面の植生、⑰椎葉国見岳の植生、⑱椎葉水無川流域。

以上のなかで⑦から⑮までのうち⑫と⑭を除く七編は霧島山系の植生である。その他、多くの人が連載執筆し、宮崎の自然保護、自然愛好者の好意的な協力で継続されてきた。東京学芸大学の『国際教育研究』第一九号の図書紹介欄に坂元氏自身が一六号の紹介を執筆しているが、そのなかで「NHK宮崎放送局で調査したところによると、全国で、個人で、このような自然誌を出している例はなかったということであった。……内容は別として、編集、発行の作業を一人で処理してきた割には、ほぼ順調に推移してきたのではないかと思っている」[14]と述懐している。作業は個人であったが、そこに宮崎の森林文化運動の流れが凝集していると評価されよう。

三-三　綾町のその後——綾町の自然と文化を考える会発足

郷田町長が前田町長に交代してから、綾町はかわった。郷田町長は「手づくりほんものセンターと雲海酒造」のセットを自分の町政の成果のひとつとしてあげていたが、この中核的な柱が変容し始めたのである。郷田町長は有機野菜の町づくりを目指してハウス農業を抑制する政策を堅持していたが、前田町長は農民の要求に押されてハウス農業を許容した。この結果、「手づくりほんものセンター」に並ぶ産品に、有機野菜条例規定の金、銀、銅の有機程度を表示する制度が崩れ始め、「看板に偽りあり」という品物が顔を出すようになった。雲海酒造は、第三セクターの指導権を握り、「ふるさと創生」事業で宮崎県内の自治体が温泉掘りを始めた流れに乗り、綾温泉を掘り当て、都会むけの高級な宿を中心に「酒泉の杜」づくりを展開し、地ビールやワインをセットして、いわゆるテーマパークに変身していった。

前田町長になってから「照葉樹林文化を考える会」への連絡はまったくなくなった。町の行事に郷田さんの姿は少なくなり、町のパンフレットなどのなかにも郷田さんの名が登場しなくなった。郷田さんは日本生態系農業協会会長という肩書きで、要請があれば、自分の経験を全国的に語り伝えていった。それを、一九九八年に『結いの心』(15)と題する本にまとめて出版した。この郷田さんが残した綾町のイメージは、強烈に残り、「酒泉の杜」への観光客は急増していった。とくに都会の若い女性の心をつかむ面があってか、鰻のぼりに増加していった。「リゾート法」(一九八七年制定)の第一回指定で舞い上がった「シーガイア」と競合する観光地となり、一九九七年にはオーシャンドームの一〇九万人を上まわる一一一万人を示し、県内随一の観光地になっていった。「酒泉の杜」の近代化は、工芸家のほんものづくりのコーナーの撤退と対応して推進され、第三セクター発足時の印象との差に驚かされる。その郷田さんは二〇〇〇年三月持病のため急逝された。

この傾向への反省の契機は思わぬところからあがってきた。全国的にダイオキシン問題が起こり、ゴミ焼却炉の測定の結果、前田町長が建設した綾町の焼却炉は県内ワースト二の位置にあることが判明した。また全国的に国有林の枯葉剤散布処理が行われた際(一九七一年一一月)、綾川上流の須木村の山中に埋設されていることがわかり、一九九七年には埋設枯葉剤除去対策会議・宮崎と行動をともにする綾町のグループが誕生し、「綾町の自然と文化を考える会」発足へと進んでいった。一九九七年には送電線鉄塔計画も持ち上がってきた。木城村に小丸川揚水発電所を建設し、高岡町の宮崎変電所とのあいだに送電線を設置し、串間市に建設予定の原子力発電の余剰電力を有効に利用しようというのである。その送電線が照葉大吊橋へむかう観光道路の真上を、クマタカの営巣の大森岳の照葉樹林を貫いて走っていくのである。この計画がひそかに一九九五年ころから町長とのあいだで話し合われていたのが、ある町議の関係から発覚し、町民の大反響をよぶことになった。一九九〇年の町長交代後の町政のあり方への反省、批判が登場してきたのである。

この会の発足にあたっては、綾町の魅力にひかれて都会から流れ込んできた新町民の力が背後にあった。とくに宮崎市で宮崎産の材を使って工芸・家具を製作する一級建築士、東京から両親もつれてきたサラリーマンのパン屋さん、ハイテク技術に疑問をもちぶどう園主になった面々が、郷田さんの娘さんといった地元の人と手をとりあって会を結成した。一級建築士のグローバル・ビリッジは「考える会」の拠点ともなり、つぎのような企画を実施していった。一九九七年一一月「日本の原生自然」写真展+「日本の自然・綾の自然」トークショウ、一九九八年九月坂本守雄写真集「綾川渓谷」+「みやざきの自然をかんがえる」シンポジウム、一一月「尾鈴山の自然を考える」シンポジウム、一九九九年八月森と川のコンサート(郷田美紀子作詞、落合孝道作曲、「照葉の山」の発表)、二〇〇〇年一〇月綾の山を堪能する会(狩猟家坂本真一氏案内)、一一月川の音と津軽三味線を聞く会といった小さいイベントを積み重ねてきている。

町のなかにも「ほんものづくり」の動きがでてきた。都会から帰ってきた若者が「アイガモ米づくり」を始め、そのコメが人気をよびアイガモ農家が増加し始めてきた。ハウスキュウリ農家のなかに有効微生物を利用した新しい有機農業を試みる人が登場し、「考える会」の注目するところとなった。綾手つむぎの大先輩は沖縄の大学の教授に招聘され、綾町の工芸の価値を世に喧伝した。一九九〇年以降の一〇年間、郷田町長時代の綾町のイメージは「失われた一〇年」として沈静、退色していたが、「ほんもの指向」が芽生えだしてきている。郷田町長は時代を先取りして行政を推進したが、町民の理念の内発的発展とむすびつかなかった点を反省し、新しい動きのなかで理念の再燃焼が始まろうとしているようだ。

おわりに

二〇〇〇年一〇月二三日、突如、霧島山群の五五〇〇ヘクタールを森林生物遺伝資源保存林に指定するための調査が発表された。一九七二年の中霧島有料道路問題のとき、学術参考林としての位置づけを評価し、反対運動が展開されたが、時代はかわって、政府の方から保存、保護の動きがでてくる時代である。一九八二年の国連の「環境と開発に関する世界委員会」の活動以後、世界はかわってきている。しかしなお串間市の原子力発電所設置計画は、今回の市長選の課題になりつつも、争点にしないという回避の姿勢で推移している。五カ瀬町のスキー場開発の結果、改めてブナ林保存の運動が起こり、ブナ林への注目が始まった。『みやざきの自然』誌には、警告と告発の地方誌としての役割が期待されている。

（1）上野登、一九七五、現代人のための風土論、一八五頁、大明堂。
（2）一九五一、世界地理大系1、三〇六頁、河出書房。
（3）中尾佐助、一九六六、栽培植物と農耕の起源、岩波新書、一九二頁、岩波書店。
（4）今西錦司、一九六七、農業起原論、自然――生態学的研究（今西錦司博士還暦記念論文集一）（森下正明・吉良竜夫編）、一六五頁、中央公論社。
（5）C・O・サウアー、一九六〇、農業の起源、一八四頁、古今書院。
（6）白垣昭男、二〇〇〇、命を守り心をむすぶ、聞き書き・郷田実、一一一頁、自治体研究社。
（7）前掲（6）、一五七頁。
（8）今西錦司、一九八五、混合樹林考、季刊人類学、一六（三）、三頁。
（9）一九八八、連続講座照葉樹林文化を考える、第一回報告書。
（10）一九八九、連続講座照葉樹林文化を考える、第二回報告書。
（11）照葉樹林文化を考える会、一九八六、照葉樹林文化の旅――中国雲南省を訪ねて。
（12）坂元守雄、一九九九、図書紹介、東京学芸大学国際教育研究、一九、五六頁。
（13）みやざきの自然、一一一八号（発行者、坂元守雄）。
（14）前掲（12）、五七頁。
（15）郷田実、一九九八、結いの心、二四一頁、ビジネス社。

参考文献・資料
（1）白垣昭男、二〇〇〇、命を守り心をむすぶ、二一八頁、自治体研究社。
（2）栗山純、一九九九、綾町の町づくりを語る・郷田実、みやざきの自然、一七、二一頁。
（3）二〇〇〇、同時進行ルポ――どうなる「日本一の照葉樹林」と「自然重視のモデル町」、望星、一一。
（4）マイケル・E・ポーター著、竹内弘高訳、一九九九、競争戦略論（I）、二七〇頁、ダイヤモンド社。

IV

照葉樹林文化論の展開

佐々木高明
堀田　満
山口　聰
梅本信也
山口裕文
姚　雷
湯浅浩史
八木マリヨ

第一九章　根栽農耕文化と雑穀農耕文化の発見

——照葉樹林文化論を生み出した「農耕起源論」の枠組み

佐々木高明

一　照葉樹林文化論を生み出したもの――フィールド・ワークと農耕文化起源論

中尾佐助博士の残されたもっとも輝かしい業績のひとつである「照葉樹林文化論」。それはブータンをはじめとする豊かなフィールド・ワークのなかから生み出されたものであることはいうまでもない。たとえば『秘境ブータン』（初版は一九五九年。引用は現代教養文庫版一九七一年による）には、つぎのような記述がある。(1)

「私の進んで行く道は山嶺の中腹、千五百～二千メートルのあたりである。馬の背の上から見る光景はいつも密林、……樹冠に青黒い硬い葉を隙間なくつけている。全部常緑潤葉樹だ。……森林の樹木の種類はなんだろうか。とてもむずかしい。しかし私は何時間も何日もながめているうちにだんだんわかってきた。樹木の大部分は常緑性のカシの木だ。日本のアカガシやツクバネガシのような種類、アラカシがそのままの姿など、ほとんどがカシノキだった。……「そうだ」、これは全く日本と近い親類の森林だ。植物の種類でも、日本と全く共通する。日本の国でも中部以南の地域に残った原生林を見ると、このブータンの山地の森林にそっくりだ。これは照葉樹林と呼ばれる形の森林で、東アジアの温帯の南部にだけ見出される特別な森林である」。

こうしてブータン南部で、日本にまで続く照葉樹林の存在を初めて自覚した中尾さんは、「東西に長いヒマラヤの中腹のあたりに住んでいる原住民は非常に種類が多い。……お互に言葉も違えば文化もそれぞれ違っている。しかし私はその中に流れるチベット的でもインド的でもない一つの特徴――それをヒマラヤ的と呼ぶことにする――が感じられる」と述べ、(2)後に照葉樹林文化の概念に発展するチベット的でもなく、インド的でもないヒマラヤ的な照葉樹林帯に特有の文化の存在を発見しているのである。

そこでは森林を開いて段々畑をつくり、ムギとソバを栽培し、シコクビエから酒を醸し、低い斜面には棚田をつくってイネを栽培し、竹細工の巧みな人たちが生活している。また青葉をつけた生木を建て貴人を迎える〝門松の礼〟の風習や茶を飲む習慣、木地屋が椀をつくり、それにウルシを塗る漆芸の技術などがみられる。ブータンの照葉樹林帯は、「ちょうどウルシの作どころ、使いどころに当るわけで」「ウルシを塗った工芸漆器のやわらかい感触――それは広い世界の中でも、日本とブータンを、南シナを介して兄弟のように結びつける一本の糸である」と述べている。(3) 中尾さんは後に照葉樹林文化論に結実するアイディアの数々を、このブータンの森を歩くフィールド・ワークのなかで得ているのである。つまり照葉樹林文化論は、中尾さん自身のフィールド・ワークのなかでその原型が形成されたといっても過言ではない。

しかし、このようなフィールドにおける観察と体験のみによって照葉樹林文化論が生み出されたと考えるのは大きな誤りである。中尾さんが照葉樹林文化論をひとつの体系として提唱しえた背景には、少なくとも旧大陸の全体を見通した、きわめて包括的でユニークな栽培植物と農耕文化の起源とその展開に関する理論の存在することを見落としてはならない。むしろ、旧大陸の農耕文化の起源と展開を論ずるなかで、東アジアの照葉樹林帯に広がる特有の文化、すなわち《照葉樹林文化》の特色が明確に浮上してきたということができるのである。

中尾さんの農耕文化起源論について、ここで詳論することはできないが、要するに「農業の起源とその発展を見るには、……(人類が)文化財として野生から育てあげ、改良されてきた作物の側面から、それをみるのがもっとも大切な方法で」(4) その文化論の特色は、作物の栽培法、すなわち農耕技術の問題、ついで作物の加工、食法など、つまり〝種から胃袋まで〟の過程を「農耕文化基本複合」として考察する点にある。しかもこの基本複合の考察にあたって都合のよい点は、作物は種類ごとに起源地と伝播がはっきり見分けられることで、そうした作物の起源と伝播の考察を重ねあわすことによって、少なくとも旧世界には、「農耕文化基本複合」が新石器時代以来、現在まで三系統しか存在しないということが明らかになったという。[5]

三系統というのは、東南アジアの熱帯森林起源の《根栽農耕文化》、サバンナ地帯起源の《雑穀農耕文化》およびメソポタミアの冬雨ステップ地帯起源の《麦作農耕文化》であり、従来の欧米系の学者の説では、メソポタミア起源の麦作農耕文化がもっとも古く、その影響のもとで世界各地で農耕が始められたということであった。それに対し、《根栽農耕文化》と《雑穀農耕文化》というふたつの農耕文化の大類型が、その基本複合の特色において《麦作農耕文化》のそれとはまったく異なるもので、独自に起源したことを、みごとに立証した点に中尾学説の最大の特色が認められる。照葉樹林文化は、もともと根栽農耕文化の亜系として提起されたものであり、後には雑穀農耕文化を中心にして根栽農耕文化の特色がそれに複合したものと考えられるようになったが、いずれにしても、根栽農耕文化、雑穀農耕文化という、きわめてユニークな農耕文化の大類型の設定が、その理論的前提となっていることは間違いない。

本章は、中尾さんの農耕起源論のもっともユニークな特色であり、また照葉樹林文化論形成の基礎にもなった「根栽農耕文化と雑穀農耕文化の発見」の問題をめぐって、若干の考察を加え、照葉樹林文化論提唱の理論的前提となった中尾学説の特色の一端を明らかにしようと試みるものである。

ところで、中尾さんの農耕起源論は『栽培植物と農耕の起源』[1]という著書(以下、『農耕の起源』と略称する)と「農業起原論」[6]という長大な論文(以下、「起原論」と略称する)のふたつの著作のなかで、主として展開されたものである。が、このふたつの論著の先後関係については、中尾さんは「起原論」の末尾に「この論文は一九六一年に脱稿していたが、印刷が種々の理由でおくれていた。その間一九六六年に、岩波書店から『栽培植物と農耕の起源』と題した新書版を出版した。現在からみると、若干改正を要する点もでてきたが、立論の大要に反しないものはそのままとした。……」[7]と記しているように、「起原論」がまず執筆され、それにもとづいて『農

表19.1　農耕文化の大類型名の対照表

農耕文化の大類型	起　源　地	農耕形式(『起原論』)	農耕文化(『農耕の起源』)
根栽農耕文化	東南アジアの熱帯地域	ウビ農耕	根栽農耕文化
雑穀農耕文化	アフリカおよびインドのサバンナ夏雨地域	カリフ農耕	サバンナ農耕文化
麦作農耕文化	オリエントのステップ冬雨地域	ラビ農耕	地中海農耕文化
新大陸農耕文化	メキシコ，中央アメリカ，アマゾン周辺の熱帯地域	新大陸農耕	新大陸農耕文化

耕の起源』が著されたものだということを注意しておきたい。

また、中尾さんは「起原論」の冒頭で、自らの結論にあたる四つの農耕の大類型を示して、つぎのように述べている[(8)]。

「人類は狩猟および採集の段階から、それぞれ独立した四つの異なった農耕形式を発展させた。その農耕形式は、それぞれ特色ある農耕文化を形成するとともに、その発展と歴史の進行の途を通じて相互に影響しあいながら、現在の世界文化の担い手となった。また、現在の地域的変異を由来せしめた」。

その四つの農耕形式については、「起原論」では①東南アジア起原の根栽農耕をウビ農耕、②アフリカおよびインドのサバンナ起原の雑穀・夏作農耕をカリフ農耕、③西アジア・地中海沿岸起原の麦・冬作農耕をラビ農耕、④新大陸起源の農耕を新大陸農耕という名称でよんでいる(表19・1)。

しかし『農耕の起源』では、ウビ、カリフ、ラビという東南アジアやインドの根栽作物や夏作物、冬作物の総称名に由来する難解な呼称を廃して、①には根栽農耕、②にはサバンナ農耕、③には地中海農耕というやや一般的な名称をあてているが、旧大陸において三つの農耕の大類型(中尾の表現に従えば「農耕形式」)を認める点について変化はない。いずれにしても②、③については、夏作と冬作を強調する名称が付されていることが注目されるのである。

また、新大陸の農耕についてはひとつの農耕形式としているが、そのなかにはマニオクやサツマイモ、ジャガイモなどを主作物とする根栽農耕とトウモロコシを主

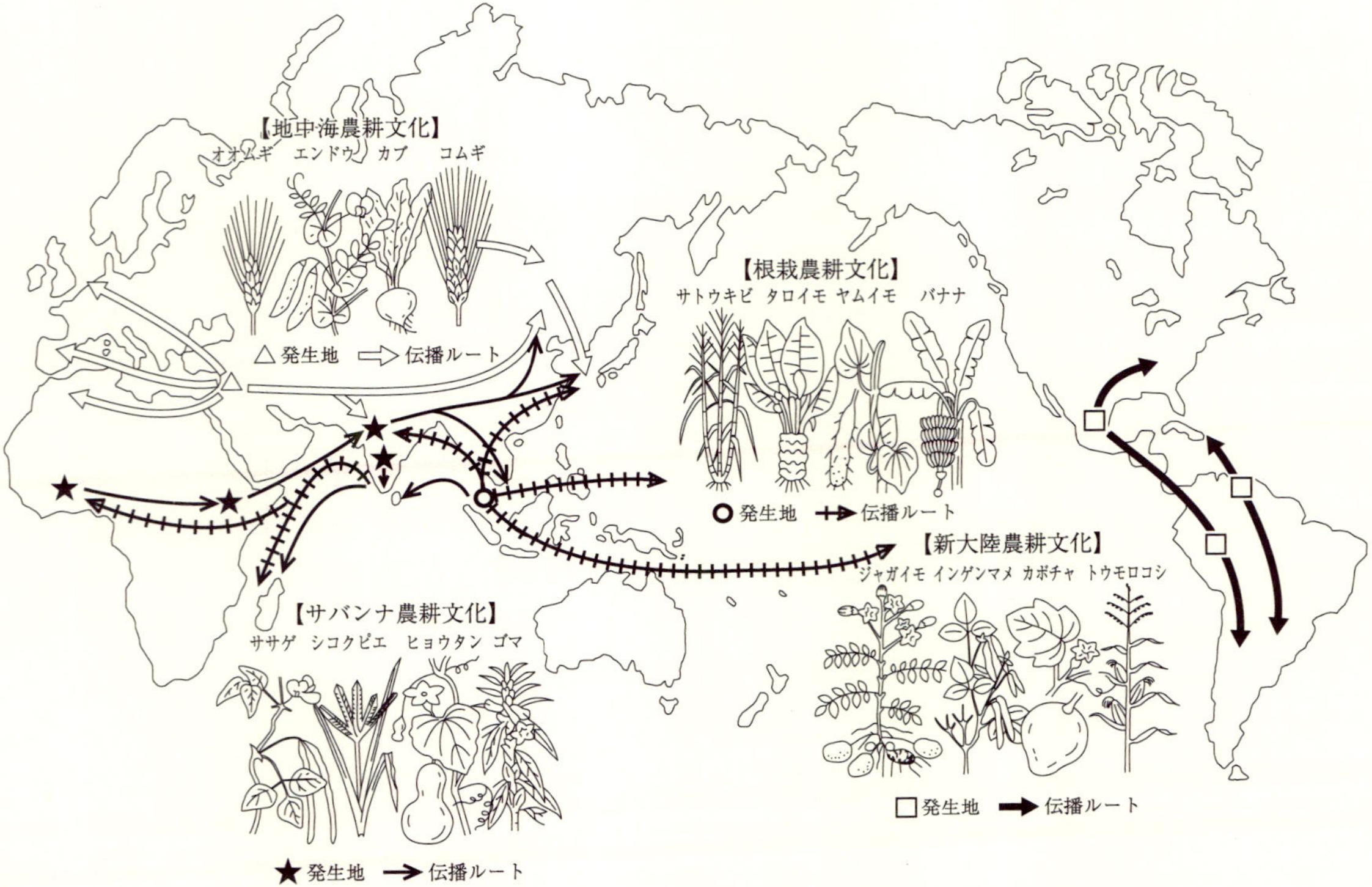

図 19.1　中尾佐助による世界の 4 大農耕類型（中尾，1966 より）(4)

作物としたサバンナ（雑穀）農耕の形式をとるものの在することを指摘している。しかし、中尾にとり新大陸の農耕はつねに「応用問題」なのであり[9]、議論の中心は旧大陸のそれにあった。したがって、本章においても、旧大陸の農耕文化の起源論に焦点を絞り、中尾学説のユニークな特色が展開された跡を追うことにしたい。

二　根栽農耕とその文化の確認

中尾の農耕類型論あるいは農耕文化起源論で、もっともユニークな点は、旧大陸の農耕の大類型として、オリエントに起源したコムギ、オオムギの類を主作物とする麦作農耕のほかに、バナナ、タロイモ、ヤムイモ、サトウキビなどの栄養繁殖作物を主作物とする根栽農耕と雑穀類を主作物とする雑穀農耕（中尾の命名ではサバンナ農耕）のふたつの大類型を認めたことである。

まず、根栽農耕とその文化については、東南アジアやオセアニアの古い文化圏にイモ類を主作物とする農耕の存在を想定する考え方は、かなり以前からみられた。たとえば R. Heine-Geldern はよく知られている東南アジア民族誌 *Südostasien*（一九二三）のなかで犂耕文化をともなわない農耕には、果樹や塊茎類を栽培する古い段階と穀類の栽培を主とする新しい段階のものがあり、前者はインドネシア東部を中心に分布し、ヤムイモ、タロイモ、サトウキビ、バナナ、パンノキなどを主作物とすることを指摘している[10]。わが国においても鹿野忠雄は、第二次世界大戦中に、主としてオランダの植物学者の資料の分析を中心に、インドネシアにおける穀類の分布を論じた論文のなかで「球根類の文化層と稲米の文化層の間に粟類を主とする文化層が挟まって居た事が想像される」と述べ[11]、東南アジアにおけるもっとも古い農耕文化として球根（イモ）類を主作物とする文化層の存在を想定している。戦後、岡正雄が日本民族文化の形成を考えるにあたり、メラネシア的な特色をもつイモ栽培文化が縄文時代中期ごろに日本列島に渡来したと想定したのも、その当否はしばらくおくとして、右に述べたような文脈のなかで生み出てきた学説ということができる。[12]

このように東南アジアやオセアニアの民族文化の研究者のあいだで、もっとも古い農耕形態としてイモ栽培を想定する考え方が、以前から存在していたことは間違いない。しかし、この種のタロイモ、ヤムイモをはじめ、バナナ、サトウキビなどを主作物とする農耕の類型を、新大陸のマニオクやサツマイモなどを主作物とする農耕類型とともに、栄養繁殖作物栽培を中心とする根栽農耕（Vegetative planting culture）という形で一般的にとらえ、これを種子繁殖作物を中心とする種子作物農耕（Seed planting culture）と対比させ、地球上における二大農耕類型として位置づけたのはアメリカの地理学者 C. O. Sauer であった。

彼は、旧大陸においてもこの種の根栽農耕は最古の農耕で、それは東南アジアの熱帯モンスーン地帯に起源し、ブタやニワトリなどをともない、太平洋地域をはじめ、中国南部や日本、熱帯アフリカや地中海地域などへ伝播したと主張した。[13] それ以前の欧米の学者による農業起源論は、中近東に起源した麦作農耕に一元的に焦点をあてたものが多かったため、この Sauer の学説が学界に与えた衝撃はきわめて大きなものであった。

しかし、この Sauer の学説にはいくつかの弱点があった。肝心の東南アジアの土着農耕、とくにヤムイモ、タロイモ、バナナをはじめ東南アジア起源の栄養繁殖作物について、Sauer 自身にファースト・ハンドの資料はまったくなく、主として I. H. Burkill の編纂した商品事典[14]に依処する点が少なくなかった。また古い根栽農耕の地中海地域への伝播についても必ずしも説得的なデータはあげられていない。

このため Sauer の学説は発表後にかなり強い批判を浴びた。Sauer 自身、その後、一九五六年には Vegetative planting culture というユニークな概念を大きく後退させ、最古の農耕は主として掘棒を用いて焼畑を営む熱帯地域の Hoeculture であるとし、その類型のなかに根栽農耕も雑穀農耕も含ませる学説を発表している。古いこのHoecultureが広がった後に、大型家畜を飼育し、穀物栽培と犂耕を特色とする新しい農耕とその文化が世界各地へ展開したとしているのである。[15] その論旨は、Ed. Hahn以来の「鍬耕作から犂耕作へ」という古典的な仮説の展開と大筋において一致するものであり、一九五二年に新しく提唱された「根栽農耕」の概念やそれと種子作物農耕を対比させるアイディアは、そこではほとんど放棄されたように思われる。

これに対し、中尾の提唱した根栽農耕あるいはそれに支えられた根栽農耕文化の内容は格段にくわしく、よく整備されたものになっている。Sauer以後一〇年ほどのあいだに、バナナの植物遺伝学的研究に大きな業績を残したN. W. Simmondsの研究、[16] ニューギニアにおける自らの発見にもとづきサトウキビのニューギニア起源説を展開したE. W. Brandesらの新説、[17] あるいはメラネシアを中心とした地域の伝統的農耕の実例を豊富に報告したJ. Barrauの報告など、[18] 東南アジアからメラネシアにかけての根栽農耕の起源と展開をめぐる新しい研究がつぎつぎと公刊された。また、Sauerと大きく異なる点は、中尾自身が一九四四年にヤムイモとパン果を主食とするミクロネシアのポナペ島で典型的な根栽農耕文化の実態調査を行ったのをはじめ、一九五〇年代以降もカラコラム、ブータン、シッキム、アッサムなどインド亜大陸の諸地域の学術調査を重ねてきた。その豊かな経験と学識が、新・旧の文献資料を有効に活用し、根栽農耕とその文化の特色を再構成するのに成功したということができるのである。

とくに『農耕の起源』では、バナナ、ヤムイモ、タロイモ、サトウキビの四つの作物を中心にパンノキ、パンダヌス、ヤシ類などを栽培する東南アジアに起源した根栽農耕（ウビ農耕）の特色を要約して、つぎのような諸点のみられることを指摘している。[19]

①根栽農耕は無種子農耕であること。すべての作物の繁殖は根分け、株分け、さし木などの栄養繁殖のみで行われていること。②倍数体利用が進歩している。根栽農耕の主要作物は品種改良が多面的で、倍数体品種が高度

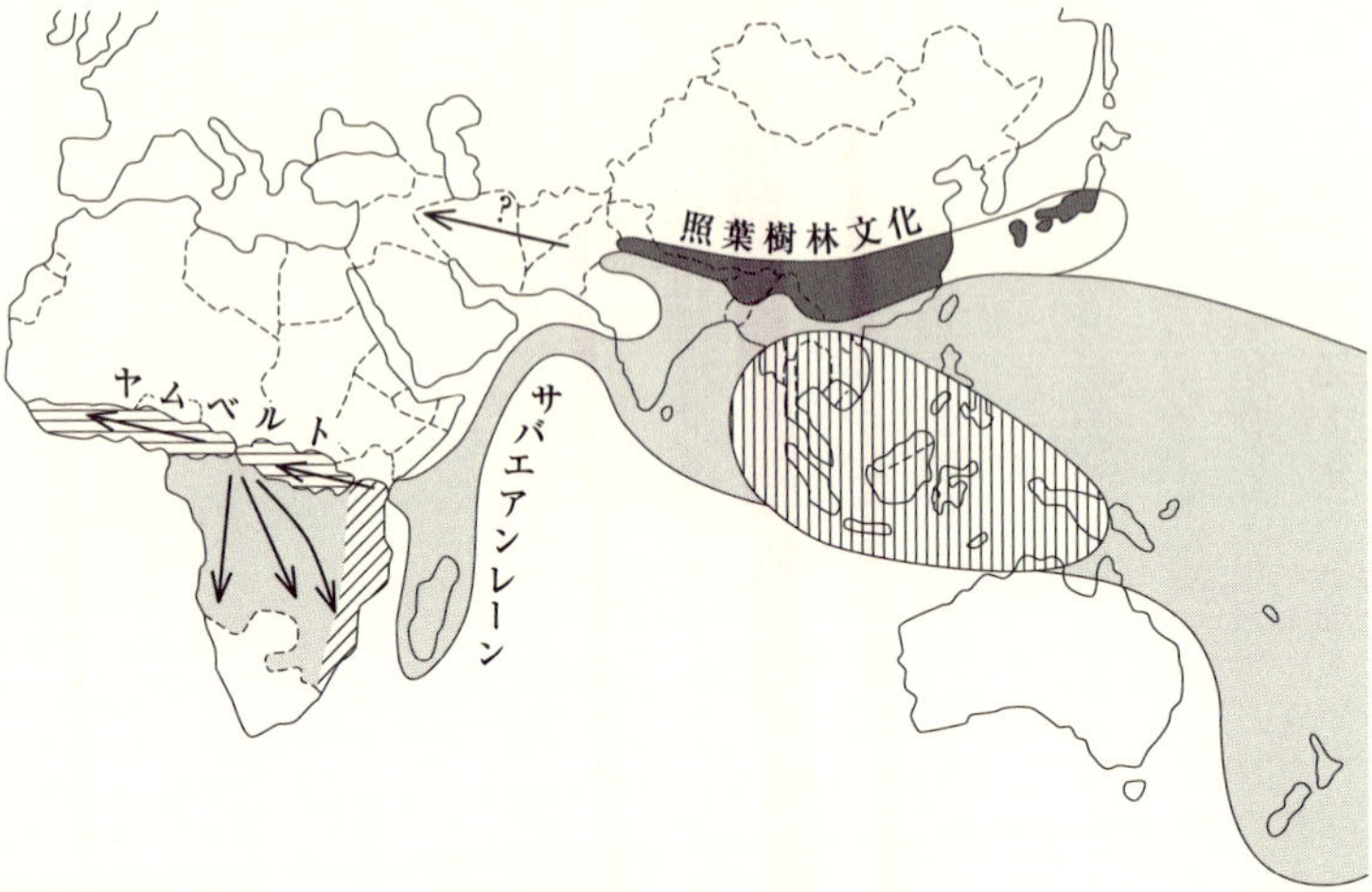

図 19.2　東南アジア起源の根栽農耕文化の伝播(中尾，1966 より)[4]。根栽農耕文化の発生地，根栽農耕文化の伝播地域，照葉樹林文化(根栽農耕文化の温帯発展型)，ヤムベルト(根栽農耕文化の流路)，サバンナ農耕文化(エチオピアより)の影響下の根栽農耕文化

に育成されている。③マメ類と油料作物を欠くこと。根栽農耕はイモ類が主力で穀物を欠くことがまず重要だが、マメ類と油料作物を欠くことも重大である。このため、この根栽農耕文化の食事の特性は、澱粉質と糖分に集中し、栄養的に偏っている。したがって漁撈や小規模な狩猟が必要である。④掘棒農耕。この農耕の農具は掘棒のみで、鍬や犂は伝統的には用いられない。⑤裏庭から焼畑へ。耕地の形態は多種類の作物が混作される裏庭型(キチン・ガーデン型)の小耕地からブッシュ・ファローをともなう焼畑農耕へ発展した。⑥ハトムギの利用まで進む。この農耕の最終の発展段階になってハトムギを唯一の穀物として開発した。⑦根栽農耕文化の伝播。バナナ、ヤムイモ、タロイモ、サトウキビの組み合わせが確立した後、この強力な農耕複合体は図19・2に示すように、東はポリネシア、西はインドをへてマダガスカル、アフリカの中・西部(ヤムベルト)にまで伝播し、また、北方にむかっては東南アジアの温暖帯に展開し、そこで根栽文化の温帯変容型といえる「照葉樹林文化」が生み出されたとし

ている。しかし、この最後の点については後に改めて検討することとしたい。

以上のように根栽（ウビ）農耕文化の特色を要約した中尾は「この農耕文化はきわめて特色の強いもので、地中海地域に発生したムギ栽培の農耕文化の影響で東南アジアに根栽農耕文化が成立したとのイギリス人の説はとうてい受け入れがたい。両者の農耕文化基本複合は根本的に異質なもので、両者はまったく無関係である」と結論づけている。[20]

根栽農耕とその文化は、麦作農耕のそれと対比しうる地球上における農耕の大類型のひとつであることを、欧米の学者の伝統的な見解に反して、中尾は強く主張したのである。

三　鍬農耕から犂農耕へ――E. Werth の学説とその問題点

先にも少し触れたように、ヨーロッパの学界で農耕の起源と展開をめぐる支配的な見解は、Ed. Hahn 以来「Hackbau（鍬農耕）から Pflugbau（犂農耕）へ」という進化の図式にもとづくものであった。このような伝統的な視点に立ち、Sauer と相前後した時期に、農耕の起源と展開を世界的規模で論じたのは E. Werth であった。[21]彼によると、もっとも古い農耕の形態は熱帯地方に起源した鍬農耕であったという。この鍬農耕のなかには、彼の場合、掘棒農耕（Grabstockbau）も含ませているが、とにかくアジアの熱帯地方に起源したこの古い鍬農耕が温帯地方へ広がる過程のなかから、より高次な犂農耕が発生したとしている。

この場合、Werth が原《プロト》鍬農耕的作物と分類した作物表をみると、タロイモ、ヤムイモ、サゴヤシ、ココヤシ、バナナ、パンノキ、サトウキビ、キマメ、ササゲ、ケツルアズキ、キュウリ、ヒョウタン、ワタそのほか、栄養繁殖作物（根栽作物）を中心に、いく種類かのマメ類や果菜類を加えたものがあげられている。これらを鍬農耕

(掘棒農耕を含む)にともなう古い作物とみなしているようである。これに対し、犂農耕は西北インドとその近隣地域で起源したものと想定され、コムギとオオムギ、キビとアワ、熱帯アフリカ原産の三つの雑穀(モロコシ、トウジンビエ、シコクビエ)およびイネなどを主とする穀物栽培(Getreideanbau)を行うことが最大の特色であり、ウシなどの大家畜飼育をともなうとしている。

Werth はこのほか、農具や家畜やさまざまな技術の比較研究なども加え、壮大な仮説の展開を行っているが、彼の学説の根幹を構成しているのは、既述のように「鍬農耕から犂農耕へ」という伝統的な文化進化の図式であったことは間違いない。しかも、この古典的な仮説の枠組みのなかへ、これもかなり古典的な栽培植物起源論を持ち込み、その両者を組み合わせてしまったところに Werth の学説の大きな問題点があったように思われるのである。

具体的に Werth 説では、犂農耕文化のもっとも重要な特徴として指摘された穀物栽培のなかに、前述のように、ムギ類とともに各種の雑穀類やイネまでが含まれている。そのため、もともと穀物栽培を知らなかった熱帯アフリカの鍬農耕地帯でモロコシ、トウジンビエ、シコクビエなどが、また東南アジアの鍬農耕地帯でイネが、それぞれ主作物としてかなり以前から栽培されていた事実については、インドや東南アジアで鍬農耕をもとにして犂農耕の特色が形成された後に、もう一度穀物とウシがセットになった犂農耕文化(アフリカの場合は牛飼育文化)の影響が鍬農耕地帯へ及んだ結果であるというやや苦しい説明を行っている。もし、そうだとしても、熱帯における雑穀栽培やイネ栽培(稲作)とムギ類を主作物とする本来の犂耕穀物栽培とが同一の農耕類型としてとらえうるものか否か。両者の特色の異同については、必ずしも明確になっていない。

そういえば、先の Sauer の場合も、栄養繁殖作物栽培農耕(根栽農耕)に対置する類型として、種子作物栽培農耕をあげ、一群の種子作物のなかにムギ類も、雑穀類も、イネも入れてしまっている。この点は Werth の穀物栽培の扱いとあまりかわらない。この種の根栽農耕に対して種子作物農耕を対比させる考え方は、その後、たとえば P. J. Ucko と G. W. Dimbleby が主催した『植物や動物の馴化と利用』についての総合的な討論[22]や C. A. Reed を中心とした『農耕の起源』についてのシンポジウム[23]などにおいても、一般的に受け入れている。だが、種子作物(穀類)栽培のなかでの、冬作物であるムギ類の栽培と夏作の雑穀類栽培およびイネ栽培との関係、あるいは三者の異同などについては、上記のふたつのシンポジウムを含め、欧米の研究者のあいだでは、今日に至るまでほとんど論議されてこなかったようである。

四　「雑穀農耕文化」の概念の確立

この点について、中尾の提出した農耕類型論あるいは農耕文化論においては、その異同はきわめて明快である。すでに述べたように、中尾は旧大陸の種子作物栽培農耕(穀物栽培文化)をふたつの類型に区分し、従来から注目されてきた冬作のイネ科作物、すなわちムギ類を主作物とする「麦作農耕」のほかに、新たに夏作のイネ科作物、すなわち雑穀類(Millets)を主作物とする「雑穀農耕」という農耕の大類型を設け、これを麦作農耕という大類型と対置させることにしたのである。その結果、根栽農耕、雑穀農耕、麦作農耕という旧大陸の三大農耕類型の設定ができあがったということができる。

この場合、中尾はムギ類を主作物とする農耕を冬作であることを強調して「ラビ農耕」あるいは「地中海農耕」とよび、雑穀類を主作物とするそれを夏作であることを示すために「カリフ農耕」あるいは「サバンナ農耕」とよんだが、本章では理解しやすくするため、それぞれ主作物名を冠して前者を「麦作農耕」、後者を「雑穀農耕」とよぶことにしたい。

このような雑穀農耕ないし雑穀農耕文化という概念を新たに中尾が確立した背景には、中尾自身がインド世界のフィールド・ワークにおいて雑穀栽培の実態をつぶさに見聞したという事実がまず重要である。だが、他方で「起原論」の執筆にかかる直前に、G. P. Murdock が膨大な文献資料を駆使してまとめた広範なアフリカ民族誌 *Africa*(24)（一九五九）が出版されたことも重要であった。それによって中尾は西南アジアや東南アジアとともに、アフリカ（西アフリカとエチオピア）が世界の農耕の起源地のひとつで、雑穀農耕の複合体が、そこで形成されたという新しい学説に接することができたのである。

Murdock は二五〇を超える数多くの民族誌データをもとに、フォニオ、トウジンビエ、モロコシ、アフリカイネなどの雑穀類をはじめ、ササゲ、ゴマ、オクラ、ヒョウタンなどで構成される Sudaric complex とよばれる農耕の複合体が、紀元前四五〇〇年ごろより以前にニジェル川上流で起源したとしている。その後、この複合体は東方へ影響を及ぼし、エチオピア高原周辺でシコクビエ、テフなどを栽培化し、アフリカ特有の雑穀農耕文化が形成されたと考えた。(25)中尾はこの学説を全面的に受け入れるとともに、図19・3に示すように、アワ、キビ、コドラ、インドビエその他の雑穀類やキマメなどのマメ類、キュウリやナスなどの果菜類などの栽培化のセンターが、インドの北西部と南部にあることも指摘している。しかも、インドではモロコシ、トウジンビエ、シコクビエはじめアフリカ原産の作物が早くから栽培され、初期の農耕文化の段階でアフリカからの作物の伝播があったことを注目している。

いずれにしても、アフリカ・インドの両センターで起源した雑穀農耕には、つぎの四つの特徴があるという。①その作物のすべてが、カリフ（夏作）のミレットを中心とした夏作物で、地中海地域に発生した温帯の冬作物を中心とする農耕とはっきり区別できること。しかも、雑穀農耕の作物群にはイモ類がない。②各種のマメ類を作物とし、植物性の蛋白を食糧のなかに大量に加えたこと。③ウリ類を含め、各種の果菜類を栽培化し、果菜類を

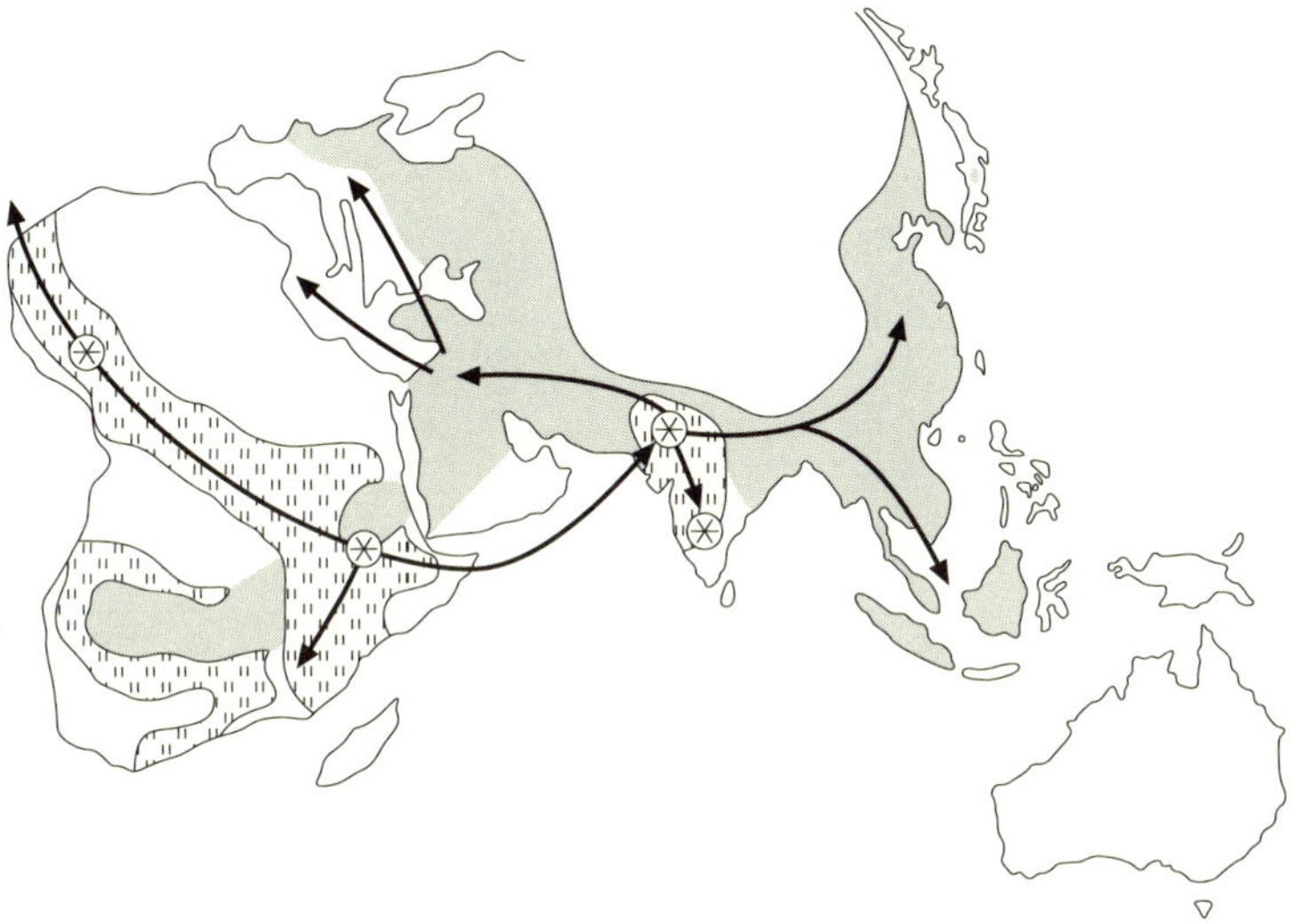

図 19.3　サバンナ農耕文化の分布と伝播(中尾，1967 より)[(6)]。 夏雨サバンナおよび草原地帯， サバンナ農耕文化が森林帯などへ伝播した地帯，⊛サバンナ農耕文化のセンター。南アフリカのサバンナでは独特な農耕文化は発生しなかった。

副食用の蔬菜として安定させたこと。④優秀な油料種子をもつ油料作物を栽培化し、植物油を食糧に加えるようになったことなどである。雑穀農耕は雑穀類を中心に、マメ類、果菜類、油料作物を加え、栄養的にきわめてバランスのよい作物体系を完成したとしている。

さらに中尾は、この雑穀栽培に基礎をおく農耕文化の特色についても重要な指摘を行っている。まず、イモ類やバナナなどと異なり、雑穀農耕の作物は水を加えて加熱調理することが必要で、そのための容器、つまり土器の発達を前提とする。また雑穀は調理の第一段階として脱穀と精白の作業が必要で、そのための用具としてタテギネとウスが開発され、それはアフリカから東アジアに至る雑穀栽培地帯全域に広く分布している。このうちインド以東の地域では雑穀類は粒食する例が多いのに対し、アフリカでは粉食が多く、原始的な雑穀用の製粉用具としてはサドルカーン(馬鞍型石臼)が広い分布を示している。また、これらの雑穀農耕地帯では手鍬による耕作が中心で、いくつかの作物を混播し、条播栽培を行うことが多く、ウシを使う犂耕は、後に麦作農耕文化の影響によってもたらされたと考えられている。[26]

さらに夏作の雑穀栽培は、雑草とのおそるべき闘いになる。このため雑穀農耕の大きな特色のひとつは除草を非常に入念に行うことだと中尾は強調している。除草が徹底的に行われるため、雑穀農耕地帯ではふたつの重要な事実が生み出されてくる。

そのひとつは「雑穀栽培と生態的に結合してその分布域を拡大したミレット畑特有の雑草というものの存在を認めえない。この点はムギ作農業と……まったく異っている。したがって、ムギ作の中から(ライムギやエンバクのような)数知れぬ二次作物 Secondary crops が生まれたが、ミレット農業の中からは二次作物はまったく生まれてこなかった」。さらに第二の大きな特色は「この完全除草へ向かったミレット農業は、必然的に大面積の畑をつくることを困難ならしめた。反当り収量はムギの散播(栽培)よりいち早く向上できたが、全収穫量の増大は、除草努力だけでは向上困難な壁に早くうちあたってしまう。ミレットを主体とするカリフ農耕の生みうる余剰は、反当り収量の増大にもかかわらず、全収量の壁のため早い時代に極限に達するわけで、古代インドやシナの文明が開花したころに、その壁にほぼ到達したものと思われる。……ここに、カリフ農耕が古代に開花したにもかかわらず、その後の停滞をひきおこした真の原因があるのだろう」と論じている。[27] 雑穀農耕文化の人類史的意義を、きわめて的確に論じたものということができるのである。

いずれにしても、夏作の雑穀類を中心にマメ類・果菜類に油料作物を加えた特有の作物複合体とそれに支えられた雑穀農耕文化の存在を初めて明らかにし、それを冬作のムギ類を中心とする麦作農耕とその文化に対置して、旧大陸における種子作物農耕をふたつの大類型に区分したのは、中尾のもっとも大きな業績であったということができる。中尾以前はいうに及ばず、後述のように、それ以後も、これほど明快な農耕の大類型区分を行った学説のみられないことを、われわれは銘記すべきである。

五　雑穀農耕と「稲作」の位置づけ

夏作のイネ科の作物を「雑穀」Millet と定義し、この雑穀類を主作物とし、サバンナ地帯に起源した「雑穀農耕」の概念を確立したことによって、稲作の位置づけがきわめて明瞭になった。そのことも中尾学説の大きな業績のひとつであった。

中尾によると、サバンナの乾燥地帯で起源した雑穀農耕がその周辺部にまで伝播し、湿地帯に遭遇したとき、いくつかの湿性のミレットの利用が始まり、そのなかからイネが選び出されて、栽培化されたというのである。この現象はアフリカのサバンナの周辺でも、インドのサバンナの周辺でも起こった。アフリカではニジェル川の中流域でアフリカイネ(*Oryza glaberrima*)が栽培化され、インドではその東部でアジアイネ(*Oryza sativa*)が栽培化された。

これらの稲作の特色について、中尾はつぎのように述べている。「イネはただ湿地に生ずるだけで、農耕文化の基本複合のタイプとしては、他の雑穀と同じカテゴリーに入るものだ。……(アフリカでも、アジアでも)イネは夏作の雑穀類の一つということになって、他の雑穀からイネを基本複合としてはっきり区別する理由はない。つまり〝稲作文化〟などという、日本からインドまでにひろがる複合は存在しない。そこにあるものは、根栽文化複合の影響をうけたサバンナ(雑穀)農耕文化複合である(28)」。

ここで稲作あるいは稲作文化というものの考え方を、従来のそれに比べ、中尾は革命的といってもよいほど変更しようと試みたのである。

ただ、ここで「稲作文化は存在しない」といいきった中尾の発言については、若干のコメントを必要とする。すなわち作物複合の観点から稲作をみると、主作物は単一のイネのみで構成され、ほかにマメ類とか、イモ類とか、イネとつねに複合するあるいは随伴する固有の作物群がみられない。また〝種から胃袋まで〟の過程においても、雑穀類とイネとのあいだに基本的な差異はみられない。そのことから「稲作文化」は雑穀農耕文化の一部を構成し、中尾のいう本来的な農耕文化の基本複合のひとつとして認めることはできないというのである。

いずれにしても、イネを数ある雑穀のひとつとして位置づけ、稲作農耕を雑穀農耕という大類型のなかに包括して考えるという中尾の解釈は、従来、世界の誰もが考えたことのない画期的な考えであった。稲作農耕というアジアのモンスーン地帯に広がる巨大な農耕類型について、その系統論的な位置づけは、Sauer も、Werth も、さらには後述する Harlan の場合も、必ずしも明快ではなかった。とくに水田耕作という特異な栽培形態に眩惑され、欧米の研究者のあいだには、タロイモ水田と関係させて稲作の起源を考え、稲作の系統を考察しようとする仮説はすでに Werth のなかにも引用され、意外に根強く主張されてきた。たとえば東南アジア最古の農耕遺跡かとされるスピリット・ケーブの発掘者である C. Gorman は、タロイモとイネとはどちらも低湿地に適応した作物群であるから、両者は「一対の姉妹作物」(Sister domesticates)として古い時代に東南アジア大陸部で起源したものと考えた(29)。「一対の姉妹作物」という表現は Gorman の特有のものだが、似たような両者を関連づける考え方は、H. C. Conklin のなかなどにも認められるようである(30)。

しかし、タロイモとイネは両者とも確かに水田で栽培されるものではあるが、その栽培状況を具体的にみると、現実に両者が同一の耕地で大量に混作される例はほとんどみられない。また、特定の作物にはそれぞれ固有の雑草をともなうのが普通であるが、そのような随伴雑草で両者に共通するものもほとんどないとされている。また、かつて Sauer が想定したようなイネがタロイモ水田の雑草であったという事実もない。ということは、タロイモとイネを姉妹作物とよび、起源の問題で両者を関係させることは無理だという結論になる。

欧米の学者のあいだでは、前にも述べたように、一般に夏作の雑穀の複合体についての関心が低く、したがって知識の蓄積も少ない。このため、イネについても湿潤地帯の作物ということで、十分な検討もへずに熱帯の水田で栽培されるタロイモとむすびつけて考えてしまうことが多かったようである。この点に重大な過誤があったということができる。

一般にアジアのモンスーン地域における農耕の起源と展開を考える場合には、そこに展開する農耕は夏雨気候に適応したものであり、そのほとんどすべてが夏作物を主とするものであるから、サバンナ起源の夏作の作物複合体の存在を無視しては、そもそも議論が成り立つはずがない。この点に初めて注目したところに中尾の着想のすぐれた点がある。しかも、その雑穀の複合体のなかにイネと稲作を位置づけ、その起源や系統の問題を解決しようとしたところに、中尾学説の大きな意義が見出しうることを、私は繰り返し強調しておきたいと思うのである。

ところで、この稲作の問題に関連し、その文化的特色を麦作のそれと比較して「起原論」のなかで、中尾はつぎのような指摘を行っている。

「イネは、収量の安定が得やすく、豊産性で、しかも貯蔵力に富んでいることなど、従来のミレット類をはるかにしのいでいる。これは、農業以外の文化を発達させ、維持するに好都合であるが、さらに高次の社会発展のためには、ムギ類とくにコムギは植物学的に多くの種からなっているにもかかわらず、粉食してパン類をつくると、その食味にはあまり大きい差はないと考えられる。とくにセンベイに似た初期のパンではそうであった。……ゆえにコムギでは、粉食しているかぎり、古代の大経済圏で相互の流通において、品質問題は重大とならなかった。

ところがイネは、植物学的に一種であるにもかかわらず、粒食の習慣も関係して、食味の品種間差異がひじょうに大きく、それも文化が高まるにつれて食味差がいっそう増大して感じられる。その結果、同じ地域に住んでいても、民族やカーストの差で、米の食味に異なった要求をもつばあいが生ずる。たとえばインドでは、上流のブラーミンは小粒の匂いの高い米をもとめ、農民の多くは大粒の淡味のものをもとめる傾向がある。ほかに赤米を欲するもの、長粒をもとめるもの、par-boiled のもののみを欲するものなど、嗜好の分化がはげしい。そのためにインドでは、標準米がほとんど標準の意味をもたないくらいである。これが同一地域内にあると、米の流通交換は困難になる。この困難を克服するために食味嗜好の均一化が進行しなければ、米の生産は高次の社会発展の束縛因子となるわけである。日本では、幸い徳川時代の年貢米操作により、大坂堂島の米相場が標準となって価格標準が成立し、その取引を通じて日本人の米の食味嗜好の地ならしがおこなわれたと判断される。この嗜好の整理が一応完了した後で、近代的技術によるイネの増収が進行しはじめたのは、幸いであった」(31)。

この指摘は『農耕の起源』のなかでは削除されているが、わが国の稲作と稲作文化を考えるうえではたいへん重要な事実である。最近の国産米と外国米の食味差の問題など、コメをめぐるいくつかの問題を考える際にも、きわめて示唆に富む指摘だということができる。

六　照葉樹林文化の提唱

麦作農耕という欧米の学者が古くから重視してきた農耕類型に対置して、根栽農耕と雑穀農耕というユニークなふたつの農耕の大類型を設定した中尾は、さらに日本列島を含む東アジアの暖温帯の農耕文化史を考えるうえで、きわめて重要な概念として、「照葉樹林文化」の考え方を提起した。そのことは関係者のあいだでよく知られるとおりである。

照葉樹林文化についての詳細な解説をここで行うことはできないが、中尾は旧大陸における農耕の三大類型の存在を最初に主張した「起原論」のなかで、「照葉樹林農耕文化の成立」という項目を設け、つぎのように述べている。

「東亜の熱帯雨林のなかに生まれたウビ農耕に対し、その北方の照葉樹林にそれに対応するような野生のイモ類(クズ・ワラビ・テンナンショウ類)を利用する農耕の存在がいまや浮かびあがってきた。その農耕は、熱帯のタローイモのなかからサトイモだけを受け取り、ヤムイモの中から温帯原産のナガイモだけを栽培化した。……温帯の照葉樹林帯は自然の恵みが熱帯より少ないだけに、そこでの農耕文化は熱帯より高度な技術がなければ成立しがたい。それゆえにこそ照葉樹林文化は、西方から伝播してきた高級な農耕をよく吸収して、その新しい基礎の上にミレット・オカボなどをはじめ、ソバやマメ類を栽培化することができたのである[32]」。

つまり、照葉樹林文化は、それが提唱された最初のころには、熱帯で成立した根栽農耕文化の北方展開型あるいは温帯に適応したその変容型として性格づけられていたことは間違いない。出版年の関係から、事実上「照葉樹林文化」の概念の最初の発表の場となった『農耕の起源』においても、基本的な考え方は同じで、クズやワラビあるいはタロイモと同じ天南星科のマムシグサのような野生のイモ類をはじめ、ドングリなどの堅果類の水さらし技術の問題から照葉樹林文化の解説が始められている。それは、当初は、根栽文化の温帯変容型という形で照葉樹林文化がとらえられていたからにほかならない。

一九六六年の発表当時、照葉樹林帯に広く分布する共通の文化要素としてあげられたのは、水さらし技術のほか、昆虫のマユから糸をひいて絹をつくる技術、ウルシあるいはその近縁の樹木の樹液をとって漆器をつくる技法、茶樹の嫩葉を加工して飲用する慣行、麴というカビの塊を使って穀類を発酵させた酒の存在、シソやエゴマの栽培、あるいは柑橘の利用などである。このような共通の〝文化遺産〟によって特徴づけられる照葉樹林文化は「きわめて山岳的な性格をもち、本来の形態は山棲みである」。またその文化は「採集経済の段階から焼畑の雑穀栽培へとすすんだ。そしてその中心地域はシナ西南部ということになる」と述べられている。(33)

一九六六年に『農耕の起源』が刊行されたころの照葉樹林文化についての知識はまだこの程度であった。それが急速に深まり、照葉樹林文化論の体系がいちおう形を整えるのは、上山春平が司会し、私もそれに参加した『続・照葉樹林文化』の討論からであった。(34)

この討論においては、従来の照葉樹林文化の考え方に大きな修正と追加が行われた。詳細は右の著作を参照していただきたいが、その要点を列記するとつぎのようである。

(一)照葉樹林文化は、当初は熱帯に発生した根栽農耕文化の北方展開型あるいは温帯変容型と考えられて出発した。しかし、この討論では根栽農耕と照葉樹林文化の関係が基本的に再検討された。その結果、照葉樹林文化における根栽文化(イモ栽培文化)の影響は、はじめに考えられていたほど重要ではないことがわかり、典型的な照葉樹林帯の農耕は雑穀栽培を主とする焼畑農耕から出発することが確認された。そうした再検討の背景には、後述のように、堀田満らの研究によって、熱帯系のイモ類と温帯系のイモ類とが系譜的にかなり異なることがわかったこと、(35)またイモ文化とよばれるほどまとまった文化のクラスターの存在がついに確認しえなかったというような事実があった。いずれにしても、中尾は「起原論」のなかで、照葉樹林文化の発展段階を①野生採取段階、②半栽培段階、③根栽植物栽培段階、④ミレット(雑穀)栽培段階、⑤水稲栽培段階の五つに区分していたが、このうち③の根栽植物栽培段階を、この討論の時点において削除しようということになった。また、①と②をあわせて農耕以前の段階と考えると、照葉樹林文化の発展段階は、①プレ農耕段階、②雑穀を主とした焼畑段階、③稲作ドミナントな段階の三段階に整理されることになったのである。

(二)この討論では七章のうちⅡⅢⅣの各章を、それぞれ「ジャポニカ・ライスの起源」、「モチ種穀物の創出」、「照葉樹林文化と焼畑」にあて、新たにジャポニカ型のイネの栽培とその利用、あるいは雑穀やイネのモチ種の品種群が創出され、それを好んで食用に供するとともに儀礼的にもよく利用する慣行が照葉樹林帯で顕著にみられること、さらに雑穀を主とする焼畑が典型的な照葉樹林文化を支える主要な生業形態であることなどが指摘された。また、アジアイネの起源地については、渡部忠世、中川原捷洋両氏らの説を受け入れ、アッサム・雲南地域を起源地と考えるようになり、従来のイネの起源地を東部インドに求める説が変更された。

(三)照葉樹林文化を構成する文化要素として従来指摘されていた、水さらし、茶、絹、ウルシ、麴酒、柑橘とシソなどのほか、新たに納豆のようなダイズの発酵食品やコンニャク、あるいはハンギング・ウォールや鵜飼などの諸要素が加えられ、さらに歌垣や十五夜とイモ祭りの習俗、焼畑の開始期に行われる儀礼的狩猟の慣行、山ノ神をめぐる信仰やオオゲツヒメ型の死体化生神話その他、習俗や儀礼や神話などに関する諸要素についても照葉樹林帯に広く分布し、照葉樹林文化の構成要素と考えられるものの存在することが確認された。

(四)さらに『続・照葉樹林文化』の討論で、特筆すべきことは、右に述べた照葉樹林文化の諸要素の分布を重ねあわせ、照葉樹林文化のセンターを仮に設定したことである。雲南高地を中心に西はインドのアッサムから東は中国の湖南省に至る半月形のこの地域を、西アジアの「肥沃な半月地帯」に対して、われわれは「東亜半月孤」と名づけることにした。中尾自身の用語例でいうと、照葉樹林文化の中心にあたるこの地帯は『農耕の起源』ではロロ・センターとよばれていたものが、『照葉樹林文化』のなかでは「雲南省あたりの山岳部」あるいは「雲南センター」という表現にかわり[36]、この討論で「東亜半月孤」という名称に落ち着いたことになる。

「起原論」のなかで初めて提起された照葉樹林文化の概念は、『続・照葉樹林文化』の討論のなかでかなり修正・整理され、いくつかの新しいデータやアイディアを加えて、いちおうその形を整えたということができるのである。その後の照葉樹林文化論の展開については、佐々木の『照葉樹林文化の道』[37]や中尾・佐々木共著の『照葉樹林文化と日本』[38]などを参照していただければ幸いである。

いずれにしても、東アジアの暖温帯において、そこに展開した照葉樹林文化の存在を想定することは、東アジアの農耕文化史を考えるうえで、きわめて重要な仮説的枠組みを与えるものであり、それは、この地域の農耕文化史の再構成に非常に大きな寄与をなしたということができる。また、照葉樹林文化は、上述のように、ユニークな文化的特色によって構成されているが、農耕文化の類型としてみれば雑穀農耕文化の一亜型として位置づけられることも明らかになった。さらに東アジアに特徴的な水田稲作文化も、この照葉樹林文化を母胎に成立したものだと考えることにより、稲作文化の成立を類型的に理解することが容易になったことも注目しておかねばならない。

七　その後の研究の展開と中尾学説

「起原論」や『農耕の起源』などを中心に、これまで旧大陸を中心とした農耕文化の起源とその大類型の設定をめぐる中尾学説の特色をみてきたが、その後の新しい学説の展開のなかで、中尾の主張は、現在もなお、今日的意義を有しているのであろうか。最後にこの点をめぐり簡単に検討を加しておきたい。

根栽農耕文化の起源の問題については『農耕の起源』の発表後、J. Alexander と D. C. Coursey[39]や堀田満[40]らの研究により、タロイモやヤムイモの起源をめぐり大きな研究の進展がみられた。年中高温で多湿な熱帯降雨林地帯ではイモ類は澱粉を貯蔵する必要はなく、むしろ乾燥季や低温季が明瞭な熱帯モンスーン地帯や暖温帯で、休眠季に養分を貯めるためイモが肥大化することがわかってきた。旧大陸の根栽作物の中心をなすタロイモ（サトイモ）やヤムイモ（ヤマノイモ）には、起源的に熱帯系と暖温帯系の二系列があり、それぞれ別の発展過程をたどったらしいと想定されるようになった。東南アジアやオセアニアで調査と研究を重ねてきた堀田は、この点に関してつぎのように述べている。

「東アジア（の暖温帯）に起源したイモ栽培は、東南アジアからポリネシア（の熱帯）にひろがったイモ栽培農耕とは、農耕文化の構成要素である作物群が異なっている。……東アジアから東南アジア、太平洋諸島にみられるイモ型栽培植物の二類型は、熱帯系が乾期休眠型を中心に、暖温帯系が低温休眠型を中心に発達してきたものであり、両者は起源のところで一方から他方へ借用がおこった可能性もあるが、系譜的には相当異なった発展の過程をたどったと考えてもよいと思われる[41]」。

前述のように、われわれが照葉樹林帯におけるイモ栽培の重要性を再検討したのは、このような堀田らの意見を取り入れたからである。また、根栽農耕文化の起源についても、熱帯モンスーン地域で起源した熱帯系のイモ類（たとえば二倍体のサトイモ類やダイジョ、ハリイモ、カシュウイモなど）の複合体が南下して、マレーシア世界でバナナやココヤシなどとむすびつき、さらに東南アジア島嶼部からメラネシアに至る地域でパンノキ、サトウキビなどが栽培化されて、典型的な根栽農耕が生み出されたと考えるようになった。

メラネシアを中心にした根栽農耕文化の起源とその展開については、その後、D. E. Yen[42]や J. Golson[43]はじめ、多くの学者によりいくつかの新しい事実が追加され、種々検討が加えられた。これらの新事実の追加と検討の結果は中尾の提起した根栽農耕文化の考え方を全体として補強し、精緻化する方向にあるとみてよいようである。

補強といえば、中尾は一九八五年の「畑作文化の起源をめぐるシンポジウム」において、真の農耕が出生してくる前の段階、つまり先農耕段階《プレ》を①雑草種子採集(Weed seed collecting)、②ナッツ・ドングリ澱粉採集(Nut and acorn starch collecting)、③根茎澱粉採集(Stem and tuber starch collecting)、④草原種子採集(Grassland seed collecting)の四つの類型に区分し、農耕の起源とのかかわりを論じている。(44)

そこでは中尾が研究の早い時期から主張していた「半栽培」の概念が、採集の対象となる植物群の特色にもとづいて具体的に整理して示されている。なかでも根栽農耕文化の起源と深くかかわる③の類型では、野生のタロイモやヤムイモの澱粉採集のほか、サゴヤシの機能を重視している点が注目される。サゴヤシについては、その後、いく人かの研究者により検討が加えられているが、ここではそれらについては省略することにしたい。

中尾学説のなかで、もっともユニークな主張のひとつが「雑穀農耕文化」の概念の提唱であったことは、すでに繰り返し強調してきたところである。しかし、雑穀農耕、とくにアフリカにおけるその起源と発展をめぐって、中尾が主として依拠したのは、前述のように、民族学者のMurdockが、主にHRAFに集積されたデータにもとづきアフリカの民族文化史を鳥瞰した著述であった。(45)だが、周知のようにその後、アフリカにおける雑穀類の起源とその展開については、J. Harlanを中心とする学派のくわしい研究がつぎつぎと公表された。(46)また、アジアにおける雑穀の起源と展開についても、阪本寧男らによる実証的な研究が発表されている。(47)これらの新しい学説を参照しても、中尾の学説は、根栽農耕文化の場合と同様、あるいはそれ以上に補強されたとみて差し支えない。

中尾が「起原論」や『農耕の起源』を執筆した段階では、モロコシやトウジンビエ、フォニオ、シコクビエなどのアフリカ原産の雑穀類がサハラ南縁やエチオピア付近のサバンナ地帯に起源したらしいことは想定できても、くわしいことは不明であった。それが明確になったのは一九六〇年代の主として後半以後に発表されたHarlanらの研究によるところが大きい。アフリカ起源の雑穀類を主とした作物群の起源の地は図19・4に示したような

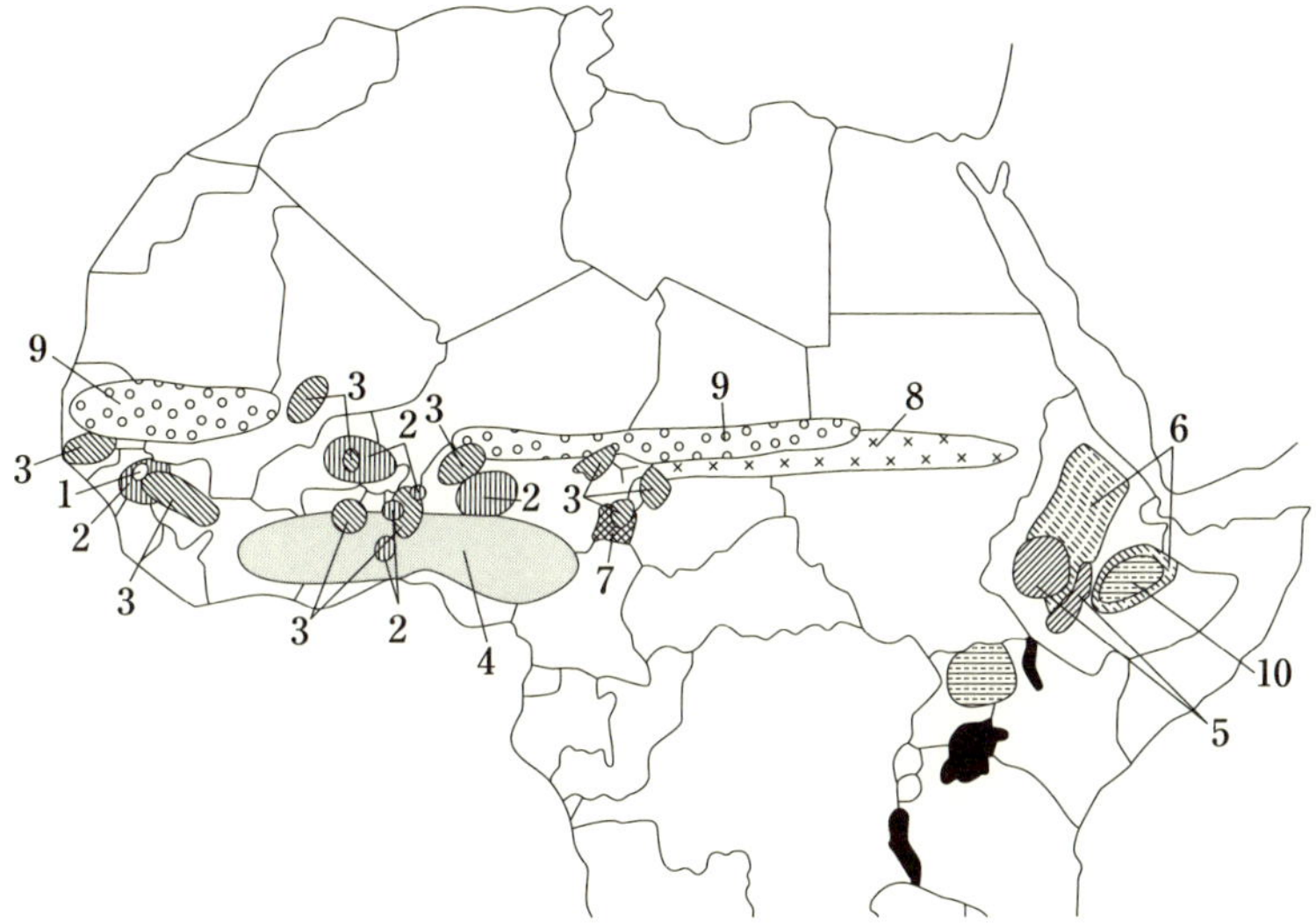

図19.4　アフリカ起源の作物の栽培化推定地域(Harlan,　1972より)(48)。1：*Brachiaria deflexa*，2：*Digitaria exilis* と *Digitaria lburua*，3：*Oryza glaberrima*，4：*Dioscorea rotundata*，5：*Musa ensete* と *Guizotia abyssinica*，6：*Eragrostis tef*，7：*Voandzeia* と *Kerstingiella*，8：*Sorghum bicolor*，9：*Pennisetum aniericanum*，10：*Eleusine coracana*

非常に広い地域であることが明らかになった。

Harlanは別の論文で、農業の起源地には、近東や華北のような明確なセンターとよべるような例もあれば、アフリカのように起源地が広く分散してノンセンターとしかよべない地域のあることを指摘している(48)。同一の趣旨は世界の農業の起源を論じた彼の主著 *Crops and Man* においても展開されている(49)。しかし、華北の中国センターや東南アジア・オセアニアのノンセンターを中心とした、インド以東の夏雨気候をもつモンスーン地域の農耕の起源とその展開については、欧米の学者によくみられるように、彼の場合もファースト・ハンドの資料が乏しく、したがって考察の成熟度も低い。このためHarlanのそれは、旧大陸全体をバランスよく見通し、とくに夏雨モンスーン地域の農耕の特色を雑穀農耕(稲作を含む)という類型でとらえた中尾学説に比べると、説得力に欠ける点が少なくないと思われるのである。

アフリカとともに雑穀農耕の起源と展開にとり重要な地域はインドと中央アジアの地域である。その後、この地域の雑穀類についてのくわしい実態調査は阪本寧男らにより行われた。その結果、モロコシ、トウジンビエ、シコクビエのほか、コドラ、サマイ、ライシャンなどの土着の雑穀類を大量に栽培するインドが、雑穀の一大センターであることが改めて確認された。さらに古代以来、東アジアの農耕にとって重要な作物であったアワとキビについては「中央アジア―アフガニスタン―インド西北部を含む地域で、おそらく紀元前五〇〇〇年以前に栽培化され、この地域よりユーラシア大陸を東と西へ漸次伝播し、その過程で各地域に適応した地方品種群が成立した可能性が高いと考えるのが、より妥当である」という結論が得られている。(50)『農耕の起源』ではアワやキビの起源については、通説とされてきた華北の地域ではないことが強調されていた。だが、その起源地に関してはインドの西北部やデカン半島西部らしいと推定されていたにすぎず、必ずしも十分に検証されたものではなかった。阪本によるアワ・キビの中央アジア―北西インド起源説の提唱は、むしろ中尾学説の弱点を補完する意味で大きな意義を有するものであった。中尾自身も後に、この阪本の学説に賛成し、積極的に受け入れている。(51)

この種の新しい学説と関係して最後に問題になるのは、稲作の起源と展開、あるいは稲作文化の問題であろう。すでに述べたように、中尾はイネを雑穀類の一種とみなし、その起源地をはじめは東部インドの低湿地に求めていた。だが、後に渡部忠世によるアッサム・雲南センター起源説が提唱されると、それを積極的に受け入れ、照葉樹林文化論を強化する一助とした。(52)また、中尾自身による稲作文化に関するまとまった所論はついに発表されるには至らなかったが、上山春平が司会し、渡部・中尾・佐々木・谷らがメンバーに加わった「稲作文化」についての討論のなかで、中尾は現実に目でみることのできる稲作のさまざまな技術要素の比較検討から出発して歴史的考察に至る一連の考察を通じ、稲作文化の特質に迫ろうとした。その結論のひとつは「インドには稲作はあるが、稲作文化はない」という表現に象徴されるように、東南アジア以東とインドの稲作文化の差異を明確にしようとした点である。インドの稲作文化の基層には、家畜を飼育し、犂耕や乳利用をともなう麦作文化が存在するのに対し、東南アジア以東の稲作文化には麦作文化の影響はほとんどない。むしろ東南アジア以東の稲作文化は、古くは根栽農耕の伝統を有しながら、その後、雑穀栽培への依存度を高めていった照葉樹林文化の展開形態としてとらえようという見方が、中尾の発想の根底にあったと思われるのである。[53]

いずれにしても、根栽農耕、雑穀農耕、麦作農耕という農耕あるいは農耕文化の大類型は、照葉樹林文化や稲作文化のような農耕文化の亜類型《サブタイプ》の特色を考察する際にも、きわめて有効な分析概念として機能していることは間違いない。

なお、アジアにおける稲作の起源については、最近、遺伝学者の佐藤洋一郎らにより、長江流域起源説とでもよぶべき新しい学説が提唱され始めている。[54][55]この新しい学説についても中尾はユニークなコメントを有していたと思われるが、それを聞く機会を逸したのは残念であった。ただし、この稲作の長江流域起源説を受け入れたとしても、それは照葉樹林文化論をはじめ、中尾の学説の大綱に影響を与えるようなものではないと考えられるのである。

以上、「起原論」や『農耕の起源』が刊行されて以後に発表された新しい学説について、管見に触れる範囲でそのいくつかを紹介し、中尾学説との関係を検討してきた。これらの新しい説の多くは、中尾学説を充実・補強することはあっても、それを否定するものではなかったといってよい。すでに繰り返し強調してきたように、従来、欧米の学者によって注目されてきた麦作農耕(文化)のほかに、旧大陸には根栽農耕(文化)と雑穀農耕(文化)のふたつの大類型が存在することを明らかにしたのは中尾の大きな研究業績であった。なかでも、種子農耕のなかに冬作のイネ科作物を主作物とする麦作農耕類型と夏作のイネ科作物を主作物とする雑穀農耕類型の二大類型の存在することを明確にした点は、Harlan をはじめ、その後の欧米の研究者によっても指摘されていないきわめてユニークな類型区分である。雑穀農耕の概念の確立によって、世界の農業人口の過半を占めるユーラシア大陸東・南部の農耕文化の特色が明快にとらえうるようになったことは、中尾学説のもっとも顕彰に値する点だということができよう。

かつて今西錦司は、その著書において「中尾佐助は、かれの『農耕の起源』のなかではじめて栽培植物農耕発生の多源説を体系化し、これを四つの独立に発生した農耕文化として提出した。この本は英訳でもすれば、日本人が世界に誇りうる名著のひとつになることであろう」と記している[56]。中尾の栽培植物の起源と農耕文化の大類型設定に関する学説は、発表後、三〇年余を経過した今日でも、なお力強い説得力を有し、世界に誇りうる学説として生き続けているのである。

（1）中尾佐助、一九七一、秘境ブータン（現代教養文庫版）、五七―五八頁、社会思想社。
（2）前掲（1）、六二頁。
（3）前掲（1）、一一三頁。
（4）中尾佐助、一九六六、栽培植物と農耕の起源、岩波新書、一二頁、岩波書店。
（5）前掲（4）、一二―一四頁。
（6）中尾佐助、一九六七、農業起原論、自然――生態学的研究（今西錦司博士還暦記念論文集一）（森下正明・吉良竜夫編）、三二九―四九四頁、中央公論社。
（7）前掲（6）、四八九頁。
（8）前掲（6）、三二九頁。
（9）前掲（4）、一八〇頁。
（10）Heine-Geldern, R. 1923. Südostasien. *In:* Illustrierte Völkerkunde, II. Buschan, G. (hrg.), S. 803, Strecker und Schrode.［小堀甚二訳、一九四二、東南アジアの民族と文化、一八八頁、聖紀書房。］

(11)　鹿野忠雄、一九四六、インドネシアに於ける穀類——特に稲粟耕作の先後の問題、東南亜細亜民族学先史学研究Ⅰ、二九三頁、矢島書房。
(12)　岡正雄、一九五八、日本文化の基礎構造、日本民俗学大系二、とくに七一九頁、平凡社。
(13)　Sauer, C. O. 1952. Agricultural Origins and Dispersals. pp. 19-39. The American Geographical Society.
(14)　Burkill, I. H. 1935. A Dictionary of the Economic Products of the Malay Peninsula, I and II. とくに Vol I. pp. 106-108, 647-651, 783-793, 824-838, Vol II. pp. 1507-1519. Crown Agents for the Colonies.
(15)　Sauer, C. O. 1956. The Agency of Man on the Earth. *In*: Man's Role in Changing the Face of the Earth. Thomas, W. (ed.), pp. 56-61, The University of Chicago Press.
(16)　Simmonds, N. W. 1959. Bananas. pp. 1-466. Longmans.
(17)　Artschwager, E. and E. W. Brandes. 1958. Sugarcane: Origin, Classification, Characteristics and Descriptions of Representative Clones. USDA, Agr. Handb., 122.
(18)　Barrau, J. 1958. Subsistence Agriculture in Melanesia. Bernice P. Bishop Museum, Bulletin, 219: 1-111.
(19)　前掲(4)、五二—五八頁。
(20)　前掲(4)、五一頁。
(21)　Werth, E. 1954. Grabstock, Hacke und Pflug: Versuch einer Entstehungsgeschichte des Landbaues. S.1-435. Eugen Ulmer.[藪内芳彦・飯沼二郎訳、一九六八、農業文化の起源——掘棒と鍬と犂、一—六〇五頁、岩波書店。]
(22)　Ucko, P. J. and G. W. Dimbleby. 1969. The Domestication and Exploitation of Plants and Animals. pp. 1-581. Aldine Publishing Co.
(23)　Reed, C. A. 1977. Origins of Agriculture. pp. 1-1013. Mouton Publishers.
(24)　Murdock, G. P. 1959. Africa, its Peoples and their Culture History. pp. 1-456. McGraw Hill.
(25)　前掲(24)、六四—七〇頁。
(26)　前掲(4)、一〇九—一一一頁。
(27)　前掲(6)、四〇二頁。
(28)　前掲(4)、一一六—一一七頁。

(29)　Gorman, C. 1977. A Priori Models and Thai Prehistory: A Reconcideration of the Beginnings of Agriculture in Southeastern Asia. *In*: Origins of Agriculture. Reed, C. A. (ed), pp. 321-355, Mouton Publishers.
(30)　Conklin, H. C. 1980. Ethnographic Atlas of Ifugao: A Study of Environment, Culture and Society in Northern Luzon. p. 38. Yale University Press.
(31)　前掲(6)、四二五—四二六頁。
(32)　前掲(6)、三六八頁。
(33)　前掲(4)、六八—七五頁。
(34)　上山春平・佐々木高明・中尾佐助、一九七六、続・照葉樹林文化——東アジア文化の源流、一—二三八頁、中央公論社。
(35)　堀田満、一九八三、イモ型有用植物の起源と系統——東アジアを中心に、日本農耕文化の源流(佐々木高明編)、一九—五七頁、日本放送出版協会。
(36)　上山春平編、一九六九、照葉樹林文化——日本文化の深層、一—二三頁、中央公論社。
(37)　佐々木高明、一九八二、照葉樹林文化の道——ブータン・雲南から日本へ、一—二五三頁、日本放送出版協会。
(38)　中尾佐助・佐々木高明、一九九二、照葉樹林文化と日本、一—二四一頁、くもん出版。
(39)　Alexander, J. and D. C. Coursey. 1969. The Origin of Yam Cultivation. *In*: The Domestication and Exploitation of Plant and Animals. Ucko, P. J. and G. W. Dimbleby (eds.), pp. 405-425, Duckworth.
(40)　前掲(35)に同じ。
(41)　前掲(35)、三五—三六頁。
(42)　Yen, D. E. 1972. The Origin of Oceanic Agriculture. *In*: Archaeology and Physical Anthropology in Oceania VII. pp. 68-85.
(43)　Golson, J. 1985. Agricultural Origin of Southeast Asia: A View from the East. *In*: Recent Advances Indo-Pacific Prehistory. Misra, V. N. and P. Bellwood (eds.), pp. 307-314, Oxford & IBH Publishing Co.
(44)　中尾佐助、一九八八、先農耕段階とその類型——農耕起源論と関連して、畑作文化の誕生——縄文農耕論へのアプローチ(佐々木高明・松山利夫編)、三二五—三四四頁、日本放送出版協会。
(45)　前掲(24)に同じ。

(46) Harlan, J., De Wet, J. and A. Stemler (eds.). 1976. Origins of African Plant Domestication. pp. 1-498. Mouton Publishers., Harlan, J. 1977. The Origins of Cereal Agriculture in the Old World. *In*: Origins of Agriculture. Reed, C. (ed.), pp. 357-383, Mouton Publishers.
(47) 阪本寧男、一九八八、雑穀のきた道――ユーラシア民族植物誌から、一―二一四頁、日本放送出版協会。
(48) Harlan, J. 1972. Agricultural Origins: Centers and Noncenters. Science, 174: 468-474.
(49) Harlan, J. 1975. Crops and Man. pp. 1-295. American Society of Agronomy and Crop Science Society of America.
(50) 前掲(47)、一二六頁。
(51) 上山春平・渡部忠世編、一九八五、稲作文化、一六九頁、中央公論社。
(52) 佐々木高明・阪本寧男・田中正武・中尾佐助・堀田満・樋口隆康・渡部忠世、一九七六、討論・栽培植物と農耕の起源、季刊人類学、七(二)、四二および六〇頁。
(53) 前掲(51)、二三―二六頁。
(54) 佐藤洋一郎、一九九六、ＤＮＡが語る稲作文明――起源と展開、一―二二七頁、日本放送出版協会。
(55) 藤原宏志、一九九八、稲作の起源を探る、一―二〇一頁、岩波書店。
(56) 今西錦司、一九六八、人類の誕生、三三六頁、河出書房。

中尾による根栽農耕論の提唱とわが国におけるその展開については、私は最近、主として東南アジアとオセアニアのそれを中心にとりまとめて、国立民族学博物館のシンポジウムVegeculture in Eastern Asia and Oceania (Nov.2000)に報告を提出した。そこでは中尾の学説に触発され、根栽農耕文化論が、わが国、とくに関西を中心とした学派においていちじるしい発展のみられたことを強調した。近く正式の報告書が刊行される予定である。

本章は一九九三年一一月二〇日に亡くなられた中尾佐助博士の一周忌を記念し、追悼の意味を込めて、農耕文化研究振興会の機関誌『農耕の技術と文化』一七(一九九四)に投稿した同名の論文(副題名は異なる)の一部に補筆、とくに第一節を改稿して、本書に改めて収録したものである。中尾さんの偉大な業績の一端を読者の方々に知っていただければ幸いである。

第二〇章　照葉樹林と有用植物

堀田　満

東アジアの暖温帯を構成している照葉樹林はユーラシア大陸東部辺縁に位置し、地球上の北半球の温帯圏ではもっとも降水量の多い地域に成立する森林帯である。西はヒマラヤ山脈に始まり中国大陸の南部、台湾、南西諸島から日本本州の中部まで東西に広がる日華区系とよばれる植物地理的な区系の南部を占める地域である。常緑のカシ類(ドングリの仲間)であるコナラ属アカガシ亜属、マテバシイ属、クリガシ属などの樹木に加えてツバキ属、サカキ属、ヒサカキ属、モッコク属などのツバキ科の植物、さらにモチノキ属や多くのクスノキ科植物などが常緑の広葉樹の深い森をつくっていた地域である。

世界的には、植生類型としての照葉樹林は南北両半球の湿潤な暖温帯地域にみられる。しかし、常緑のブナ科とツバキ科植物が林の構成の中核になるような森林は、東アジア暖温帯とマレーシア熱帯高地にのみみられる。よく成熟した照葉樹林の林床は薄暗く、草本層の発達はよくないし、種類数も多いとはいえない。だから食用植物にしても、そのほかのいろいろな有用植物にしても、照葉樹林の森林のなかではけっして豊かに生育しているとはいえない。しかし岩場や海岸、林縁の明るい場所には、温暖で多湿な照葉樹林帯の植物の多様性が発揮されている。この小文では、東アジア暖温帯の照葉樹林帯での植物利用について考えてみる。

一　ドングリの恵み

照葉樹林の根幹を形成する常緑の高木は、その多くがブナ科の常緑樹たちである。ブナ科植物には、殻斗(ドングリのお椀)を有する大型の堅果が稔る。そのドングリ(果実)の子葉に貯蔵される成分は主にデンプンで、含水量の多い種子だが、果実が大型だから大量の収集が簡単にできる。

常緑のドングリの仲間は、東アジア暖温帯の中国大陸南部とマレーシア熱帯地域の二つのセンターに、多数の

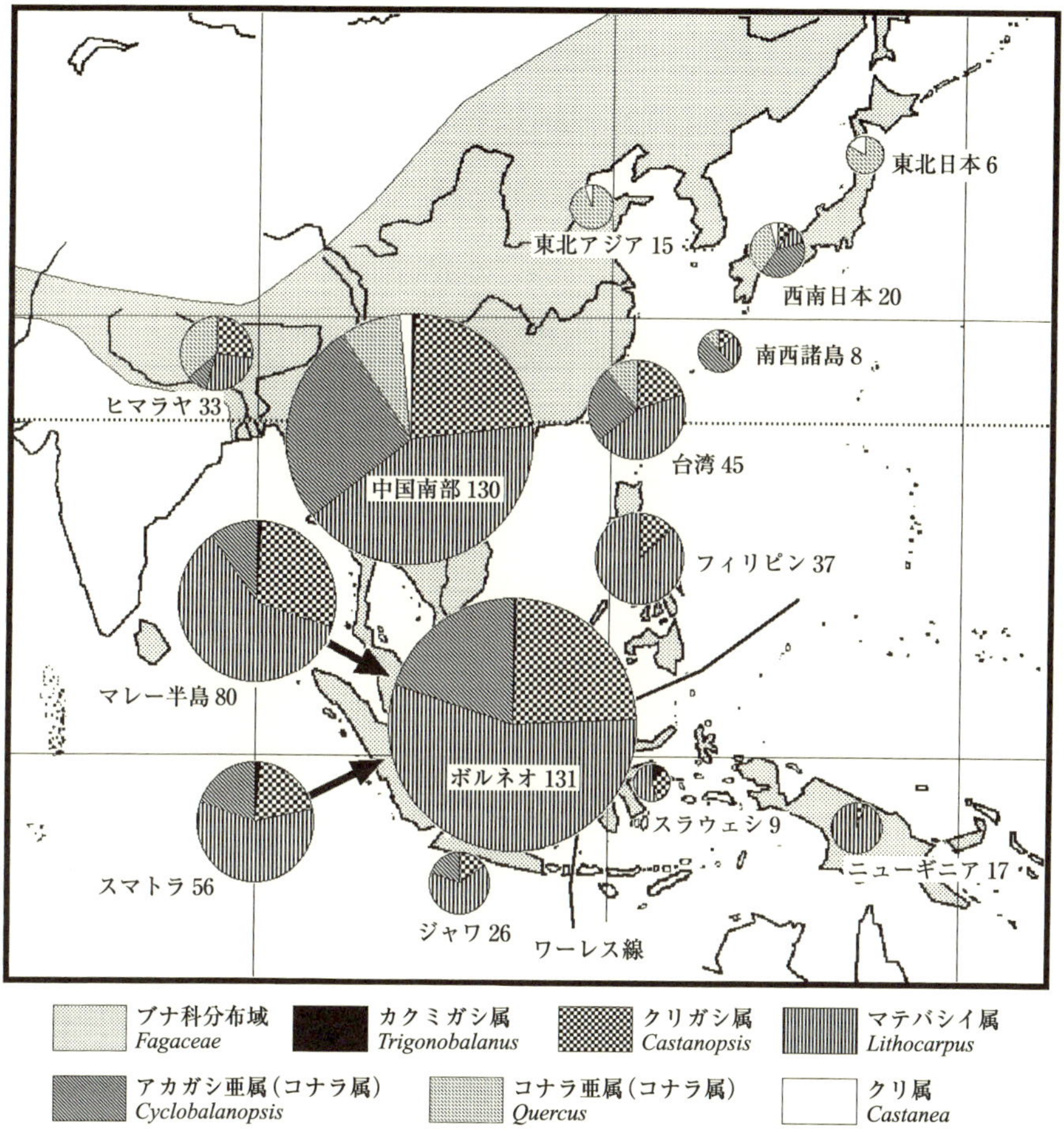

図 20.1　東アジアから東南アジア地域のブナ科植物の分布（ブナ属は除外）。円グラフの大きさは各地域の種数（数字で記入）に比例している。ヒマラヤから中国南部地域と東南アジア島嶼部との共通分布種はわずかである。

種が分化している。インドシナ半島南部・タイ・マレー半島北部のきびしい乾季が存在する二つのセンター地域の中間地帯では、種類数が少なくなる(図20・1)。

ドングリはかつての農耕の開始以前の狩猟採集時代には、ヒトにとっては重要な食料源であったに違いない。表20・1に食用利用がされていたドングリの仲間をまとめた。

日本ではシイ、マテバシイ、イチイガシ、シリブカガシのようにあまり渋くなくてそのままで食用にできるドングリだけでなく、渋抜きをしなくては食用になりにくいアカガシ、シラカシなどのドングリも縄文時代のドングリ貯蔵孔から出土している。狩猟採集時代、照葉樹林はヒトにドングリの恵みを与えてくれた。しかし、渋抜きは少し高度な毒抜き技術である。ドングリの場合は乾燥して殻を除き、木灰汁で煮てから流水にさらす。この木灰汁で煮る過程には、土器のような耐熱性の容器が必要である。土器の製作が始まる以前には、渋いドングリをうまく渋抜きをしてから食用にするということはなかったかもしれない。あるいは、流水に浸漬して水溶性のタンニンだけを流すことが行われたかもしれないが、それよりは渋くても加熱して食用にしていたと思われる。現在でも朝鮮半島では、ドングリが日常的な食材にされている。

南西諸島にはオキナワウラジロガシという、日本では最大のドングリを稔らすカシが分布している。このドングリは巨大なだけでなく、あまり渋くないという特徴がある。現在は食用利用は知られていないが、昔は食用に利用されていたに違いない。奄美大島でのオキナワウラジロガシの分布をみると、深い森のなかではなくて人里近い山に多い。このことはヒトがかつては意図的に種子を散布したからではないかと思われる。

ドングリはデンプン質の胚乳をもっているので、食用として利用しやすい果実である。ドングリはまた酒をつくるのにも使われる。友だちの研究者に頼まれて地球上で酒づくりに使われる植物のリストをつくったことがあるが、最初のリストにはドングリはいっさい登場しなかった。ドングリの酒の記録は、酒の原料の方から調べる

表 20.1　食用利用が記録されている主要なドングリ類。〈　〉内は分布域

シイ(クリガシ)属　*Castanopsis*
C. argentata(Bl.)A. DC.　〈スマトラとジャワ〉
C. cuspidata(Thunb.)Shottky var. *cuspidata*　コジイ(ツブラジイ)　〈日本〉
var. *sieboldii*(Makino)Nakai　スダジイ　〈日本〉
C. hystrix A. DC.　〈中国南部・ヒマラヤ～東南アジア〉
C. indica A. DC.　〈ヒマラヤ～東南アジア〉
C. inermis(Lindl. ex Wall.)Benth. et Hook. f.　〈スマトラ・マレー半島〉
C. sclerophylla(Lindl.)Schottky et Kotschy　〈中国南部〉

キトゲガシ属 *Chrysolepis*
C. chrysophylla(Hook.)Hjelmq.(*Castanea chrysophylla* Hook.)　〈北米西部〉

マテバシイ属 *Lithocarpus*
L. cornea(Lour.)Rehdr.　〈中国大陸東南部～インドシナ半島〉
L. dealbata(Bl.)Rehdr.　〈中国大陸南部～東南アジア〉
L. densiflora(Hook. et Arn.)Rhdr.　〈北米西部〉
L. edulis(Makino)Nakai　マテバシイ　〈日本〉
L. glabra(Thunb.)Nakai　シリブカガシ　〈日本〉

コナラ属 *Quercus*
Q. acuta Thunb.　アカガシ　〈日本〉
Q. aliena Bl.　ナラガシワ　〈日本～ヒマラヤ(朝鮮で食用)〉
Q. dentata Thunb.　カシワ　〈南千島～朝鮮・中国台湾〉
Q. gambelii Nutt.　〈北米ロッキー山脈〉(北米西部ではほかに 10 種ほどが利用されていた)
Q. gilva Bl.　イチイガシ　〈日本・台湾～中国〉
Q. mongolica Fusch.　モンゴリナラ　〈中国北部～朝鮮(朝鮮で食用)〉
var. *grosseserrata*(Bl.)Rhedr. et Wils.　ミズナラ　〈日本〉
Q. prinus L.　〈北米東部〉
Q. robur L.　〈ヨーロッパ〉
Q. salicina Bl.　ウラジロガシ　〈日本・台湾〉
Q. serrata Murray　コナラ　〈日本・朝鮮・中国〉
Q. sessilifolia Bl.　ツクバネガシ　〈日本・台湾〉
Q. suber L.　コルクガシ　〈地中海沿岸〉

しか方法がなかったのである。しかし酒は糖やデンプン質の貯蔵物質があれば、その植物を原料にして発酵によってつくることができる。そこで世界中のドングリの利用を調べなおしてみた。今でも中国南部や朝鮮半島では羊羹のようなドングリの豆腐をつくるとか、ヨーロッパでは家畜の餌にするとか、北米西部のインディアンがかつては大量にドングリを食用に利用していたという利用例は有名である。そしてとうとう中国南部でドングリを酒の原料にするという記録がみつかった。しかし今まで雲南省に行った人にいろいろ聞いても、ドングリの酒の例はみつからないのである。

高知県や宮崎県ではクリから焼酎をつくることが行われている。地元特産品だが、なかなか品格のある焼酎である。ドングリを使って焼酎をつくれば、蒸留の過程で渋抜きが済むので、おいしい焼酎ができるかもしれない。

照葉樹林はデンプン質のドングリとともに、もうひとつの重要な大型種子の恵みももたらした。それは油脂を高濃度に含有するツバキの仲間である。日本のヤブツバキやサザンカ、中国大陸南部のいろいろなツバキの種類の種子からは良質の不乾性油を絞ることができる。中国では油茶 *Camellia oleifera* が、日本ではヤブツバキがもっぱら利用されているが、このような利用方法も現在ではほとんど忘れ去られようとしている。鹿児島では年寄りの人たちが絞ったツバキ油が朝市にでていることがある。それであげた天ぷらを一度は食べてみたいものだが、ツバキ油は少々高価でまだ手がだせないでいる。ヤブツバキは食用の油脂源植物として栽培されるまでに至らなかったのだが、油を絞る技術が開発される前は、おいしくはないが種子がそのまま高カロリーの食用に利用されていたのではないかと考えている。園芸的にも有名な中国のトウツバキは、搾油を目的に栽培されていたといわれている。

二　ヤマノイモなど

現在地球上で、あるひとつの属でもっとも多くの種類が主食的に食用にされている植物はといえば、ヤマノイモ属であろう。約一〇〇種が食用にされた記録がある。それは約八五〇種もある野生種のうちの一割以上が食用にされていたことになるし、ヒトが食用にした植物の約一パーセントにあたる。その多くは熱帯地域に分布し、南太平洋の火山島ではダイジョ *Dioscorea alata* が、西アフリカではギネアヤム(*D. rotundata* や *D. cayenensis*)が現在も重要な主食とされている。北半球のヨーロッパや北米温帯地域ではヤマノイモ属は分布していないか少なく、食用利用種は記録されていない。湿潤で夏は暑い東アジア温帯地域は、北半球の温帯圏のなかでは特別にヤマノイモ属の野生種が多く分布している地域で、ヤマノイモ(ジネンジョ)をはじめ多くの種が食用に利用されてきた。アジア原産のヤマノイモ属栽培植物としてはダイジョやトゲイモが重要だが、これらは熱帯系のヤマノイモで、照葉樹林帯のものではない。これら熱帯系のヤマノイモ植物の栽培圏の北側、東亜の暖温帯圏で栽培化されたのが、ナガイモである。原産地は中国大陸南部と考えられるが、日本のヤマノイモにごく近縁な種類である。表20・2に、東アジア地域で食用利用の記録のあるものと、東南アジア原産の栽培化されたことのあるヤマノイモ属の種をまとめた。

ヤマノイモ属植物はすべてつる性で、熱帯から亜熱帯のはっきりした乾季のある地域や冬季低温になる温帯地域の種は乾季や低温期には地上部が枯死し、地下に大きな貯蔵器官(地下茎や担根体)を発達させて、デンプンを貯める。この地下のイモは動物たちにとっては絶好の食料になるが、イモを食べられてしまってはヤマノイモ類は生き続けることができない。そのためかたく木質化したり、タンニンやサポニン、あるいは有毒なアルカロイ

表 20.2　東アジアと東南アジア地域で利用されるヤマノイモ類。〈　〉内は分布域

食用にされた記録がある日本を中心とした東アジア温帯域のヤマノイモ属 *Dioscorea* 植物

タチドコロ　*Dioscorea gracillima* Miq.　〈本州，四国，九州〉
ヤマノイモ　*D. japonica* Thunb.　〈本州〜九州，朝鮮，中国〉
ウチワドコロ　*D. nipponica* Makino　〈北海道，本州北部，朝鮮，中国〉
ナガイモ　*D. opposita* Thunb.(＝*D. batatus* Decne)　〈日本(栽)，朝鮮，中国〉
カエデドコロ　*D. quinqueloba* Thunb.　〈本州，四国，九州，朝鮮，台湾〉
キクバドコロ　*D. septemloba* Thunb.　〈本州，四国，九州〉
ヒメドコロ　*D. tenuipes* Franch. et Sav.　〈本州中部以南，四国，九州，中国〉
トコロ　*D. tokoro* Makino　〈日本，中国〉

栽培化された東南アジア地域原産の主要なヤマノイモ類

ダイジョ　*D. alata* Linn.　〈タイからビルマ原産，熱帯圏で広く栽培〉
カシュウイモ　*D. bulbifera* Linn.(＝*D. latifolia* Bent.)　〈熱帯アジア原産，多くは栽培を放棄，野生化〉
トゲイモ　*D. esculenta*(Lour.) Burkill(＝*D. aculeata* Linn.)　〈インドシナ半島原産，熱帯圏で栽培〉
アケビドコロ　*D. pentaphylla* Linn.　〈熱帯アジア，栽培は放棄され野生化〉

ドを高濃度に蓄積して食害を避ける方向に適応進化が進んだ。この有毒な物質は、ヒトによって逆にいろいろな薬の原料にされることになるが、それはヒトがそのような利用を発見した最近の話である。有毒物質の蓄積は、それなりに有効な動物の食害を避けるシステムである。そのためか、大きなイモを形成するのにヤマノイモ類はなかなか食べにくい植物である。有毒物資の蓄積以外に、イモの被食を逃避する適応として有効だったのは形態的なもので、イモを深く地中にのばす変化であった。イノシシやノブタがいかにヤマノイモ類を好んで食べようとしても、鍬をもっていない彼らは、深い地中のイモは食用にはできなかったのである。このため、地表近くが食べられても地中深くのイモは生き残ってつぎの年には芽を出すことができる。このような、特別な担根体形成という進化の方向で地中深くにもぐる長いイモをつくるようになったのは、ナガイモやヤマノイモ、あるいは熱帯系のダイジョである。これらのヤマノイモ類は「とろろ」にして生食すると、口のまわりがむずがゆくはなっても、あまり有毒ではないので、そのままでも食用に供することができる。ヒトは掘棒を使うことで、

地下深くのイモを掘り出し利用することができるようになった。日本に自生するヤマノイモでは、長さ二メートルを超えるような長大なイモが掘り出されたことがある。根茎を横にのばしたり、地下浅くにイモを形成するヤマノイモ属植物は、食用利用のためには毒抜きが必要になることが多く、食べにくいものだし、そのようなものは栽培化はされていないか、一度は栽培化されてもカシュウイモやアケビドコロのように、栽培が放棄されて野生化してしまっている。カシュウイモの場合は栽培化の過程で、有毒ではない(苦くない)品種系統が育成はされたが、現在では西南日本の山間部でまれに栽培されているだけである。

中国や日本で栽培されるナガイモは、熱帯圏が栽培の中心地帯であるヤマノイモ類のなかでは異例の温帯圏で栽培される種だが、その栽培化には東南アジア熱帯の根栽農耕文化の影響とともに、照葉樹林地域のヤマノイモ類の多様性と、毒抜き技術をともなった野生ヤマノイモ類の食用利用が背景としてあった。それが可能になったのは、東アジアの湿潤な気候と夏の高温という生態環境によって多くのヤマノイモ類植物を育てあげてきた植物世界の豊かさが背景としてあったからである。日本人が日常食べるナガイモは、照葉樹林からの贈り物である。

東アジア照葉樹林地帯での食用デンプン源植物としては、ドングリやヤマノイモ類のほかにいくつかの植物群が知られている。サトイモ科植物のテンナンショウ属の球根(一部の種がヒマラヤや日本で食用にされていたが、多くはえぐくて食用には利用できない)、クズのイモ状に太った根(食用として太平洋諸島まで広がった時期がある)、ユリ科のカタクリやアマナの球根(冷涼な地域の植物で照葉樹林帯とはいえないかもしれない)、あるいはユリ類の球根、ヒガンバナの球根、照葉樹林帯で栽培化されたオオクログワイやクワイ、野生の植物が利用されるマメ科のホドイモ、シダ類のワラビの根茎などである。

このなかにはカタクリやアマナやユリ類のように、毒抜き処理がなくても食用にできるものもあるが、ヒガンバナ類の球根やクズのように、有毒であったり、有毒ではないがそのままではとても食べられないものも多い。

それらの食用化の過程でめだつことのひとつは、たたきつぶして水でさらし無毒化するか、デンプンを集積する加工作業が加わることである。この作業は容器がないとなかなか難しいことだが、水辺のちょっとした岩のくぼみを使ってもできないことはない。案外と古いヒトの生活技術かもしれない。

三　キーウィフルーツの故郷

照葉樹林地域が原産の果樹として思い浮かぶ植物はそれほど多くはない。カキは英語でも〝kaki〟で通用することがある東アジア原産の果樹だし、モモ、ニホンナシやチュウゴクナシなども重要な東アジア原産果樹だが、すべて落葉性果樹で、東アジアの常緑樹林地域の原産とはいえないように思われる。ミカン類のウンシュウミカンやダイダイは西南日本の暖地で大量に栽培されてはいるが、ミカン類は何とはなく熱帯から亜熱帯が本場の果樹である。しかしミカン類の分化の中心は東南アジアの亜熱帯から東アジア暖温帯南部にあるから、栽培されているミカン類の一部のものは照葉樹林帯のものといえる。ウメやスモモも落葉性だが東亜の暖温帯性の果樹といえるかもしれない。

東アジアの照葉樹林原産の果樹で世界的に有名になったものにビワがあげられる。ビワは西南日本の暖地で、果実が小さくて種子が大きい野生状態になった系統がみられるが、これはたぶん栽培されていたものが野生化したものであろう。中国東南部の原産と考えられる。

典型的な照葉樹林の果樹をもうひとつあげるとすれば、それはヤマモモであろうが、これは商業的な生産には乗っていない。しかし栽培系統がいくらか分化していて、九州の南部ではとても大きな果実をつけるヤマモモが栽植されているのに出会う。しかし食べてみるとひどく酸っぱくて、果物とはいえない（果実酒にするにはよい）。

大きな果実をつけるヤマモモがあるから、甘い大きな果実をつけるヤマモモの栽培系統の育成は、その気になれば難しくないだろう。

この、果樹の原産地としては少々不毛な東アジア照葉樹林帯から生まれた世界的な果樹がキーウィフルーツ *Actinidia chinensis* である。ヒトの植物利用を歴史的に振り返ってみると、それぞれの地域でいろいろな植物を多種多様に利用していた状態から、特定で少数の植物に利用が限定されてくる過程がうかがえる。ヒトの利用に有利な特性をもった植物だけが栽培植物として残されて増殖され、そうでない多くの植物が見捨てられてきた過程である。だから、農耕が始まる時点で栽培されるようになった植物以外の植物が新しく栽培植物に加わるような事件は、耕地の随伴雑草から栽培植物になった例を除いてはほとんど起こっていないし、ましてや工業化社会になってからの植物の栽培化は、珍奇なものを追い求める園芸植物では多くの例があっても、食用植物ではごく例外的な事件なのである。キーウィフルーツは二〇世紀になってから立派な栽培植物に育成された稀有な例のひとつである。

キーウィフルーツは、ニュージーランドの国鳥キーウィにちなんで名づけられているので、ニュージーランド原産の果物と思っている人もいるかもしれないが、じつは中国の長江南部地域に分布するシナサルナシが二〇世紀の初め(一九〇六年)にニュージーランドに導入され、それから品種改良されて果樹に育成されたものである。果実は褐色の毛におおわれているから、みたところそれほどおいしいようにはみえないし、熟し切っていないと酸っぱいのだが、透き通るような緑色の果肉はみた目が美しい。シナサルナシは中国では細々と果樹として栽培されていたといわれているが、立派な世界的に通用する果樹になったのはニュージーランドにおいてである。

キーウィフルーツに近縁なマタタビ科の植物は日本にも分布している。冷温帯地域のサルナシ(コクワ)もあるが、九州南部から南西諸島のシマサルナシの果実はちょっと小型なキーウィフルーツだし、味もよく似ている。

しかし、寒さにはキーウィフルーツほど強くはないのが弱点であり、果実のサイズも小さくて見劣りする。日本でシマサルナシを改良して果樹に育てることが試みられたが、成功していない。残念である。

果物として果実が食用にできる植物は、東アジアの照葉樹林地域にも多くある。そのなかでもグミ類（ナツグミが栽培化されたが、ほとんど見捨てられてしまった）、キイチゴ類、それにスノキ類（ブルーベリーの仲間）は、庭に植える小型果樹としてもっと見直されるべきものであろう。

西南日本暖地のスノキ属にはシャシャンボ（本州から九州南部）やギイマ（南西諸島）がある。どちらも常緑で、栽培化はされていないが、秋に黒熟する果実は甘酸っぱくて美味である。西南日本ではラビットアイ・ブルーベリー *V. ashei* とよばれる北米東南部（ジョージア州）原産の種が暖地ブルーベリーとして栽培されている。この北米産のブルーベリー類は一九世紀になって栽培化が進められた比較的新しい果樹である。日本のギイマやシャシャンボは、栽培化の試みもされていないが、野生系統には多果性のものや大果性のものがあり、系統選抜だけでも優良な果樹が育成される可能性がある。

日本産のキイチゴ類も、カジイチゴを除いては、栽培されることがない。おいしいモミジバキイチゴは葉腋に一個ずつしか花をつけないから、全体の果実数が少ないし、たくさんの果実をつけるナワシロイチゴは酸っぱくておいしくはない。しかしクサイチゴのような、芳香がありおいしい種もある。ヨーロッパでは膨大な数のキイチゴ類の品種が育成されているが、東アジア暖温帯での庭園果樹として、照葉樹林地域原産のキイチゴ類からの果樹の育成は、もっと真剣に取り組まれてもよいと思われる。

照葉樹林帯で少し果樹になりかけている植物に、アケビとムベがある。ムベやアケビは日本の南部では果物屋に並べられることがあるし、ムベは鹿児島では小規模な栽培もされている。ムベの種子を小さくするかなくすることができれば、今まで知られていなかったような味と舌触りの果樹が育成できる。ムベの果実は輸送性もあるから、検討すべき課題であろう。

このようにみてみると、照葉樹林地域にも食用になる果実はいろいろあることがわかる。有用な植物資源として見直すことが求められている。

四　タパと太布

糸を紡ぎ、布を織ることは数百万年に及ぶ長いヒトの歴史のなかではごく最近に始まったできごとである。織り布がつくられる以前、赤裸のヒトは何をまとっていたのであろうか。動物の毛皮、植物の繊維質の葉や樹皮の切れ端が被覆材料だったのであろうか。

織物以前の植物質の布的な人体の被覆材料が、編み物的なものであったか、それとも布的な不織布であったかは、それを決定する資料がない。しかし熱帯圏では各地に、繊維質の樹皮をたたきのばして布(不織布)にする技術が残っていた。アフリカ熱帯のピグミー族、マレー半島やフィリピンの山地民に不織布がみられるし、ポリネシアの島々にはタパとよばれる不織布が残されてきた。

熱帯圏ではこれら不織布の原材料にはクワ科(イヌビワ属やパンノキ)植物の繊維質の樹皮が多用されている。南太平洋でのタパ布の製作にも、パンノキの樹皮が用いられることがあるが、良質のタパ布の原材料は、驚いたことに東アジアが原産と考えられるカジノキが使われていることが多かった。トンガ群島ではカジノキは立派な栽培植物で、定期的に刈り取られ、剝皮され、トクサバモクマオウのたたき棒で丹念にたたかれて引きのばされ、タシロイモの球根からつくられた有毒な糊(防虫効果がある)で張り合わされて、タパ布に仕立てあげられていた。

カジノキは落葉樹だが、東アジアの暖温帯地域が原産地と考えられる植物である。不織布のタパ布製作技術の起源が東アジアの照葉樹林地帯にあるのか、今でもその製作技術が残されている熱帯圏の起源なのかは、今となっては明らかにしがたいが、原材料のひとつにカジノキが利用されていることは、前に述べたクズの食用利用が南太平洋地域にまで、かつては広がっていた（現在でも野生化したクズがみられる）こととともに、ポリネシアの物質文化の基層が東アジアの照葉樹林地帯の物質文化の基層と何らかの関係があったことを意味している。両者がともに「たたきの技術」を共有していることも注意されるべきである。

ワタ（木綿）の渡来以前の日本には、クズの繊維やカジノキの繊維を使った粗末な織り布があった。「太布」とよばれているものだが、カジノキだけでなく同じクワ科のコウゾも使われていたといわれている。たたきのばす、編む、織るといったものをつくるヒトの行為は、それぞれにひどく異なる技術だが、結果として形づくられる「もの」は、平面的で柔軟性のある「布的なもの」である。カジノキは、これらのヒトの異質な技術営為を貫く、照葉樹林からの贈り物のように思われる。

熱帯とともに東アジアの照葉樹林はつる性の植物の多い植物世界である。だからか、「つる植物は熱帯のシンボル」と思ってしまうと、照葉樹林は熱帯林という考えも生まれる。それに加えてタケもある。照葉樹林は弾力性と柔軟性に富み、繊維を利用する多くの植物資源を提供してくれた。そのひとつの代表が今でも南太平洋で栽培されるカジノキであろう。

五　ユリとツツジ

オランダのライデンの街角を散歩すると、タケニグサやフッキソウに出会うし、家の壁にはツルアジサイがよじのぼっている。それは日本からもたらされて、ヨーロッパの都市に取り込まれた園芸植物たちである。この園芸植物たちを生んだ東アジアの植物世界は多様性に富んでいる。スイセイジュ *Tetracentron sinense* やヤマグルマ *Trochodendron ararioides* のような一種だけで固有な科とされる樹木、多くの固有属や膨大な数にのぼる固有種をこの植物世界は有している。だから珍奇な植物を求める欧米の園芸業界にとっては、東アジアの照葉樹林帯は地球上でもっとも注目すべき地域のひとつ、園芸植物の宝庫であった。ここからは多くの園芸植物がみつけだされたが、それをすべてあげるのはスペース的にこの小論説では不可能である。特徴的な植物二つだけを取り上げてみよう。

一〇年あまり前、カサブランカという切り花のユリがオランダから大量に飛行機で輸入されるようになった。切り花として日もちがよく、一本の値段は高いが長持ちするので、飲み屋さんの飾りによく売れた。このカサブランカはオランダで交配育種されて作出されたユリだが、その親については秘密とされている。今では日本でも一般の家庭の庭で栽培されるようになったが、いわゆるオリエンタルリリー群の園芸品種である。その形状からカサブランカの作出には、日本のヤマユリやトカラ列島口之島特産のタモトユリ、あるいは奄美固有のウケユリが関係していることが推定される。何のことはない、日本のユリを親にして作出されたと推定される園芸品種なのである。タモトユリはたぶん野生系統は絶滅してしまったと考えられる。ウケユリも生育地はごく限られた場所だけで、絶滅寸前のユリである。それがヨーロッパでちゃんと系統保存されて、育種に使われているのである。

ユリ類は鱗茎とよばれる球根をつくる草本性の植物である。明るい場所を好み、照葉樹林の暗い林床では生活できない植物である。ところがこのユリの仲間が東アジアの照葉樹林帯でも頑張っている。日本のユリで最初に欧米の人たちを驚嘆させたのは、南西諸島に分布するテッポウユリである。海岸草原がその生育地で、ヨーロッパに導入されて数十年もたたないうちにキリスト教の純潔のシンボルのユリは、マルタゴンユリからテッポウユリにかわってしまった。それが日本にはいってきたから、多くの日本人はテッポウユリはヨーロッパのユリと思いこんだほどである。続いてカノコユリやヤマユリという日本のユリが紹介され、それの雑種の園芸品種の育成が始まった。現在の世界の園芸ユリ類の多彩さには、東アジア照葉樹林帯のユリが重要な役割を果たしている。

ユリの球根はデンプンを主な貯蔵物質としているので食用になるし、一部はそのために栽培もされている。ナガイモやクワイとともに東アジアで栽培化された数少ないデンプン貯蔵植物のひとつだが、食用植物としては成功しているようにはみえない。

ツツジやシャクナゲは、欧米で多くの園芸品種が作出された。鉢植えのアザレアや洋種シャクナゲは日本の花屋でもよくみかける。このアザレアはベルギーで育成されたものが基本になっているのでベルジアン・アザレアとよばれるものだが、そのもとになったツツジは中国大陸南部から南西諸島に分布するシナヤマツツジ *R. simsii* である。ヨーロッパには野生のツツジ類は分布していないから、ヨーロッパ生まれのツツジやシャクナゲの園芸品種はすべてよそ者(主に東アジアやヒマラヤの照葉樹林帯の種)をもとにしてつくりだされたものである。

シャクナゲもヒマラヤから東アジアの照葉樹林帯の植物である。鉢植えの小形の洋種シャクナゲの育成には、耐寒性があって小さくても花がよく咲く日本のヤクシマシャクナゲが交配親に使われていることが多いようである。洋種シャクナゲはそうした点では、出戻りの園芸植物の代表のひとつである。欧米の園芸関係者にヤクシマシャクナゲの種子がでまわるようになったのは戦後、今から約四〇年ほど前のことである。それから二〇年ほどたってみると、鉢植えでよく開花する矮性の洋種シャクナゲの品種がみられるようになった。種子から育てて、交配をして新しい品種が育成されるのには一〇年を単位とする長い年月が必要になる。

日本でもツツジの仲間からは、世界的にみても立派な品種群が日本人によって育成されている。そのひとつはサツキ類で、これは本州から屋久島に分布するサツキを基本にして、それに九州南部からトカラ列島にかけて分布するマルバサツキとの交雑が加わって、じつに多様な花色をもった園芸品種群が育成されてきている。サツキは本来、急流河川の岩場を主な生育地にしているし、マルバサツキは火山地帯に分布するツツジだから、どちらも乾燥に強い植物である。それから育成されたサツキ類は都市的な環境でもよく生育できる園芸植物になった。またサツキの分布域の南端、屋久島のサツキは花が大きくて、常緑性が強く、冬は真っ赤に紅葉する。この屋久島のサツキから育成された園芸品種(サツマベニサツキ)は九州南部で栽培が広がっている。

世界的にもクルメアザレアの名前で通用するクルメツツジも日本で品種改良が進められた園芸植物である。九州固有のミヤマキリシマと日本列島に広く分布するヤマツツジの自然雑種集団は、霧島山系をはじめとして九州の各地の火山にみられ、キリシマツツジとよばれている。また大隅半島や薩摩半島の山地にはサタツツジとよばれる花色の変異に富んだツツジが知られている。この自然雑種起源のキリシマツツジやサタツツジの変異の多様性を利用して育成されてきたのがクルメツツジである。

日本の暖地性の園芸ツツジ品種群としては、平戸系のツツジも有名である。花が大きくて、丈夫で都市の乾燥した環境にも耐えるすぐれた性質の品種群である。この平戸系のツツジは南西諸島に分布するケラマツツジと日本列島に分布するモチツツジやキシツツジの交雑の結果生まれたと考えられている。アサガオやハナショウブのような江戸時代の古典園芸植物の品種群の育成には、同じ種内の変異系統の繊細な感覚による選抜が重要な役割を果たした例が多いのだが、日本で育成された園芸ツツジはサツキもクルメツツジも平戸系のツツジも種間の雑種から育成されていることはおもしろいことである。

日本にはほかにもレンゲツツジやミツバツツジの仲間のように立派な花をつけるツツジを多産する。九州南部では、ハヤトミツバツツジの早咲きの系統は一月に開花し、開花期の遅いサツマベニサツキは七月の真夏に開花する。南九州の鹿児島では一年のうちの半分は何かツツジが咲いている。照葉樹林地域のツツジ類からはまだまだ新しい園芸品種群が生まれでる可能性が残っている。

東アジアの照葉樹林帯から生まれた園芸植物には、ツバキの仲間もあるし、ヒガンバナの仲間もある。キクを落とすこともできないし、キスゲの仲間はアメリカでは大流行である。セイヨウアジサイとよばれても、アジサイは日本で育成された日本生まれの園芸植物である。数えあげだすときりがないほど多くの園芸植物が東アジアの照葉樹林地域から生まれている。人の心を豊かにしてくれる新しい園芸植物たちがこれからも生まれでる可能性をもった多様な植物世界が、照葉樹林地域には残されているのである。

六　照葉樹林地域の植物のこれまでとこれから

ヒトの狩猟採集生活時代、照葉樹林はそれなりに食料や生活器具を得る場であったが、それは快適な生活の場とはいえなかったかもしれない。照葉樹林世界は木本性の植物が優先する暗い「森」の世界であったし、ドングリ類は豊作と不作の差の大きな樹木である。

中国の長江流域では少なくとも現在から六〇〇〇年ほど前にはイネの栽培が開始されていた。それから稲作は照葉樹林帯の農業として、ヒトの生活を支えてきたし、森におおわれていた照葉樹林地域はつぎつぎに農耕地の明るい空間にかえられてきた。以前からの森の恵みの多くは利用されなくなり、忘れ去られてしまった。地中海地域起源のコムギやオオムギ、新大陸からのトウモロコシやサツマイモ、アフリカ熱帯からのモロコシなどのデンプン質の主食に利用する作物が多く栽培されるようになり、ナガイモはおかずか酒のつまみになってしまったし、東アジア照葉樹林帯で二次的な品種分化をした三倍体のサトイモも主食としては評価されなくなった。また、中国から日本でいちじるしい品種分化が進んだアブラナ科の野菜のカブやハクサイやダイコンは、その起源をたどるとこの地域が原産地ではない。

シルクロードやシベリア経由、あるいは南のインド経由のユーラシア大陸の東西の交流はヒトの農耕文化の開始に引き続いて、始まったばかりの農耕の内容を急速にかえてしまい、栽培される各地域の作物群はほかの地域から借用された植物たちによって、その内容を豊かにした。しかしその見掛けの豊かさは、地球規模では単純化、現在に続くグローバリゼーションの始まりであった。そして大航海時代になるとトウモロコシやサツマイモなどのアメリカ大陸起源の新しい作物群が流入し、受容されていった。この展開の過程は東アジア地域の農耕文化と社会発展として照葉樹林地域の植物利用の大きな変容をもたらしたが、その基盤には照葉樹林を育てあげた地球の歴史が、少しは息づいているようにみえる。

東アジアで栽培化され、世界的に重要な作物になった植物にダイズがある。欧米にその存在が知られるようになるのは一九世紀になってからだし、アメリカ大陸で大量に栽培されるようになるのは第二次世界大戦以後である。ダイズはタンパク質と脂肪に富む食品原料としては世界的に類をみない植物だが、その豆腐や納豆への加工技術は照葉樹林地域で完成されたと考えられている。

照葉樹林の植物から生まれ世界的になったものにはもうひとつ「茶」がある。チャの葉の加工品である「茶」に代表されるように森の世界での木本性の植物利用についても、考えるべきことが多いのだがほとんど触れることができなかった。

照葉樹林地域の豊かな植物相は、中国の漢方薬や民間薬、あるいは日本や朝鮮の民間薬として多くの薬用植物を生み出したが、それについてもいつか触れることにしよう。

照葉樹林という植生類型を打ち出したのは吉良竜夫博士を中心とする京都の今西グループだし、そこに独自な「照葉樹林文化」が展開したことを野外調査からかぎつけて体系化したのは中尾佐助博士である。この小論は植物の側からその体系のごく一部を垣間見ただけである。

問題が非常に多岐にわたり、参考文献を逐次あげることは量的に不可能なので、ごく基礎的なデータベース的な資料と文献だけをあげた。
○この論説の基本資料は約二〇万枚に及ぶ世界の有用植物に関する「堀田ファイル」だが、このファイルは多数の文献を集積整理したものである(著者が停年退官する二〇〇一年三月までは鹿児島大学理学部で、その後は西南日本植物情報研究所で保管)。
○「堀田ファイル」のダイジェスト版が、堀田満編集代表、一九八九、世界有用植物事典、一四九九頁、平凡社である。植物関係の最低必要な情報は述べられているので参照していただきたい。
○植物利用における「毒抜き」と「たたき」の技術については吉田集而編、一九九五、生活技術の人類学、四七二頁、平凡社収載の「堀田論文」と「秋道論文」を参照していただきたい。
○植物の食用利用についてのもっともまとまったデータとしてはNakao, S. ed. 1976. Tanaka's Cyclopedia of Edible Plants of the World. 924 pp. Keigaku Publ. Tokyo. がある。この基本データーになった"Tanaka File"は国立民族学博物館に、またその全コピーは前述の「堀田ファイル」におさめられている。
○ヒトによる植物利用についてのデータベースは、鹿児島大学理学部の堀田研究室で作成されてはいるが、まだ一般に公開できる状態にはなっていない。

第二一章　照葉樹林文化の一要素としてのチャ利用

山口　聰

はじめに

照葉樹林文化複合という観点から農耕の起源を説き明かした中尾佐助博士は、照葉樹林農耕の指標となる植物のひとつとして、チャを取り上げている(1)。日本の食文化を構成するひとつである茶が、照葉樹林に暮らす民族のなかでどのように利用され、その利用文化がどのようにして伝播したのか、北部ベトナム奥地の調査を主体として考察した。

一　チャの植物学

現在、チャ(カメリア・シネンシス)は変種シネンシスと変種アッサミカとに区分されている(2)(3)。このうち、シネンシスのなかに、コーロとよばれる特異なチャの木があり、日本独特と思われていた。コーロは大形でまるみを帯びた亀の甲状の葉形をしており、葉脈がいちじるしくへこみ、葉面全体が波打つことと、花が咲かない特徴をしたチャであり、禅宗の寺院では珍重されて庭園の一隅に植えられていることが多い。このコーロが日本独特のものなのかについてはチャ研究者のあいだでいまだに混乱している(4)—(6)。

コーロについては遺伝解析から単一の劣性遺伝子に支配されることが明らかになっている(7)—(9)。この遺伝子はホモ接合体では、表現型としてコーロとして発現してくるのだが、多面発現して、花が咲かないのである。したがって、実もむすばず、後代は残せない。つまり、通常の交配を通じての遺伝解析がしにくい。コーロ遺伝子を日本の代表的緑茶品種の〝やぶきた〟が劣性ヘテロで保持しているので、〝やぶきた〟を検定品種として交配し、後代にコーロが分離してくるかを観察することで、コーロ遺伝子を保有しているかどうかを明らかにできる。中国からの導入系統[10]につき検定を進めた結果、一部の系統(平水導入系統)にコーロ遺伝子が保持されていることが明らかとなった。また、中国農業科学院茶葉研究所(日本の農林省茶業試験場にあたる)の遺伝資源収集系統を実地調査したところ、コーロ型の系統が存在することが明らかとなった。また、同時期に行った韓国からの導入系統、韓国自生系統の調査でもコーロ型個体は発見できなかった。また、インドのアッサムにある国立トクライ茶試験場の遺伝資源収集系統、および周囲のエステート茶園にもみつからなかった。しかし、最近になって、ダージリンからの導入系統に明らかなコーロがみつかった。ダージリンは中国から種子が導入され、定着した地域であるので、この場合もそのルーツは中国、それも広東付近、つまり中国の南部と考えられる。日本のコーロ茶の起源も、この地域と考えざるを得ない状況である。

二　現在の日本のチャの起源研究

チャの花の雌蕊の形態調査の結果によると、京都の宇治、静岡の足久保、佐賀の背振山など古い茶産地のチャでは、雄蕊群より先が突き出るほどの長い雌蕊がほかの地域よりも多く出現しており、中国中部、および中南部のチャに類縁性が高い[11][12]。しかし、日本のほかの地域の在来のチャは雄蕊群より短い雌蕊が優占しており、これは中国中南部のチャにも発現している形質である。韓国の野生茶は雌蕊の形態は雄蕊群よりも抽出する頻度が高く、日本の古い茶の産地のチャの形態と類似しているが、カテキン類の合成に密接に関係しているフェニールアラニン・アンモニアリアーゼ遺伝子(*pal*)を対象としたＤＮＡ解析の結果からは、系統的に大きく異なるものであった(松元私信)。

日本には、韓国と異なり、奈良朝以降、数次にわたり中国からチャが各地に導入されている[13]。しかし、いずれも中国大陸の広大なチャ集団のジーンプールのごく一部を取り込んでいるだけであり、ボトル・ネック効果が生じて、日本のチャ集団のジーンプール組成を原産地の全体像と大きくかけはなれたものとしている可能性が高い。また、RAPD解析からは、シネンシス型とアッサミカ型がマーカーによって明瞭に区別でき、両マーカーが混在しているのは中国中南部の系統であった[14]。また、同じシネンシスに属していても、韓国系統と日本系統ではかなりの違いが認められている。日本系統は、前記した中国中南部のそれに共通したマーカーが認められた。日本のチャは、中国中南部からの導入系統が主体を占めていると考えるべきである。また、同時に中国大葉種の遺伝子も導入されている可能性を否定できない状況である。中国中南部は、シネンシスとアッサミカの分布が重なりあっている地域であり[15]、交雑して複雑な遺伝子構成の系統が多数存在している可能性が高い[16]。この地域からの導入系統は品質成分などからも多様性に富んでおり、チャ栽培化の起源地と目される地域である[17]。

三　チャの魅力的特性

主として植物の栄養体から熱い湯で滲出させたエキスを何らかの形で飲用に供する場合、それを広義の〝茶〟とよぶ。世界にはさまざまな民族が、それぞれの民族文化のなかで、独特の〝茶〟植物を開発している。しかし、世界でもっとも広く利用されている〝茶〟植物を三種類あげるとするとチャ、マテ(パラグァイチャ)、カット(アラビアチャ)であろう。また、世界の三大嗜好飲料としては、茶、コーヒー、ココアがあげられる。いずれにしても、チャはきわめて有用な作物として位置づけられていることは明白である。さらに、熱帯圏を中心とした世界の各地域では〝かみ料〟利用の文化があり、三大かみ料植物としてチャ、ビンロウ(キンマをともなう)、タバコが知られており、ここでもチャは重要な地位を占めている[18]。東南アジアでは、このかみ料文化と茶文化とが共存していることが特色であり、両者は植物利用生態学的に「同位」の地位を占めている。

茶植物、嗜好飲料植物の特徴は、カフェインを成分として含んでいるものの多いことであろう[19]。カフェイン含有植物は植物界全体としては特定の系統群に集中しており[20]（図21・1）、世界中の民族がおのおの独立して、このようなカフェイン植物を発見し、栽培化してきたことに感動する。カフェインには軽い覚醒作用があり、疲れをいやし、活動的にさせ、さらに、習慣性があるため、しだいに利用の習慣が定着していったのであろう。チャのもつ、もうひとつの重要な特性は、カテキン（タンニン）を多量に含んでいることである。カテキンは抗癌作用、抗菌作用、抗酸化作用、消臭作用などがあり、最近の医学界では、癌の予防、虫歯の予防、口臭除去、血圧降下、コレステロール減少への利用が注目されている[21]–[23]。

いずれにしても、チャは各地の民族がその生育分布圏で生活するとすれば必ず注目して利用することが明らかな植物であり、照葉樹林を本拠地とする民族すべてに利用されていた植物とみなしていいであろう[24]–[27]。基本的には食べる利用形態から始まり、最終的には乾燥させた「飲用茶」としての利用に発達したものである[28][29]。照葉樹林帯の自然環境のなかで、ほかにも葉を食べる利用形態として、サンショウの新芽やタラノキの新芽などがある。また、草本まで拡張するとシソ、エゴマがある。しかし、これらは主として日本にだけ伝わっている利用形態である。残念なことに、チャについては利用についての風習とか、言い伝えが少ない。遺物もみつかっていない。

民族植物学の視点から考えると、身近な自然に無知な民族は生存できない。有用な植物は、ともに生きる民族から無視されたままでいることはありえない。有用植物を利用していないことがあれば、それは、その民族がほかからの移住ではいりこんでから日が浅いか、その植物がほかから移住してから日が浅いか、のどちらかと考えるべきである。

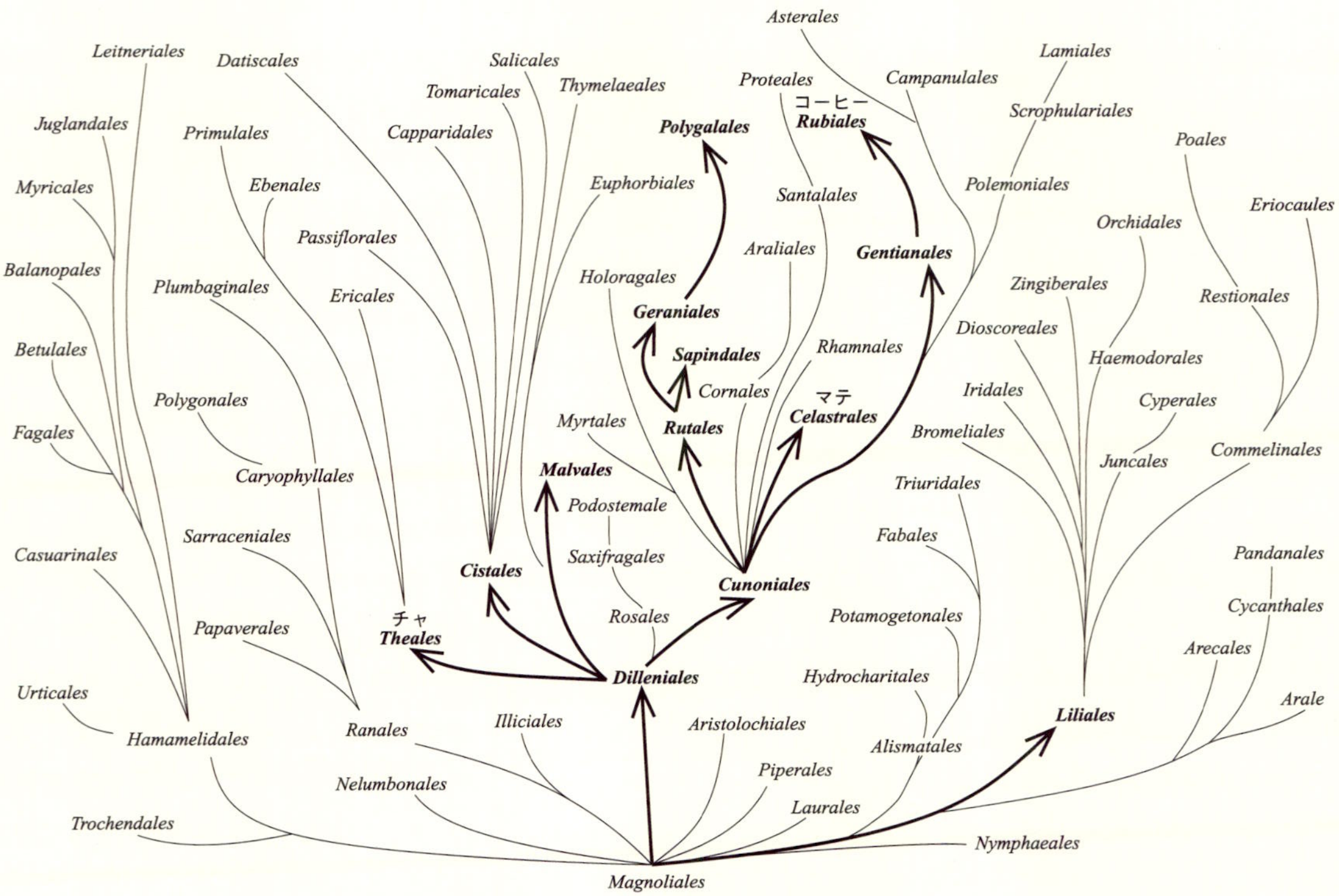

図 21.1　カフェイン植物群の系統関係

四　民族植物学的植物利用法

各地の民族が植物を利用する場合、とくに飲用、食用に利用する場合に、調理法、保存法が開発される。まず最初は、新鮮なまま利用する生食の段階がかなり続くであろう。しかし、一年を通じては植物が利用できない環境条件に生活していると、とくに嗜好性が強い植物(食物)に対しては、保存を工夫するであろう。この時点で、調理・加工・保存の手法が開発され、また、食品としての利用価値も向上する。

調理の目的は、単純にいえば食味を向上させることである。かみやすく、食べやすく、舌触りよく、喉越しよく、風味よく……ということである。有毒成分を除去し、苦味を減らすなどの効果も期待される。調理の一部は加工技術に連携される。調理手法を単純に加熱によるものと、そうでない非加熱のものとに大別できる。それ以外に凍結処理も調理に含めた方がいい場合もある。さて、非加熱調理法は当然、①として生食があり、②として発酵、③として漬け物(浅漬け)がある。漬け物を発酵の後においたのは、発酵は材料だけでも自然に起きる場合があるのに対して、漬け物には塩そのほかの材料が必要となり、発展した段階の手法と考えるべきだからである。この段階では、発酵させるにしろ、漬け込むにしろ、いずれにしてもそのための〝容器〟が必要になる。土器ないしは木器が開発されている文化水準でなくてはならない。チャについては北ベトナムの調査では生で味わう茶が伝わっているし、タイには発酵させた漬け物茶が伝わっている。日本にも、ごく一部の地域に漬け物茶が伝えられており、その起源が問題となっている。

つぎに、加熱調理法であるが、①として焼く、②として煮る・茹でる、③として蒸す、④として炒める、⑤として揚げる手法が考えられる。基本的には火を自由に扱える文化水準以降の段階であり、いずれにしてもそれなりの〝器具〟、〝材料〟が整っていなくてはならない。②の煮る・茹でる、③の蒸す調理では容器さえあればいいので土器段階でも可能であるが、④の炒める、⑤の揚げるでは、油の利用、そして、火に強い〝鉄器〟の利用できる文化水準でなくてはならない。

では、保存法について考えると、いずれも調理法と対応させて、①非加熱保存、②加熱保存、③凍結保存に区分できよう。非加熱保存品は塩臓、発酵漬け物、であり、加熱保存品は乾燥食品やブランチング食品であり、凍結保存品は当然凍結乾燥食品である。

五　チャの利用方法

今まで民族植物学的に、植物利用を調理・加工の観点から区分した。チャについては多様な利用方法があり、もっとも洗練された利用形態を示している。飲用とする茶への利用には、緑茶、半発酵茶、紅茶に加工されるが、加工手順は、生のまま、乾かす、蒸す、茹でる、炒める、発酵させるなど、考えられるかぎりの手法が応用されている。茶にはかみ料的に、食べる利用もあり、それには蒸す、漬け込む、発酵させる手法が組み合わされている。その後に乾燥させて、また、飲用にする場合もある。(30)(31) チャは照葉樹林帯から世界へと活躍の場を広げた有用植物界のスーパースターなのである。

チャには葉中にポリフェノールオキシデースという、強力な酸化酵素が含まれており、もし、生のチャの葉を保存しようとして天日乾燥した場合には、急激に自己発酵して茶色く変色する。これを防止するためには、加熱して酵素を失活させる必要がある。加熱の段階で、各民族独自の技術が開発され、大別すれば、炒めた茶、蒸すあるいは茹でた茶となった。南方の雲南や東南アジアでは、照葉樹林のなかに暮らす民族に発酵技術があり、チャも発酵食品として利用されている。これは、ある種のアク抜きでもあり、すぐれた加工・貯蔵技術である。

照葉樹林帯に住む民族に特有の食物に対する嗜好として、中尾(32)は、納豆などのネバネバ食品と、モチなどの粘性食品を指摘しているが、まさにチャはこのような特性がある。また、同様に苦味を嗜好する傾向が強いことも指摘している。チャはタンニンが多く、かなり苦い。しかし、慣れるとかえって必要な風味となる特性であり、また、チャの葉は加熱して、もみあわせているとねっとりして手に粘るのである。したがって、加熱した新芽を突固めた〝餅茶〟という固形茶が古くから利用されている。圧縮して固めただけでもかなりきつく固まる。これが蒙古などで利用されている〝緊圧茶〟である。つまり、茶もまた中尾(33)の指摘するとおり、ネバネバ食品、かつ粘性食品として、照葉樹林を指標する農作物のひとつとして考えるのが妥当である。チャの利用文化が照葉樹林をでて、漢民族の文化として成熟を始めるころ、平地へ栽培の場が展開するとともに、周辺の諸国へ伝播していったのである。さらにつけ加えれば、照葉樹林地帯に特有の植物利用として、木本植物を主体とした新芽や葉を食用にする形態がある。その典型がチャであり、もっとも古い時代の利用法である。それが、照葉樹林帯の南の果てではミエンなどとして残っており、東の果てでは日本の碁石茶などとして残されている。チャはたくさんの照葉樹林文化の要素をあわせてひそめている興味深い対象なのである。

六　チャを育てる民族

中国からベトナムにかけて生活している少数民族の生活とチャの関係について考えてみる。少数民族はその数が多いが、チャを栽培する民族は限定されている。しかも、栽培するが飲用はしないで、ただ換金作物として栽培するだけの民族もいる。文献的にチャを栽培する少数民族としてはつぎの四語族、六族があげられる。(34)ミャオ・ヤオ語族のミャオ族(苗、Miao, Hmong, Meo, Myao)とヤオ族(瑤、Yao, Dao, IuMien, Youmien, YiuMien, Mien, Myen)、トン・タイ語族のタイ族(秦、Dai, Thai)、チベット・ビルマ語族のハニ族(哈尼、Hani, HaNhi)、チンポー族(景頗、JingPo, Jingpho, Jinghpaw, Chingpaw, Chingp'o, Singfo, Kachin)、そしてモン・クメール語族のパラウン族(Palaung)である。彼らは現在住んでいるところが本来の発祥の地(本貫地)ではないことは中国の歴史を調べると容易に理解できる。一五世紀以来、漢民族が興隆し少数民族を南方へ南方へと押しやったため、彼らは現在の地にいるのであって、本来は四川省から湖南省にかけて暮らしていた民族なのである。彼らのチャ利用の文化を漢民族が彼らと接触するうちに取り入れたのが、現在の世界的なチャ利用につながるのである。少数民族は山住みの民族であり、生活の場は標高が一五〇〇メートルを超える冷涼な地帯に限られている。

チャの木は熱帯低地ではシロアリの害がひどく、すぐに枯れてしまい、チャを育てながら生活するうえでもシロアリの生息しない高地を生活の場としなくてはならなかったのである。北部ベトナム山地のジャングルとなっているチャの自生集団をみても一番古そうな木で三〇〇年前後の樹齢であり、居住するモン族の言い伝えでも種子をまいて育てたことになっている。明らかに畑として手入れしていることがわかる。ただし、先祖が現在地に来たときにチャの木は生育していたとも言い伝えられている。自生のチャもあったということになる。彼らの風習として、焼畑をしながら居住地を移動するときチャの木の苗を背負い篭にいれて移動するという話であった。そもそも、チャを栽培・利用するようになったのも、山のなかを移動しているとき、喉が乾いてかたわらの木の葉をかじったら、気分がすっきりして、元気が回復したことに由来するとのことであった。また、ベトナムでは今でも平地の農民のあいだに〝生の茶〟飲用がある。[35] 生の葉を手でもんで熱湯をかけて茶として飲むだけでなく、ドロドロの青汁スープ状にして朝の仕事前に毎日飲んでいる。元気がでるのだといっていた。

七　ベトナムに少数民族を訪ねる

少数民族の暮らす北部ベトナムのソイ・ザンに、Century Giant Tea Tree とよばれている大チャ樹が自生している[36]。ソイ・ザンとは天の小川という意味、つまり「天の川」である。ここからみた夜空にはじつにきれいな天の川が「流れ」ており、漆黒の闇と、きらめく無数の星を満喫した。ソイ・ザンに自生するチャ樹は、葉はいくらか薄手であり、大半が葉先が尾状に長く伸びるうえ、葉の縁の鋸歯がこまかく多い。関係者の話によると八四、五〇〇本の大きなチャ樹が一〇〇〇メートルを超える山の上に生育しているとのこと。実際にみてみると、高さ数メートルのものが山頂までの尾根筋、斜面に群生している。幹の太さはさし渡し五〇―八〇センチほど。高さ一・五メートルのあたりから真横に太い幹が何本も枝分かれしており、水平な傘状のチャ樹ばかりである(写真21・1)。家畜の放牧のじゃまにならないようになっている。ここでの茶摘みは木の上に登って

写真 21.1　ソイ・ザンの茶樹調査(山口撮影)

するといわれて有名であり、一度その現場をみたいと思っていた。樹齢はさまざまであるがおおむね一〇〇年を超えて二〇〇年までというあたり。ソイ・ザンの高地、標高一〇八二メートルから一四〇〇メートルの地帯は少数民族しか住んでいない。茶を製造して山のふもとの市場に一日かけて売りに行っている。飲んでみるとほんとうにほこりっぽく、カビ臭く、まことに渋い茶である。ほかの穀物、野菜などに比べてかなりの値段である。薬草として扱われているせいかもしれない。日本に持ち帰って成分分析をしてみたところカフェインが含まれており、本物のチャから確かにつくられていた。ここで採集した種子を播種して育成した実生群は、葉の発酵性がきわめて高いものから、弱いものまで幅広い変異を示した。遺伝的な多様性があること、個体を選べばさらに緑茶に適した素材がみつかることは明らかである。現地ではソイ・ザンの茶は特別に高い値段で取り引きされているとのことであった。後でわかったことであるが、花は淡い桃色をした個体がめだった。ここには、若く見積もっても百年生の大きなチャ樹が見渡すかぎりの山中に生えている。三三万本というのも間違いなさそうであった。いちおう、葉は大きくアッサミカに分類できるが、しかし、発酵性の変異幅が広く、雌蕊の形態も長いものから短いものまであり、葉先は尖るものからまるいものまであり、アッサミカとシネンシスとの中間型とみなせる個体が多い。じつは、このような形態のチャをアッサミカのなかでも特別にシャン系として区別している。ソイ・ザンのチャにはそのうえ典型的なアッサミカには存在することがまれな、白い毛茸が密生している。毛茸の多いのはどちらかといえば、シネンシスの特徴である。したがって、ここのシャン型のチャはアッサミカとシネンシスとが分化する前の、未分化の多様な祖先系なのか、あるいは、両者の交雑に由来する一群なのか問題である。ここの住民は日本人に顔つきがそっくりで、ひとなっこい。子どもは、みごとに青鼻を垂らして遊びまわっている。婦人たちは、糸を繰ったり、布を織ったりしている。赤や黒の色をした、アズキのようなマメを栽培している。また、稲穂は赤米がまざっている。

ここでの製茶法は昔からいわゆる釜炒りである。ほかに特別な製造はしていない。また、換金が目的であり、下界との交易品の重要なアイテムとなっている。したがって茶をたしなむという、文化的な雰囲気は感じられない。[37][38]下界では、ブランドとして定着しているのか、普通の茶の数倍の価格で取り引きされている。ベトナム国立茶試験場のトアン育種研究室長の話では、最北のハザン省にベトナムで一番優等なチャ樹の、自生している地区があるとのことで、その翌年に調査に訪れた。

八　ハザンを訪ねる

ハザン省のさらに奥で中国国境に接している場所の、カオ・ボーという村まで行った。ここには、シャン中のシャンとして特別に大事にされているベトナム茶遺伝資源第三四号樹がある。この地域のシャンはタンベ・シャンとして区別され、最高級の茶が生産される。半発酵茶あるいは紅茶をつくっている。この紅茶はたいへんに香りもよく、味わいも優等で、ダージリンをしのぐものであった。ここの茶工場の工場長はじつに精悍な顔をしている。尋ねると、ベトコンとして長い戦闘経験があり、米兵とも銃撃戦をしたとのことであった。

私たちは、カオ・ボーに行き、宿泊し、大チャ樹の生育する山の調査を行う予定であった。ハザン省からリエゾンが派遣され、調査に同行した。ほかにトアン室長(前述した、ベトナム国立茶試験場の育種研究室長)が現地案内として同行。彼は、ハノイ大学で学位をとっているが、そのテーマはベトナム国中の茶遺伝資源の所在・特性などの調査であり、ベトナムの大チャ樹のすべてを知り尽くしている。ランドクルーザーで途中まで行き、そこから半日を徒歩で行くとカオ・ボーである。この村のはずれ、標高二〇〇〇メートル近い山の中腹にチャの樹の原生林があるという。まず、今日は村までを歩くのだが、昼食を携帯していない。どうするのかとみていると、

写真21.2　屋根葺き用のトウジュロ集め（山口撮影）。カオ・ボー村にて。

途中の茶店か農家かわからないが、道端の一軒家に入り、昼食を頼んだようである。一時間ほどたったころに食事だと通訳がよびに来た。そのあいだ、じつは周辺の畑や、小川で昆虫採集とか、植物採集をしていた。でてきたご飯は、米粒の細長いモチ米であった。色は白いのが多いがなかには赤いというよりは小豆色の粒もまじっている。おかずはキャベツを塩茹でしたものだけ。しかし、歩き疲れて空腹の私たちにとってこれ以上のご馳走はない。食事の最中に小さな篭を背負った三十代ぐらいの男性がこの「即席食堂」の前を通った。篭のなかで黒っぽい動物が動く。よくみると、子イヌである。半年ほど育てて、食べるのだという。イヌを食べる文化圏なのだ。中国南部や韓国ではよくイヌを食べるとは聞いたが、ベトナムの山奥でも、やはりイヌは貴重な蛋白源として利用されていたのだ。おとなしいイヌだった。

昼食を済ませて、また山道を進むと急に大勢の婦人たちが集まっている真ん中に突入してしまった。道の両側に何十人も並んでいる。みんな天秤棒をもっている。何事かと通訳に説明を頼んだ。カオ・ボー村の女性のほと

写真21.3　カオ・ボー村のたたずまい（山口撮影）

んどが集まっているのだ。村で結婚した若夫婦の家を新築する最中で、屋根をふく材料を皆で運ぶところだという。彼女らのかたわらには、その荷がおいてあった。束にしたトウジュロの長い葉である（写真21・2）。刈り取ってすぐだと重いので三日ほど前に刈り取り、束ねて、乾かしておいたものという。一束が二〇—三〇キログラムはありそうで、前後に一束ずつ、合計二束を担うのであるから、合計して五〇—六〇キログラムというところか。試しに担ごうとしてもびくともしなかった。つまり、村で家を新築するための〝結〟の一団だった。彼女たちは私たちの後から出発して、途中ですたすたと追い抜いて行った。

九　カオ・ボー村にて

いくらか空気も涼しくなり、夕暮れどきかと思うころに村についた（写真21・3）。早速、村長宅を訪問し、土産物を手渡し、翌日の現地案内をお願いした。家は高床式となっており、二階が当然居住する板の間である。隅にベッドがおいてあり、正面は神棚をまつってある。入り口の反対側はタケを敷き詰めた広いテラスとなっており、いろいろな作業ができるようになっている。入り口をでて左側がトイレ。下にはブタがうろうろしている。小便は適当にこのテラスの端から下に放出している。入り口の手前の右側に竈がある。この広い板の間に囲炉裏がだいぶ離れた位置に二個切ってある。一個は家長が使い、もう一個は女子どもが囲んでいる。この板の間の家長のベッドの横に注意してみると狭い通路がある。その奥にスペースがとってある。娘部屋である。夜は、この部屋の出入りが家長から監視できるシステムのようだ。この家には小さいが電球が灯っている。小川の流れを利用したごく小型の水力発電機がその電源となっている。この急斜面に張り付いた何十軒の家々に小川の水から夜の灯りが供給されている。自然に優しい、自然からの恵みをうまく享受している暮らしなのだ。集落の周囲は大きなチャ樹がしげっている。チャ樹のあいだの至るところに土饅頭がみられる。注意してみると、全面に小さな扉があり、そのなかにまるい石がおいてある。墓なのだ。この村人の生活の基盤を支えてきたチャ樹、村人は死んでからはそのチャ樹を支える有機質となる。みごとな循環が長い世代を通じて繰り返されている。この茶園のもととなったのが、明日訪ねるチャ樹の原生林なのだ。

村長はまだ、三十代なかば。囲炉裏にあたりながら御弊餅のようなものを火であぶっている。そうだ、モチの文化圏なのだ。この人々は、末子相続なので、一番下の彼が親の後を継いで村長になっている。家のなかに神棚があった。日本と同じようにしめ縄が横に渡してあり、左右にしめ飾りが下げられている。斜めに切れ込みを入れ、そこを折り返してはまた下に切れ込みを入れ……というように三回繰り返している。神棚に部族の由緒を書き記した和綴じの本があった。漢字で書いてあり、この若い村長さんは読めないといっている。自分の叔父たちなら読めるといっていた。

さて、食事の用意である。鶏を二羽、大きな鍋で茹でている。ついで羽をむしりとっている。さらに驚いたことには、鶏を湯煎した鍋そのものがスープのベースになってしまった。野菜を放り込んで、一丁あがりである。鶏肉の薄切りがメインディッシュ。そのまわりに、だしのきいた汁もの、そのまわりにいろいろの野菜というよりは野草のおひたし。マメ入りの玄米お粥、それから蒸したおこわご飯。後から、お焼き風のものもでてきた。調味料は塩が主体。しかし、この食事というよりは、遠来の客をもてなす宴のメインは自家製の酒であろうか。かなり、きつい酒である。子どもと女性はいっしょには食事をせず、じっとみんなの食べ終わるのをもうひとつの囲炉裏を囲んでまっている。男たちの食事が済んで、その残りが彼らの夕飯になる。いくらおいしいからといって、あますところなく食べたり、飲んだりしないのがここの男たちのエチケットなのだ。飲み残しの酒はすべてが、瓶に回収された。何ひとつ無駄にしない生活だ。

写真 21.4　カオ・ボー村の米つき（山口撮影）

この家の年寄りが、明日早朝茶山にむかう私たちのために弁当を用意してくれている。蓄えてある稲穂を舟型の臼に入れて、縦杵で、脱穀している。やはり、粒色は赤い。モチ米である（写真21・4）。ソフトボール大のおにぎりにして、もたせてくれるつもりだ。年とった女性は歯がないようにみえるが、じつは黒く色がついている。お歯黒ではなく、多分ビンロウをかむ習慣があるのだと思う。しかし、眉も薄い……というよりは抜いているような感じである。この点については、別の観点からの調査が必要のようだ。ここではかみ料文化と茶飲用文化が共存していることになる。チャの原始的な利用形態が、発酵させて食べる(かむ)、渋さを味わうところにあることを考えると興味深い共存現象である。

一〇　チャ樹原生林に必死で登る

早朝に出発、午前中に一四〇〇メートルの高さの山頂まで往復する計画。家の門口をでるときに各自に一椀の酒がふるまわれた。昨夜の飲み残しを丁寧に回収して瓶に入れておいたアレである。軽く口をつけて外へでる。冷気がドッと体を包んだ。婦人会の会長が先導してくれる。黒い民族衣装に、七色の美しい刺繍の模様と縁どりが施されている。このチャ樹原生林は、その管理を国がこの村に委嘱しており、実際は婦人会長らが手入れをしているのである。集落を抜けるのに一時間以上歩くと、やっと村はずれの大きな沢にでる。この沢のむこう側が登山道である。膝まで冷たい水につかりながら一〇メートルほどの幅の沢を横切り、小休止。両手にあまる大おにぎりを頬ばる。バショウの葉を開くと、おにぎりにはまだ、いくぶん温もりが感じられた。

ここから、急登すること一時間、山頂のチャの原生林に到着する。帰りの時間を計算すると三〇分ほどしか時間の余裕がない。まず、種子を探して採取。ついで、花を探して雌蕊の形態を調査して記録。めぼしい木の写真撮影。ここのチャの摘み取りは、新芽が伸びて固まったときに、木の上に登り、伸びた部分の枝を切り落とす。地上に切り落とした枝から、葉だけをしごきとって、籠に入れて下山するのが婦人たちの仕事である。この自生地は部落の婦人会を中心に(というよりは、婦人会の会長がたいへんな実力者であり行動家のため)保護・管理されている。

カオ・ボー村のタン・ベ部落の人々も茶を製造しているが、枝ごと刈り取ってから葉をむしりとる収穫の仕方

写真21.5　カオ・ボー茶樹集団の雄蕊型の変異（山口撮影）

は、古いタイプの茶の製造法である。日本での江戸時代以前の秋番茶のつくり方と共通する。日本の四国地方に伝わる黒茶なども、枝ごと収穫した後、湯を通して葉をふるい落としてから製茶（この場合は漬け物茶であるが）を行うことがある。木の葉を「食べて」いたころからのチャの利用形態のなごりかもしれない。山住みの人々特有の利用法と考えれば、日本から中国、そしてベトナムとチャの利用方法のひとつは、たいへんに類似していることになる。

おわりに

ハザンのチャはほかのベトナムのチャと異なり、タンニン含量が比較的低く（一七・七—一九・九パーセント）、全体的に発酵性も中程度（一〇段階区分の四—六）と変種アッサミカのなかでは、より変種シネンシスに近いことが特徴である。雌蕊の柱頭のタイプも深く裂けて、しかも先端が直角状には屈曲しないものがまざり、多様性に富んでいる（写真21・5）。

今までのチャ葉成分の分析、形質分類などの結果から、チャはアミノ酸が多い方向、タンニンは少ない方向、発酵性は弱い方向[39]、香気成分はリナロール主体（紅茶型）からゲラニオール（緑茶型）の多い方向[40]、雌蕊は長い方向から短い方向、葉は小型の方向、耐寒性が強い方向へ変化してきている。ベトナム北部の今回調査したチャ樹は、さまざまな特性が多様に組み合わさっており、確かに遺伝的多様性が高い。このなかから、シネンシス的特性が強まる方向で変化しながら、東へと分布を広げる進化と、アッサミカ的特性が強まる方向で変化しながら、西および南へと分布を広げる進化とが起きたというストーリーが描ける。そして、その舞台は照葉樹林のなかであった。少数民族が作物に仕立て上げ、中国、日本、インドで茶業がおこり、茶文化が発展した。

カオ・ボー村で、熱心に大チャ樹の原生林をまもり続けている、婦人会長さんのあの天真爛漫な笑顔が、一杯の茶を味わうとき、その湯気のむこうに浮かび上がる。茶の一味が、照葉樹林の故郷へと誘ってくれる。この飲み物から、日本のルーツにも触れる照葉樹林とそのなかで育まれた文化の悠久の歴史が香味豊かに立ちのぼるのである。民族植物学を学んでよかったと思う瞬間である。(41)

(1)　中尾佐助、一九六七、農業起源論、自然――生態学的研究（今西錦司博士還暦記念論文集一）（森下正明・吉良竜夫編）、三二九―四九四頁、中央公論社。
(2)　張宏達、一九八一、山茶属植物的系統研究、中山大学報（自然科学）一、一―一八〇頁。
(3)　Wilson, K. C. and M. N. Clifford. (eds.). 1992. Tea, Cultivation and Consumption. 769 pp. Chapman & Hall.
(4)　中国農業百科全集茶業巻、一九八八、三六九頁、農業出版社。
(5)　橋本実、一九八八、茶の起源を探る、二二二頁、淡交社。
(6)　呉振鐸、一九八七、香櫞種（皐蘆）茶樹的探究、科学農業、三五（三―四）、六三―七三頁。
(7)　鳥屋尾忠之、一九六六、こうろ茶樹に関する研究（第一報）こうろ型形質の遺伝と茶樹の自然自殖率の推定、茶業技術研究、三二、一八―二二頁。
(8)　鳥屋尾忠之、一九六七、こうろ茶樹に関する研究（第二報）こうろ型特徴形質の多面発現、茶業技術研究、三五、二五―三一頁。
(9)　鳥屋尾忠之、一九七九、チャの白葉ならびにこうろ型形質の遺伝解析、茶業技術研究、五七、一―五頁。

(10) 川口国昭・多田節子、一九八八、茶業開化、五〇二頁、全貌社。
(11) Yamaguchi, S. and J. I. Tanaka. 1995. Origin and Spread of Tea from China to Eastern Asian Regions and Japan. Proc. '95 Intern. Tea-Qual.-Human Health Symp., Shanghai, China, pp. 279-286.
(12) Yamaguchi, S., Matsumoto, S. and J. I. Tanaka. 1999. Genetic Dispersal of Tea Plant. *In*: Global Advances in Tea Science. Jain, N. K. (ed.), pp. 413-426, New Delhi, Aravali Books.
(13) 松崎芳郎、一九九二、年表茶の世界史、三三〇頁、八坂書房。
(14) 前掲(11)に同じ。
(15) Ming, T. L. 1992. A Revision of *Camellia* sect. Thea. Acta Bot. Yunnanica, 14: 115-132.
(16) 前掲(11)に同じ。
(17) Yu, F. L. 1986. Discussion on the Originating Place and the Originating Center of Tea Plant. J. Tea Sci., 6(1): 1-8.
(18) 中尾佐助、一九九三、噛み料の文化、VESTA食文化を考える、一四、四―一八頁。
(19) Kihlman, B. 1977. Caffein and Chromosomes. 504 pp. Elesevier, Amsterdam.
(20) Ashihara, H. and A. Crozier. 1999. Biosynthesis and Metabolism of Caffein and Related Purine Alkaloids. Adv. Bot. Res., 30: 117-205.
(21) 村松敬一郎編、一九九一、茶の科学、二二三頁、朝倉書店。
(22) 中林敏郎・伊奈和夫・坂田完三、一九九一、緑茶、紅茶、烏龍茶の化学と機能、一七九頁、弘学出版社。
(23) 津志田藤二郎、一九九〇、作物育種と食品加工、農業及び園芸、六五(一一)、一三一七―一三二四頁。
(24) 松下智、一九九八、茶の民族誌、三一七頁、雄山閣。
(25) 前掲(1)に同じ。
(26) 中尾佐助、一九七五、茶のはじまり、淡交、一九七五―八、三一―三八頁。
(27) 中尾佐助、一九七六、栽培植物の世界、二五〇頁、中央公論社。
(28) 前掲(26)に同じ。
(29) 前掲(18)に同じ。
(30) Le Bar, F. M. 1957. Miang: Fermented Tea in North Thailand. Behavior Science Notes, 2: 105-121.

（31）　前掲（29）に同じ。
（32）　前掲（１）に同じ。
（33）　前掲（１）に同じ。
（34）　前掲（24）に同じ。
（35）　Huard, P. and M. Durand. 1954. Connaissence du Viet-Nam. 357 pp. Paris, Imprimerie Nationale.
（36）　Tien, D. M. 1993. Tea Industry in Vietnam. Proc. Teatech, Intern. Symp. Tea Sci. & Human Health, Calcutta, pp. 103-106.
（37）　石原一郎、一九四二、仏領印度支那の茶業、六六頁、日本茶輸出協会。
（38）　東亜研究所、一九四二、茶、仏領印度支那の農業事情、二八八—三〇七頁、東亜研究所。
（39）　前掲（12）に同じ。
（40）　Takeo, T., You, X. Q., Wang, H. F., Kinukasa, H., Li, M. J., Chen, Q. K. and H. S. Wang. 1992. One Speculation on the Origin and Dispersion of Tea Plant in China——One Speculation Based on the Chemotaxonomy by Using the Content-Ration of Terpen-Alcohols Found in Tea Aroma Composition. J. Tea Sci., 12(2): 81-86.
（41）　山口聰、二〇〇一、ベトナムの茶について、茶の起源研究、六、一〇—一八頁。

第二二章　照葉樹林帯の一年生雑草における半栽培の風景

梅本信也／山口裕文／姚　雷

はじめに

中国の照葉樹林帯を訪れ、農業や生活文化のさまざまな要素を観察していた私たちは、自家消費用の菜園(Home garden)や小規模の畑地でポツンと残されたアキノノゲシやベニバナボロギクなどの一年生雑草に気がついた(写真22・1)。安徽省黄山の近くである。移動中の車窓からみてもたいへんにめだつ。熱帯地方の野菜畑であれば、土壌の過度な乾燥をふせぐため故意に雑草を残しているのだとも理解できるが、中国の照葉樹林帯にはそれはあてはまらない。普通のサツマイモ畑ではほかの草は丁寧に除草され、イモの葉がおおっているのに、また、多様な植物が刈り取られる水田の畦畔では自然の芝地がつくられているのに、このような風景がみられるからである。

じつは、こうした光景は中国が初めてではない。和歌山県の南部にも丁寧に除草された菜園とアキノノゲシやベニバナボロギクという組み合わせがある。また、九州のイモ畑でも雑草やシソが生え、ときどき利用されているのである。この光景こそ中国での関心を醸しださせた原風景である。

このような植物は雑草とよぶべきであろうか。それとも栽培植物とよぶべきであろうか。人の糧となる栽培植物は人類のもっとも重要な文化財であり、それに準じた存在が雑草である。雑草は、人間が継続的につくりあげている環境に生じ[1]、野生植物とは異なった存在である[2]。その意味では、栽培植物と雑草は生態的特徴において共通した点が少なくない。栽培植物には祖先の野生種があるが、野生型(種)からどういう経路で栽培型(種)になるかにはさまざまな意見がある[3]–[5]。とりわけ、野生と栽培のあいだに半栽培という中間段階を想定して栽培化の生態的過程を推定する中尾[3]の説は興味深い。この中国での私たちの観察を通して、この小論では、除草されず放置されたようにみえるアキノノゲシなどの一年生雑草が半栽培段階にあることを論じてみたい。

一　除草されない一年生雑草の種類と分布

一九九九年の一〇月に、私たちは中国の照葉樹林帯にあたる上海、浙江省杭州、紹興、安徽省黄山に挟まれた地域で、菜園や畑で除草されずに生育する一年生雑草の種類と分布、管理、利用状況を調査する機会を得た。その実態を和歌山県串本町、古座町および古座川町の観察とあわせて眺望してみる。

中国の安徽省南部や浙江省では主要な農作物として、水田では水稲やマコモ、オオクログワイ、畑地ではサトウキビ、トウモロコシ、丘陵ではチャ、クワなどが栽培されている。安徽省の黄山市周辺から浙江省臨安県中西部に至る地域では、水稲のほか、主に自給用の蔬菜を菜園で育て、ブタやニワトリを組み合わせた有畜農業が行われている。丘陵や山間地の傾斜面では、小規模にチャが栽培されている。この地域は雨の多い地域のため、きれいに除草するほど収穫がよくなるので、菜園ではいわゆる清耕栽培が発達する。にもかかわらず、安徽省の休寧県や歙県さらに浙江省臨安県中西部では、一個体からときに数十個体の雑草が作物の草冠からぬきんでてポツンと生育しているサツマイモ畑や茶林、蔬菜畑があった（表22・1、写真22・1—22・4）。一九九二年の調査時と比べると、山間地斜面におけるトウモロコシ栽培面積が減少し、茶林の作付面積が増加していたが、除草されない雑草を含む特有な耕地景観はかわっていない。

除草されない雑草には、アキノノゲシ、ベニバナボロギクが多く、ついでヒメムカシヨモギやハチジョウナ、またヒユ属の植物やノゲイトウであり、イヌビエやエノコログサもあり、ごくまれにホウセンカもあった（表22・1参照）。

表 22.1　中国安徽省および浙江省における除草されない雑草。植物種は，『日本植物誌』(大井，1975)[22] などに従い広義に同定した。

調査地		作物	除草されない雑草
［有畜農業地帯］			
安徽省			
休寧県	浮潭	サツマイモ	ベニバナボロギク，アキノノゲシ
		チャ	ベニバナボロギク，アキノノゲシ
	石斗	サツマイモ	アキノノゲシ，ベニバナボロギク
		チャ	アキノノゲシ，ベニバナボロギク
	金坦	サツマイモ	ベニバナボロギク，アキノノゲシ
		チャ	ベニバナボロギク，アキノノゲシ
	洪里	サツマイモ	ベニバナボロギク，アキノノゲシ
		チャ	ベニバナボロギク，アキノノゲシ
	南塘	サツマイモ	ノゲイトウ，ホナガイヌビユ，ベニバナボロギク
	黄山	蔬菜	ベニバナボロギク
	下双杭	サツマイモ	ノゲイトウ，アキノノゲシ，ベニバナボロギク
		チャ	ベニバナボロギク
歙県	霞坑	サツマイモ	ノゲイトウ
		チャ	アキノノゲシ
	杞梓里	チャ	アキノノゲシ
		ダイズ	アキノノゲシ
		サツマイモ	アキノノゲシ，ノゲイトウ，ベニバナボロギク
		トウガラシ	エノコログサ
	三陽	チャ	ヒメムカシヨモギ
		ワタ	アキノノゲシ
		サツマイモ	ベニバナボロギク
	竹甫西	チャ	ヒメムカシヨモギ，ホウセンカ
		トウガラシ	ベニバナボロギク
	竹甫東	チャ	ハチジョウナ，ベニバナボロギク，アキノノゲシ
		サツマイモ	ベニバナボロギク，エノコログサ
浙江省			
臨安県	昱令	サツマイモ	ベニバナボロギク，エノコログサ，イヌビエ
	州頭	サツマイモ	ノゲイトウ，イヌビエ
	馬粛	サツマイモ	ノゲイトウ，ベニバナボロギク
		トウガラシ	イヌビユ
	昌西	サツマイモ	ノゲイトウ，イヌビユ，ベニバナボロギク
	昌化	クワ	アキノノゲシ，イヌビユ，ベニバナボロギク
［近郊農業地帯］			
浙江省			
余杭市	杭恒西	チャ	——
	杭恒東	チャ	——
	閑林	チャ	——
	潘塘	チャ	——
	長命	チャ	——
		蔬菜	——
徳清県	三橋	チャ	——
杭州市	留下	蔬菜	——
		ダイズ	——

写真 22.1　イモ畑のノゲイトウ(山口撮影)

写真 22.2　取り残された雑草(山口撮影)

写真 22.3　イモ畑に残されたホナガイヌビユ(山口撮影)

写真 22.4　イモ畑に残されたノゲイトウ(山口撮影)

有畜農業地帯ではサツマイモ畑一四例のうち、ベニバナボロギクが一二例、アキノノゲシが六例、ノゲイトウが六例認められ、茶畑では一〇例のうち、ベニバナボロギクが六例、アキノノゲシが七例認められた。ベニバナボロギクは、このほか蔬菜畑、トウガラシ畑、クワ畑でみられ、アキノノゲシは、ダイズ畑やワタ畑、クワ畑でみられた(表22・1参照)。

作付されている作物と除草されない雑草の種類には特段の関係は認められなかったが、標高の高い中山間地では、ベニバナボロギクが多いようである。

休寧県下双杭における一茶畑では(面積二五平方メートル)では、チャの被度が六五パーセント、チャの草高は四五センチ、ベニバナボロギクの被度は一パーセントで、草高は八五センチとなり、あるサツマイモ畑ではサツマイモの被度は九五パーセントで、草高は二〇センチ、ノゲイトウの被度は三パーセントで、草高は一二〇センチであった。この作物と雑草の被度と草高の対比が「除草されない雑草の景観」をもたらしていることになる。

二　除草されない一年生雑草の管理と利用

安徽省休寧県や浙江省臨安県での聞き取りで、これらの具体的な利用と人のかかわりが明らかになった。サツマイモ畑や菜園などにみられるこのような植物は、幼苗のころからきちんと識別され、少しずつ利用しながら、一部は除草せずに残される。ほとんどが作付される作物と同じように育てられ、ブタの飼料用とされる。アキノノゲシやベニバナボロギク、ノゲイトウ、ホナガイヌビユでは、茎の下位の葉から上位へと葉を適宜採取して、飼料として利用しながら畑に残しておく。そして最終的には種子が成熟するのをまつ。キク科植物の場合は、種子(そう果)に冠毛があるので、種子は花序から離れると自然に散布され、それによって次世代が確保される。ノゲイトウでは果実が裂けて種子を吐き出しても上むきの花被が穂についたままとなるので、種子は花序から脱落しにくくなっている。そのためか農民は、穂をしごいて花被や種子を周辺にまき散らし、人為的に種子散布させる。これらの植物は毎年一〇月から一一月にかけてサツマイモの収穫のときに収穫して乾燥し、飼料として保管・利用される。ヒメムカシヨモギは、休寧県では長毛草と呼称され、これもまた非常用の飼料とされる。ただしブタの嗜好性は低いという。歙県竹甫でみられたホウセンカもブタの飼料用である。アキノノゲシはときにクワの代用として養蚕に用いられる。路傍や空き地、水田畦畔にも、このような雑草が特別に残されていることが多いが、多くの場合、生育は貧弱である。アキノノゲシには、変種として扱われるリュウゼツサイなどの栽培品種が分化しているが、取り残したアキノノゲシがそれとは異なるのを農民はよく知っていた。

畑で除草されずに取り残される雑草は、種子散布を人間が補助し、その後の生育を作物とともに庇護され、さらに家畜の飼料に利用されているのである。これらは今、半栽培段階にあるとしてもよいだろう。

高速道路の建設や急速な都市化のなかで近代化した近郊農業が行われている浙江省臨安県東部や杭州市周辺ではどうであろうか。この地域の蔬菜畑や茶畑はたいへん入念に管理されている。都市化の影響なのか、農家は基本的にブタなどの家畜を飼っていない。ここでは、有畜農業地帯で普通にみられた除草されないアキノノゲシなどはなく（表22・1参照）、茶畑の薄暗い地面にギョウギシバやカタバミ、コハコベなどが貧弱に生育している程度である。

一方、紀伊半島南端の和歌山県串本町、古座町、古座川町でも除草されない雑草がみられる。ここでは、キンカンなどの柑橘や花卉が都市の市場に出荷されているが、自給用に水稲や蔬菜、イモ類も栽培される。ここでも、菜園は清耕栽培が基本であり、普通は目的の栽培植物以外はほぼ完全に除草される。この地域では、日本のほかの場所と同じように家畜をまったく欠いている。一九九九年夏の調査では、サツマイモ畑五八例のなかで、ノゲシャセンダングサ、ベニバナボロギク、アキノエノコログサがぽつんと生育しているのが一四例あった。利用されている形跡や茎葉をかきとったような形跡もなかった。一〇年前は、除草されないたくさんのアキノノゲシが認められたが、今回はまったくなかった。一〇年前の聞き取りでは、きれいであるので残すということであったが、このような習慣は戦後まもなくには頻繁にみられたウサギやニワトリの飼料の確保であり、昭和末の実態はそのなごりであろう。

三　利用と伝播時期

つぎにこれらの半栽培雑草のうち主なものについて利用にかかわる性質を、東アジアへの伝播も含めて検討してみよう。(6)―(8)

アキノノゲシ *Lactuca indica*(染色体数 2n = 18)は、日本、中国、東南アジア、マレーシアに広く分布する。中国や東南アジアで食用や薬用に供されるほか、クワコ(カイコ)の餌ともする。アキノノゲシから選択された品種のひとつが、リュウゼツサイ var. *dracoglossa* で、葉は長さ四〇センチ、幅一四センチにもなり、食用のほか家畜の飼料としても栽培される。日本へは昭和の初期に台湾から導入された。アキノノゲシ属は、約一〇〇種からなり、温帯ユーラシア、熱帯および南アフリカ、北アメリカに分布する。レタス *L. sativa* など多くの栽培種がある。中国には、リュウゼツサイのほか、*L. denticulata* (2n = 10, 20)などがある。

ノゲイトウ *Celosia argentea*(染色体数 2n = 36, 72)は、ヒンドスタン植物区系の原産とされ、撹乱地に生える。とくに栽培はされないが、野菜、飼料、ときに繊維料とされる。(8)(9) 観賞植物としてケイトウ *C. argentea* var. *cristata* が栽培されている。ケイトウ属には、熱帯および亜熱帯のアジアとアフリカに三〇―六〇種ある。*C.*

根をつぶして点眼薬に用いられる。

trigyna（2ｎ＝18）は、熱帯アフリカ、マダガスカル島、アラビアに分布し、アフリカで栽培される[8]。ノゲイトウは中国へはおそらく古くにインドから伝播し、飼料や薬用に、ケイトウと区別せず処方される。ミャンマーでは根をつぶして点眼薬に用いられる。

ベニバナボロギク *Crassocephalum crepidioides*（2ｎ＝40、四倍体）は、一九二五年ころから東アジアに帰化し、日本では一九四七年に北九州で発見され、続いて一九五一年には関西に拡大し、それから急速に関東まで北上した[6][7]。山地の林縁に多く、伐採地や山焼き後に急速に一時的な大群落を形成し、数年で消滅する。台湾では、戦前から広く帰化し、名前がわからないまま昭和草とか南洋春菊とかよばれて、葉菜とされた。ベニバナボロギク属は約三〇種あり、草本、半灌木または灌木、ときに多肉な種が含まれ、分布の中心は、熱帯アフリカおよびマダガスカル島であるが、ベニバナボロギクだけが雑草として極東とオーストラリアに帰化している。カメルーンなど西アフリカには、*C. biafrae*（Oliver and Hiern）S. Moore（染色体数2n ＝ 20）が分布し、野菜として栽培される。ナイジェリアではベニバナボロギクも野菜である[8]。

このように、除草されずに残されている雑草は、地域外からの帰化植物である。いずれも大きな群落をつくることはあるが、長期にわたってその群落を維持することはなく、独り立ちでの生育を示す。これらは、株もとから分枝したり匍匐したりせず、丈夫な主茎をもっている。生態的地位は畑の雑草であるが、人の利用に供され、意識的かそうでないかは別として、人間によって伝播されて存在することが明らかである。

四　半栽培の概念と栽培化

「半栽培」の概念を提唱し生態学的に位置づけたのは中尾[3]である。中尾[10]は、当初、半栽培という言葉を照葉樹林文化の発展段階における野生採集段階から根栽栽培段階のあいだに用いたが、とくに説明を加えていない。しかし、フジマメにおける野生・半栽培・純栽培の対比およびウビ農耕における果樹類の利用形態のなかでの半栽培段階の例示によって、半栽培という概念が植物自身の作物への変化過程と栽培・利用形態を含む農耕(農業技術)の発展過程を説明するために用いられたのは明らかである。[11]これに先立って中尾は、[2]雑草から成立した栽培植物である二次作物の成立過程についてEngelbrechtの見解やVavilovらによる実証的な研究を例示し、植物側の変化と農業技術の変化を述べている。しかし、コムギ、オオムギ、イネなどの農耕段階の当初から作物であった一次作物についてはその考証例のないことを指摘し、[3]一次作物の成立過程においては採集段階から農耕段階に至る過程に半栽培という段階を認める必要があるとし、その植物の実例として栽培化の速度の遅いウスリーナシとかクリなどのような果樹類の栽培とも野生ともつかない植物をあげながら、比較的長く続いたと思われる半栽培段階が、形態的遺伝的変化をともなう栽培植物の成立ひいてはその植物を用いる農耕社会の成立に大きな役割を演じたと論じている。[3]また彼は、具体的な例としてパラゴム、ワイルドライス(アメリカマコモ)、ルデラル(人里)型サトイモを半栽培の例として、その段階における人間の影響を生態学的に論じ、半栽培の概念を深化させている。中尾は、[12]さらにパプア・ニューギニアでの現地観察をもとに、一次作物への半栽培段階としてパンノキ、タコノキなど、二次作物への半栽培段階として *Rungia klossii*、セリ、ツユクサ属の一種、ヒユの仲間をあげている。このうち *R. klossii* はサツマイモ畑の明らかな雑草である。彼は、半栽培段階の植物がその環境のなかで形態的生態的形質の変化を起こすだけでなく、人為的な伝播の影響もうけるとし、東南アジアや東アジアに広く分布するルデラル型のサトイモのように、これらが逸出して野生化すると人為的影響の及ぶ生育地に存在するようになるとしている。半栽培という段階を設定することによって一次作物だけでなく二次作物の成立や逸出、野生化という栽培植物の成立にかかわる現象を、人間がつくる環境とその生態的機能との関係においてみごとに説明しているのである。

「半栽培」に関してはいくつかの考証があり[5][13]–[16]、縄文時代における農耕の発展との関連や作物化との関連において論じられているが、雑草とかかわる問題に新しい視点を加えたものはほとんどない。そのなかで、阪本[5]は、高湿田の雑草であるスイタグワイを除草せずに取り残して、その塊茎を特別な道具で収穫する例を「半栽培の状態」として紹介している。また、ほとんどの栽培植物は完成された状態になっており、半栽培型を見出すのは困難であるため、中尾[3]のいう半栽培の段階は実証の難しい事象であると、中尾[3]と同じような見解を述べている。佐藤[13]はタデ、アカザ、ニワトコ、ヒエ、クリという雑草的植物を縄文時代における半栽培の事例としているが、その根拠や生態的機作には言及していない。このような考証例では、半栽培の役割は比較的狭くとらえられており、阪本[5]は、クワイはオモダカやスイタグワイと異なった進化系列をもつと考え、「半栽培の状態」にとどまったスイタグワイはクワイの栽培化には関与せず、ほかの地域への伝播もしなかったとして、中尾の概念[3][12]とはそうとう異なった形で「半栽培の状態」を紹介している。また、中尾[3]がヒョウタンは半栽培の状態でも人為的伝播が可能であると考えたのに対し、佐藤[13]はヒョウタンの存在や伝播には栽培の行為がなければならないとしている。

雑草からの栽培化に関する論考のひとつに雑穀の栽培化における擬態雑草の問題がある。擬態雑草とは栽培される作物に類似した形状を示す雑草で、早苗に似た幼植物となるタイヌビエのようなものである。小林[17]やKimataら[18]は、用語の概念が相互に異なるものの、インドにおける穀物畑の調査をもとに、二次作物としての雑穀類における栽培化の過程を随伴雑草、擬態雑草、栽培作物という配列にそって説明している。彼らは擬態雑草から作物ができたと考えているのである。野生種や雑草型をともなういくつかの雑穀ではその類型に対応して脱粒性から非脱粒性の進化症候や種子の大粒化が確かに認められるが、これらの論考では強い除草という密度依存選択によって適応的に進化する擬態雑草が、いつからどのような状態で栽培利用に移されるのか、なぜ非脱粒性や大粒化がほかの栽培化症候とともに擬態という適応現象のなかで進化するのかの仕組みは十分に説明されていない。たぶん、ライムギやエンバクで説明された[3][4]半栽培と同じ現象が雑草としての特殊化のなかで起こったと考えているのであろう。

五　半栽培の風景

私たちがみたノゲイトウやアキノノゲシは一年生植物であり、丁寧に除草し耕作される畑で生育する植物群であった。これらの植物の栽培化は、雑草をまじったまま利用するムギ農耕における二次作物の成立と同等にはとらえられない[11]。

ある耕地において、目的とする栽培植物以外に雑草やときに野生植物が発生した場合に耕作者がとる態度は、観察と生育抑制、ときに除去である。発生密度が高ければ高いほど、害の程度が高いほど除去される確率が高くなる。除草という作業は雑草集団に密度依存選択を加えることになる。これが雑草の適応的進化を生む原動力である。その結果、雑草の側の開花時期や形態などが栽培作物に類似し、極端な場合は擬態を呈するようになる。しかし、耕作者や管理者は、擬態雑草に気がつかないことはなく、多くの場合生育段階のどこかで除去しようと見張っている。だからこそ、擬態度は衰退せず磨きがかかるのである。

コムギ畑やオオムギ畑で雑草のように生育していたライムギやエンバクとその種子は、害や毒ではなく、代用の食料にもなる。穀物を粉にして使う文化では同じムギ類の混入は食糧や飼料としてもとりたてた問題にはならない。このような形での利用をともなう混生では、一次の栽培植物としてのコムギやオオムギと半栽培段階の植物としてのライムギやエンバクはいわば混作の状態にあり[2]-[4]、耕作者は、やっかいものの侵入者としてライムギやエンバクをとらえているのではなく、補助植物としているのである。このような植物は耕地から排除されずに利用される段階、すなわち半栽培の段階に働く意識せざる選択によって栽培化の路をたどることになる。この仕組みがインドの雑穀の例[5][17][18]でも働いたであろうことは理解できるが、作物への擬態が除草からの忌避を雑草にもたらしたとしても、非脱粒性や種子の巨大化を生む仕組みとは考えにくい。

一方、アキノノゲシやノゲイトウのように穀物の畑とは異なる耕地や人里周辺に生育する雑草でも一般的には発生個体数(量)に応じて除去される密度依存選択が加わる。しかし、審美面、可食性、薬用、飼料性、宗教性など何らかの利用や直感的利用の可能性が認められると、雑草は除去されず、ある場合には保護される。これは半栽培段階または Harlan と de Wet[19] のいう奨励された encouraged 雑草段階にあたる。詳細は紙面の都合で述べないが、この段階で働く選択が一本立ちの性質と利用部位の巨大化を雑草に与える。今回の調査で認められた例は、栽培植物と雑草が類似せず、むしろ半栽培の雑草が作物の畑のなかでたいへんにめだっていた。これは、若い時期に除草を兼ねた利用があり、保護をともなう低密度条件での生育の結果である。この孤立状態は、ひとつの植物個体の観察を容易とし、人による認知の向上をもたらすことになる。

私たちのみた風景における雑草の半栽培段階は、擬態随伴雑草におけるドメスティケーションとは異なる栽培化の経路のひとつとみなすことができる。私たちはかつてこのような半管理の生態的状態のなかで希少種や多様性が維持される生態的場と管理を「on situ な場」における「on nature 管理」とよんだが[20][21]、そのような場でつくられる耕作者の観察や識別力がさまざまな形で技術を修正させ、変容させることにより、植物と人との親密な関係を進化させると考えられる。中尾[11]がノゲイトウをインド文明から受け取った照葉樹林地帯の撹乱地の雑草と考えたように、植物と人とのあいだに半栽培のような関係があれば人間の営為にともなって植物が伝播されるのもうなずけよう。ウサギの餌のアキノノゲシや摘み菜としてのシソやホウキグサがつくっていた子どものころの風景は、野菜のような栽培植物たちにかかわる半栽培段階の景色であったのだ。

(1) 山口裕文、一九九七、雑草の自然史、二四八頁、北海道大学図書刊行会。
(2) 中尾佐助、一九四九、作物と雑草、人文地理、一、二七―三二頁。
(3) 中尾佐助、一九七七、半栽培という段階について、どるめん、一三、六―一四頁。
(4) Vavilov, N.I. 1925. Studies on the Origin of Cultivated Plants. Bull. Appl. Bot. Gen. & Plant Breed, 16: 1-248.
(5) 阪本寧男、一九九九、民族植物学からみた農耕文化、農文研ブックレット一五、四八頁、農耕文化研究振興会。
(6) 長田武正、一九七六、原色日本帰化植物図鑑、四二五頁、保育社。
(7) 北村四郎、一九八二、原色日本植物図鑑 草本編 上(改訂版)、五〇〇頁、保育社。
(8) Zeven, J. and J.M.J. de Wet. 1982. Dictonary of Cultivated Plants and their Regions of Diversity. 259 pp. Centre for Agricultural Publishing and Documentation, Wageningen.
(9) Henty, E.E. and G.H. Pritchard. 1975. Weeds of New Guinea & their Control. 180pp. Div. Botany, Dept. Forest, Lae, Papua New Guinea.
(10) 中尾佐助、一九六六、栽培植物と農耕の起源、岩波新書、一九二頁、岩波書店。
(11) 中尾佐助、一九六七、農耕起源論、自然――生態学的研究(今西錦司博士還暦記念論文集一)(森下正明・吉良竜夫編)、三二九―四九四頁、中央公論社。
(12) 中尾佐助、一九八二、パプア・ニューギニアにおける半栽培植物群について、東南アジア及びオセアニアの農村における果樹を中心とした植物利用の生態学的研究(第二次)、昭和五五年度文部省科学研究費補助金による海外学術調査報告書(小合龍夫編)、七―一九頁。
(13) 佐藤洋一郎、一九九九、農耕と生態系――「稲作前後」の生態系、環境と歴史(石弘之ほか編)、五一―六七頁、新生社。
(14) 渡辺誠、一九七五、縄文時代の植物食、一八七頁、雄山閣出版。
(15) 前田和美、一九八七、マメと人間：その一万年の歴史、三七九頁、古今書院。
(16) 岡彦一、一九八九、アメリカンワイルドライス(*Zizania*)における栽培化と育種、育種学雑誌、三九、一一一―一一七頁。

(17) 小林央往、一九八八、南インドにおける雑穀栽培とその随伴雑草について、農耕の技術、一一、二九―六〇頁。
(18) Kimata, M., Ashok, E.G. and A. Seetharam. 2000. Domestication, Cultivation and Utilization of Two Small Millets, *Brachiaria ramosa* and *Setaria glauca* (Poaceae), in South India. Econ. Bot., 54: 217-227.
(19) Harlan, J.R. and J.M.J. de Wet. 1965. Some Thought about Weeds. Economic Botany, 19: 16-24.
(20) 梅本信也・山口裕文、一九九七、伝統的水田における畦畔植物の乾物生産、雑草研究、四二、七三―八〇頁。
(21) 山口裕文・梅本信也・阿部純、一九九九、野生遺伝資源の自生地保全：中国西南部における野生アズキとツルマメの生育地、育種学雑誌、四九(別一)、一九三頁。
(22) 大井次三郎、一九七五、改訂増補新版・日本植物誌顕花篇、三二＋一七一六頁、至文堂。

第二三章　赤い植物と照葉樹林文化

湯浅浩史

日本では、しばしば赤と白の色を対に扱う。紅白まんじゅう、紅白まん幕、紅白の水引、運動会の赤と白。この行事色の対概念はどのように形成されたのであろうか。その民俗文化的要素の成立のひとつには白いモチと赤飯の存在が考えられる。

正月に白いモチを食べ、祝事は赤飯を特別食にする。この習慣は全国で広く行われているが、疑問がわく。正月も特別な日であるが、その儀式食がどうして赤飯でなく、白いモチなのか。一方、今は大部すたれてしまったが、小正月には小豆粥を食べる風習も、かつては全国で広くみられた。

それらの由来を追及すると、縄文時代の照葉樹林に行きあたる。

一　白に先立つ赤

赤飯はアズキや赤いササゲを煮て、その煮汁にモチ米をまぜて、赤く着色、蒸したおこわである。赤飯が文献上初めて記録されるのは鎌倉時代の『厨事類記』とされる(1)。

なぜハレの日の代表的な食物として赤飯を食べるのか。それにはいくつかの説が出されている。

ひとつは今も赤米神事に残るように縄文晩期あるいはそれよりも古く、最初に日本にもたらされた米が赤米で、日常食であったという赤米先行説(2)。

ふたつ目の説は赤いアズキは焼畑作物の「火色」と「赤色」への潜在的赤色志向のなごりであるとする(3)。

第三の説は柳田國男による潔斎とふだんの生活に戻る日の境目の意識の印とする見方である(4)。

いずれの説をとるにしても、赤色を特別視する習俗は有史前にさかのぼると考えられている。縄文時代に萌芽があったに違いない。

ところが、赤飯はお正月に食べられることは、まれである。そのかわり、小正月の一五日の朝に小豆粥が食べられた。小豆粥はアズキを煮て、その汁にコメをまぜ、塩を加えて煮たもので、粥の煮たつ前にモチを加える。(5)それは赤粥、望の粥、一五日粥ともよばれる。また、小豆粥を竹筒に入れた際のアズキのはいり方などでその年の作物のでき具合を占った「粥占い」も各地で知られる。かつては毎月一日と一五日に小豆飯を食べる風習もあった。(6)

正月には普通赤飯を食べずに白いモチが主役であり、小正月にアズキが粥として食べられる習俗からすれば、米の白がアズキの赤よりも重視されているといえよう。

日本の年中行事のうち、暦とむすびついた行事は中国に起源をもつ場合が多い。しかし赤と白の両者でハレの日を祝う風習は中国にはない。白は中国では葬式の色であり、めでたい席では赤一色で、白はまず使われない。一方、日本では国旗をはじめ、赤と白が同列で祝われる。しかし、正月の白いモチと小正月の赤い小豆粥のように、赤と白はしばしば対立し、赤が白より下位にあるといえ、これは赤色志向が白色志向に先立ち、後に白色志向が勝ったと考えられる。そして、それは縄文時代までさかのぼり、さらにつっこんでみれば、赤色志向は照葉樹林文化との関連が示唆される。

二　縄文赤色のルーツ

照葉樹林はシイ、カシ、タブなどのうっそうとしげる暗い森である。そこに赤い色があれば、強烈にめだとう。そして、照葉樹林の構成要素には、花や実や種子、また葉の赤い植物が若干まじるのである。

赤色は火や太陽や血を象徴する。照葉樹林を焼き払う火の赤は、すでに述べたように焼畑のアズキの赤でシンボライズされたとの見方もあるが、火や太陽や血は作物を栽培する以前の古代人の生活においても日常的にともなう重要な色であり、それらを象徴する赤は焼畑や赤米以前から崇信されていてもおかしくはない。その根拠となろう縄文の出土品もみられる。

福井県の鳥浜貝塚から出土した縄文前期のツバキのクシは赤色のウルシが塗られていた。出土後は空気に触れて酸化し、どす黒い赤にかわってしまったが、出土直後は目もさめるような鮮やかな赤であったという(7)。

鳥浜貝塚は低湿地遺跡であり、低温、多湿、無酸素の環境下で植物遺体はじつに保存状態がよい。マメも出土しているが、リョクトウとケツルアズキと同定されている(8)(9)。ケツルアズキはアズキの名がついているがリョクトウのなかまで種皮は黒い。少し前までモヤシの主役にされていたマメである。

一方リョクトウの種皮は名のとおり緑色である。これらの同定には疑問も出されているが、両種ともへそがよく残っていて、その特徴からはっきりとアズキでないと断定できる。アズキのへそは長いマメの半分以上を占め、非常に特異的である。この点からたとえ遺物であってもへそが残っていれば見間違うことはまずない。

鳥浜貝塚のリョクトウ、ケツルアズキの遺体包含層はB・P五八〇〇―六〇〇〇年と比定されている。一方、アズキの縄文時代の出土は知られていない。アズキ栽培に先立ち、赤くないマメが栽培されていたのである。ところが鳥浜貝塚の前期地層からは赤色のウルシ塗りのクシや土器(10)が発見されている。焼畑のアズキや赤米に先立って赤色志向が存在していたとみなければならないであろう。

鳥浜貝塚の赤色のクシの素材はヤブツバキである。ヤブツバキは赤い花を咲かせる常緑樹で、照葉樹林の構成要素である。その赤い花とクシの赤色は偶然であったのであろうか。アズキや赤米以外の赤色の植物に赤いシンボリズムの代替を求める想いが、五〇〇〇年を超える縄文時代前期にすでにあったのではなかろうか。

ヤブツバキは青森県の夏泊半島が北限の自生林であるが、ユキツバキを除けば本州では主に沿岸ぞいの照葉樹林に広く分布し、日本の照葉樹林では他種に先がけて冬から春に花が咲き、その赤色はたいへん目を引く。呪術的な要素にむすびつく可能性は十分そなえているといえよう。現代も一部の地域では正月にツバキを庭に立てる。神の依《よ》り代《しろ》とされるのである。

三　ユズリハの原義

照葉樹林の樹木で、正月儀式に使われる種類はツバキ以外にも少なくない。ユズリハもそのひとつ。ユズリハはトウダイグサ科、近年はDNAの解析からなどユズリハ科に独立分類される木で、その葉をしめ飾りに挟んだり、鏡餅の下に添えたり、あるいは庭に立てたりする風習は西日本に広くみられる。

正月にユズリハが使われる理由として、ユズリハは譲り葉で、五月ころ新葉が展開すると夏にかけて古葉は漸次入れ換わるので、親から子へと後を譲る象徴とされるからだといわれる。

ユズリハの若葉が伸び切った夏に入れ換わる葉は、昨年の葉ではなく、二年前の古葉が多く、新葉の直下の昨年の葉は、新葉が伸び切って、ただちに散るわけではなく、その後も一年をへて落葉する。これを子の成長を見届けて親が去る新旧の交替を譲ると見立てるのは一見、すじが通っているようにも思える。しかし、新芽が展開してから古葉が入れ換わるのは、何もユズリハだけに限らない。クスもシイもツバキも、およそ照葉樹はたいてい五月から夏にかけて新旧の葉の交替が起こる。ユズリハを正月に飾る根拠は、ほかにあると考えてみる必要があろう。

ユズリハの古名はゆづる葉であった。さらに、九州一帯ではツルノハ、ツルハ、ツルノキ、壱岐や愛媛県の宇和島ではツルシバとよばれる(11)。

ユズリハの葉柄は赤くめだつ。葉の裏は白っぽい。タンチョウヅルはその名のように頭が赤い白いツルである。ユズリハの葉をタンチョウヅルに見立てたとすると、ずばりツルの葉といえる。

お正月さまがユズリハの葉に乗ってくるという童謡は青森県から九州に至るまで日本の各地で記録されている。今はほとんど姿を消してしまったが、その内容はつぎのようなものだったという[12]。

お正月がござった
どこまでござった
神田までござった
何に乗ってござった
ゆずり葉に乗って、ゆづりゆづりござった。

これは東京で歌われていた例だが、同様にユズリハの葉に乗ってお正月がやってくるという歌は静岡県や三重県、石川県でも収集されている[13]。

以上の事例から、方言と童謡を組み合せると正月はツルに乗ってやってくるとみて、そのツルのかわりにユズリハを正月にそなえるという見方もできよう。ツルとくにタンチョウヅルはめでたい鳥とされている。その類感呪術として、タンチョウヅルをイメージさせるユズリハを正月に飾る行事が行われたとすれば、童謡ともうまくあう。

タンチョウヅルは現在は北海道の釧路湿原にのみ生息するが、かつては日本各地でみられた。現在の各種のツルの生態からすると、タンチョウヅルもかつては冬には暖かい地方に渡ったであろう。それを正月さまの訪れとむすびつけ、ユズリハをその代替とする考えは妥当性があるように思われる。

しかし、ユズリハにツルノハの名が広く記録される九州ではお正月さまとユズリハをむすびつけた童謡の記録はみられない。一方、西日本の三重、鳥取、高知の各県や石川県、青森県の童謡ではお正月さまはユズリハを笠にしてやってくる[13]。笠とツルとはむすびつきにくい。こうしてみると、タンチョウヅルをお正月さまの使いとするには無理があろう。

ユズリハには葉柄が赤くならないで、緑色をした青軸の種類アオジクユズリハもまじる。アオジクユズリハと普通のユズリハがあれば、葉柄の赤いユズリハを正月の行事に使ったという[14]。これはユズリハをなぜ正月に使用するのかという根拠を探るうえで、手がかりを与えてくれる。つまり、ユズリハは新旧交替の語呂合わせ的な理由で正月に用いるのではなく、葉柄の赤い色に重きがあるのではないかという見解が成り立つ。タンチョウがめでたいのもその頭頂の赤が関連しているのではなかろうか。

ユズリハは一枚一枚の葉もさることながらそれが重なりあった樹全体では赤い樹という印象をうける。花もひとつひとつは小さいが、赤く、とくに雄花は葯が赤味を帯び、群生するので、五月の開花時には遠くからでも木が赤くみえる。照葉樹林文化圏の人々はユズリハの赤に注目し、儀式植物として受け入れたのであろう。

年木として庭や家にユズリハを立てる習俗は、南の沖永良部島、加計呂麻島、喜界島、種子島から九州一円で記録されている[15]。さらに正月二日、四日、一一日また小正月などに田や畑にユズリハをさす田打ち正月やクワ初めも、九州では広く行われ、和歌山県、千葉県などでもみられた[14][16][17]。

年木の代表は門松であるが、マツが神の依り代として広く新年の家々を飾るようになった歴史は、平安時代以降のようである。

紀貫之は『土佐日記』のなかで、元旦の都をしのび、「今日は都のみぞ思いやらるる。小家の門の端出之縄《しりくめなわ》、なよしの頭《かしら》、ひひらぎ等いかにとぞ言ひあへなる」と書いた。なよしはイナ(ボラ)、ひひらぎはヒイラギで、ヒイラギの枝にボラの幼魚の頭をさす風習はイワシの頭をヒイラギにさし、門に飾る現代の節分の習俗であり、しめ縄は門に飾っても門松の記事を欠く。これについて、もっと正確に記したのは平安時代の文人、惟宗孝言で、正月に「鎖レ門賢木模ニ貞松一」(門を鎖《と》じ、賢木を貞松に模《かたど》る)との詩を詠み、「近来世俗、皆以レ松挿ニ門戸一。而余以ニ賢木一代レ之」と自注した(『本朝無題詩巻五』)。近ごろ世俗は皆、マツを門戸にさすが、私はサカキをそれにかえたというのである。

『土佐日記』が書かれた年は九三四年で、そのころ、都には門松はなく、平安中期になって広がり始めたとみられる。それ以前はサカキが年木とされていたのである。年木にサカキのような常緑樹を用いる習わしは、ほかにもツバキやモッコク、シイ、ウバメガシ、それにユズリハも知られ、現代にもなお一部に伝わる。マツが神の依り代とされる以前に常緑樹が先立つという歴史は重く受けとめる意義がある。

ユズリハは年木として使われる以外にも、ほかの樹種の年木やしめ飾りにその葉を添える風習は、関東以西の各地で行われていた(18)。

四　ユズリハの炊葉

ユズリハを正月に使う利用法はほかにもある。鏡餅の下に二枚のユズリハを敷く飾り方は関東以西でみられる(17)。現在のような鏡餅の原点のひとつは正月の歯固めの「もちひかがみ」であったとされる(19)。

歯固めは正月三カ日にモチ、クリ、マメ、ダイコンなどのかたい食品を食べて、健康と長寿を願った古い習俗である。その歯固めモチの下にもユズリハは敷かれた。

清少納言の『枕草子』の「花の木ならぬは」の段には二〇の木があがるが、その一八番目にユズリハが載る。「ゆづりはのいみじうふさやかにつやめき(たるはいとあをうきよげなるに、おもひかけず似るべくもあらぬ)くきはいと赤くきらきらしくみえたるこそ、あやしけれどをかし。なべての月にはみえぬものの師走のつごもりのみ時めきて亡き人の食物に敷くものにやと、あはれなるに、また、よはひのぶるはかためのぐにも、もてつかひためるは」。文中のかっこは異本による。くきとされたのは、もちろん茎ではなく葉柄である。

ユズリハは「齢の延ぶる歯固めの具」以外に、当時は大晦日の亡き人の供物に敷くとも清少納言は書く。死者の精霊は現代ではお盆に帰ってくると信じられているが、平安時代には正月の前日にも帰ってくるとされたのである。和泉式部も「師走の晦の夜亡き人の来るとし聞けど君もなし　わが住む里やたまなき里」と詠んでいる（『和泉式部集』続集）。平安時代にはその思いは浸透していたと考えられる。

正月の歯固めはハレの儀式であるが、大晦日にはケの儀式が行われていたのである。ユズリハはその両方に使われているので、清少納言もとまどったのであろう「つかひためるは」と納得しにくい感想を述べている。

死者の食べ物にユズリハを敷くのは、祖霊の食べ物への要求をその葉の上の供え物にだけに封じ込めておけるとユズリハに霊力をみたからではなかろうか。

ハレにもケにも通じるその特殊性は、ユズリハの歴史が現代に伝わる年中行事の成立より古く、日本独自の習俗であり、その起源は史前にさかのぼることを示唆しよう。

五　赤い炊葉

現代は死者の供養を大晦日に催すことは絶えてしまった。そのかわり、お盆が精霊を自宅に迎えて供養する役割を果たしている。そのお盆の供え物を載せる葉が存在するが、それはユズリハではなく、アカメガシワが多い。倉田悟はその事例を多数まとめた[20]。和歌山県の南部ではアカメガシワはホンガシワとよばれ盆の供え物をその葉に盛ったという。また、アカメガシワの赤い葉柄を箸にして仏前にそなえる習俗もあったそうだ。照葉樹林の木ではないが、赤い花を咲かせるタニウツギが東北では死者の骨拾いの箸に使われている。花の赤が魔よけになると信じられたのであろう。

アカメガシワは落葉樹であるが、暖地性で照葉樹林のすその明るいところや川辺、また伐採後にも生え、成長は速い。一種のパイオニアプラントであり、木の寿命は短く、材もやわらかく、木材としての価値は低い。

葉は広く、長さ七―二〇センチ、幅五―一四センチもあり、このためおかずや飯などを盛る葉としての使い勝手はよい。広い葉は照葉樹林にもアジサイ、アオキ、ヤツデ、フキと少なくない。それにもかかわらず儀式や神事に用いられるのはなぜか。単なる広葉とは違う何かが儀式用としての炊葉に用いられたのである。それは葉の赤さであろう。アカメガシワほど葉が広いうえに赤い植物は、日本原産のなかにはほかにない。

『物類称呼』によるとアカメガシワは御菜葉とよばれ、「朝廷の御祭礼に用いらるる和名なり」とある。朝廷の祭礼の御菜を盛る葉という役目はアカメガシワが通常の葉とは格別に扱いをうけていた事象を如実に示す。

さらに『万葉集』にもその特別な使用が歌われている。七五四(天平勝宝六)年正月七日に考謙天皇、聖武天皇、光明皇后の催した宴《とよのあかり》で、播磨国守の安宿王が詠んだ歌「稲見野のあからがしはは時はあれど　君をあが思ふ時は実無し」(巻二〇―四三〇一)のあからがしははアカメガシワと考えられる。歌意は「稲見野のあからがしはが色づくのは時期が決まっているが、私がわが君をお慕いする心はけっして時期を選びません」でアカメガシワが春先赤く彩られる性質をもとにした歌である。稲見野は播磨の国の地名で、そこのアカメガシワの葉が宮中の祝宴に用いられたのである。

なおカシワは柏の字があてられるが、これは前川文夫博士によると、中国ではコノテガシワが柏であり、同じヒノキ科で日本産のイブキが弥生式土器の三つ組の沸騰甕の孔に敷かれ、せいろのように蒸し器に使われたので、炊葉とよばれ、中国の柏の字も炊葉から由来したカシワとよばれるようになったのだとされる。

アカメガシワは古くはヒサギとよばれた。これは久木の意味とされるが、本来アカメガシワはパイオニアプラントであり、材質もやわらかく、長寿の木ではない。久木とはいいにくい。では何か赤のシンボリズムとむすびついた〝久〟を意味するのかといえば、これはまったく違う。

ヒサ木のヒサはヒサゴ（ヒョウタン）のヒサである。アカメガシワの葉は色を別とすれば形はヒョウタンの葉に似る。ヒョウタンはその漢名瓢箪がもたらされる前は茎葉がヒサで、その果実は子で、ヒサ子とよばれていたと思われる。

アカメガシワをヒョウタン（ヒサ）の葉とする見方は日本だけではない。アカメガシワは日本、中国、朝鮮半島に分布するが、近縁で葉裏の白いウラジロアカメガシワは台湾では白匏木とよぶ。匏は長ユウガオである。ヒョウタンとユウガオは同種。

以上のようにアカメガシワを〝久木〟がもとで祭事に使用されるとする見方は否定できる。

六　赤い実の正月飾り

ユズリハやアカメガシワは葉が赤い植物だが、実が赤い種類も正月の飾りに使う。マンリョウやセンリョウがその代表である。マンリョウは万両、センリョウは千両にむすびつけられ、縁起物とされる。ただし、その呼称が定着するのは江戸時代後期である。

センリョウが初めて記録されるのは室町時代の後期で、『池坊専応口伝』（一五四二年）には仙蓼菓、また、森富夫氏によって明らかにされた『天王寺屋会記』の「宗達自会記」一五四九（天文一八）年には仙蓼花と記されている。[22]「せんりゃう」の名がでるのは『立華正道集』(一六八四年)以降である。しかし、同年の『抛入花伝書』には仙蓼をあて、以降の生花の書『立華指南』や『立花秘伝抄』にも仙蓼の名が使われている。また、『和漢三才図会』(一七一三年)には仙霊草としてでている。仙蓼の名は葉がタデ(蓼)を思わせ、仙物のような美しい実をならせることから由来したと思われる。[23]

センリョウに千両の字があてられるのは一八二九(文政一二)年の『草木錦葉集』以降である。

マンリョウについて明治を生きた最後の本草学者山本章夫は「万両は花戸のするところに出づ。甚だいはれなきことなり」と書いた。[24]江戸時代の園芸家金太の『草木奇品家雅見』にはマンリョウが一二品種図示されているが、それは「まんりゃう」、「まん里やう」、「万里りょう」、「万両」と書かれている。この本は一八二四(文政七)年に書き始められ、一八二七年に出版された。上中下の三巻に分かれるが、「万両」の名は上巻にはなく、中巻に一回と下巻に二回の三回で、一方まんりゃうは上巻にのみ見られる。[25]これらから、万両は江戸の花屋が文政のころから使い始めたと推察できる。センリョウやマンリョウをお金で表現し始めたのは中国の『本草綱目』(一五九六年刊行)で、マンリョウと同属のカラタチバナに百両金をあてていて、それを小野蘭山が『本草綱目啓蒙』(一八〇三―一八〇六年)で引用したからではないかと考えられる。

こうしてみると、千両、万両はまったくのあて字であるが、マンリョウと同属のヤブコウジは一〇〇〇年をさかのぼる平安時代にすでに儀礼の飾りに使われている。清少納言は『枕草子』に九九九年正月元旦、卯槌の頭に山たちばな、ひかげ(ヒカゲノカズラ)、やますげ(ヤブラン)などを飾った贈り物が斎宮から中宮に届けられたと書く。魔よけの意味をもつ卯槌に飾られた山たちばなはヤブコウジの古名とされる。ヤブコウジはマンリョウと同属であり、万両に対し、十両金と称されたりする。

また、子どもの髪そぎの折にヤブコウジが平安時代に飾られた。髪そぎの儀式は普通男子五歳、女子四歳になれば髪の先を切りそろえる儀式で、藤原知家は「ふりにける卯月のけふのかみそぎは　山たちばなの色もかはらず」（『新撰六帖』一二四四年）と歌った。『古今集栄雅』の注には「山たち花　世俗にやぶかうじと云。實あかし。髪そぎの時、山菅に添ふる草なり」と載る。

髪そぎの折にどうしてヤブコウジが添えられたのか。おそらくは、ヤブコウジに魔よけの力があると信じられたのではなかろうか。カミソリを使う折には危険がともなう。また、赤ん坊から童子への通過が無事終わるような願いがこめられていたのであろう。

『万葉集』にもヤブコウジの赤い実にも願いをかなえる力を思わせるような歌が詠まれている。「紫の糸をそわがよるあしひきの　山橘を貫かむと思ひて」（巻七―一三四〇）。

ヤブコウジ、カラタチバナ、マンリョウはヤブコウジ科の同属であり、センリョウはセンリョウ科で、科はまったく異なるが、照葉樹林の下で育ち、冬にいずれも赤い実をつけてめだつ。照葉樹林の林床は以外に地味である。しかも、花のほとんど咲かない冬に、それらは赤く彩られる。そこに住む人々が特別な思いを抱いたことは十分考えられよう。

七　赤い実の照葉樹と行事

マンリョウやヤブコウジ、それにセンリョウはいずれも草のような小さい低木である。一方、照葉樹林の構成樹のなかにも赤い実をつける種類が正月などの行事に使われている。

ナンテンは庭で栽培される場合は背丈ほどの小木だが、年をへると高さは五メートルを超し、床柱ほどの太さにもなる。かつての金閣寺の床柱はナンテンであったと伝えられる。

ナンテンも正月に縁起物として飾られ、ナンテンは「難を転ずる」に通じることから魔よけに植えられたりする。しかし、その名は中国の南天燭や南天竺のよび方から由来した。日本では藤原定家の『明月記』に一二三〇年六月二〇日、中宮権大夫がナンテンを植えたことが最初の記録であり、それ以前の『万葉集』をはじめとする和歌集や物語にもいっさい名がでない。現在ナンテンは東海道以西の照葉樹林にまじるがそれが本来の自生種かどうかは、なお検討が必要であろう。

以上の観点からナンテンを除いてもなお、正月に利用されている木がある。島崎藤村の『夜明け前』の第一部の安政二年三月は不吉な流言が伝えられたため、本陣の吉佐衛門と問屋の丸太夫が相談して厄を逃れるために三月の節句の日を期して年をまつりかえることを決意した折、吉佐衛門の家には大きな門松にソヘゴを組み合せて立てる。そのソヘゴはモチノキ科のソヨゴとされる(26)。

ソヨゴは信州の山地にも自生するが本州の茨城県以西の照葉樹林にも生える。モチノキ科の常緑樹で、クロガネモチほどではないが赤い実を秋から冬にかけてつける。ソヨゴを正月の飾りとする風習は木曽谷から遠州に広くみられるという(26)。

九州の椎葉村ではヒトノギといって大晦日から正月七日または一四日まではイロリに丸太をくべ、火を絶やさないようにする。それにはカシとともにコウハリとよばれる木が使われる。コウハリの標準名はカナクギノキである。

カナクギノキはクスノキ科の樹木だが、めずらしく落葉する。しかし、分布は暖地で、神奈川県以西に生え、果実は秋に赤く熟す。カナクギの名は釘にちなむのではなく、樹皮が鹿の子もようのようにはげ落ちる「かのこ木」からの転訛とされる。比重は〇・六五であり、特別にかたい木でもないのに正月の特別なマキとされるのはやはり赤い実と火がむすびつけられたのであろうか。

八　赤い霊力

照葉樹林の赤い植物には行事や祭事だけでなく、日常的に神と強くむすびついた種類がある。

オガタマノキは伊勢神宮の神木であり、暖地の神社には、しばしば神木として植えられている。オガタマとは拝霊あるいは招霊に由来するという[27]。

オガタマノキはモクレン科に分類され、日本では関東以西の太平洋側や四国、九州、沖縄県の沿岸照葉樹林にまじり、高さは一五メートルほどに育つ。果実はモクレン科特有の袋果が集まった集合果で、秋に赤く熟し、長さ五―一〇センチにふさ成りする。果実は晩秋に裂開し、なかから赤い大きな種子が二―三個顔をのぞかせる。ただし、種子の赤い色は厳密には種衣(仮種皮)で、種皮は黒い。

オガタマノキがなぜ神木とされ、霊を拝むとみられたかは明らかでないが、その赤い果実、赤い種子が玉とみられ、赤色信仰、とくに赤い玉として尊重され、つややかな常緑の大きな葉、形のよい樹姿とあいまって、神の木まで昇華されたと考えられる。

伊勢志摩地方や出雲などの神々の里では新年の行事や節句に、トベラを用いる。トベラもまた主に暖地の海岸に生える常緑樹である。大きさはせいぜい小高木どまりだが、葉は常緑照葉で、直径一―一・五センチの球状の果実が晩秋に熟すと、三裂し、なかから鮮烈な赤くてつやつやした粘液質の種衣に包まれた種子が一〇個ほど顔を出す。

トベラは扉の木が語源とされ、魔よけ、鬼よけのために戸口や扉にさす習俗からつけられたという。その霊力は独特の臭気を放つためだとする見方が多い。一方、焼くとはぜるので、その音で鬼を追いはらう中国の習俗もかぶさっていよう[28]。さらに、その種子の赤、とくに開果直後のてかてかと光る赤は、赤色崇拝と強くむすびつきそうな強烈なインパクトを与える。これが魔よけの神事に使われ、後に節句の行事にも流用されたのであろう。

現在の神事にはサカキが用いられる。種子の赤いヒサカキは別として、サカキそのものは果柄が少し赤く、また黒色種子の一部が赤いことを除けば赤とは縁遠い。しかし、古代の賢木にはツバキも含められたとみられる。ツバキは『古事記』のイワノヒメの歌には「五百《ゆ》個真《つま》つばき」と表現され、五百《ゆ》個《つ》は斎《ゆ》つ、つまり神聖なる意味を冠せられている。前述したように赤い花で常緑樹のツバキはその赤が聖なる植物の要素として重きをおかれたと考えられる。

サカキと対照される仏教の木はシキミである。シキミは特有の臭いをもち、照葉樹林では少ない白色の花をつける。それが中国の葬式の白と関連するかもしれないが、種子は光沢がある朱色で、これが赤色信仰とむすびついたとする見方も捨てがたい。

さらにモッコクも仏教がらみの木であるが、ツバキ科の照葉樹で、秋に熟す実は赤くてまるく、晩秋から冬に裂開すると橙赤色の種子が数個顔を出す。また、葉柄もユズリハほど長くはないが赤い。

九州一円ではモッコクをブッポーノキ、ブップイス、ホッポユスなどの方言でよぶ。仏法の木、仏法イスの意味と思われる。イスはマンサクのイスノキにその枝葉が似ているからであろう。九州では魔よけにされ[29]、紀伊半島の南端では正月にサカキなどとともに束ねて表門に立て、正月一一日のクワゾメにはサカキ、モッコク、マツなどを立てて田の神をまつった[30]。

以上述べた少なからぬ照葉樹が多数の常緑樹のなかから特別視されているのは、やはり、常緑にプラスする赤が加味されていると考えたい。

九　縄文伝統色の残照

『魏志』の「倭人伝」によると倭人は「以朱丹塗其身体　如中国用粉也」(朱丹を以って其の体に塗ること、中国の粉を用いるが如きなり)と書かれている。朱は硫化水銀、丹は酸化第二鉄のベンガラが使われたとみられる。これらの風習も赤色に一種の呪力があると信じられていたのであろう。

赤いクシはすでに述べたが、ほかにも赤い塗彩土器など縄文時代の赤く塗られたものはほかにも事例は多い。千葉県城ノ台南貝塚の縄文早期の墓壙では赤色土壌が検出され、縄文時代はベンガラを散布した墓壙が知られる。一方古墳時代以降は硫化水銀の辰砂が使われるが、藤木坂の石棺からは大量のベニバナの花粉が発見されている。『古事記』の神武天皇の后、誕生に際しての丹塗矢の神話にも赤の特別な呪力が感じられる。

太陽、火、血の象徴としての赤は人工的な鉱物や外来のベニバナでも発色できるが、照葉樹林の葉、花、実や種子の赤い植物にも霊力を感じたのであろう。その結果、ユズリハ、アカメガシワ、オガタマノキ、トベラ、シキミ、モッコク、ツバキ、ソヨゴ、カナクギノキ、ヤブコウジ、マンリョウ、センリョウとさまざまな種類が特別視され、行事、祭事、儀式、宗教に利用されている。

その伝統文化は現在も原義はおぼろになってはいるが、日本の多様な習俗のなかに脈々と続いているのである。

(1)　川上行藏、一九九二、つれづれ日本食物史一、一四九頁、東京美術。
(2)　坪井洋三、一九八五、赤米の民俗と儀礼、日本民俗文化大系一一——風土と文化、稲作文化の多元性(網野善彦編纂)、五七四頁、小学館。

（3）野本寛一、一九八四、焼畑民俗文化論、六八〇頁、雄山閣出版。
（4）柳田國男・安藤廣太郎・盛永俊太郎編、一九六九、稲の日本史（上・下）、上・三八四頁、下・三八六頁、筑摩書房。
（5）渡部忠世・深澤小百合、一九九八、もち（糯、餅）、二四六頁、法政大学出版局。
（6）松下幸子、一九九一、祝いの食文化、六一頁、東京美術。
（7）鳥浜貝塚研究グループ編、一九七九、鳥浜貝塚、二一六頁、福井県教育委員会の巻頭図版Ｉ。
（8）松本豪、一九七九、緑豆、鳥浜貝塚（鳥浜貝塚研究グループ編）、一六二、一六三頁、福井県教育委員会。
（9）梅本光一郎・森脇勉、一九八三、鳥浜貝塚三縄文期マメ科種子の鑑定、四二―四五頁、福井県教育委員会、福井県立若狭歴史民俗資料館。
（10）前掲（7）に同じ。
（11）倉田悟、一九六三、日本主要樹木方言集、一〇五頁、地球出版。
（12）倉田悟、一九六七、続樹木と方言、二〇頁、地球出版。
（13）前掲（12）、二〇―二二頁。
（14）乙益正降、一九七八、球磨の植物民俗誌、五七―五九頁、地球社。
（15）前掲（12）、二三頁。
（16）前掲（12）、二三、二九頁。
（17）斉藤政美・文、椎葉クニ子・語り、一九九五、おばあさんの植物図鑑、一三九頁、葦書房。
（18）前掲（12）、二三―二七頁。
（19）前掲（5）、二四六頁。
（20）前掲（12）、八―一五頁。
（21）前川文夫、一九八一、植物の名前の話、五一―六〇頁、八坂書房。
（22）森富夫、一九八〇、諸説茶花図譜、三五八、三五九頁、八坂書房。
（23）湯浅浩史、一九八二、花の履歴書、一九八頁、朝日新聞社（講談社学術文庫再録）。
（24）山本章夫、一九七九、万葉古今動植物正名、一四八頁、恒和出版（原版一九二六年刊）。
（25）前掲（23）、二〇〇、二〇一頁。

(26) 前掲(12)、七七頁。
(27) 深津正・小林義雄、一九九三、木の名前の由来、東書選書、三九―四二頁、東京書籍。
(28) 湯浅浩史、一九九三、植物と行事、朝日選書、四四―四九頁、朝日新聞社。
(29) 佐賀植物友の会編、一九七七、佐賀植物方言と民俗、一〇七頁、佐賀植物友の会。
(30) 前掲(12)、二五、二九頁。

第二四章　環境芸術と照葉樹林文化の「縄」

八木マリヨ

一　都市化の波のなかで――縄と出会う

縄。それは一九七二年のあの縄との衝撃的な出会いから始まった。世界中の誰でも日常茶飯事に使い、知っている縄。日常の暮らしに多く使われているので、私にとっても縄はめずらしいものでも何でもなかった。ちょうど七〇年大阪万博以後、日本の近代化、都市化、自然の乱開発、日本の列島改造が進んでいる時代だ。

私は何かうつろいだ心になっていたある休日、目的もなく神戸の自宅から京都駅に着いた。偶然に仏具屋とも知らずに、何気なく店らしくない格子戸を開けてはいると、小さな間口に何の変哲もないガラス棚があった。そのガラス棚のすみっこに、すりきれた汚い縄が無造作に押し込められていたのだ。その古ぼけた麻縄(鈴縄)をみたとたん、私の身体中の血潮が全身を駆けめぐり熱くなった。この体験はいったい何だろうか。私はその古ぼけた鈴縄をさし、唐突にも「これは何ですか。誰がつくられるのですか」と聞いていた。そうしてその足で鈴縄をつくられた麻縄師山川正次氏(一九一四年―二〇〇一年五月没。京都市伝統産業技術功労者)を訪ねたのだった。

二　伝統の麻縄づくり

当時、山川さんは京都伏見にある民家で、御実兄の古谷夫妻と鈴縄など伝統の野州麻で縄をつくっていた。薄暗い三和土の空間、その長い通り庭空間にレールが敷かれ、レールの両端に手まわしの歯車を取り付けた木組みの台車が据えられていた。その両方の歯車の先の三本の金具に、それぞれサイザル麻の縄の芯(ヤン)がかけられている。山川さんは二、三枚ずつ手渡される、絹のように光沢のある野州麻の緒をサイザル麻芯に巻き付けていく。山川さんの手はしなやかに動き、また親指に力がはいるためか、平たく幅広く反っていた。三本の芯に巻き付ける作業は両端の台車まで、完成する縄の長さの約二倍の間隔を、三本綯りの場合は三回行き来する。立ち作業である。それぞれのヤンに歯車をまわして綯りをかける。時間のかかる下準備作業がようやく終わると、兄夫婦二人がそれぞれの台車に乗り、両端からぐるぐる歯車をまわす。相むきあって二人は同じ方向に回転し、要は互いに逆回転させる。三本の片端の一子（一本の芯に麻を巻き付けたもの）それぞれに縒りがかかって、ピンと張りつめる。山川さんは先端の三本が結われたところから、栗の木を刳り貫いた木型(しんこ、またはさるとよばれている)をあて、ゆっくり進むと手元の木型の後ろに縄が綯われていくのだ。縄綯いの回転がなかばに達するころから加速度がつき、いっきに縄になる。その、すうっと流れるような回転の瞬間のパフォーマンスは、芸術的で感動する。三人の呼吸をあわせて息吹を吹きかけ、螺旋回転させながらつくる行程は、まさに産道を螺旋回転しながら赤子が生まれてくることと同じだ。「縄」という生き物が生まれるのだ。

三　照葉樹林の森としめ縄

京都の松尾大社の御神木に巻かれたしめ縄も、山川さんがつくられた。清水寺の鈴縄は日本一大きいとつくられた山川さん自身がいう。ところで、神社には必ずしめ縄がある。鳥居に水平にかけられたしめ縄、御神木に巻き付けたしめ縄、御社に垂直に垂れ下げた鈴縄、結界を示す張りめぐらしたしめ縄。少なくともこれだけは神社にある。供え物の鏡餅にもしめ縄、しめ縄を思いめぐらせばまだまだあるだろう。

また、神社には必ず鎮守の森がある。山が鎮守の森である場合や、山に生えている木、照葉樹のオガタマ、サカキ、シキミなどを植え、山に見立てる鎮守の森をつくり育ててきた。山や森が神であり、また神が降臨するところである。日本の神社には必ず森と縄があるのだ。

このように照葉樹林帯にある日本の山や森と縄とは深いかかわりがある。古代の人々はなぜ縄をこのように森とかかわらせたのか、信仰の依《よ》り代《しろ》としたのか、縄文人がなぜ縄紋にこだわったのか。人類が発明した縄から、照葉樹林文化に根をおろした縄の存在、縄がもたらす意味を問いなおしてみようと思う。そして振り返ると、私があの衝撃的な体験をしたように、現代の今も縄がなぜ身体を震わせるほどの不思議な力をもっているのか、この縄との出会いや疑問から、私は環境芸術の作品をつくり始めたのだった。そのひとつひとつの作品を通して、環境芸術の視点とその体験から照葉樹林文化の縄を探っていこうと思う。

四　環境芸術のはじまり縄パフォーマンス——縄は身体と環境という空間思想を紐解く鍵

私のつくる縄の芸術、縄の彫刻作品は一九七二年以降、国際展で発表してきたが、なかでも、世界のファイバーアートのかわきりになった著作 *Beyond Craft Art Fabric*(1) に大きく紹介された、縄パフォーマンス作品(2)『綯うこと・*The Twine*』は特別長い房をつけた鈴縄と私が踊り、房のなかに私が座るというもの。海外で名前が知られるようになったきっかけの作品である(写真24・1)。伝統的な縄しかつくらない麻縄師の山川さんを何度も説得して初めて現代美術作品としてつくったものだった。

この縄パフォーマンス作品で私はファイバー「繊維」という素材のもつ有機的、やわらかさと強さをあわせもつ特徴が人間の身心と重なるということがわかった。環境芸術、身体と環境という空間思想を紐解く鍵が縄にあると直感したのだった。「身体のなかに縄がある、宇宙が縄である」ということを縄パフォーマンスを行って私の体が知った。

写真 24.1　「綯うこと/The Twine」(庄野啓氏撮影)。縄パフォーマンス。1972 年八木マリヨ制作

そうして国際展で縄作品を発表すると、世界の人々はその縄作品のもつシンボル性に美を見出し強い生命感を感じてくれた。神社やしめ縄を知っている日本通の外国人も日本的とはいわなかったが、日本の美術界では日本的なもの、縄は日本独特のものなどと、単なるジャポニズム的といわれたりもした。それはあまりにも他国に比べて、しめ縄が日本の文化に深く根をおろしているから、日本人として縄となれば日本的と直結したのだろう。

しかし、照葉樹林文化という国を超えた照葉樹林帯の気候風土その共通性と広がりをとらえる視点からみて、私は縄は世界人類の文化の基底にあると信じている。照葉樹林帯に住んでいたモンゴロイドはユーラシア大陸から大移動した。そのモンゴロイドの血をひく民族は少なくとも、しめ縄の悪霊をはらうという信仰を持ち続けているようである。照葉樹林帯に住んでいたときに培った普遍のものとして、そのしめ縄の文化をもって移動していったのかもしれない。そして、私はアフリカ大陸をみていないのでわからないが、照葉樹林帯以外の地域からも、稲作以前のはるか昔に縄は発明されただろうと推測はできる。ただ砂漠地帯では縄にする繊維の長い草がないので(オアシスにはあるが)、動物の皮革を利用するしかないだろう。草原地帯では草を、高地など山岳地帯では樹皮を利用するだろう。

ところで、寒冷地や落葉樹林帯では縄にする材料がふんだんにある照葉樹林帯に比べると少ない。寒冷地や落葉樹林帯に住み、縄を必要とする人にとって、縄そのものに対する意識がより貴重な存在に映ったのではないだろうか。稲作が営まれる時代になれば、縄はもっと利用されるようになったことは想像できるが。

五　縄は宇宙のダイナミズムのシンボル

先にも述べたように、照葉樹林文化というとらえ方とグローバルな視点からみると、縄は日本固有のシンボル性をもっているのではなく、世界の人々も共通に、縄には普遍的なシンボル性があると感じている。縄は宇宙のダイナミズムのシンボルであり、縄は生命の形ともいえるのではないかと思う。銀河宇宙の形成や地球の形成、自転や引力にかかわること、自然界にある生物や太陽にかかわること、人の身体の形成にかかわることなどに縄そのものがあるからである。それは縄の螺旋構造と同じ螺旋構造が生命という宇宙の形に存在するからだ。

六　照葉樹林の森と縄のダイナミズムとの関係――縄文文化は森の文化の贈り物

照葉樹林と縄のダイナミズムとの関係をみる前に、縄文の根源的な世界観にふれたいと思う。

一九九〇年、第四回京都新聞文化フォーラムで(3)「日本人の根源的な美意識を探る」をテーマに、私は梅原猛先生と対談する機会に恵まれた。その要旨の一部を紹介したい。

梅原談「縄文の文化は日本の文化の根底にあり、森の文化である。縄文の女性が土器に縄紋様をつけることで、木の生命力を注入し、エネルギーに満ちた、怪しげな縄文土器をつくった。八木さんの作品にもそんな呪術的で、宇宙的な不思議な感覚がある」(写真24・2)。

八木談「私は縄は縄文人だけでなく、太古から世界の人類が創造し、使うだけでなく、象徴的にとらえ、縄の宇宙に何かを託してきたのではないかと考えています。芸術は誰でも何か表現の衝動にかられるときや何かに祈りたいとき、自然や宇宙のエネルギーと、直接にかかわって表現となる。縄文人をはじめ人間にとって、縄は自然の摂理や生命の根源と関連し、宇宙と交感する人類共通の象徴的なもの。私にとって縄は根源的な力を感じます」。

梅原談「宇宙にみなぎる霊の世界とともに生きていた人類は、恐怖と祈りと信仰のもとにさまざまな美を表現してきた。八木さんのいうとおり、縄文時代は世界共通の人間の原初の文明であった。日本文化の根っこにある自然と共生する生命観は、縄文文化すなわち森の文化の贈り物。現代人は、縄文のもっと奥底にある根源的な世界観に目覚め、現代の芸術理論を根本的に考えなおしたらどうだろう」。

この対談から私は、「縄文の文化は日本の文化の根底にあり、森の文化である」と梅原先生がおっしゃったこ

写真 24.2　「縄の空」(八木撮影)。三方町縄文公園，環境芸術作品。2000 年八木マリヨ制作

とに深く感銘をうけた。森の生命、有機的な森の文化、森から人間が得てきた叡智、有機的な森の文化にファイバー「繊維」という素材のもつ有機的、やわらかさと強さをあわせもつ「縄」をみつけることができるのではないだろうか。私は身体感覚の記憶をたどることにし、私の原風景である神戸の六甲山麓の環境を想い出そうと思う。

七　照葉樹林の森へ

照葉樹の森が六甲山系の東南端の斜面にわずかに残っていた。山肌に張りついた近代建築群をよそめに、黒ぐろした緑の樹林帯がうっそうと盛り上がっていた。ロックガーデンといわれていた六甲の山が裂け、はるか記憶のむこうに、孕まれた原生の森がむくれだしたかのようだった。六甲山麓の住吉川西流域の御影に生まれ育ち、東流域の岡本に移り住んだ、私の二〇歳ごろの風景である。

そして三〇年近い月日が流れ、再び照葉樹の森という環境が私を動かした。原生の森が息づく九州の山奥にはいることがあった。毎年一二月一四日に行われている宮崎県西都市の銀鏡神楽を観に出かけたのだ。一九九七年、山の冷気迫る闇のなか、まさしく私に再び落雷のような感覚体験がよみがえったのだった。六甲山麓の照葉樹の原生の森が残る岡本に住んでいた一九七二年に体験した最初の縄の戦慄、あの感覚体験だった。真夜中になって、かがり火さえ目にかすむころ、二一番の綱荒神の舞が始まった。すると、私はとめどなく涙があふれだした。一対のお綱様が頭を交差して座られ、その背後に地の神様である綱荒神様がお座りになっているお姿に、私は何かようやくめぐりあえたという、懐の深い喜びに満たされるような安らぎを覚えた。あるいは、長いあいだ、遠くの闇から闇をさまよっているときに、ようやく出会えたような、それでいて突然、眼前にあらわれるといった感じだった。それを何だとはいえないが、無意識の奥深い何か、確かに「ある」としかいいようがないものだった。

冒頭に述べたあの感覚体験に始まり、銀鏡神楽の衝撃から照葉樹の森の何か霊のようなものに手繰りよせられたようだ。森への畏敬や感謝、神にささげる神楽、神と人との問答のように、森と縄の関係に想いをめぐらせたい。さらに、照葉樹の森のなかの「縄」すなわち抽象的縄の概念をみつける作業から始め、照葉樹林文化のなかの「縄」、人間とかかわる縄、具象の縄に焦点をあわせたいと思う。

八　縄の発見から

長い冬のあいだ冬眠し寒さに耐え、春を迎えて芽吹き再生する環境ではよみがえる生命力の勢いは目を奪うものがあろう。深く沈潜し、耐えたからこそ強く、生命力への讃美や感謝は深く、畏敬の念が膨らむだろう。しかし、落葉樹の森の雪深い環境に住んだことのない私には落葉樹の森に直感的縄のイメージはわいてこない。生命のエネルギーに満ち満ちている照葉樹の森のもつ豊潤さの方が、おのずと縄そのものが直接的にみえてくる。縄の本質のイメージが重なるのだ。

縄は人類が発明したが、いつどこで発明されたかわからない。考古学では二、三万年前の地層から縄がでてきたとか、何か実際に遺物やその跡がみつからなければいえないそうだ。もっとも古いのは、といえるだけである。最古の縄はまだ古い地層の地の底に埋まっていて発掘をまっているだけかもしれない。あるいは、土にかえっているかもしれない。想像するだけでも楽しい。

照葉樹の森には、簡単に縄そのものの形をいっぱいみつけることができる。サルやタヌキなど森に暮らす動物たちも、森が創造するさまざまな形、仕組み、成り立ちや営みを学び、恩恵をうけ、巧みに共存している。そのような動物の行動や生活ぶりを鑑みると、縄は四〇〇万年前の人類誕生以来、いつとはいえなくても、森に生活をしていた人類であれば、森から学び、森から人類の「縄の発見、発明」はまた容易に想像できるのではないだろうか。

ところで道具を使うサルでも、たとえ「縄のすごさ」を発見していても、縄を手でつくることはできなかった。それは手指の形に起因するらしい。サルの親指は人間のそれと比べて極端に短いために、両手で縒りをかけて綯う手技ができない。サルが回転させる、螺旋のパワーに気づいていれば、両手だけではなく手足を使ってできたかもしれない。また、織り物を織るように巣をつくるウイービングバードのような鳥もできたかもしれない。また、協同作業をする動物ならできたかもしれない。ただ森のなかで「縄のすごさ」にひらめいたかどうかがポイントだ。人間は親指の発達、頭脳の発達、助けあう心に支えられ、そして森のなかでの「ひらめき」から「縄の発見、発明」ができたのではないだろうか。

九　抽象の縄——五つのダイナミズム

私は縄には五つのダイナミズムがあることに気づいた。以下の五つのダイナミズムをひとつひとつ宇宙、地球、森、生命などのなかにみつけていきたいと思う。

①縄の原理　（ひとつであり多様である部分と全体）
②縄の形　（生命が続く形、螺旋産霊、二重螺旋ＤＮＡ）
③縄の力　（撚る力と撚りが戻る力、反発力、両極、相克）
④縄の仕組み（中空構造、宇宙、回転循環、再生、エネルギー）
⑤縄の性質　（自在、自立、連続）

照葉樹林帯である九州に視点を移そう。マグマが噴出し地表が爆発する火山帯は、地球の動脈かもしれない。環太平洋のモンスーン地帯にあるこの動脈をたどると、九州山脈には地球の鮮血が流れているように思える。熱い地球が炸裂し生まれ出た火山は、地球の鼓動を伝える。地球が自らまわり、太陽のまわりをまわる。地球の内部も燃えたぎり、地球はつねに動き、回転している。火山は今まさに地球が生きている美しさを、刻々とみせてくれるようだ。そこに縄のシンボル性がみえてくる。火山活動から地球という星をみてみたい。

まず「縄の仕組み」をみよう。縄とはつねに回転がかけられた状態のまま、とどめられ、動態であると同時に静止された物質。まさにエネルギーを内包した物質である。ほかにそんな物質があるだろうか。

では「縄の力」はどうだろうか。縄とは撚る力と撚りが戻る力という、相反する力が両方とどめられ釣りあっている物質。時計まわりと反対、すなわち左回転した一子どうしを、時計まわりに右撚り、右回転させて綯うと左縄ができる。右縄はその反対。地球も自転する回転が同じでも、北半球と南半球では相反する回転が起こっている。水の渦、下降する回転も北と南で違う。しかし、ひとつの地球である。銀河系の中心は中空のようで、渦巻きの腕の一本にそったところに、太陽がある。太陽は静止しているのではなく、太陽系の天体惑星を引き連れて、運動している。太陽の運動に従って、地球は螺旋状に運動している。

「縄の仕組み」というダイナミズムは、周囲が大きな力で集まり螺旋回転して、相反する回転によって、静止した状態という物質ができているというもの。しかも、回転の中心軸は中空である。台風の目と同じように。

人類が発明した縄は、地球の動きと深い関係をもつ、ダイナミズムがあることに気づかされる。そのイメージをもつと、火山帯は地球がつくった縄のように思えてくるだろう（写真24・3）。

写真 24.3　「和泉のコスモス」(海野隆氏撮影)。貝塚市民会館広場，環境芸術作品。1993 年八木マリヨ制作

一〇　生きものの性の根源と縄

火山帯の連なる九州、阿蘇山は九州の心臓のようで、霧島山はまさに九州のおへそのようである。霧島連山として、山の稜線が縄のように連なっている。また阿蘇に比べて霧島は、絶えまなくうごめく何かが、秘められはらんでいるのだ。人間の手を入れるには恐ろしい霊力があるので、生の自然が残ったのかもしれない。生きものの性の根源が霧島山麓には現代の今もいきいきとある。

そこに「縄の形」がみえてくる。「縄の形」とは、縄は生命が続く形そのもの。二重螺旋構造遺伝子と同じように、ふたつが相むきあい、また三つがともにむきあう螺旋の形。山と谷、縄目が繰り返し、終わりなく続く。まるで生と死が繰り返し、子孫に伝えられていく遺伝子のように。

一一　生命の循環と縄

照葉樹の森の、豊穣な生の絶えまない営みにも「縄の形」を見出す。なぜこんなにもあくなき生を求め続けるのだろうか。倒れた樹に苔むし、朽ちる幹を養分に、新たな樹が朽ちた幹から芽生える。さらに虫が食べ、微生物が食べ、雨に洗われ、朽ち果てて土に還る。そこに生命の循環がある。植物繊維で綯われた縄にも苔むし、縄も朽ち果てる。しかし、わずかな縄でも継ぎ綯うことで、自由自在に再生できる。そんな「縄の性質」縄の特性がある。はかなさと強さがあるのだ。

一二　森と宇宙はつながっている

手つかずに残っていた岡本の照葉樹の森は、猫の額ほどで、息をこらして縮こまっているようだった。一方、霧島はさまざまな多くの生きものが思い思いに暮らすことができる、生きものの楽園といってもいいほど、森がいきいきと生きている。微生物、昆虫、鳥、は虫類、ほ乳類動物、植物など、多様な生きものの森が一体となりひとつになって、不気味にしかも大きな声で語り続けてくる。生きものの営む音や声だけでなく、わずかの木々のすきまから、射し込む太陽の光、通りわたる風の音、わき水や滝の流れなど全体が、協奏曲を狂想曲のように奏でる。太陽、大気、地底、生物、すべて宇宙が一体となって、連続、連鎖している。私のイメージには五つの縄のダイナミズムが重なってくる。

一三　森は多様でありひとつ

カシ、シイ、クス、ツバキなど多様な樹種があるのに、一本一本の境や区別がないように、枝が絡み、根が絡んでいる。隣に生えている樹木と、いつのまにか幹があわさって重なり、樹種が異なるのに、一本の大木になっているものもある。照葉樹の森にはいると、多種多様な樹木があるにもかかわらず、私にはひとつの大きな植物が森を形成しているかのようにみえる。多様であり、ひとつであるということは「縄の原理」に通じるのである。

「縄の原理」すなわち、一本の縄はひとつでなくふたつ、あるいは多数の材料によって縄という全体になる。同質でなくても多様なものでも一本の縄にできる。縄は一＋一＝二ではなく、一＋一＝無限大の一ということだ。

私は一九七七年、「The One 1＋1＝1」と題する作品を制作して、この原理を見出した。

一四　大樹と宇宙のリズム

生い茂る樹木の太い根は、ねじれ、赤黒い地面にうねる。絡みあう樹は太陽の動きを追いかける。ねじれ、空にうねる。どの根も岩を抱き、倒れた株を抱き、地を抱く。どの樹も光を抱き、湿気を抱き、空を抱く。地球は右から左に自転しながら太陽のまわりを左回転している。大地に根をおろす樹は、太陽の運行と同じように、右回転しながら上昇し、根は地球の左回転とともに下降し、成長していると北半球にいる私にはみえる。宇宙のリズムによって、樹はねじれ捩りがかかりな

写真 24.4　「地軸」(畠山崇氏撮影)。京都精華大学風光館，環境芸術作品。1989 年八木マリヨ制作

がら、天にむかっているのだ。大樹は天と地をつなげ、天界と地界を貫く。大樹の幹は中空になっている。縄の中空性とも通底するではないか。だから、螺旋回転している大樹に宇宙の霊やエネルギーが往来するイメージが、太古の人間にわいてきて、そのイメージから縄文人は螺旋状に上昇、下降する大樹に「縄の仕組み」を発見したのではないだろうかと思うのだ(写真24・4)。

一五　森のなかにみつけた縄

着生植物、羊歯や苔は、岩や地面や朽ちた木株や勢いにのっている枝にも、すべてところかまわず着生している。大木や、まだ実生から育ったばかりの樹にも、フジやカズラなどつる植物、ねじれからまり、上昇しようとする枝や幹を引っぱり、自らのつるは上へ上へとのばそうと、まるで大蛇のように枝から枝へ渡っている。フジツルは二本がひとつになり、完全な左縄になっているものさえある。フジツルが縄をつくったのだ。すくっとまっすぐにのびたイチイガシの巨木の樹皮が鮮やかで、まるで誰かが描いたかのように、渦状紋様になっている。まさに縄紋様そのものを樹がつくっているではないか。森は多くの縄を創造しているのだ。

一六　照葉樹林文化のなかの「縄」——人間との関係の縄、具象の縄

一六-一　縄文人の叡智

私は火山帯にある照葉樹の森にはいって、縄の普遍的なシンボル性、そして五つの縄の宇宙のダイナミズムをみつけるたびに、感嘆し、縄への想いがさらに膨らんでいく。

山ずみの暮らしを営んでいた縄文人は森のなかで感動し、心豊かな鋭い感性を自然に育み、深く心に刻んでいたことだろうと想いがめぐる。天空の世界、宇宙のエネルギーや、霊の世界を五感で感じてきたに違いない。縄文人は、古代の世界の人類と同じように、太陽の動きや太陽の恩恵、自然の摂理、それらを熟知していたはずだ。

一六-二　縄の発明

先にも述べたように、縄文人が森に学び宇宙に学ぶことで、縄を自らの手で人類最初に綯う技術を編み出したかどうかはわからない。照葉樹林帯に住んでいた古モンゴロイドか、アフリカの原人か。どんな森でも森にすむ人類なら、どの地域でも縄の技術を発明したに違いないとやはり私は思う。そして、熱帯雨林の森や、温暖で自然豊かな照葉樹林帯の森は、縄を発見しやすい環境であり、縄を発明しやすいように思える。

縄文文化は東日本、北日本の文化として育ち、東から西へ及んでいったとされる。しかし鹿児島県立埋蔵文化財センターの新東晃一氏は南九州では北日本より早い段階で縄文文化が成熟し、硫黄島のカルデラの大爆発で、南の縄文文化はいったん途絶えてしまったと考えておられる(4)。私は縄の発明に焦点をあてて考えると、新東氏の説に納得できる。日本列島においては、南の照葉樹林帯の森から縄は発明された後に、大爆発から北へ移動し、その縄の技術が伝わったのではないかと考える。第八節の縄の発見からで述べたように、「縄の発見、発明」をもたらした森のなかでの「ひらめき」は、北より南の照葉樹林帯の森から始まった、と考える方がより自然だからだ。落葉樹帯の森に移り住んだ縄文人は過去の記憶、すなわち、照葉樹林帯の森での生活の記憶から、縄の材料に適するものを選び、さらに洗練させていったのではないかと想う。あの豊潤な生命の森への想いや憧《あこが》れも含め、長い冬から解放され、縄への特別な意識もさらに深く膨らませていったのではないかと想像するのだ。

ところでなぜ縄文人は縄にこだわったのだろう。とくに縄文人はその叡智から、縄を特別のシンボルとして、大地の土に生命の形を大切にとどめたかったのではないだろうか。太陽も、縄も、樹も、あらゆる生きものは、螺旋に回転し、朽ち果て、生から死へ回転し、また回転して、再生する生命のエネルギーをはらんでいるということを。生命の水を貯える大地の土、その土器に再生する生命のエネルギーを封印し、生命の螺旋回転、永遠の繰り返しを祈ったのではないだろうか。だから縄を回転させ、土器の表面に縄紋を描いたのだと私は思う。

一六-三　回転エネルギーを内包させた縄紋の世界と縄文女性の感性

縄を回転させて創造した縄紋の世界。回転エネルギーを内包させた、あの縄文土器。その回転させるという発明発見は、縄文女性(縄文土器は女性によってつくられたといわれている)の瞬時のひらめきであったかもしれない。生命の回転エネルギーを内包させるというひらめきはすばらしい創造性だ。瞬時のひらめきこそ、今日の芸術や科学の創造の原点でもある。縄文人が生命の回転エネルギーを大切にする縄紋の世界を精神の軸として文化を築いていったことに感嘆する。

一六-四　人間との関係の縄

一本の草、ひとつの繊維では弱いが、多数多様の繊維を集め縒りをかけ、一本の強い縄ができた(「縄の原理」)。多様な生命体や多様な文化が共生し自転する地球のように。人も独りでなく、あなたと私、自由自在、互いを認めあって共同体をつくる。「縄―汝我《なわ》」「縄リンク―汝我《なわ》リンク」と題する社会芸術作品に表現(写真24・5)[5][6]、一九九一年以来、世界各地において運動を行っている。人間は縄を拠るという回転させる手技の発見から、綱、紐、緒、糸を編み出し、織りや編み、むすびの技術から衣服や、狩の道具、石や大木を引き運び、屋形を組み、人の暮らしの基本を創造したといえるのではないか。雲南省や台湾、タイなどを旅したときの印象だけからしかいえ

写真 24.5「縄リンク・イン・カッセル」(Karl-Heinz Mierke 氏撮影)。ドイツパラレルドクメンタ，社会芸術作品。1997 年八木マリヨ制作

ないが、縄は照葉樹林帯の人々の暮らしや住居に多く利用され、美意識にもとづいた高度な技術がみられる。そうして、綱引きや神輿や山鉾引きなど引縄、手綱、差縄、そして、縄は狩猟、牧畜、農業、林業、漁業、工業、また航海、測量、土木、橋梁、建築、通信網、祭事など、縄は昔から現代においてなお、人間の生活になくてはならないものである。縄の技術なくして、現代文明の礎はないといえるのではないだろうか。縄の技術なくして、光ファイバーや電線もなく、インターネットもない、ＩＴ革命もないともいえるのだ。

「縄の力」があったからこそ、人間は巨石ドルメンやピラミッドを建て、トーテムを立て、古代の人々は宇宙の悠久の時間にはいることができたのではないだろうか。巨石が残り、縄は姿を消す。しかし縄は繰り返し綯われ、つなぎ、再生され続けてきた。まさに有機的なものである。農家の人はどんなに短い切れ端の縄になっても、

絶対に捨てない。縄は綯い足していき、短く使いものにならない縄もまた再生され、縄は朽ち果てるまで用を果たすからだ。縄は朽ち果てる。それは有機的なものだからだ。水と繊維質で成り立っているわれわれ人間の身体と同じである。

縄ほど世界共通に人間の身近な存在であるものはほかにあるだろうか。縄と人間のかかわりを整理してみよう。

縄は火の発明のように文明を拓いた人類の大発明。縄は人間生活の根源のもの。縄は生命のシンボル。縄は生命を動かすエネルギーのシンボル。縄は情報を伝え続ける形。縄は連帯連続する形。縄は求心、遠心運動し続け相反する力をあわせもつ。縄はもっとも古くしかも最先端にも応用され続いている。縄は世界共有の知的財産。縄は世界共有の言語といえる。

一七　縄の宇宙とアニミズムの世界

太古から現代そして未来においてもなお、縄がどれだけ人間の文明や文化の基盤にかかわり続けるかがおのずとみえてくるだろう。抽象の縄、具象の縄の姿を浮きぼりにしてきたが、縄は人間が生きる根幹を指し示すことがみえてきたことと思う。縄文土器の縄の文様への執念ともいえるような縄の痕跡を残した縄文人が縄は特別の意味をもつものとしたことが理解できたような気がする。また抽象の縄、具象の縄の姿に縄文人だけでなく、人類共通の普遍的な意味を人類は見出してきたことも、容易に想像できるのではないだろうか。

私は一九九三年にアマゾンのマナウスから少し奥の熱帯雨林に行ったとき、アマゾンの先住民族ヤオナミ族のヒーラーであり首長である人に出会った。そして一九九四年アリゾナ州に住むアメリカの先住民族ピマ族の首長・ヒーラー（彼らは白人に追われ、砂漠の不毛の土地に居住しているが）を訪ね、またエストニア共和国のサーレマ島に住むヒーラーに会いに行った。この話などは一九九八年にエストニアで、「コラボレーションアート＝縄リンクアートプロジェクト——エストニア共和国と日本」を行ったときの報告に書いている。(7)

縄の樹力、すなわち木に宿る宇宙の力、エネルギーを宿す縄(樹木と柱その意味、宇宙樹などとの関係についてはここでは省くことにする)について彼らは私に語った。

日本では樹木や石にしめ縄をするように、縄を首にネックレスのように身につけ、あるいは、しめ縄をはりめぐらせ、空間に結界をつくる。森に生きてきた彼らは森から得た生命のエキス、森から得た宇宙のエネルギー、森から得た人間の幸せを縄に託しているという。

アニミズムの世界観をもつ彼らの共通する縄はプリミティブで、アニミスティックなシンボルである。縄のもたらすパワーに畏敬をもっているのは、日本のしめ縄信仰だけではないことがわかる。ちなみにエストニア人のルーツを学者は言語学的にヨーロッパ白人系だというが、エストニア人自身はアルタイルーツで、白人系とモンゴロイドの血がまざっていると自称する人が多い。エストニアのしめ縄信仰はモンゴロイドという共有する原初の文化があったかもしれない。文化人類学の視点から研究するとおもしろいだろう。

このように縄は世界の人々に太古より未来にまで多くの恩恵と示唆を与えてくれるもの。まさに縄はひとつの宇宙である。

一八　都市環境と縄の宇宙

先に紹介した梅原先生の談「日本文化の根っこにある自然と共生する生命観は、縄文文化すなわち森の文化の贈り物。現代人は、縄文のもっと奥底にある根源的な世界観に目覚め、現代の芸術理論を根本的に考えなおしたらどうだろう」にあったように、縄文文化すなわち森の文化の贈り物。地球が森を育み、豊かであった狩猟採集時代の人類の叡智という贈り物。その贈り物を大切にし続けてきたアボリジニやヤオナミ族などの先住民族の文化。それらの贈り物を現代人はどのように受けとめるのか。どのように森の自然にお返しや謝意をあらわすのか。これに答え、具現化することが望まれるのは当然のことと考える。ここに環境芸術の社会的役割がある。

日本では世紀末のデザイン、建築、そしてアートまでが視覚に訴える表面的な造形のおもしろさに遊ぶ風潮だ。科学技術に精神文化までふりまわされているといっても過言ではない。モダニズムは人間の生活の一部分を切り取り、それを増長させた。テクノロジーが優先し、何ごとにも分断化する傾向の現代の環境や土木工学の現状に対しての新たな提示がいる。

有機的で、全身全霊で生きてきた人類の暮らし方とその環境、アニミズムの世界、宇宙から地球をみたその空間、地球まるごと、人間まるごと、

写真 24.6　「地球縄ひろば」(八木撮影)。大阪千里中央，環境芸術作品。1991 年八木マリヨ制作

といった視点から創造する都市環境づくりである（写真24・6）。一九九二年に小文、『景観芸術の勧め〈都市空間の総合芸術〉』[8]を、そして一九九五年阪神大震災の後、都市の復興への提言として、形の文化会で「有機的文化景観都市のイメージ」を講演した記録と「地球にすれば」のエッセーがあるので[9]、ここでは説明を省かせてもらう。

このような現代都市生活や疎外感のあふれる現代の都市環境に対して、宇宙から人間をみるとともに、また狩猟採集時代や縄文的宇宙感にも感知し、縄の宇宙といっても過言ではない縄を、生きる根源に据えてきた縄文人のような感性で、地球まるごと、人間まるごとをみれば、「目だけではとらえきれない環境が人間を抱えている」とおのずと知ることができる。

「みえないものの声が聞こえる」「自分は世界といっしょにいる」「生命あるものと同じ流れのなかにいる」「宇宙にみなぎっている魂の世界とつながっている」など人間の普遍的な生活の根源や生命の根源を感じる空間を創造することが環境芸術の役割であると考える。それは芸術は未知なるもの、不思議なものにむかい、人の生きるエネルギーにかかわるからである。縄の宇宙に学ぶところは大きい。縄は森が人間にもたらしたものだ。森が地球から消えても縄の宇宙は続くのだろうか。

（1）Constantine, M. and J.L. Larsen. 1973. Beyond Craft Art Fabric. pp. 66-67. Van Nostrand Reinhold Company.
（2）縄パフォーマンスという芸術を私は始めた。一九七二年に始めたころは、現代美術にパフォーマンスの用語は使われておらず、ハプニングといわれもしたが、それとも異なるので、ボディアートとよばれていた。
（3）梅原猛・八木マリヨ、一九九〇、第四回京都新聞文化フォーラム「日本人の根源的な美意識を探る」座談会、京都新聞、八月一〇日。
（4）新東晃一・佐原真・今野由梨・八木マリヨ、一九九九、「縄紋は動いた」シンポジウム記録第二二回日本文化デザイン会議一九九九鹿児島ダイジェスト、五五―五七頁。

（5）八木マリヨ、二〇〇一、縄――汝我 NAWA LINK MARIYO YAGI　二四頁。
（6）八木マリヨ、二〇〇一、縄バイタルリンク二〇〇〇京都・協働制作・市民の市民による新しいパブリックアート／全身コミュニケーションアートプロジェクト・社会芸術の試み、二四頁、縄バイタルリンク実行委員会。
（7）八木マリヨ、二〇〇〇、「コラボレーションアート＝縄リンクアートプロジェクト――エストニア共和国と日本」報告、ＷＡＶＥ一一七、六、二三―三六頁、鹿砦社。
（8）八木マリヨ、一九九二、景観芸術の勧め〈都市空間の総合芸術〉、環境創造・維持管理・復元技術集成三、快適環境の創造編、一八六―一九三頁、総合ユニコム。
（9）八木マリヨ、一九九五、有機的文化景観都市のイメージ、「地球にすれば」形の文化誌三生命の形身体の形、一四六―一四七、一六二―一七七頁、工作舎。

金子　務（かねこ　つとむ）
1933年川越市に生まれる
1957年　東京大学教養学部教養学科卒業
現　在　帝京平成大学教授，大阪府立大学名誉教授
主　著　『生命―「もの」と「かたち」』（共編著，学会出版センター），『大正生命主義と現代』『日本人の自然観』（共に共著，河出書房新社），『環境倫理と環境教育』（共著，朝倉書店）など

山口　裕文（やまぐち　ひろふみ）
1946年佐世保市に生まれる
1977年　大阪府立大学大学院農学研究科博士課程修了
現　在　大阪府立大学大学院農学生命科学研究科教授　農学博士
主　著　『雑草の自然史』・『栽培植物の自然史』（共に編著，北海道大学図書刊行会），『植物の生き残り作戦』（分担執筆，平凡社）など

照葉樹林文化論の現代的展開
2001年9月25日　第1刷発行
2002年3月25日　第2刷発行

編著者　金子　務・山口裕文
発行者　佐伯　浩

発行所　北海道大学図書刊行会
札幌市北区北9条西8丁目 北海道大学構内（〒060-0809）
Tel. 011(747)2308・Fax. 011(736)8605・http://www.hup.gr.jp/

アイワード/石田製本

ISBN4-8329-6201-9

執筆者紹介

石 井　　実(いしい みのる)
　大阪府立大学大学院農学生命科学研究科教授，昆虫生態学

岩 切　　平(いわきり たいら)
　岩切平建築研究室，建築家

上 野　　登(うえの のぼる)
　宮崎大学名誉教授，経済地理学

梅 本 信 也(うめもと しんや)
　京都大学大学院農学研究科附属亜熱帯植物研究所助手，雑草学

大 形　　徹(おおがた とおる)
　大阪府立大学総合科学部助教授，中国習俗学

金 子　　務(かねこ つとむ)
　帝京平成大学教授，大阪府立大学名誉教授，科学思想史

川 窪 広 明(かわくぼ ひろあき)
　大手前大学社会文化学部助教授，建築学

佐々木高明(ささき こうめい)
　アイヌ文化振興・研究推進機構理事長，国立民族学博物館名誉教授，民族学

副 島 顕 子(そえじま あきこ)
　大阪府立大学総合科学部助手，植物系統分類学

徐　　英 大(ソ ヨンデ)
　元大阪府立大学大学院農学生命科学研究科，緑地学

中 村　　治(なかむら おさむ)
　大阪府立大学総合科学部助教授，宗教学

八 田 洋 章(はった ひろあき)
　国立科学博物館筑波実験植物園主任研究官，植物形態学

平 木 康 平(ひらき こうへい)
　大阪府立大学総合科学部教授，中国哲学

古 川 末 喜(ふるかわ すえき)
　佐賀大学文化教育学部助教授，中国文学

堀田　満（ほった　みつる）
西南日本植物情報研究所，鹿児島大学名誉教授，植物分類・地理学，有用植物学

森本幸裕（もりもと　ゆきひろ）
京都大学大学院農学研究科教授，緑地学

姚　雷（ヤオ　ライ）
上海交通大学農学院，植物科学

八木マリヨ（やぎ　まりよ）
㈱インターナショナルパブリックアート代表，環境芸術/彫刻家

保田淑郎（やすだ　としろう）
宝塚造形芸術大学教授，大阪府立大学名誉教授，昆虫分類学

山口　聰（やまぐち　さとし）
愛媛大学農学部助教授，植物資源科学

山口裕文（やまぐち　ひろふみ）
大阪府立大学大学院農学生命科学研究科教授，生態保全学

山本進一（やまもと　しんいち）
名古屋大学大学院生命農学研究科教授，森林生態学

湯浅浩史（ゆあさ　ひろし）
㈶進化生物学研究所主任研究員，東京農業大学教授，民族植物学

湯本貴和（ゆもと　たかかず）
京都大学生態学研究センター助教授，植物生態学

索　引

【タ行】

【ハ行】

【マ行】

【ヤ行】

図表写真出典一覧

【第I部第2章】

図2.1•図2.2：Yumoto, T. 1987. Pollination Systems in a Warm Temperate Evergreen Broad-Leaved Forest on Yaku Island. Ecol. Res., 2: 133-145.

図2.3•表2.1：Noma, N. and T. Yumoto. 1997. Fruiting Phenology of Animal-Dispersed Plants in Response to Winter Migration of Frugivores in a Warm Temperate Forest on Yakushima Island. Ecol. Res., 12(2): 119-129.

【第II部第4章】

図4.1：国土地理院, 5万分の1「厳原」

図4.2：長沢利明氏による

【第II部第5章】

写真5.1•写真5.5：斉藤政美•文, 椎葉クニ子•語り, 1995, おばあさんの植物図鑑, 31頁, 葦書房.

写真5.10：永尾龍造, 1940, 支那民俗誌, 1, 400頁, 支那民俗刊公会.

図5.1：平凡社, 1988, 世界大百科事典17, 593頁, 平凡社.

図5.2•図5.3•図5.4：李時珍, 1590, 本草綱目.

図5.5①：平凡社, 1972, 世界大百科事典20, 175頁, 平凡社.

図5.5②：寺島良安, 1715, 和漢三才図会.

図5.5③〜⑥•⑩〜⑫：民俗学研究所, 1953, 年中行事図説, 146頁, 岩崎書店.

【第II部第7章】

写真7.1：国立民族学博物館所蔵, 国立民族学博物館編, 1986, 国立民族学博物館展示案内, 59頁, 講談社製作, (財)千里文化財団.

図7.1：星川清親, 1978, 栽培植物の起原と伝播, 295頁, 二宮書店；中尾佐助•談, 小山修三•聞き手, 1986, ヒョウタンの旅, 日本の歴史37, 128頁, 朝日新聞社.

図7.2：林寿晋, 1991, 先秦考古学, 中文大学出版社.

図7.3：諸橋轍次編, 1960, 大漢和辞典, 7巻, 瓢齎, 993頁：7巻, 周瓠尊, 周瓠壷, 991頁, 大修館書店.

図7.4：飯島武次, 1991, 中国新石器文化研究, 78頁, 山川出版社.

図7.5：楊志軍•郝思德•李陳奇編, 1990, 平洋墓葬, 14頁, 文物出版社.

図7.6右：何賢武•王秋華主編, 1993, 中国文物考古辞典, 294頁, 遼寧科学技術出版社.

図7.6左：南陽文物研究所編, 1990, 南陽漢代画像磚, 文物出版社.

図7.7：王圻選述, 王思義編, 明代, 三才図会(上海古籍出版社版, 1988).

図7.8：鄭振鐸編, 1988, 中国古代版画叢刊, 上海古籍出版社の『列仙全伝』の図.

【第II部第10章】

写真10.9：長瀬秀文氏撮影

【第Ⅲ部第 12 章】
図 12.1・図 12.2：山口裕文・梅本信也, 1996, 水田畦畔の類型と畦畔植物の資源学的意義, 雑草研究, 41, 286-294 頁.
図 12.3：梅本信也・山口裕文, 1997, 伝統的水田における畦畔植物の乾物生産, 雑草研究, 42, 73-80 頁.
図 12.4：山口裕文・梅本信也・前中久行, 1998, 伝統的水田と基盤整備水田における畦畔植生, 雑草研究, 43, 249-257 頁.

【第Ⅲ部第 13 章】
写真 13.3・写真 13.4：正永能久氏撮影

【第Ⅲ部第 14 章】
写真 14.1〜14.4・図 14.1〜14.3・表 14.1：山口裕文, 1998, 照葉樹林文化の一要素としてのニホンミツバチの養蜂, ミツバチ科学, 19(3), 129-136 頁.

【第Ⅲ部第 15 章】
図 15.2：安田喜憲, 1980, 環境考古学事始——日本列島二万年, 270 頁, 日本放送出版協会.
図 15.3：高原光, 1998, 近畿地方の植生史, 図説日本列島植生史(安田喜憲・三好教夫編), 114-137 頁, 朝倉書店.
表 15.1：日浦勇, 1976, 大阪・奈良地方低地における蝶相とその人為による変貌, 自然史研究, 1, 95-110 頁；石井実・山田恵・広渡俊哉・保田淑郎, 1991, 大阪府内の都市公園におけるチョウ類群集の多様性, 環動昆, 4, 183-195 頁；石井実・広渡俊哉・藤原新也, 1995,「三草山ゼフィルスの森」のチョウ類群集の多様性, 環動昆, 7, 134-146 頁.

【第Ⅲ部第 16 章】
図 16.1：国土地理院, 5 万分の 1「椎葉村」

【第Ⅲ部第 17 章】
表 17.1：Morse, D.R. et al. 1985. Fractal Dimension of Vegetation and Distribution of Arthropod Body Length. Nature, 314: 731-733；高安秀樹, 1986, フラクタル, 181 頁, 朝倉書店；武者利光・沢田康次, 1991, ゆらぎ・カオス・フラクタル, 128 頁, 日本評論社.

【第Ⅲ部第 18 章】
写真 18.1：森本辰雄氏撮影
写真 18.2：坂元守雄氏撮影

【第Ⅳ部第 19 章】
図 19.1・図 19.2：中尾佐助, 1966, 栽培植物と農耕の起源, 岩波新書, 12 頁, 岩波書店.
図 19.3：中尾佐助, 1967, 農業起原論, 自然——生態学的研究(今西錦司博士還暦記念論文集一)(森下正明・吉良竜夫編), 329-494 頁, 中央公論社.
図 19.4：Harlan, J. 1972. Agricultural Origins: Centers and Noncenters. Science, 174: 468-474.

【第Ⅳ部第 24 章】
写真 24.1：庄野啓氏撮影
写真 24.3：海野隆氏撮影
写真 24.4：畠山崇氏撮影
写真 24.5：Karl-Heinz Mierke 氏撮影

上記以外の図表写真は執筆者による原図表および撮影されたものである。